주님 오시리 곧 오시리

빛나고 깨끗한 세마포 예복 입고 주님 맞을 준비하라!

†

주님 오시리 곧 오시리

박요셉 지음

서문

✝

할렐루야!
죄인 중의 괴수인 저에게 놀라운 일들을 행하신
주님께 감사와 찬양을 드립니다.

궁휼이 풍성하신 주님께서는 교회를 다니면서도 죄를 죄로 여기지 못하고 수많은 죄악 가운데 산 저를 불쌍히 여기시고, 어머니가 위암으로 돌아가시기 직전에 어렸을 때부터 지은 죄들을 하나씩 보여주시면서 철저히 회개시키시고 거듭나게 해주셨습니다. 지옥의 가장 뜨거운 불 못에 던져져야 마땅한 저에게 구원의 은혜를 주신 주님께서는 거듭난 이후에도 이루 말할 수 없는 수많은 은혜들을 베풀어주신 것뿐만 아니라, 더 나아가 다양한 상황에서 다양한 방법으로 하나님의 음성을 들려주심으로써 하나님을 깊이 알게 하시며 주님의 뜻 가운데로 인도해주셨습니다. 제가 주님께 행한 것이라고는 죄지은 것밖에 없음에도 불구하고 넘치는 은혜를 부어주신 주님께 감사하여 저의 삶 가운데 역사하신 주님을 많은 사람들에게 전하여 그들도 제가 만난 하나님을 만나게 하고 싶은 마음이 간절하여 여러 번 책을 쓰려고 하였으나 주님께서 허락하지 않으셔서 늘 안타까운 마음이 있었는데, 때가 차매 이제 주님께서 책을 쓰도록 하셔서 얼마나 감사한지 모릅니다. 하지만 글재주가 없는 제가 하나님께서 행하신 크고 놀라운 일들을 다 표현하기에는 너무나도 부족함을 느껴서 하나님의 영광을 나타내기보다는 오히려 하나님의 영광을 가리게 될까 염려도 되고, 이 글을 읽은 분들이 행여나 미천한 저를

주님 오시리 곧 오시리

주목하지나 않을까 두렵고 떨리는 마음 가득합니다. 원하옵기는 사랑과 자비가 충만하신 주님께서 연약한 저를 용서해주시길 원하며, 이 글을 읽는 모든 분들이 어제나 오늘이나 영원토록 동일하신 예수 그리스도(히13:8)를 바라보며 찬양하길 바라며, 부족한 저에게 부어주신 놀라운 은혜와 성령의 기름 부으심이 이 책을 읽는 모든 분들에게 곱절로 임할 뿐 아니라, 주님의 오심을 준비하는데 있어서 반드시 알아야 할 귀한 말씀들을 깨달아 이 마지막 때 이기는 자가 되어 신랑 되신 예수님 앞에 존귀한 신부로 혼인 잔치에 참여하는 영광이 있길 간절히 소원합니다.

2022. 4. 17 부활절 아침에
죽음에서 부활하셔서 산 소망을 주신 주님께 감사와 찬양을 드리며

박요셉

contents

PART 2_ 주님 오시리 곧 오시리

PART 1

놀
라
우
신 주
님

내가 처음 교회에 발을 내딛은 것은 고등학교 1학년 때였다. '진우'라는 친구가 자기 교회에서 음악회를 하는데 합창할 사람이 부족하니 와서 도와달라고 하여 난생처음 교회에 발을 내디뎠으며, 이것이 계기가 되어서 교회에 다니게 되었다. 예배도 모르고, 찬송도 모르고, 사도신경, 기도, 설교가 무엇인지 아무것도 모르는 상태에서 처음으로 예배에 참석했을 때 이상하게도 내 마음에 평안함을 느껴서 그 이후로 매주 예배에 참석하게 되었다. 이렇게 교회에 다니다가 고등학교 2학년 때에는 학생회 회장을 하게 되었고, 대학교 1학년 때에는 대학부 회장을 하기도 하였다. 그러나 그 당시 예수 그리스도를 영접하지 아니한 상태였기 때문에 신앙생활을 한다기보다는 매주 교회를 다니는 종교인일 뿐이었다. 교회에서는 성가대에서 매주마다 하나님을 찬양한다고 했으나 학교에서는 수많은 가요들을 부르면서, 술과 담배, 세상의 즐거움과 죄 가운데 살고 있었다.

대학교 3학년 때에는 한 후배의 권고로 다른 교회에 성가대 지휘자로 가기로 하고 다니던 교회를 그만두었으나, 나를 성가대 지휘자로 초청하기로 한 교회 장로님과 이야기를 하는 가운데 내가 믿음 없음을 아신 장로님이 초청을 취소함으로써 나는 오갈 데가 없는 신세가 되어 약 6개월 동안 교회를 다니지 않게 되었다. 그 후 어머님께서 다니던 교회의 목사님께서 가을 대 심방을 오셨는데 내가 음악적 재능이 있으며, 교회를 다니지 않고 있다는 말을 들으시고, 당신이 섬기는 교회 학생회 성가대 지휘자로 초청해 주어 그 교회를 다니게 되었다.

어머니와 같은 교회를 다니던 중 대학교 4학년 봄에 몸이 아프신 어머니가 전북대학병원에 입원하여 여러 가지 검사들을 한 뒤 수술대에 오르셨다. 수술이 끝난 후 방사선과 과장으로 계시는 장로님을 찾아가서 어머니의 수술 결과를 물어보니 장로님께서는 "암이 전신에 퍼져서 수술을 할 수가 없었다"고 말씀하셨다. 나는 장로님의 말씀을 듣고 큰 충격을 받았다. 49세밖에 안 된 어머니가 말기 암 환자였던 것이다. 말기 암 환자 판정을 받은 어머니는 퇴원을 하였으며, 일주일에 한 번씩 병원에 가서 수혈을 받으시곤 하셨다.

그해 8월, 나는 어떤 분의 소개로 암을 잘 고친다는 기도원에 어머니를 모시고 갔다. 그 기도원에서는 많은 암 환자들이 성령의 능력으로 고침을 받고 봉사하면서 간증을 하였는데, 이는 나로 하여금 기도할 수 있는 용기를 북돋아 주었다. '아, 어머니는 살 수 있겠구나...'하는 소망을 가진 나는 기도실에 들어가서 하나님께 부르짖어 기도하였다.
"하나님, 어머니를 살려주옵소서! 자식은 넷이지만 어머니는 하나이오니 차라리 나를 데려가시고 어머니를 살려주옵소서!"

어머니는 처녀 때부터 교회 집사이셨다. 그러던 중 불신자인 아버지를 만나, 불신자와 멍에를 같이 메지 말라(고후6:14)는 하나님의 말씀을 어기고 결혼을 하셨다. 그 후 전통적인 유교 집안에서 자라신 아버지의 반대로 말미암아 어머니는 신앙생활을 중단하기도 했었고, 가정적으로 물질적으로 굉장히 어려운 삶을 사셨다. 사업 차 객지에 가셨던 아버지께서 돈을 보내지 않아 어머니가 행상을 하면서 우리들을 학교에 보내셨고, 먹을 밥이 없어서 허기진 채로 잠들어 있는 우리에게 밤 12시가 되어서야 라면 몇 봉지를 들고 오셔서 우리를 먹이시기도 했으며, 수업료를 내지 못해서 학년 등급을 못해 집으로 돌아온 나와 형을 위하여 친구에게 돈을 빌려다가 수업료를 내주시기도 했으며, 먹을 것이 워낙 없었기 때문에 당신이 먹기보다는 항상 우리를 먼저 먹이시고 난 뒤 남은 음식으로 끼니를 때웠으며(그 당시 나는 배불리 먹고 죽는 것이 소원이었다)···. 이렇게 많은 고생을 하신 어머님께서 말기 암으로 돌아가셔야만 한다고 하니 나의 기도는 필사적일 수밖에 없었다.

그런데 어머니의 치유를 위해서 부르짖으며 기도하는데 이상한 현상들이 나타났다. 어느 순간부터 기도를 하려고 눈을 감기만 하면 어렸을 때부터 지은 죄들이 띠오르는 것이었다. 5세, 6세, 7세... 이때 지은 죄들이, 아주 오래되어서 기억도 안 나는 죄들이, 선명하게 떠오르면서 보이는 것이었다. 그러면서 내 마음속에서는 '내가 죄인이구나! 내가 벌레만도 못한 죄인이구나!' 하는 마음이 들어 "하나님, 제가 죄인입니다. 이 죄를 용서하여 주옵소서!" 하며 가슴을 치고 눈물을 흘리며 회개하였다. 그렇게 떠오른 죄를 회개하고 나면 또 다른 죄가 보였고, 그 죄를 애통하는 마음으로 회개하고 나면 또 다른 죄가 떠오르고···. 이런 현상이 계속해서 매일 기도할 때마다 반복되었다. 하루, 이틀, 사흘, 나흘... 회개하면서 내가 놀라는 것은, 내가 이렇게 많은 죄를 지었다는 사실이었다. 그런데 이렇게 회개를 하면 할수록 마음속에서는 이전에 느끼지 못했던 놀라운 평안이 생기기 시작하였다.

도대체 이러한 평안이 어디서 오는지 알 수 없었지만 처음 느끼는 포근한 평안이었다. 회개를 하면 할수록 이러한 평안은 더욱 흘러넘쳤으며, 나중에는 기쁨으로 바뀌기 시작하였다. 이러한 현상은 거의 보름 동안 계속되었다. 수없이 회개를 해도 계속 떠오르는 과거의 죄악들.... 어렸을 때에 남의 가게에 들어가서 건빵을 훔쳐 먹은 일들, 친구들과 같이 가게에 가서 구슬을 훔친 일들, 남의 집 찬장을 열고 동전들을 훔쳐서 사탕 사먹은 일들, 부모님이 둔 돈을 살짝 가지고 가서 내가 쓴 뒤 안 가져갔다고 거짓말한 일들, 돈 심부름을 시킨 선생님께 깡패를 만나 돈을 뺏겼다고 거짓말하고 그 돈을 쓴 일들, 부모님께 참고서 사겠다고 하여 돈을 받은 뒤 내가 임의로 써버리고 다른 친구들의 책을 가져다가 책을 샀다고 거짓말한 죄들, 어머님께서 헌금해야 할 돈을 가져다가 영화 본 일들, 고등학교를 졸업한 교회 아이들을 대학부로 끌어들이기 위해서 교회에서 신입생 환영회라는 명목으로 돈을 타다가 아이들에게 막걸리를 사준 일, 교회 중고등부 교사로 섬기면서 다른 교회에 다니는 자매와 이야기 하는 중 천국과 지옥은 없노라고 무식하게 이야기했던 일, 대학교 4학년 때 '작곡 및 편곡 발표회'를 하면서 '하나님의 영광을 위하여!'라는 타이틀을 걸었으나 티켓 판매금을 내가 모두 임의로 쓰며 하나님의 영광을 가로챈 일들…….

셀 수도 없이 지은 수많은 죄들은 내가 마귀의 자식으로 살면서 지은 죄들이었다. 교회는 다녔으나 예수님을 영접하지 않아 거듭나지 않아서 지은 죄들이었다.

나는 그 기도원에서 기도하는 중에, 하나님은 살아계시며 천국과 지옥은 분명히 있으며, 내가 그 기도원에 오기 전에 죽었더라면 나는 지옥의 가장 뜨거운 불 가운데 고통을 받아야 할 죄인 중에 괴수였으며, 예수 그리스도께서 나의 모든 죄를 용서하셨음을 깨닫게 되었다. 그리고 세상의 모든 사람들이 하루빨리 죄를 회개하고 예수님을 구주로 영접하여 구원받는 것이 인생에 있어서 가장 중요하고 시급한 일인 것을 깨달았다.

나는 대학교에 다니면서, 화학 공학이 전공이었지만, 음악을 좋아해서 독학으로 공부하였다. 화성학, 대위법, 작곡법, 지휘법, 편곡법... 특히 지휘법에 많은 시간을 들여서 공부를 하였다. 영어 원서를 사서 공부하기도 하였고, 유명한 합창단 지휘자의 지휘 폼을 보면서 연구하기도 하였다. 그리고 대학교 합창단 활동을 하며 음악적 자질을 개발해갔다. 대학교 3학년 때에는 합창단을 지휘하여 전국 대학생 음악 경연 대회에 출전하여 33개 팀 가운데 최우수상을 받기도 하였다. 그리고 대학원은 음악을 공부하는 곳으로 가고 싶었다. 합창에 대하여 더 공부하고 싶었다. 나의 필링(feeling)을 마음껏 살려서 합창을 하고 싶었다.

그러나 기도원에서 살아계신 하나님을 만나 천국과 지옥이 있으며, 예수님을 믿지 않으면 죄의 심판을 받아 영원히 지옥에 갈 수밖에 없으므로 사람들에게 있어서 가장 중요한 것은 하루빨리 회개하고 예수님을 구주로 믿는 것임을 깨닫고 나니 나의 꿈, 직장, 결혼, 미래 등 이 모든 것들에 아무 의미를 발견할 수 없었다. 내가 그렇게 추구해왔던 세상 영광이 쓸모없는 쓰레기 더미와 같음을 깨닫게 되어, 더 이상 그런 삶을 살려는 마음이 완전히 사라져버렸다. 내가 꿈꾸었던 모든 삶들의 헛됨을 깨닫게 되자 앞으로 내가 어떻게 살아야 할지 막막하였다. 그래서 이 문제를 놓고 하나님께 기도하기 시작하였다.

"하나님, 제가 꿈꾸었던 이 세상의 꿈들이 헛됨을 깨달았습니다. 이제 제가 어떻게 살아야 하겠습니까?" 하나님께 이러한 기도를 계속해서 드리자 마음속에서 어떤 음성이 들려왔다.

"아들아, 세상에는 너같이 교회는 다니나 구원받지 못하고, 거듭나지 못한 사람들이 수없이 많다. 너는 그들에게 가서 네가 만난 하나님, 네가 만난 예수 그리스도를 전하여라! 그들이 교회에는 다니나 예수 그리스도를 모르기 때문에 마귀에게 속아서 죄악 가운데 살고, 그로 말미암아 지옥에 갈 수밖에 없다. 그들에게 네가 만난 하나님, 네가 만난 예수 그리스도를 전하거라!"

내 주위에는 여러 친구들, 선후배들이 있었다. 그들의 대부분은 교회를 다니고 있었다. 그러나 그들은 나와 같이 술, 담배, 세상의 즐거움에 빠져 사는 껍데기 신자, 거듭나지 못한 교인들이었다. 하나님께서는 그들에게 내가 만난 주님을 전하라고 말씀하신 것이었다. 주님께서는 나를 주님의 복음을 전하는 자로 부르신 것이었다.

말기 암 환자인 어머니의 치유를 위하여 기도원에 간 나는, 어머니가 치유 받는 대신에 내가 살아계신 하나님을 만나 철저히 회개하고 거듭나고, 하나님의 종으로 부르심도 받았는데, 어머님을 모시고 집으로 가라는 기도원 원장님의 말에 따라 집으로 오게 되었다. 그리고 주위의 사람들에게 기도원에서 있었던 일들을 간증하며 하나님의 부르심을 받았노라고 말하였다. 주위의 사람들은 나의 갑작스러운 변화에 모두가 깜짝 놀랐다.

나의 이런 간증을 들은 교회의 여러 집사님들은 이구동성으로 "박선생의 변화는 송집사(어머니)의 기도 응답이야!"라고 말하며 기뻐하였다. 나는 그때서야 어머니께서 나를 위하여 새벽마다 하나님께 부르짖으며 눈물로 기도해 오셨음을 알게 되었다. 내가 교회에 다니면서도 거듭나지 못하여 악하고 더러운 마귀에게 붙잡혀서 죄악 가운데 살 때, 어머니의 헌금을 강탈하여 영화를 보곤 했을 때 어머니께서는 말할 수 없는 탄식과 눈물로 하나님께 부르짖으셨으며, 하나님께서는 어머니의 기도를 들으시고 응답하신 것이었다.

기도원에서 돌아온 어머니는 하루하루가 다르게 몸이 쇠약해지셨다. 위암으로 말미암아 음식을 드시지 못하게 되자 뼈만 앙상하게 남으셨다. 밤에는 고통 때문에 잠을 주무시지 못하셨다. 이러한 어머니의 비참한 모습을 보고 나는 어머니의 치유를 위하여 3일 금식 기도를 하기로 했다. 이것은 내가 처음으로 하는 금식 기도였다.

　　　　　　　　　　　　　　　주님 오시리 곧 오시리

사실 나는 한 끼만 굶어도 도저히 힘을 쓸 수 없을 만큼 연약한 몸이었지만 어머니의 치유를 위하여 죽으면 죽으리라는 각오로 시작했다. 한 끼, 두 끼, 세 끼, 겨우 하루 지났는데도 기도할 힘조차 없었다. 저리는 팔과 다리를 주무르면서 "하나님, 우리 어머니 살려주세요!"하고 중얼거리며 기도하였다.

첫째 날 밤, 어머니는 전과 같이 고통 때문에 신음 소리를 내면서 주무시지 못하셨다. 나는 그 고통 소리를 듣다 못해서 어머니에게로 가서 손 잡고 기도하였다. "하나님, 우리 어머니가 고통 없이 잠을 잘 수 있도록 해주세요!" 간절히 여러 번 기도하고 난 뒤 어머니를 보니 어머니는 이미 잠들어 있었다. 그날 밤 어머니는 고통 없이 잠을 푹 주무셨다.

금식 기도 이튿날, 나는 저리는 팔과 다리를 주무르면서 누워 있었다. 밤이 되자 어머니는 또 고통 때문에 신음 소리를 내면서 잠을 못 주무셨다. 나는 또 어머니에게로 가서 손을 잡고 어머니가 고통 없이 잠을 잘 수 있도록 간절히 기도하였다. 기도를 마친 후 어머니를 보니 잠이 들어 있었다. 나도 잠을 자기 위해서 자리에 누우려고 하는데 갑자기 하늘에서 "찬송가 460장!"하는 우뢰와 같은 음성이 들려왔다. 나는 깜짝 놀랐다. '이게 무슨 소리지… 찬송가 460장이 뭐지..' 도저히 움직일 힘이 없는 나는 막내 동생에게 "막내야, 찬송가 460장을 펴 와라!"고 말하였다. 막내가 찬송가 460장을 펴서 갖다 주기에 460장 가사를 보니

1. 지금까지 지내온 것 주의 크신 은혜라 한이 없는 주의 사랑 어찌 이루 말하랴
   자나깨나 주의 손이 항상 살펴주시고 모든 일을 주 안에서 형통하게 하시네
2. 몸도 맘도 연약하나 새 힘 받아 살았네 물 붓듯이 부으시는

주의 은혜 족하다

사랑 없는 거리에나 험한 산길 헤맬 때 주의 손을 굳게 잡
고 찬송하며 가리라

3. 주님 다시 뵈올 날이 날로 날로 다가와 무거운 짐 주께 맡
겨 벗을 날도 멀잖네

나를 위해 예비하신 고향 집에 돌아가 아버지의 품 안에서
영원토록 살리라

찬송가 460장 가사의 내용을 보니 "어머니가 지금까지 지내
온 것이 주님의 크신 은혜요, 이제 어머니를 위해 예비하신 고
향 집(천국)에 가서 하나님의 품 안에서 영원토록 살게 된다"는
내용으로서, 아마도 하나님께서 어머니를 데려가신다는 뜻 같았
다. 나는 지금 어머니를 살려달라고 금식하며 기도하고 있는데,
하나님께서는 어머니를 고쳐주시는 것이 아니라, 어머니의 생명
을 거두셔서 천국으로 부르신다고 하시는 것 같아, '아냐, 그럴
리가 없다!'고 하고 고개를 설레설레 흔든 뒤 잠을 잤다.

한참을 자는데 누군가가 나를 깨웠다. "일어나봐, 어머니가 이
상하다!" 나는 피곤하고 힘없는 몸을 이끌고 어머니에게로 가보
니 어머니는 의식불명이었다. 아무리 흔들어도 의식이 돌아오
지 않으셨고, 점차로 호흡이 가빠지시더니 곧 운명하셨다. 어머
니를 살려달라고 3일 작정 금식 기도를 하였는데, 하나님께서는
작정 금식 기도 3일째 새벽에 어머니를 데려가셨다. 어머님을
살려 달라고 기도했는데 하나님께서는 어머니를 하늘나라로 부
르셨다. 내가 기도한 내용과 반대로 응답이 되었음에도 불구하
고 불평이 나오지 않고 오히려 마음속에서 감사가 되었다. 이 세
상의 죄의 짐, 수많은 근심과 걱정의 짐, 육신의 질병의 고통의
짐, 물질의 어려움의 짐, 자식과 남편의 짐… 이 모든 짐들을 내
려놓고 눈물이 없고, 슬픔이 없고, 아픔도 없고, 질병이 없고, 고

통이 없고, 사망도 없고, 곡하는 것도 없이 영원한 기쁨과 소망이 있는 하나님 아버지의 품으로 떠나신 것이었다.

결혼하신 뒤 신앙 때문에, 남편 때문에, 자식들 때문에, 물질 때문에 수많은 어려움을 겪으시면서 신앙의 기둥이셨던 어머니는 나를 우리 집안의 믿음의 기둥으로 심어 놓으시고 먼 하늘나라로 가신 것이었다. 결코 길지 않은 49세의 일기로 영원한 낙원으로 가신 것이었다.

나의 삶은 우리 어머니의 눈물의 기도 응답으로 다시 태어난 삶이다. 어머니는 이 땅에 사시면서 하나님을 위하여 마음껏 헌신된 삶을 살지는 못하셨다. 남들에게 영향력 있는 삶을 살지는 못하셨지만, 돌이기실 때에는 죄인 중의 괴수였던 나를 하나님 앞에서 헌신하도록 하신 뒤 하나님의 품으로 가셔서 안식을 누리신 것이었다.

나의 신앙은 어머니의 죽음과 맞바꾼 것과도 같다. 하나님께서는 어머니의 죽음 직전에 나를 구원하셨다. 내가 얼마나 큰 죄인인지를 알게 하셨다. 죄의 결과인 처절한 지옥의 심판을 알게 하셨다. 영혼 구원의 소중함을 알게 하셨다. 이러한 사실들을 깨달은 나는 하나님 앞과 사람들 앞에서 담대히 고백한다.

"나는 우리 어머니의 눈물의 기도로 거듭나게 되었습니다! 우리 어머니는 마음껏 헌신된 삶을 살지 못하였습니다. 그러나 죄인 중의 괴수인 나를 하나님 앞에서 회개시켜 하나님의 종으로 부르심 받도록 하셨으니 나는 어머님께서 헌신하지 못한 것까지 헌신하겠습니다! 나를 지켜봐 주십시오! 나는 나를 구원하신 예수 그리스도를 전하며 영혼들을 구원하는 일에 힘을 다할 것입니다! 나는 결코 평범한 목사가 되지 않을 것이며, 평범한 교인들을 만드는 목회를 하지도 않을 것입니다. 나를 통하여 전도 받고, 훈련받는 사람들은 하나님 앞에서 귀중하고 소중한 일꾼이 될 것입니다. 이들로 말미암아 마귀는 멸망하고, 수많은 영혼들은 주께로 돌아올 것입니다!" 할렐루야!

02

아들아, 네가 어찌하여 목숨을 끊으려고 하느냐?

어머님이 돌아가신 뒤 여러 가지 생각지 못한 일들이 생겼다. 무엇보다도 남은 가족들을 당황스럽게 하고 힘들게 한 것은 어머니 친구분들의 태도였다. 어머니가 돌아가시자, 어머니 친구분들은 자주 모여서 무슨 이야기를 한 것 같았다. 그러더니 아버지를 만나자고 하였다. 그분들을 만난 아버님의 말씀을 들으니 어머니가 친구분들에게 돈을 빌려 갔다는 것이다. 그리고 그분들이 빌려줬다는 돈을 모두 합해보니 4,500여만 원(당시 2층 양옥집 한 채 값)이 된다고 하였다. 엄청난 액수였다. 어머니의 갑작스러운 죽음 때문에 이 돈을 언제 어떻게 빌리셔서 어떤 용도로 쓰셨는지 아무도 몰랐다. 차용증이 있는 것도 아니었지만 아버지는 그분들의 말을 다 받아들이셨다. 설마 친구들이 거짓말을 하겠느냐는 것이었다. 주위의 다른 분들은 어머니 친구들의 말을 다 믿지 말라고 했다. 그러나 아버지는 돌아가신 어머니의 이름을 더럽히기 싫다며 당신이 다 갚겠노라고 차용증을 써주셨다고 했다. 어머니의 친구분들 중 한 분은 우리 집을 벌써 법원에 차압을 해 놓았다. 엄청난 빚더미 위에 앉은 우리는 집마저도 우리 맘대로 처분할 수도 없게 되었다. 그런데 어머니는 돌아가시기 전에 우리 집에 간혹 오시던 친구분(교회 집사)에게 500만 원의 돈을 빌려줬다는 말을 했었다. 어머니가 빌린 돈들 중에는, 친구나 형제가 돈을 빌리러 오자 돈이 없던 어머니는 다른 지인에게서 빌려다가 친구나 형제에게 빌려주기도 했던 돈들이 많았음을 나중에 알게 되었다. 아무튼 어머니가 돌아가신 후에, 돈을 빌려줬다고 하는 친구분에게 찾아가서 어머니에게서 빌려간 돈을 되돌려 달라고 하였다. 그러자 그분은 손을 설레설레 흔들며 강한 어조로 어머니에게서 돈을 빌려간 적이 없다고 부인하였다. 설마 죽음을 앞둔 어머니가 빌려주지도 않은 돈을 빌려줬다고 말을 했을 리가 없지만 가까운 사이이다 보니 어머니가 돈을 빌려줄 때 차용증을 받고 빌려준 것이 아니기 때문에 그분이 부인하면 어떻게 받을 방도가 없었다. 돈을 빌려준 사람에게서는 한 푼도 못 받고, 돈을 빌린 사람들에게는 전액을 갚아야 하는 상황이 너무나 많이 힘들었다.

어머니의 갑작스러운 죽음과 어머니가 빌린 돈을 빨리 갚으라고 독촉하는 어머니 친구분들의 태도로 인하여 마음이 상할 대로 상하신 아버지는 막내 여동생과 같이 다른 곳에 방을 얻어서 나가셨다. 형은 직장으로 인하여 서울에 있었고, 남동생은 군에 있었으니 텅 빈 집에는 나 혼자 남아 있게 되었다.

집에 혼자 남아 있게 된 내게 깊은 고독감이 밀려왔으며, 어머니의 갑작스러운 죽음으로 인한 슬픔, 외로움 등이 내게 엄습해 왔다. 내게 위로해 주고 격려해 줄 사람이 주위에 아무도 없었다. 게다가 내성적인 성격으로 인하여 누구에게 내색도 못하고 혼자서 끙끙 앓으며 고민과 번민, 슬픔과 걱정, 괴로움 가운데 하루하루 보냈다. 이런 상황 가운데 기도조차 하지 않던 나는 이로 인해 영적 침체가 왔고, 영적 침체 가운데 있게 된 나는 낙심하고 절망하며 시간을 보냈다. 아무 걱정 없이 교회를 다니는 다른 사람들의 행복한 모습과 내 자신이 처한 비참한 현실을 비교해 보며 처량한 신세를 한탄하였다. '다른 사람들은 좋은 부모를 만나서 행복하게 사는데 나는 지지리도 복이 없어서 어렸을 때부터 고생고생하다가 이제는 어머니마저 잃고, 이게 무슨 꼴이람...' '어떻게, 무슨 방법으로 그 많은 빚들을 갚나.... 휴.....' 어머니를 잃은 슬픔을 위로해 주지는 못할망정 빌려준 돈을 빨리 갚으라고 자꾸 찾아온 그들이 원망스러웠다. 돈을 빌려 가놓고 어머니가 돌아가시자 그런 적이 없다고 부인하는 어머니 친구분에 대한 분노가 내 안에 자리 잡고 나를 괴롭혔다. 내 자신의 처량한 신세와 슬픔, 도저히 단 기간에 갚을 수 없는 빚에 대한 걱정과 고민을 매일 반복하다 보니 근심과 걱정과 괴로움은 눈덩이처럼 커져갔다. 믿음이 어린 나에게 있어서는 도저히 해결할 수 없는 불가능한 일처럼 여겨졌다. 고민과 괴로움으로 인해 기도가 사라진 나의 믿음으로는 도저히 해결할 수 없는 문제였다. 그러자 '죽음'이라는 단어가 가까이 다가왔다. 현실의 문제와 싸워서 이길 수 있는 믿음이 없다 보니 당연히 현실 도피적인 사람이 되었으며, 완전한 현실 도피는 '죽음'이었다. '죽음'이라는 단어를 수없이 생각한 나는 결국 '자살'이라는 것을 통하여 이 생의 삶을 마감하기로 하였다. 모든 문제들로부터 자유롭게 되는 방법은 '자살을 통한 죽음' 이외에는 아무것도 생각이 나지 않았다. 나는 그때부터 고통 없이 쉽게 죽을 수 있는 방법을 생각하기 시작하였다. 높은 곳에서 뛰어 내려서 죽을까, 교통사고로 죽을까, 목매달아 죽을까, 약 먹고 죽을까..... 수많은 생각을 하는 중 어느 날 안방에 화덕을 피워 놓고 잠들다가 연탄가스를 먹고 죽은 모녀 이야기가 신문에 실린 것을 보았다. 나는 순간 '바로 이것이다!'고 무릎을 쳤다. 이 방법이야말로 가장 고통 없이 편히 죽을 수 있는 방법이 아닌가? 나는 이 방법을 선택한 뒤 디데이(D-day)를 잡기 시작했다.

이제 내 머릿속에는 온통 '죽음'이라는 두 글자로만 가득 찼다. 이러한 생각으로 인하여 마음의 답답함과 괴로움은 더해갔다. '처량하도다 내 자신이여... 다른 사람들은 어떻게 하면 잘살수 있을까를 생각하는데 나는 어떻게 하면 죽을 수 있을까를 연구하고 있다니….' 나는 내 자신 스스로를 죽음의 골짜기로 깊이 몰아넣고 있었다. 나는 자살을 결심하고 마지막으로 유서를 쓰기 시작했다.

'아버님, 이 불효자는 먼저 죽습니다. 부디 용서하여 주시고 하늘에서 뵙겠습니다.'
'형님, 아버님을 잘 부탁합니다. 못난 동생은 먼저 죽습니다. 동생들아, 아버님 말씀 잘 듣고 잘 섬겨 드려라. 훗날에 다시 보자.'
'돈을 빌려준 여러분들이여, 너무 돈, 돈 하지 마십시오! 사람이 있고 돈이 있지, 돈이 있고 사람이 있습니까?'

아버지와 형제들, 그리고 돈을 빌려 주었다는 어머니 친구분들에게 각각 한 통씩 모두 3통을 썼다. 그리고 책상 서랍에 넣어 두었다. 이제 실행에 옮기기만 하면 되는데 디 데이(D-day)를 1월 초로 잡았고, 마지막으로 송구영신 예배를 드리러 교회에 갔다. 송구영신 예배를 드리는 시간 내내 내 눈에서는 눈물이 멈추질 않았다. '이제는 마지막이다. 아무도 내가 죽으려는 것을 모른다. 아무도 내 아픔, 슬픔, 고통을 모른다. 죽으면 이 모든 것은 끝난다.'
남들은 내가 예배 시간에 큰 은혜를 받아서 눈물을 흘리는 줄로 생각하지, 자살을 결심한 내가 이 세상에서 드리는 마지막 예배이기에 눈물을 흘리는 줄은 상상도 못했을 것이다.
예배 시간 내내 눈물로 예배를 드린 나는 어둡고 쓸쓸하고, 아무도 없는 텅 빈 집으로 돌아왔다. 눈물을 줄줄 흘리며 손과 발을 씻은 뒤, 슬픔과 고통으로 가득 찬 가슴을 안고 거실을 지나서 내 방으로 들어가려고 하였다. 이생의 모든 것이 다 끝났다고 생각하였다. 그런데 순간 하늘에서 천둥과 같이 엄청나게 큰 소리가 들려왔다.

"아들아, 어찌하여 네가 목숨을 끊으려고 하느냐? 네 목숨은 네 것이 아니니라! 네가 예수님을 믿는 순간 너는 내 것이 되었느니라! 죽을 용기가 있으면 살아 보거라! 내가 있지 않느냐? 내가 너와 함께 하느니라!"

자살을 통해서 이생의 삶을 마감하려는 내게 하나님께서는 우레와 같은 음성으로 나를 책망하셨다. 우레와 같은 하나님의 음성에 깜짝 놀란 나는 그 자리에서 무릎을 꿇었다. 그리고 눈물을 흘리며 회개하기 시작하였다.

"하나님, 이 죄인을 용서해 주옵소서! 제가 너무 힘들고, 고독하고, 외롭고, 힘들어서 죽으려고 하였습니다. 수많은 날들을 자살에 대하여 생각해보니 자살한다는 것도 큰 용기가 필요하다는 것을 알았습니다. 현실의 고난과 어려움들이 너무 커서 하나님이 저와 함께 하신다는 사실을 잊고 있었습니다. 용서해 주옵소서! 이제 다시 하나님을 바라보겠습니다! 내게 힘을 주옵소서! 용기를 주옵소서! 믿음을 주옵소서!"

죽음의 영에게 미혹되어 자살하려는 나를 막으시기 위해 초자연적으로 개입하시어 하늘에서 우레와 같은 음성을 들려주신 하나님 앞에 무릎을 꿇고 철저히 회개하였다. 그리고 하나님을 바라보고 의지하며 살겠다고 고백하였다. 기도를 마친 뒤 나는 서랍을 열고 유서를 즉시 불태웠다.

주님 오시리 곧 오시리

그 후 나는 '만약에 하나님께서 내가 자살하는 것을 막지 않으셨더라면 나는 어떻게 되었을까?'하는 생각이 간혹 들곤 했는데, 만약 하나님께서 막지 않으시고 그냥 두셨더라면 나는 자살한 죄로 인하여 지옥에 갔을 것이 확실하니 생각할수록 아찔하였다. 하나님의 크신 은혜가 나를 살리셨다. 하나님의 은혜로 자살이 미수로 끝났다. 나의 생명을 연장시키시고, 하나님의 일꾼으로 삼으시고 귀한 사명을 감당하게 하신 주님을 찬양한다. 할렐루야!

"내 영혼아 네가 어찌하여 낙심하며 어찌하여 내 속에서 불안해 하는가
너는 하나님께 소망을 두라 나는 그가 나타나 도우심으로 말미암아
내 하나님을 여전히 찬송하리로다"

(시42:11)

03

앗, 내 몸에 귀신이!

매일 밤마다 교회에 가서 기도하는 것을 생활화했던 나는 겨울이 되자 약간 주춤하였다. 교회까지 가려면 약 15분 정도 자전거를 타고 가야만 하는데, 바람이 씽씽 부는 추운 겨울 날씨인데다 낮도 아닌 밤에 자전거를 타고 아무도 없는 교회에 가서 기도하고 온다는 것은 강한 의지가 아니면 쉽지 않은 일이었기 때문이다.

어느 날 밤, 교회에 가서 기도해야 한다는 것을 알고 있지만,

추운 날씨인데다 밤에 자전거 타고 갈 생각을 하니 걱정스러워 머뭇거리며 갈 듯 말 듯 하다가 집에 주저앉았다. '오늘은 집에서 기도하고 내일 가지 뭐…….'

이렇게 생각한 뒤 나는 무릎을 꿇고 하나님께 기도하기 시작하였다. 그런데 몸이 피곤한데다가 방바닥이 뜨끈뜨끈하니 자꾸만 눕고 싶었다. '누워서 기도하자!'는 생각이 들어 누워서 기도하다 10분도 안 되어서 이번에는 옆으로 누워서 기도하기 시작하였다. 그러나 어쩌랴, 눈이 자꾸 감기는 것을. 나는 '오, 주님, 오, 주님…'하며 자꾸만 잠 속으로 빠져들려고 하였다. 그런데 이게 웬일인가? 갑자기 무엇인가 새까만 것이 내 머릿속으로 "쑥" 들어오는 것이 보였다. 분명히 눈을 감아서 아무것도 안 보이는데 새까만 것이 분명 내 머리로 들어오는 것이었다. 그런데 그 새까만 것이 내 머리에 들어오는 순간에 나의 몸은 완전히 전신 마비가 되었다. 가위눌림 현상이었다. 이런 경험은 처음이었다. 정신은 말짱한데 손가락 하나, 발가락 하나, 내 몸의 어떤 것도 움직일 수 없었다.

사울 왕에게서 성령께서 떠나자마자 귀신이 사울의 몸속에 들어 온 것처럼(삼상16:14), 내가 성령 충만하지 않은 틈을 타서 귀신이 "쑥" 들어온 것이다. 저녁때 교회에 가서 기도를 했어야 하는데 저녁 기도를 쉰 틈을 타서 들어 온 것이었다. 나는 가위눌림에서 벗어나기 위하여 필사적으로 몸을 움직이려고 하였다. 그러나 속수무책이었다. 정신은 멀쩡했지만 내 몸의 어떤 것도 움직여지지 않았다. 가위눌림에 대하여는 들어봤지만 내게는 처음 있는 일이라 두려웠다. 내가 과연 어떻게 될 것인가? 한참 동안 몸부림치던 나는 아무리 노력해도 몸이 움직여지지 않자 '아, 내가 이렇게 죽는구나….'하는 생각이 들었다. 그때 '번쩍'하며 내 머리에 성경 말씀이 생각났다. 돌로 맞아 죽던 스데반 집사의 기도가 생각난 것이다.

주님 오시리 곧 오시리

"그들이 돌로 스데반을 치니 스데반이 부르짖어 이르되 주 예수여 내 영혼을 받으시옵소서 하고"(행7:59) 내가 이렇게 죽는다고 생각한 나는 스데반처럼 기도를 하고 죽어야겠다고 생각하였다. 하지만 입술조차도 움직일 수 없었기 때문에 생각으로 기도하였다.

'예수님, 저의 손가락 하나, 발가락 하나, 내 몸의 어떤 것도 움직여지지 않습니다. 이제 제가 죽나 봅니다. 제가 죽으면 주님께서 계시는 천국에 가게 될텐데, 주님, 제 영혼을 받아주시옵소서!' 그런데 이게 웬일인가? 이 기도를 마치자마자 시커먼 귀신이 내게서 "쑥" 떠나가는 것이 보였다. 그리고 내 몸이 자유롭게 풀렸다. 이제 살았다! 예수님께 드린 기도가 나를 귀신의 묶임에서 자유케 한 것이었다. 할렐루야!

나는 한숨을 내쉬며 일어나서 기도하기를 쉰 것을 회개하며 하나님께 간절히 기도하고 잠자리에 들었다. 나의 마음의 기도를 들으시고, 귀신의 결박으로부터 자유케 하신 주님을 찬양한다. 할렐루야!

"예수 이름으로 예수 이름으로 마귀는 쫓긴다!
예수 이름으로 예수 이름으로 마귀는 쫓긴다!
예수 이름으로 나아갈 때에 누가 우릴 괴롭히리요?
예수 이름으로 나아갈 때에 마귀는 쫓긴다!"(찬송)

p.s. 이후에도 내가 기도하기를 게을리하면 어김없이 가위눌림이 찾아왔다. 심지어 꿈속에서 뱀이 나를 잡아먹으려고 쫓아오고 나는 힘을 다하여 도망치다가 깰 때도 있었다. 내 안에 있는 어둠의 영들이 다 제거되지 않았기 때문에 내가 기도를 게을리하는 틈을 타서, 내가 성령 충만하지 않은 틈을 타서 역사하는 것이었다. 이런 영적 현상을 통하여 하나님께서는 내가 반드시

기도로 살아야 함을 가르쳐주셨다. 매일 쉬지 말고 기도함으로써 항상 성령 충만해야 함을 가르쳐주셨다. 그리고 후에 다른 사람들도 이런 경험들이 있음을 알게 되었고, 그것은 바로 기도 부족으로 인한 영적 현상임을 가르쳐 주어 기도에 힘쓰게 하였다.

"여호와의 영이 사울에게서 떠나고 여호와께서 부리시는
악령이 그를 번뇌하게 한지라"
(삼상16:14)

"나는 너희를 위하여 기도하기를 쉬는 죄를
여호와 앞에 결단코 범하지 아니하고
선하고 의로운 길을 너희에게 가르칠 것인즉"
(삼상12:23)

04 　　　　　　　　　혈기로 잃은 성령 충만

어느 날 기도하려고 교회에 갔는데 그곳에 김○○ 집사님이 계셨다.
"집사님, 안녕하세요? 요즘 어떻게 지내세요?"
그러자 김 집사님이 대답하셨다.
"요즘 이상하게 마음이 편치 않아요. 기도를 하는 데도 충만해지지 않고…. 저를 위하여 기도 좀 해줘요!"
"그러세요? 왜 그렇죠?"

　　　　　　　　　주님 오시리 곧 오시리

김 집사님은 교회의 일을 아주 헌신적으로 하시는 분이셨다. 신앙생활을 위하여 멀리 있는 집을 처분하고 교회 가까이에 이사를 오셔서 매일 새벽 기도를 하며 하나님의 은혜를 사모하시는 분이신데 아무리 기도해도 충만해지지 않다니…. 이는 필경 무슨 이유가 있으리라고 생각하고 같이 기도하자고 하였다.

"하나님, 김 집사님이 아무리 기도를 해도 성령 충만함이 임하지 않으신다고 합니다. 그 이유를 말씀하여 주옵소서! 깨닫게 해주옵소서!"

간절히 기도하는데 갑자기 "남편"이라는 단어가 떠올랐다. 아마도 "남편"과의 관계에 문제가 있는 듯하였다. 그래서 김 집사님에게 말하였다.

"집사님, 혹시 남편과 무슨 문제가 있나요?"

곰곰이 생각하신 집사님은

"없는데요."

"그래요? 다시 한번 잘 생각해보세요!"

집사님은 나와의 이야기를 마치고 나가셨다. 나는 그곳에 남아서 계속 기도를 하였다. 한참 동안 기도를 한 뒤 교회 사무실로 가니 김 집사님이 계셨다. 나를 본 집사님은 "아, 생각이 났어요! 내가 저번에 남편에게 화를 낸 적이 있었어요. 아마도 그때부터 충만함을 잃어버린 것 같아요." 요는 이렇다. 김 집사님이 교회 일을 마치고 집에 가니 남편이 와 있었다. 그런데 욕실 문을 여니 와이셔츠가 락스를 풀은 물에 담겨져 있는 것이 아닌가? 이것을 본 김 집사님은 남편에게 물었다.

"여보, 와이셔츠가 왜 락스 물에 담겨져 있어요?"

"아, 그거? 와이셔츠에 때가 묻어서 때를 없애려고 내가 담가 놓았어!"

이 말은 들은 김 집사님은 남편이 빨래에 대하여 알지도 못하면서 그렇게 하여 오히려 와이셔츠를 망쳐 놓았음에 순간적으로

"아니, 잘 알지도 못하면 가만히나 있지."하고 화를 내었다. 남편은 아내를 도와주려다가 오히려 아내에게 책망을 들었다.

김 집사님은 남편이 잘못한 것을 보고 순간적으로 '욱' 하여 큰 소리를 냈지만 이는 분명 혈기를 낸 것이었다. 더군다나 화를 낸 대상이 하나님께서 가정의 머리로 세우신 남편이 아닌가? 김 집사님은 영적 질서를 깨뜨린 것이었고, 김 집사님 안에 계신 성령님을 근심시킨 일이었다. 그래서 그날 이후로 김 집사님에게서 성령 충만함이 사라졌으며, 이것을 깨닫지 못하고 회개하지 않은 김 집사님은 아무리 기도해도 성령 충만함을 회복할 수 없었던 것이다. 회개하지 않은 죄가 성령 충만의 회복을 가로막고 있었던 것이다. 성령님은 사소한 혈기에도 민감하게 반응하셨다.

이 사실을 깨달은 김 집사님은 혈기를 부린 것에 대하여 하나님께 회개하였고, 집에 가서 남편에게 용서를 구한 뒤 성령 충만함을 위하여 간절히 기도했을 때, 하나님께서는 김 집사님에게 다시금 성령 충만함이 회복되도록 해 주셨다. 할렐루야!

"그러므로 각처에서 남자들이
분노와 다툼 없이 거룩한 손을 들어 기도하기를 원하노라!"
(딤전2:8)

"하나님의 성령을 근심하게 하지 말라
그 안에서 너희가 구속의 날까지 인치심을 받았느니라
너희는 모든 악독과 노함과 분냄과 떠드는 것과
훼방하는 것을 모든 악의와 함께 버리고"
(엡4:30-31)

주님 오시리 곧 오시리

회개함으로써 회복된 하나님의 은혜

예수 그리스도를 영접한 뒤의 삶에 있어서 여러 가지 변화가 있었다. 그중에 특별히 변화된 삶이 있다면 그것은 내가 전도를 하게 되었다는 것이었다. 내가 예수님을 알고 보니 이 세상에서 짓는 죄가 얼마나 무서운 것이며, 그 결과로 가야 될 지옥이 얼마나 끔찍스러운 곳인지 알게 되었다. 이러한 사실을 깨닫고 난 뒤부터 기도하기만 하면 나에게는 예수님을 모르는 수많은 영혼들이 지옥 가는 모습이 보이곤 했었다. 뜨거운 불 못에서 고통당하는 모습이 너무나도 비참했다. 그래서 매일 대학교에 가서 만나는 후배들을 붙잡고 전도를 하곤 했었다.

어느 날이었다. 그날도 여느 때와 마찬가지로 오전에는 기도와 성경 읽기를 하고, 오후에는 대학교에 가서 전도를 하려고 자전거를 타고 갔다. 학교 캠퍼스에 들어가서 이곳저곳을 둘러보며 전도를 하고 나오는데 한 아는 후배가 눈에 들어왔다. 그 후배는 서클 후배였다. 그런데 그 후배를 보는 순간 나의 머리에는 그 후배가 한때 나의 마음에 큰 상처와 고통을 준 사실이 떠올랐다. 그러면서 나의 마음에 그 후배에 대한 원망, 미움이 순간적으로 일어났다. 그리고 그러한 감정이 나의 마음을 지배하기 시작했다. 자전거를 타고 집에 돌아오는 시간 내내 나의 마음이 괴롭고 답답하여 어쩔 줄을 몰랐다. 학교를 갈 때만 해도 천국과 같은 나의 마음이 갑자기 지옥과 같은 마음으로 변한 것이었다. 나는 그 이유를 알 수 없었다. 그러한 괴로움과 답답한 마음으로 집에 돌아온 나는 하나님께 기도하였다.

"하나님 아버지, 어찌하여 저의 마음이 이렇게 괴롭고 답답하게 되었습니까? 제가 무엇을 잘못하였습니까? 말씀하여 주옵소서! 깨닫게 하여 주옵소서!"

그러자 마음속에서 성령님의 음성이 들렸다.

"네가 어찌하여 살인을 하느냐?"

"네? 제가 살인을 했다구요?"

나는 깜짝 놀랐다. 내가 살인을 하다니, 곰곰이 생각을 한 나는 내가 그 후배를 미워한 것을 두고 하나님께서 책망을 하신 것임을 알게 되었다. 나는 그 자리에서 즉시 무릎을 꿇고 회개하였다.

"하나님, 제가 잘못하였습니다. 제가 그 후배에게 상처받고 힘든 상황이 생각나서 나도 모르게 순간적으로 미워하였습니다. 저의 죄를 용서하여 주옵소서! 다시는 미워하지 않겠습니다!"

그러자 회개하는 즉시 나의 마음에 가득 찼었던 답답함과 괴로움이 사라지고 다시 평안이 찾아오며 하나님의 사랑이 물밀듯이 넘쳤다. 하나님께서는 그 후배를 향한 나의 미움을 살인죄로 보셨다. 그리고 그 죄에 대하여 책망하셨다. 또한 회개하는 순간 죄를 용서하시고 평안과 사랑을 회복시켜 주신 것이었다. 나는 미움이 살인죄임을 그 사건을 통하여 다시 한번 깨달았다. 우둔하고 미련하여 마귀에게 속아서 남을 미워하는 죄를 짓고도 깨닫지 못하는 나를 책망하시고 회개케 하신 주님을 찬양한다. 할렐루야!

"옛 사람에게 말한 바 살인하지 말라 누구든지 살인하면
심판을 받게 되리라 하였다는 것을 너희가 들었으나
나는 너희에게 이르노니 형제에게 노하는 자마다 심판을 받게 되고
형제를 대하여 라가라 하는 자는 공회에 잡혀가게 되고
미련한 놈이라 하는 자는 지옥 불에 들어가게 되리라"

(마5:21-22)

주님 오시리 곧 오시리

"형제를 미워하는 자마다 살인하는 자니 살인하는 자마다
영생(永生)이 그 속에 거하지 아니하는 것을 너희가 아는 바라!"
(요일3:15)

혹시 누군가 당신에게 준 상처로 인해서 그 사람을 향한 섭섭함, 원망, 미움의 마음이 있지 않은가? 이 상처는 당신의 마음에 쓴 뿌리가 되어서 점점 당신의 마음 깊은 곳에 자리 잡게 될 것이며, 이 쓴 뿌리는 인간관계를 단절시킬 뿐 아니라, 원망, 미움 등의 죄로 발전하게 되어 당신의 마음에서 하나님의 사랑과 감격과 감동이 사라지게 만들 뿐 아니라, 무미건조하고 메마른 상태로 살게 만들어 당신을 종교적인 사람이 되도록 만들 것이다. 회개하라! 회개만이 잃어버린 하나님의 사랑, 하나님의 마음을 회복시킬 수 있는 유일한 방법이다.

06   아, 어머니!

어머니가 하나님의 부르심을 받고 소천하신 뒤 한동안은 평안 가운데 생활했지만, 어느 순간부터 돌아가신 어머니가 그리워졌다. 사정이 생겨서 아버지와 막내 동생이 다른 곳에 방을 얻어서 생활하고, 집에서 나 혼자 생활하다 보니 외로움과 고독이 내게 임하였고, 외로움과 고독 속에서 대화할 사람이 없자 어머니에 대한 그리움이 더해갔다. 밤이 되면 어머니에 대한 그리움으로 인해 혼자서 주르르 눈물을 흘리며 돌아가신 어머니를 그리워하

는 날들이 계속되었다. 매일 밤마다 돌아가신 어머니를 그리워하며 우는 것이 반복되다 보니 밤이 오는 것이 두려워졌다. 밤이 오면 내가 마치 도살장에 끌려가는 소처럼, 어머니를 그리워하며 울어야 하는 운명의 사람이 되는 것처럼 매일 울다 보니 우는 것이 지겨워졌고, 밤마다 어머니를 그리워하면서 울어야 하는 운명의 틀에서 벗어나고 싶었지만 벗어나지 못하고 매일 밤을 눈물로 보냈다. 이렇게 어머니를 그리워하는 마음으로 매일 밤을 울며 보낸 지 한 주, 두 주, 세 주, 네 주... 매일 밤마다 돌아가신 어머니를 그리워하며 보낸 지 무려 한 달이 된 어느 날, 잠이 들었는데 꿈속에서 어머니가 보였다. 어머니는 위암으로 돌아가셨기 때문에 분명히 뼈가 앙상한 모습으로 돌아가셨는데 내 눈에 보이는 어머니의 얼굴은 광채가 났고, 입으신 옷도 흰색으로 빛이 났다. 어머니는 나를 잠시 지긋이 바라보고 계셨다. 그리고는 조용히 몸을 돌려서 걸어가셨다. 나는 "어머니, 어머니!" 하고 크게 부르짖으며 어머니를 따라갔다. 어머니는 내가 간절히 부르짖는 소리를 못 들으셨는지 계속해서 걸어가셨다. 나는 계속해서 어머니를 부르며 따라갔다. 잠시 후 어머니 앞에는 큰 문이 있었는데 어머니가 다가가자 육중한 큰 문이 스스로 열리고, 어머니는 그 문 안으로 들어가셨다. 어머니가 그 문 안에 들어가신 것을 본 잠시 후에 잠에서 깼다. 그때 내 안에서 세미한 음성이 들렸다. "사랑하는 아들아, 어찌하여 슬퍼하느냐, 네 어머니는 이렇게 천국에 잘 있다. 너와 어머니는 완전히 이별한 것이 아니다. 잠시 헤어진 것이다. 네가 이 땅에서 모든 사역을 마치고 천국에 오면 네가 그리워하는 어머니와 영원토록 같이 살게 된다. 그러니 슬퍼하지 말아라"

그렇다! 돌아가신 어머니와는 영원한 이별이 아니고, 잠시 헤어진 것이다. 내가 이 땅에서 모든 사명을 감당한 뒤 천국에 가면 어머니를 만날 수 있다. 그러므로 슬퍼하고만 있지 말아야 한다.

하나님께서는 내가 한 달 동안 매일 밤마다 눈물을 흘리며 어머니를 그리워하는 것을 보시고 꿈을 통하여 어머니를 보여 주신 뒤, 내가 모든 사명을 감당하고 천국에 오면 어머니와 영원토록 살 수 있기 때문에 더 이상 슬퍼하지 말고 사명 감당하는 삶을 살라고 그 꿈을 꾸게 하시고 말씀하신 것이었다. 나는 그 후 더 이상 눈물을 흘리지 않게 되었고, 대신 내가 모든 사명을 감당한 뒤 천국에 가면 어머니와 영원토록 산다는 소망을 갖게 되었다. 꿈과 음성을 통하여 나의 슬픔을 치유하시고 천국의 소망을 주신 주님을 찬양한다. 할렐루야!

07 보름 동안의 투자로 2년 3개월을 보장받은 기도

군 입대를 알리는 영장이 나왔다. 이젠 더 이상 연기할 수가 없게 되었다. 이미 두 번이나 연기했기 때문에 더 이상은 연기가 안 된다고 한다. 대학교를 졸업한 지 벌써 1년이 지났다. 그동안 복음 전하는 일에, 학생들과 청년들 성경 공부시키는 일에, 교회 일에 전념했던 나는 영장이 나오자 그 일들을 계속 더 하고 싶어서 2번이나 연기했었다. 남자는 무엇보다도 군 문제를 끝내야 한다. 군 문제가 끝나지 않으면 앞날에 대한 계획을 잡기가 어려운 것을 피부로 느꼈다. 하나님께서는 제자 훈련에 대하여 눈을 뜨게 하셨기에, 제자 훈련의 비전을 품고, 제자 훈련을 통하여 사람들을 주님의 제자로 세우기 위하여 양육하고 훈련시키고 싶은데 군 문제가 가로막고 있었다.

그런데 군 문제를 생각하니 앞이 캄캄하였다. 한 번도 집을 떠나서 살아본 적이 없는 나였다. 전주에서 태어났고, 초, 중, 고, 대학교까지 오직 전주에서만 생활하였다. 방학 때 친구들과 다른 곳으로 놀러 가본 적도 거의 없었기 때문에 집을 떠나서 2년 3개월 동안 군대라는 곳에서 보낸다는 것은, 마치 한 번도 집을 떠나 본 적이 없는 야곱이 삼촌 라반의 집을 향해서 집을 떠나는 것과 같은 두려운 일이었다. 나는 성격이 내성적이고, 소극적이기에 군 생활이 매우 걱정되었다.

'나는 앞으로 어느 곳에 가서 군 생활을 하게 될까?'

'어떤 삶이 나를 기다리고 있을까?'

군 입대를 두고 있는 남자들이 겪는 근심과 막연한 불안감이 내 마음에도 자리 잡고 있었다. 특히 나는 제대 후 신학교에 갈 계획인데 군 생활에서 믿음을 잃지 않을까 하는 불안한 마음도 있었다.

'여자는 시집을 가봐야 그의 진짜 믿음을 알 수 있고, 남자는 군대를 갔다 와봐야 그의 진짜 믿음을 알 수 있다'고 하면서 많은 청년들이 군 생활을 하면서 믿음을 잃는다는 말이 나를 더욱 불안하게 만들었다. 이런 고민과 걱정, 불안한 마음으로 입대를 할 수 없어서 하나님께 기도하기로 마음먹고 매일 교회에 가서 기도하였다.

"하나님, 제가 이제 군에 가야 합니다. 저는 군대를 단순히 국방의 의무를 마치는 과정으로, 억지로 가서 시간을 때워야 하는 식으로 갔다 오고 싶지 않습니다. 아시다시피 저는 앞으로 하나님의 일을 해야 합니다. 그러므로 군대의 생활이 좋은 사역의 기회, 신앙 훈련의 기회가 되게 해주세요. 그리고 군에서도 하나님의 일을 마음껏 하게 해주세요."

렘33:3 말씀을 생각하며 군대에서도 하나님의 일을 전적으로 하고 싶다는 나의 소원을 매일 통성으로 기도하며 하나님께 올려드렸다.

"너는 내게 부르짖으라 내가 네게 응답하겠고 네가 알지 못하는 크고 은밀한 일을 네게 보이리라" (렘33:3)

그런데 시편 37편 4절 말씀에 "여호와를 기뻐하라 저가 네 마음의 소원을 이루어주시리라!"고 되어 있지만 솔직히 나는 내 마음의 소원을 이루어주실 하나님을 기뻐하며 기도하는 정도까지 신앙의 깊이가 있지 않았다. 다만 군 생활이 걱정되었고, 군에서도 하나님의 일—복음을 전하고, 양육하는 일들, 말씀을 전하는 일들—을 마음껏 하고 싶었기 때문이었다. 하루, 이틀, 사흘.... 계속해서 기도를 해도 군 문제에 대한 염려와 걱정, 불안한 마음은 사라지지 않았다.

일주일, 이주일... 이렇게 기도하던 어느 날, 군 문제를 놓고 고민하며 기도를 하는데 마음속에서 갑자기 이루 말할 수 없는 평안이 솟아오르는 것이었다. 그러면서 군 문제에 대한 걱정, 불안한 마음들이 봄눈 녹듯이 마음에서 사라져 버린 것이었다. 군에 대하여 전혀 걱정이 되지 않았고, 불안한 마음도 찾아볼 수 없었다. 참으로 이상하였다. 조금 전까지만 해도 군대만 생각하면 걱정이 되었고, 불안하였었는데 갑자기 사라지고 평안한 마음이 넘치다니…. 너무나 이상하여 일부러 군에 대하여 걱정을 해보려고 걱정되는 생각을 해보았다. '어떤 부대로 갈 것인가? 어떤 사람들을 만날 것인가? 나는 잘할 수 있을까? 나는 다리의 관절이 심하게 안 좋은데 어떻게 훈련을 받지? 제일 힘들다고 하는 유격 훈련을 어떻게 받나?' 이런 생각들을 하며 일부러 걱정을 해보려고 했으나 잠시 후 걱정하는 마음들이 흔적도 없이 사라져버렸다. 마음 깊은 곳에서 흘러나오는 평안함이 걱정과 불

안한 마음을 몰아내 버렸다. 빌립보서 4장 6-7절 말씀이 생각이
났다.

> "아무것도 염려하지 말고 오직 모든 일에 기도와 간구로 너희 구할
> 것을 감사함으로 하나님께 아뢰라! 그리하면 모든 지각에 뛰어나신
> 하나님의 평안이 너희 마음과 생각을 지키시리라!" (개역 성경)

그렇다! 기도의 응답은 하나님이 주시는 평안이 먼저 응답의
싸인(sign)으로 온 뒤 그 후에 현실에서 이루어진다는 말씀이다.
평안은 하나님께서 기도에 응답하신다는 싸인(sign)이다.
　한나를 보자. 삼상 1장에 보면 엘가나라는 사람에게 한나와
브닌나라는 두 아내가 있었는데 브닌나는 아이를 낳았으나 한나
는 아이를 낳지 못하였다. 그러자 아이를 낳은 브닌나가 아이를
못 낳는 한나를 무시하며 괴롭게 하였다. 한나는 마음이 너무나
괴로워서 여호와의 집에 가서 힘을 다하여 기도를 하되 소리를
내지 않고 하다 보니 얼굴이 벌겋게 달아올랐다. 그런 한나의 모
습을 본 엘리 제사장은 한나가 술을 마시고 온 줄 알고 술을 끊
으라고 말하였다. 그러자 한나는 자신이 브닌나로 인한 원통함
과 격분됨이 많지만 꾹 참고 기도하다 보니 얼굴이 그렇게 보이
는 것이라고 말하였고, 그 말을 들은 엘리 제사장은 "평안히 가
라 이스라엘의 하나님이 네가 기도하여 구한 것을 허락하시기를
원하노라"(삼상1:17)고 말하였다.
　한나에게는 엘리 제사장의 말이 자신에게 주시는 하나님의 레
마(Rhema) 음성으로 들렸다. 그래서 그녀는 "당신의 여종이 당
신께 은혜 입기를 원하나이다"(1:18) 라고 대답하고 집에 돌아
가서 얼굴에 다시는 근심 빛이 없었다(1:18).
　한나의 얼굴에 다시는 근심 빛이 없었다는 말은 그녀가 근심
하지 않았다는 말이 아니라, 하나님께서 그녀의 마음에 평안을

　　　　　　　　　　　　　　　주님 오시리 곧 오시리

주심으로써 한나 마음에서 근심이 사라졌다는 말이다. 하나님께서는 한나의 기도에 대하여 응답하시겠다는 싸인(sign)으로 평안을 먼저 주셨으며, 실제적인 응답은 약 280일 후에 사무엘이 태어남으로써 현실에 응답된 것이다. 할렐루야!

아무튼 이러한 평안은 군에 입대하기까지 2개월 동안 계속되었다. 그리고 군에 입대하여 6주 동안의 훈련을 마치고 자대 배치를 받았을 때 실제적 응답을 확인할 수 있었다. 이등병 계급장을 달고 중대로 배치되어 중대장님과의 첫 면담에서 중대장님은 나를 중대 군종병으로 임명하셨다. 비록 이등병이지만, 중대 군종병이었기에, 나는 선방의 각 초소들을 방문하며 예배를 드리고, 예수님을 전하는 영광을 누리게 되었다. 이등병 말단이 다른 초소들을 돌아다니며 일병, 상병, 병장들과 대화를 나눈다는 것은 그 당시 군에서 있을 수 없는 일이었지만 하나님의 은혜로 중대 군종병이라는 직책을 받았기 때문에 거리낌 없이 할 수 있었다. 내가 소속된 중대 내에 신학교를 다니다가 온 사람들이 여럿이 있음에도 불구하고 일반 대학교를 졸업한 내가 중대 군종병이 되었는데, 이는 순전히 기도 덕분이었다.
또한 일 년간의 중대 군종병 생활을 한 뒤에는 대대 군종병이 되었다. 중대 군종병은 소총수로서의 기본 임무를 감당하면서 남은 시간들을 내어서 군종병의 임무를 감당하는데, 대대 군종병이 되면 주특기가 소총수(100)에서 군종병(980)으로 바뀌며, 전적으로 군종 업무만을 할 수 있게 되는 것이다. 우리 대대 500여 명의 군인들 가운데에는 신학교를 다니다가 군에 들어온 사람들이 여러 명인데도 일반 대학교를 졸업하고 온 내가 대대 군종병이 될 수 있었던 것은 다시 말하건대 순전히 기도 덕분이었다.
약 보름 동안 기도하며 군대에서 하나님의 일을 마음껏 할 수 있도록 해달라고 부르짖은 것에 대하여 하나님께서는 먼저 평강으로 응답의 싸인(sign)을 주셨으며, 입대 후 훈련을 마치고 자대 배치를 받았을 때 일 년은 중대 군종병, 남은 일 년은 대대 군종병이 되어 하나님의 일을 마음껏 할 수 있도록 해주셨다. 약 보름간의 기도를 통하여 군 생활 내내 하나님의 응답 가운데 살았으니 이 얼마나 크신 은혜인가….

기도는 씨를 뿌리는 것과 같다. 지금 미래를 위하여 기도의 씨앗을 뿌리면 언젠가는 반드시 거두게 된다. 그러나 씨를 뿌리지 않는 자는 남이 추수할 때 아무것도 거둘 수 없는 것처럼, 기도의 씨를 뿌리지 않는 사람은 미래에 아무것도 거둘 수가 없게 되는 것이다.

수잔나가 자녀들을 위하여 매일 기도의 씨앗을 뿌렸을 때 하나님께서는 그녀의 기도를 들으시고 요한 웨슬레와 챨스 웨슬레를 세우셔서 영국을 영적 침체에서 건지신 것이고, 모니카가 눈물로 기도의 씨앗을 뿌렸기 때문에 탕자 어거스틴이 성자 어거스틴으로 변화될 수 있었던 것이며, 한나가 힘을 다해 기도의 씨앗을 뿌렸기에 사무엘이 이스라엘의 선지자가 된 것이다.

당신의 미래를 위하여 기도의 씨앗을 뿌리라!

당신이 뿌린 기도로 인하여 30배, 60배, 100배의 응답이 나타날 것이다.

약 보름간의 기도를 들으시고 2년 3개월을 책임져 주신 하나님을 찬양한다. 할렐루야!

> "눈물을 흘리며 씨를 뿌리는 자는 기쁨으로 거두리로다
> 울며 씨를 뿌리러 나가는 자는 반드시 기쁨으로
> 그 곡식 단을 가지고 돌아오리로다"
>
> (시126:5-6)

08

형, 뭐 필요한 것 없어요?

　군에서 훈련을 받는 중에 내무반을 옮기는 일이 생겼다. 그래서 나의 모든 짐들을 2층 숙소에서 3층으로 옮기게 되었는데, 옮기는 과정 중에 군에서 지급한 팬티 한 장을 잃어버리게 되었다. 나는 잃어버린 팬티로 인하여 걱정하기 시작하였다. 왜냐하면 조교들이 "너희들이 만약 이곳에서 받은 보급품들 중 하나라도 잃어버리면 자대 배치를 받은 후에 고참들에게 엄청나게 깨질 테니까 자기의 보급품은 하나도 잃어버리지 말고 잘 챙겨야 한다."고 말하였기 때문이었다. '팬티를 잃어버렸으니 어떡하나…' PX에 가서 구입하면 되겠지만 훈련생들은 PX를 가지 못하도록 되어 있었기 때문에 살 수도 없었다. 심히 고민하였지만 방법은 없었다. 아무리 생각해도 내 수단과 방법, 능력으로는 잃어버린 팬티를 찾거나 만들어내기란 불가능하였다. 고민하고 걱정하던 나는 기도하기로 하였다.

　"하나님, 아시다시피 제가 팬티 한 장을 잃어버렸습니다. 그런데 제 수단과 방법과 능력으로는 잃어버린 팬티 문제를 해결할 수가 없습니다. 하나님께서 역사하여 주셔서 팬티를 주옵소서!" 며칠 동안 계속해서 기도하였다.

　훈련소에서의 훈련은 6주 동안 계속되는데 피곤하고 고달픈 훈련 중 오직 한 가지 소망은 주일에 교회를 가는 것이었다. 매일 매일 계속되는 훈련으로 인해 정신적으로, 육체적으로 지치고 힘든데다가 아는 사람이 하나도 없는 훈련소 생활에 오직 주님만이 나의 위로가 되시고, 의지할 분이셨다. 힘든 훈련소 생활이었기 때문에 찬송가를 부를 때마다 눈물이 흐르는 것을 억제할 수 없었다. 군에 오기 전에 교회에서 드렸던 예배와는 전혀 다른 감격과 눈물이 있었다. 이런 감격 가운데 예배를 드린지 4주가 지나고 5주째 예배 시간이 되었다. 6주째 토요일에 퇴소를 하기 때문에 5주째 드리는 예배는 훈련소에서 드리는 마지막 예배였다. 예배를 마친 뒤 내무반에 돌아가려고 하는데 누군가가 "여기 있는 사람 중에 전주에서 온 사람 있으면 손을 들어봐!"하는 소리가 들렸다. 그래서 나는 소리가 나는 쪽으로 고개를 돌렸다. 다른 기수 훈련병들을 훈련시키는 조교였다. '아, 저 조교도 전주에서 왔나 보다!' 하는 반가운 마음으로 그 조교에게 갔다. 가까이 가서 그 조교의 얼굴을 바라본 나는 나도 모르게 "어?"하며 놀랐고, 그 조교도 "어, 어?"하며 놀랐다. 그 조교는 다름 아닌 내가 대학교를 다니며 교회 학생회 교사를 할 때 가르쳤던 후배였다. 나는 대학교를 마친 뒤 군에 왔고, 그 후배는 고등학교를 마친 후 얼마 뒤에 군에 왔기 때문에 그는 나보다 먼저 군에 와서 훈련을 받고 조교가 된 것이다. 멀고 먼 강원도 속초에서 아는 사람을 만난 것은 거의 기적과 같은 일이었다. 그 후배는 조그마한 목소리로 "아니, 형 어찌된 일이에요?"하며 물었다. 나는 바로 대꾸도 못하고 엉거주춤하니 서 있었다. 왜냐하면 훈련소에서 조교와 훈련병의 신분 차이란 하늘과 땅 같아서 그 애가 아무리 후배라 할지라도 감히 반말을 할 수 없었기 때문이었다. 영진이라고 하는 그 후배는 반가운 마음으로 내 손을 잡아 이끌고는 PX로 갔다. "형, 얼마나 수고가 많으세요?"하며 빵과 포도 캔을 사주며 위로해 주었다. 나는 그제서야 대학교를 마치고도 1년 있다가 군에 온 것을 말하며 지난 이야기들을 나누었다. 그런데 말하는 도중에 영진이는 "형, 뭐 필요한 것 없어요?"하고 물었다. "응, 괜찮아. 필요한 거 없어!"라고 말하고 계속 이야기하였다. 그런데 영진이는 조금 후에 또 "형, 뭐 필요한 것 없어요?"하며 또 물었다. 나는 또 "응, 필요한 게 아무것도 없어!"하며 계속해서 이 이야기, 저 이야기를 하였다. 그런데 이

주님 오시리 곧 오시리

상하게 영진이는 또 "형, 뭐 필요한 것 없어요? 있으면 말씀하세요!"하는데 그때 내 머릿속에서 잃어버린 팬티가 번뜩 떠올랐다. '맞다, 내가 잃어버린 팬티를 위하여 기도했었지….' 나는 그제서야 잃어버린 팬티가 생각나서 영진이에게 말하였다. "실은 내가 내무반을 옮기는 과정 중에서 팬티를 잃어버렸거든, 그래서 팬티가 부족해. 팬티가 있었으면 좋겠어!" "어, 그래요? 알았어요!"하며 영진이는 즉시 밖으로 나갔다. 잠시 후에 돌아온 영진이의 손에는 팬티가 들려 있었다. "여기 있어요, 형!" 영진이가 내게 준 팬티는 기도한 지 약 2주 만에 응답받은 팬티였다. 할렐루야!

　내가 기도한 것에 대하여 하나님께서는 영진이를 통하여 응답하시려고 했는데 내가 기도한 것을 까먹고 잊어버리자 하나님께서는 3번이나 같은 질문을 하게 하신 것이었다. 하나님께서 사무엘을 불렀을 때 사무엘이 하나님의 음성을 엘리의 음성으로 착각하자 하나님의 음성임을 깨달을 때까지 4번이나 동일하게 부르신 것과 같았다.

　나는 내가 기도해 놓고도 잊어버렸지만 하나님께서는 잊지 않으셨다. 오히려 내가 생각날 때까지 몇 번이고 묻도록 하신 것이다. 우리는 기도해 놓고도 때로는 기도한 것을 잊기도 한다. 그러나 하나님께서는 잊지 않으신다. 내가 기도한 것을 잊었다고 해서 하나님도 잊으시는 것이 아니다. 나는 기도를 하기만 하면 된다. 기도 응답은 하나님께 있다. 나는 기도의 씨앗을 뿌리고 잊어버릴지라도 하나님께서는 하나님의 시간에, 하나님의 기가 막힌 방법으로 응답하신다. 나의 기도를 잊지 않으시고 응답하신 하나님, 사소한 것에도 응답하신 주님을 찬양한다. 할렐루야!

09

3만 원, 3만 원!

나는 26세라는 비교적 늦은 나이에 군에 입대하였다. 대학교 들어갈 때 재수하고, 대학교 졸업 후 1년 뒤에 군대에 가니 그렇게 되었다. 나는 춘천으로 집결되었다가 속초 ○○사단으로 가서 훈련을 받게 되었다. 모든 것이 낯설었고, 타이트한 훈련에 매우 긴장된 생활을 하게 되었다. 반복되는 훈련과 얼차려(기합)로 인하여 심신이 피곤하였다.

매일 매일의 삶이 힘들고 어려웠지만 나는 순간순간 기도하는 것을 낙으로 삼고 있었다. 고개를 들고 조용히 주님의 이름을 부르며 그분의 임재를 묵상하고 있노라면 나의 영혼은 새로워졌다. 하루를 뒤돌아보며 취침 전에 드리는 기도를 통하여 나는 성령님의 크신 위로와 격려를 계속해서 받게 되었다. 전주에만 계시는 하나님이 아니었다. 교회에서만 느끼는 그분의 임재가 아니었다. 하나님께서는 성경 말씀대로 무소부재(無所不在) 하셨다. 아는 사람이 한 명도 없고, 한 번도 와보지 못한 곳이지만 주님은 성령으로 나와 함께 하셨다. '과연 내가 어느 부대로 배치를 받을 것인가?' '앞으로 2년 3개월 동안 내가 어떻게 군 생활을 할 것인가?' 훈련으로 인한 피곤과 긴장, 앞길에 대한 염려 등 수많은 생각들이 내 마음에 있었다. 그런 상황에서 유일하게 내가 할 수 있었던 최대의 것은 기도였다. 순간순간 드리는 기도로 인하여 나는 잘 인내할 수가 있었다.

그런데 언제부턴가 기도를 하기만 하면 자꾸 '3만 원, 3만 원' 하는 생각이 떠오르기 시작하였다. 훈련소에선 PX조차 마음대로 갈 수가 없었다. 그런데 왜 3만 원이라는 돈이 생각이 난단 말인가? 나는 "나사렛 예수 그리스도 이름으로 명하노니 나에게 잡념을 주어 기도를 방해하는 악한 영들은 당장 떠날지어다!"
하고 선포하며 기도를 하였다. 그런데도 계속해서 '3만 원, 3만
원…' 하는 생각이 떠올랐다. 기도할 때마다 이런 생각이 자꾸
떠오르자 나는 고민하였다. '도대체, 왜 3만 원이라는 단어가 떠
오른단 말인가?' 그 문제를 가지고 깊이 생각하자 한 성경 말씀
이 떠올랐다. 빌립보서 2장 13절 말씀이었다.

> "너희 안에서 행하시는 이는 하나님이시니 그가 자기의 기쁘
> 신 뜻을 위하여 마음에 소원을 두고 행하게 하시나니"

우리 안에 거하시는 성령 하나님께서는 하나님의 기쁘신 뜻을
위하여 우리 마음에 어떤 소원을 두고(감동하시고) 행하게 하신
다는 말씀이다. 이 말씀은 내가 성경을 여러 번 읽을 때 마음에
와닿아서 외웠던 말씀이었다. '혹시 하나님께서 나에게 3만 원
을 주시려고 미리 기도시키시는 것이 아닐까?' 하는 생각이 들었
다. 내 생각에 군에서 돈은 별로 쓸 일이 없어 보였다. 군대에서
먹여주고, 입혀주고 재워주고 다 하는데 구태여 돈 쓸 일이 어디
있겠는가. 그런데 하나님께서 어떤 이유가 있어서 나에게 3만
원을 주려는 것 같았다. 하나님께서는 우리의 기도를 통하여 일
하시는 분이 아닌가? 그래서 나는 기도를 바꾸었다.

"하나님, 제 생각에는 제게 돈이 별로 필요 없다고 생각합니
다. 그러나 하나님께서 3만 원을 주시기 위해서 저에게 미리 감
동 주셔서 기도시키는 것이라면 순종하는 마음으로 기도하겠습
니다." 하며 그 생각을 받아들여 기도하였다.

어느덧 6주 동안의 훈련을 다 마치었다. 마지막 토요일은 퇴
소식과 함께 훈련소에 찾아온 부모, 친척, 친구들과의 면회가 있
었다. 나는 집에서 면회를 오리라고 기대하지 않았다. 편지에도
무리해서 올 것 없다고 썼었다. 속초까지 오는 것이 쉽지 않았기
때문이었다. 전주에서 서울까지 3시간, 서울에서 속초까지 5시
간, 또 속초에서 부대까지 오는 시간들만 합해도 최소한 8시간

이상이 걸리기 때문이었다. 오후 1시쯤 면회를 하니, 그곳에 오기 위해서는 그 전날 출발해야 하지 않은가? 퇴소식 날이 되었다. 6주간의 힘든 훈련을 마치고 얻은 이등병 계급장은 이 땅에 있는 어떤 것과도 바꿀 수 없는 귀중하고 가치 있는 것이었다. 그 계급장을 달기 위하여 얼마나 많은 땀과 눈물과 고통이 뿌려졌던가? 비록 가장 낮은 계급이지만 자랑스러운 계급장이었다. 6주 동안의 모든 훈련을 무사히 마쳤다는 자부심이 생겼다.

드디어 면회 시간이 되었다. 수많은 부모님, 형제들, 친구들, 친척들이 운동장을 가로질러 면회장으로 들어왔다. 그들의 손에는 음식들이 들려 있었다. 그들을 바라보는 나의 마음은 착잡하였다. 저들 중에 나를 찾아 여기까지 오는 사람이 없을 것이라는 생각에 처량하기까지 하였다. 내가 괜히 면회 오지 말라고 한 것 같았다. 차라리 아무 말도 하지 말 것을….

그래도 혹시나 하는 마음으로 운동장을 기웃거렸다. 그런데 이게 웬일인가? 저만치쯤 해서 남동생의 모습이 눈에 보이는 것이 아닌가? 남동생과 나는 한 살 차이였고, 그는 나보다도 먼저 군에 갔다. 그리고 내가 군에 입대하기 전에 벌써 제대를 하였다. 그는 대학교 1학년을 마치고 군에 입대하였고, 나는 대학교를 마친 후 1년을 더 있다가 입대를 했기 때문이었다. 그는 군 생활에 대하여 나보다 훨씬 더 잘 알고 있었다. 군 생활이 얼마나 힘든지 나보다 더 잘 알고 있었다. 그렇기 때문에 무리를 해가며 멀고 먼 전주에서 속초까지 찾아온 것이었다. 나는 반가운 마음으로 동생을 맞이하였다. 그의 손에는 먹을 것이 들려 있었다. 음식을 먹으며 이런저런 이야기를 나누었다. 이윽고 면회 시간이 끝나고 헤어질 시간이 되었다. 참으로 짧은 만남이었다. 아쉬운 만남이었다. 그런데 헤어질 때 동생은 나에게 무엇인가를 손에 쥐어 줬다.

"이게 뭐냐?" "돈이야" "군에서 무슨 돈이 필요하다고, 나는

주님 오시리 곧 오시리

돈 필요 없어!"하며 뿌리쳤다. "형, 군에서 돈이 꼭 필요할 때가 있어! 지금은 필요 없지만 자대 배치 받고 나면 필요할 때가 있어! 받아 둬!"

동생이지만 군대로는 선배인 동생은 돈이 필요할 때가 있음을 말하며 내게 꼭 쥐어줬다. 나는 마지못해 받아 두었다. 아쉬운 작별을 뒤로하고 동생은 떠났다. 동생의 모습이 내 시야에서 멀어진 뒤 나는 내 손에 있는 봉투를 열고 돈을 세어 보았다. 3만 원이었다. 내가 기도할 때마다 떠올랐던 그 3만 원이었다! 그렇다. 기도할 때마다 떠올랐던 3만 원은, 잡념 마귀의 역사가 아니라 성령님의 감동이었던 것이다. 할렐루야!

그렇다면 하나님께서는 왜 3만 원을 주시려고 하신 것일까?

훈련소에서 6주간의 훈련을 마치고 자대 배치를 받은 곳은, 최전방 철책선-흔히 38선이라고 불리는-경계 근무를 하고 있는 부대였다. 경계 근무는 각 소대에게 맡겨진 구역이 있기 때문에 각 소대가 독립되어 있었다. 밤에 경계 근무를 선 뒤 오전에는 취침을 하고, 오후에는 정비를 하는 스케줄로 운용되고 있었다. 경계 근무를 하는 부대로 오니 가장 큰 문제는 주일에 예배를 드릴 수 없는 것이었다. 경계는 365일 하루도 쉬는 날 없이 매일 해야 하기 때문에 주일이든, 공휴일이든, 추석 명절이든, 구정 명절이든 평일과 다를 바가 없었다. 후방에 있는 부대 같으면 주일은 공휴일이기 때문에 쉼이 보장되지만 전방 부대는 경계 근무라는 특수한 상황에 있기 때문에 쉬는 날이 일 년 365일 중 단 하루도 없었다. 전방에는 교회가 없을뿐더러, 주일에도 경계 근무를 해야 하다 보니 예배라는 것 자체가 없었다. 군에 오기 전에는 매일 성경을 읽고, 매일 새벽 기도회에 나가서 3시간씩 기도를 하며, 주일 예배, 수요 예배, 금요 철야 기도회를 드리며 영적 생활을 했던 내가, 예배는 고사하고 성경을 읽는 것과 기도하는 것조차 마음대로 할 수 없다 보니 참으로 답답해졌다. 그래서 어떻게든지 영적으로 살기 위해 포켓 성경을 주머니에 넣고 다니면서 선임자들이 안 보는 사이에 잠깐 잠깐씩 읽기도 하고, 심지어 독한 냄새가 나는 화장실에 가 쪼그려 앉아서 성경 한 장을 읽고 나오기도 하였으며, 따로 기도할 시간이 없기 때문에 혼자 있을 때 조그만 소리로 중얼중얼하며 하기도 했고, 밤에 경계 근무를 서면서 중얼중얼하며 기도하기도 하였다. 그런데 가장 마음이 아픈 것은 주일이 되어도 예배를 드릴 수 없다는 것이었다. 주일에는 예배를 드려야 하는데 예배를 드릴 수 없다니…. 주일 예배를 드리는 시간이 되면 예배를 드릴 수 없다는 현실 앞에 군에 오기 전에 드렸던 예배 생각이 나서 눈물이 주르르 흘렀다. 예배를 드릴 수 없는 아픈 마음에 나는 주님께 기도하기 시작하였다.

"주님, 주일이 되었는데도 예배를 드릴 수가 없습니다. 주님, 주일에 예배를 드릴 수 있도록 해주세요!"

순간순간 간절히 기도하였다. 이렇게 기도한 지 여러 날이 지났다. 어느 주일 오후에 소대 선임 하사가 점심 식사를 마친 뒤 소대원들을 집합시켰다. 그리고 이렇게 말했다.

"오늘부터 우리 소대는 매주 일요일마다 박요셉 이등병의 인도하에 예배를 드린다. 경계 근무를 서는 사람들을 제외하고는 모두 막사에 모이도록 하라"

아니, 세상에 이런 일이…. 나는 중대에 배치받고 중대장과 면담하였을 때 군을 제대하면 신학교에 가려고 한다고 말했다. 그러자 중대장이 중대 군종병을 임명하였고, 소대에 배치받았을 때 소대장, 선임 하사와 면담하면서 역시 군을 제대하면 신학교 가려고 한다는 말을 하며 중대장이 나를 중대 군종병으로 임명했다는 말을 했을 뿐 선임 하사나 소대장에게 주일에 예배

주님 오시리 곧 오시리

를 드리자고 말 한마디 한 적이 없었다. 다만 말할 수 없이 탄식하는 마음으로 주일에 예배를 드릴 수 있도록 해달라고 기도했을 뿐이다. 그런데 그 기도를 주님께서 들으시고 선임 하사의 마음을 움직여서 예배를 드리자고 한 것이다. 할렐루야! 소대의 제일 막내인 내가 선임자들이 모인 자리에서 예배를 인도하게 되다니…. 참으로 놀라운 일이 생긴 것이었다. 그래서 나는 주일마다 소대원들이 모인 자리에서 예배를 인도하였고, 밤에 2인 1조가 되어서 경계 근무를 설 때에는 군에 오기 전에 기도하면서 응답받은 것들을 말하면서 하나님의 살아계심과 복음을 전하였다.

그런데 마음껏 성경을 볼 수 없고, 마음껏 기도할 수 없는, 영적 공급이 거의 중단된 상황에서 예배를 인도하고 복음을 전하다 보니 점점 영적으로 힘들어졌다. 처음에 가졌던 영혼 구원에 대한 사명감도 자꾸 희미해졌다. '이러면 안 되는데, 이러면 안 되는데' 하면서도 영적으로 메말라갔다. 기도하고 말씀 보는 것을 거의 할 수 없으니 당연한 것이었다. 내 안에서 '나는 (육적으로는) 살았으나 (영적으로는) 죽은 자가 되었구나' 하는 생각이 들며 괴로웠다. '어떻게 하면 이 문제를 해결할 수 있을까?' 고민하던 나는 내가 군에서 맘껏 일할 수 있으려면 '중보기도' 후원이 꼭 있어야 함을 깨달았다. 중보기도 없이 군에서 사명 감당하는 것은 도저히 불가능하였다. 그래서 내가 신앙생활 하던 교회에 가서 같이 신앙생활을 하던 청년들을 모아서 중보 기도팀을 만들어야겠다고 마음먹었다. 그런데 문제는 내 마음대로 군 밖으로 나갈 수 없지 않은가? 군 밖으로 나가려면 휴가를 얻어야 하는데 나는 아직도 이등병이어서 휴가를 가려면 몇 개월을 기다려야 하는지 모른다. 휴가를 가서 중보 기도팀을 구성해야 하는데 휴가 갈 때까지는 아직 수개월이 남았고… 하루라도 빨리 가서 중보 기도팀을 조직해야 군에서 사명 감당할 수 있는데 어떻게 해야 한단 말인가? 이런 상황에서 할 수 있는 것은 기도밖에 없었다. 그래서 하나님께 기도하기 시작하였다.

"하나님, 군에서 사명을 감당하려면 반드시 중보기도 후원이 있어야 하겠습니다. 하나님, 제가 휴가를 갈 수 있도록 해주세요! 휴가를 가서 중보기도 후원팀을 만들 수 있도록 해주세요!"

간절히 기도한 지 며칠이 지났는데 집에서 편지가 왔다. 내용인즉 아버지 회갑이 다가왔는데 가족끼리 모여서 식사를 하려고 하니 올 수 있으면 오라는 것이었다. 이 편지를 읽은 나는 '이것이다! 아버지 회갑을 핑계(?)로 휴가를 신청하자. 가족이 모여서 아버지 회갑 기념 식사하는 시간을 제외하고는 같이 신앙생활 했던 사람들을 모아서 중보 기도회를 조직하고 오자'고 생각하고, 이 편지를 갖고 중대장을 찾아가서 청원 휴가를 신청하였다. 편지를 읽은 중대장은 흔쾌히 휴가를 허락해줬다. 그래서 나는, 최소한 일병이 되어야 정식 휴가를 갈 수 있는데, 아직 이등병임에도 휴가를 갈 수 있게 되었다. 그런데 군에서 보내주는 휴가에는 군에서 교통비를 지급해 준다. 그러나 개인의 사정에 의해서 청원 휴가를 가는 경우에는 군에서 휴가비를 지급하지 않는다. 개인의 필요에 의해서 휴가를 신청했기 때문에 모든 비용을 개인이 해결해야 한다. 청원 휴가를 신청한 나 역시 집에 가는 교통비를 내가 스스로 해결해야 했다. 보통 전방에는 한 달에 한 번씩 PX 차량이 오는데, 그때 대부분의 병사들은 군에서 받은 월급으로 PX 차량에서 사고 싶은 물품들을 구입한다. 나 역시 군에서 받은 월급은 PX 차량이 왔을 때 사고 싶은 물품을 구입했기 때문에 모아진 돈은 없었다. 그렇다면 청원 휴가를 받아서 집에 가야 하는데 필요한 경비는 어떻게 해야 한단 말인가?

3만 원! 동생이 준 3만 원! 하나님께서 기도시키고 주신 3만 원이 있었다.

그 3만 원이 바로 청원 휴가 갈 때 필요한 경비로 쓰이게 된 것이다. 그렇다! 하나님께서는 내가 아버지 회갑에 청원 휴가를 갈 줄 아셨다. 아니, 아버지 회갑을 핑계 삼아 중보기도 후원회를 조직하러 청원 휴가를 갈 줄 미리 아셨다. 청원 휴가를 받아 집에 갈 때 경비가 필요함을 아셨다. 그래서 3만 원을 기도시키신 것이다. 할렐루야!

  놀라우신 주님이시다! 나의 미래를 보시고, 내가 청원 휴가를 갈 줄 아시고 그에 필요한 경비를 기도시키신 뒤 동생을 통해서 주시고, 동생을 통해서 주신 3만 원이 청원 휴가 교통비로 쓰이게 하신 것이다. 할렐루야!

  청원 휴가를 받아서 나온 당일 날 저녁, 나는 가족들과 같이 아버지 회갑 식사 모임에 참석하였고, 그다음 날부터는 같이 신앙생활 했던 청년들을 한 사람 한 사람 만나서 내가 군에서 사명 감당하는 데 반드시 중보기도 후원이 필요함을 말하며 중보기도를 부탁하였고, 그 결과 10여 명의 중보기도 후원자들이 모집되었으며, 그들에게 매주 월요일 저녁마다 모여서 나를 위해 기도해주도록 하였다. 이들은 내가 군에서 제대할 때까지 계속해서 기도 후원을 해주었으며, 이들의 중보기도는 내가 중대 군종병에서 대대 군종병으로까지 되어 마음껏 복음을 전하여 많은 영혼들을 구원하는데 가장 든든한 백그라운드가 되었고, 제대 후에는 이들이 모토가 되어서 찬양 선교회를 만들어 국내외 방방곡곡에 다니면서 500여 회의 찬양 사역을 하게 하시고, 4회의 해외 사역까지 하게 되었으니 놀라운 일이 아닐 수 없다. 3만 원을 위하여 기도하도록 하시고, 이로 말미암아 군 선교 중보기도 후원회를 조직하여 마음껏 복음을 전하며 많은 영혼들을 구원하도록 하신 주님을 찬양한다. 할렐루야!

  "너희 안에서 행하시는 이는 하나님이시니
  그가 자기의 기쁘신 뜻을 위하여

너희 마음에 소원을 두고 행하게 하시나니"

(빌2:13)

10

엘리야는 우리와 성정이 같은 사람이로되

밖에는 비가 주룩주룩 내리고 있다. 비가 내리면 철책선 근무를 서는 군인들은 한없이 걱정스럽고 피곤하다. 간첩이 넘어 올 확률이 높아지기 때문에 근무 시간이 배로 늘어난다. 특히 졸병들은 더 괴롭다. 고참들이 아무렇게나 벗어 놓은 우의(雨衣), 군화 등을 잘 정리해 놓아야 하기 때문이다.

장대 같이 내리는 비로 인하여 오늘도 어김없이 2배의 근무시간이 주어졌다. 3개 조로 나뉜 근무병들 중 2개 조가 먼저 나가서 근무를 서고 우리 조는 잠시 잠을 자도록 되어 있다. 나는 잠자기 전에 잠시 짬을 내어 성경을 읽었다. 야고보서를 읽고 있는데 갑자기 한 구절이 눈에 '확' 들어왔다. 야고보서 5장 17-18절 말씀이었다.

"엘리야는 우리와 성정이 같은 사람이로되 저가 비 오지 않기를 간절히 기도한즉 삼 년 육 개월 동안 땅에 비가 아니 오고 다시 기도한즉 하늘이 비를 주고 땅이 열매를 내었느니라"

엘리야라면 아합왕 시대에 활동했던 선지자 아닌가? 악독한 이세벨과 아합왕이 하나님의 선지자들을 죽이고, 하나님께서 싫어하시는 우상, 바알과 아세라 등을 섬기자 하나님의 명을 받아서 가뭄을 선포했었던 선지자다. 그리고 그릿 시냇가, 사르밧 과부의 집 등에서 하나님의 도우심으로 있다가 갈멜산에서 바알 선지자, 아세라 선지자 850명과 겨루고, 야훼 하나님께서 참 신이심을 증명한 뒤 일곱 번 기도하여 삼 년 육 개월 만에 이스라엘 땅에 비가 내리게 했던 믿음의 사람이요, 기도의 선지자였지 않은가? 그런데 야고보서 5장 17절에서는 엘리야가 '우리와 성정이 같은 사람'이라고 말하고 있었다. 쉽게 말하면 나와 다를 바 없는, 같은 인간이라는 말이다. 나와 똑같이 평범한 사람이 기도하였더니 비가 삼년 육 개월 동안 오지 않았다가 다시 기도하니 비가 내렸다고 성경은 말하고 있는데, 그렇다면 내가 기도해도 그런 역사가 나타날 수 있다는 이야기 아닌가? 갑자기 내 안에 믿음이 생겼다. 롬10:17 말씀처럼 하나님의 말씀이 내게 믿음을 준 것이다.

"그러므로 믿음은 들음에서 나며 들음은 그리스도의 말씀으로 말미암았느니라"(롬10:17)

'엘리야가 특별히 기도의 능력이 있어서가 아니라 능력의 하나님께서 엘리야의 기도를 들으신 것이다. 삼 년 육 개월 동안 비가 오지 않았다가 다시 온 것은 그의 능력이 아니라 하나님의 능력이었다. 다만 그는 '간절히 기도한(17절)' 것이었다. 엘리야의 하나님은 오늘 나의 하나님이시다. 내가 간절히 기도하면 반드시 들으실 것이다! 나도 엘리야처럼 비가 오지 않기를 간절히 기도하자!'는 생각이 들었다.

허파에 바람이 들어갔는지, 아니면 갑자기 믿음이 생긴 것인지 모르겠지만 기도하자는 마음이 가득찼다. 그래서 기도하였다.

"하나님 아버지, 엘리야는 저와 같은 사람이라고 야고보서 5장 17절에서 말하고 있습니다. 그가 기도했더니 비가 오지 않기도 하고, 기도했더니 오기도 했다면 제가 기도해도 그럴 수 있다는 말씀입니다. 하나님 아버지, 밖에는 비가 내리고 있습니다. 하나님 아버지께서 아시다시피 비가 오면 경계 근무를 서는데 매우 힘이 듭니다. 간첩이 넘어 올 확률이 두 배가 되기 때문에 경계 근무 시간도 두 배가 됩니다. 특히 저 같은 막내 이등병은 한없이 피곤해집니다. 하나님, 비를 그쳐주세요! 비가 그쳐서 근무 형태가 평상시와 똑같이 바뀌게 해주세요!"

성경을 읽으면서 생긴 믿음대로 그 자리에서 눈을 감고 하나님께 집중하며 기도하였다. 주위에는 병사들이 있기에 큰 소리는 내지 못하고, 아들을 달라고 기도했던 한나처럼 얼굴이 붉어지도록 속으로 간절히 기도하였다(삼상1:12-13).

기도 후에 야고보서를 끝까지 모두 읽고 잠자리에 들려고 하였다. 문득 밖을 보니 줄기차게 내리던 빗줄기가 조금 가늘어진 듯 보였다. 말씀을 붙잡고 기도한 대로 비가 그치려고 하는 것인지, 아니면 내 착각인지…. 모든 것을 하나님께 맡기고 잠을 잤다. 한참을 자고 있는데 근무시간이라며 나를 깨웠다. 그런데 기상하는 내 몸의 상태를 보니, 잠을 조금밖에 못잔 피곤한 상태가 아니라 피곤하지 않은 것같이 느껴졌다. 기상해야 할 시간보다 잠을 더 많이 잔 것 같았다. 일어나자마자 밖을 내다보았다. 그런데 이게 웬일인가? 그렇게 많이 내리던 비가 그쳐 있었다. 비가 그쳤기 때문에 잠을 자고 있는 동안에 근무 형태도 평상시와 같은 형태로 바뀌어 근무 시간이 반으로 줄어 있었다. 근무 형태가 바뀌었기 때문에 예상보다 두 배의 잠을 더 잔 것이었다. 이 모두가 내가 자는 동안에 일어난 것이었다. 하나님께서는 약 5:17-18 말씀대로 역사하셨다. 비를 그쳐 달라는 나의 기도를 들으셨다! 할렐루야!

하나님을 움직이는 가장 능력적인 기도는 믿음의 기도다. 예수님께서는 기적과 능력을 베푸실 때마다 "네가 이 일을 믿느냐?"고 항상 물으셨다. "할 수 있거든이 무슨 말이냐 믿는 자에게는 능치 못함이 없다(막9:23)"고 말씀하시면서 믿음의 중요

주님 오시리 곧 오시리

성을 말씀하셨다. 히브리서 11장 6절에서는 "믿음이 없이는 하나님을 기쁘시게 못하나니 하나님께 나아가는 자는 반드시 그가 계신 것과 자기를 찾는 자들에게 상 주시는 이심을 믿어야 할지니라"고 하면서 하나님을 기쁘게 하려면 반드시 믿음이 있어야 한다고 말한다. 그런데 그러한 믿음은 어디서 생길까? 로마서 11장 17절 말씀에 "믿음은 들음에서 나며 들음은 그리스도의 말씀으로 말미암았느니라"고 하면서 믿음은 하나님 말씀으로부터 생긴다고 하였다! 하나님의 말씀을 듣거나 읽거나 공부할 때 믿음이 생긴다는 것이다.

내가 성경 말씀을 읽을 때 믿음이 생겼다. 이 믿음을 가지고 하나님께 나아가서 기도하였다. 그랬더니 하나님께서 역사해 주셨다. 나는 이 일을 통하여 중요한 기도의 원리를 깨달았다. 말씀을 붙잡고 기도하면 기적은 지금도 일어난다는 것이었다. 기도는 전능하신 하나님을 움직이는 방법이라는 것이다. 필요하면 하나님께서는 지금도 기적을 일으키신다는 것이다.

엘리야처럼 기도했을 때 비가 그쳤다는 사건은 두고두고 나에게 믿음을 주었다. 후에 젊은이들을 훈련시킬 때 좋은 간증이 되었다. 믿음의 기도의 놀라운 능력에 대하여 말씀을 들은 한 젊은이는 아버지가 배 과수원을 하는데 전국이 태풍의 영향권 안에 있었고, 특히 배 과수원을 하는 곳에 태풍 주의보가 발령되자 창문을 열고 태풍을 향하여 "풍랑을 잔잔케 하신 예수님, 태풍으로 인해서 과수원을 하는 저희 집에 위기가 왔습니다. 저희 과수원에 태풍이 불면 1년 농사가 물거품이 됩니다. 태풍이 우리 과수원을 비껴가게 해주세요. 나사렛 예수 그리스도 이름으로 명하노니 태풍은 우리 과수원을 비껴갈지어다!"라고 기도하고 선포했을 때 하나님께서 그의 기도를 들으시고 태풍이 비껴가서 배가 하나도 떨어지지 않도록 보호해주시는 기적이 일어나기도 하였다. 언약의 말씀을 붙잡고 기도할 때 그 언약대로 응답하시는 주님을 찬양한다. 할렐루야!

"진실로 너희에게 이르노니 너희가 만일 믿음이 한 겨자씨만큼만 있으면
이 산을 명하여 여기서 저기로 옮기라 하여도 옮길 것이요
또 너희가 못할 것이 없으리라"
(마17:20)

"믿음의 기도는 병든 자를 구원하리니 주께서 저를 일으키시리라
혹시 죄를 범하였을지라도 사하심을 얻으리라"
(약5:15)

11

영혼의 일기

영혼의 일기는 내가 한때 기도 생활을 하면서 깨닫게 된 것, 응답받은 것들을 일기 형식으로 쓴 것이다. 책을 쓰면서 이 〈영혼의 일기〉를 넣을지, 말지 고민하며 기도했을 때 주님께서 넣으라고 하셔서 〈영혼의 일기〉도 넣게 되었다. 여러 가지로 부족하지만 이 글을 읽는 분들의 기도 생활에 조그만 도움이 되길 소원한다.

옆방에서는 조별 중보 기도회가 열리고 있다. 나는 조용히 '죠지 뮬러의 일기'를 읽으며 주님과 교제하고 있다. 읽던 중 은혜가 되는 부분이 있어서 여기 그대로 옮긴다.

"내가 매일 해야 할 일 중 으뜸가는 일은 주님과 교제하는 일이다. 나의 우선 관심사는 내가 얼마나 많이 주님께 봉사할 수 있었는가가 아니고, 나의 내적 자아가 어떻게 하면 보다 더 많은 영적인 영양 공급을 받을 수 있는가 하는 것이다. 나는 믿지 않는 사람들에게 복음의 진리를 전해 줄 수도 있고, 성도들의 믿음을 북돋아 줄 수도 있고, 실의에 빠진 사람들을 위로해 줄 수도 있고, 또한 나 자신이 다른 면으로 주님의 자녀로 일할 수 있는 길을 찾을 수도 있다. 그렇더라도 주 안에서 기뻐하지 않고, 나날이 나의 내적 자아가 영적인 영양 공급과 힘을 얻지 못한다면 내가 하고 있는 이 사역을 그릇된 정신으로 이끌어 갈 수가 있는 것이다. 내가 해야 했던 일 중 가장 중요한 것은 주님의 말씀을 읽고 묵상하는 것이다. 그것을 통하여 나의 마음이 주님께로부터 위로도 받고, 격려도 받으며, 때로는 경고와 채찍질도 받게 되는 것이다. 나의 마음이 말씀의 진리로 충만해짐에 따라 나는 주님과 진정한 교제를 할 수 있게 된 것이다. 육체가 음식을 먹지 않고서는 아무 일도 할 수 없듯이 나의 속사람 또한 그렇다. 그렇다면 내 속사람이 먹는 음식은 무엇일까? 그것은 기도가 아니고 하나님의 말씀이다. 우리가 기도드릴 때 우리는 주님께 말씀을 드리는 것이다. 이 영혼의 교제는 우리의 속사람이 주의 말씀을 묵상하므로 영양 공급을 받을 때 가장 잘 이루어지는 것이다. 영적인 준비 없이는 주님에 대한 봉사나 시련이나 나날의 유혹들을 감당해 나가기 힘들 것이다."

'오! 주님, 제가 더욱 깊은 말씀의 묵상 가운데 거하게 해주시옵소서! 아멘'

2

오늘은 엡3:14−21을 묵상하였다. 그 가운데 특히 20절 말씀

"우리 가운데서 역사하시는 능력대로 우리의 온갖 구하는 것이나 생각하는 것에 더 넘치도록 능히 하실 이에게~"라는 말씀이 다가왔다. 내가 드린 기도 이상으로 응답하실 하나님, 나의 생각 이상으로 응답하실 하나님, 얼마나 좋으신 하나님인가? 예수님께서는 이 말씀대로 역사하셨다.

오늘은 가지고 있는 모든 돈이 다 떨어져 버렸다. 남은 만 원을 동생에게 주고 나니 무일푼이었다. (은행에는 이미 90만 원이나 빚져 있는데….) 막막했다. 아내의 월급날은 20일도 더 남았고, 나의 교회 사례비 받을 날짜도 안 되었는데…. 인간적 방법으로는 도저히 가능성이 없었다.

그런데 교회 정 권사님에게서 연락이 왔다. 집에 찾아뵙겠다고 하신다. 오후에 오신 권사님은 성미 서 말과 제 1여전도회에서 주는 3만 원, 그리고 권사님 개인이 5만 원의 물질을 더하여 주셨다. 할렐루야! 하나님의 종은 하나님께서 먹이시고, 입히시고, 채우신다는 말씀을 까맣게 잊고 인간적 생각으로만 계산한 내 자신이 부끄러웠다. 그렇다! 나는 하나님의 자녀요, 종이다. 그러므로 하나님께서 먹이시고, 입히시고, 나의 필요를 채우신다! 이 사실을 깨닫게 하시고 말씀대로 역사하신 주님을 찬양, 찬양한다. 할렐루야!

> "우리 가운데서 역사하시는 능력대로 우리가 구하거나 생각하는 모든 것에 더 넘치도록 능히 하실 이에게 교회 안에서와 그리스도 예수 안에서 영광이 대대로 영원무궁하기를 원하노라 아멘" (엡3:20-21)

3

오늘 예수님께서 3만 원을 주셨다. 오늘 아침에 돈이 모두 떨어졌었는데 신실하신 주님께서 "찬양에 대한 강의"의 수고로 받게 해주셨다. 나의 사역 원칙은 '무보수 사역'인데도 하나님께서는 가끔씩 사역(강의)의 대가(?)로 나의 필요를 공급해 주시곤 하신다. 1만 원은 동생에게 주고 2만 원은 다른 곳에 써야겠다.

4

오늘은 시내에서 대학교 때의 지도 교수님을 만났다. 나를 먼저 보고 반가이 웃어주신 교수님. 내가 회심하고 한동안—몇 년 동안— 그분의 회심을 위해 기도드렸었는데 요즈음엔 까맣게 잊고 있었다. 혹시 교회를 다니시느냐고 물어보았더니 다니신다고 말씀하셨다. 아, 그렇구나! 하나님께서 지도 교수님을 만나게 해주신 이유를 이제 알겠다. 내가 몇 년 동안 드린 기도의 응답을 확인시켜 주시기 위해 그 때, 그 시간, 그 장소에서 만나게 하신 것이었다.

오늘 대학교 때 지도 교수님을 만나게 해주신 주님을 찬양합니다.

5

요즈음 하나님께서 "믿음의 삶"이란 어떻게 사는 것인지 정확하게 깨닫게 하셨다. 또한 모든 삶의 현장에서 "성령님의 역사"가 있어야 됨을 깨달았다. 마태복음 1장에서 보면 예수님의 탄생이 '말씀으로 예언'되어 있었지만 실제로 그 말씀대로 이루어지는 데는 '성령님의 역사'에 의해서 이루어진 것을 본다.(마 1:19-22) 마찬가지로 죄악을 이기시고 세상을 이기신 주님의 삶은 '성령님의 능력'에 의해서 내 삶 가운데 나타나는 것이다. 나는 이제까지 성경을 보면서 감동된 말씀들을 실천할 때에는 '내 의지대로, 내 능력으로' 하려고 한 것을 본다. 그러나 감동된 말씀이 내 삶에 이루어지는데도 성령님의 역사가 나타나야만 하는 것이다. 그러므로 나에게는 가장 먼저 말씀에 대한 믿음이 필요하며, 이 믿은 말씀이 내 삶 가운데 이루어지기 위해서는 성령님의 충만함이 필요하다. 또한 성령님은 나의 '믿음'과 '기도'를 통하여 역사 하시므로 나는 '믿음'에 대한 '책임'으로 '기도해야 하는 책임'이 따른다!

할렐루야!

6

오늘 통장을 보니 약 70여만 원의 헌금을 예수님께서 보내 주셨다. 여기에는 며칠 전 기도했을 때 주신다고 약속하셨던 "비디오 무비 카메라 값과 〈마라나타 찬양곡집〉 값"이 포함된 것 같다. 우리의 모든 쓸 것을 풍성히 채우시는 하나님!(빌 4:19)

생각지도 않은 사람을 통하여 물질을 보내 주신 주님을 찬양한다. 할렐루야!

에녹이의 언어 진보를 보면서 기도 응답임을 깨달았다. 에녹이가 하나님의 일꾼이 되기 위해서는 성령 충만·은사 충만·언어적 지혜가 필요하다고 기도했는데, 언어적인 면에서 응답이 나타나고 있다. 지혜를 주신 주님을 찬양한다.

7

오늘은 하루를 금식하며 기도와 묵상으로 시간을 보냈다.

어젯밤에 기도했을 때 내일 있을 세미나에 필요한 간식을 누군가 공급할 것이라는 성령님의 감동이 있었다. 오늘 밤에 정집사님께 전화를 드리니 한 집사님이 내일 간식 비용을 주셨다고 한다. 응답하신 주님을 찬양한다. (주님! 모레 간식도 다른 사람을 통해서 공급해 주시고, 토요일 교제 시간에도 다른 사람을 통해서 공급해 주세요!)

오늘 가진 돈이 거의 떨어졌다. 하나님 아버지께서 분명히 내일 풍성히 채워 주실 것을 믿는다. (그러나 혹시 물질적 어려움 가운데 있는 것이 하나님의 뜻이라면 그 상황도 감사함으로 받겠다. 그러나 결국은 풍성하신 하나님께서 공급해 주시리라 믿는다. 아멘!)

예수님께 믿음을 달라고 기도했다. 특히 하나님의 말씀을 아무 의심 없이 믿는 믿음이 필요하다. 나는 이제까지 말씀을 분석하는데 몰두한 나머지 말씀을 믿음으로 받아들이는 데는 소홀히 했다. 그러나 나에게, 이 시대에 필요한 것은 말씀을 믿음으로 받아들이고 말씀대로 삶으로써 살아 계신 하나님을 체험하고 증명하는 일이 더 필요하다. 오 주님! 저와 단원들, 제가 만나는 모든 사람들에게 하나님의 말씀을 그대로 믿는 믿음을 주옵소서! (아멘)

8

어제 금식 기도의 응답으로 오늘 찬양 세미나에서 전할 말씀들을 주셨다. 또한 세미나 시간에 성령님의 감동으로 은혜 가운데 잘 마쳤다. 특히 말하는 그 시간에 감동주신 말씀들을 나눌 때 성가대원들이 찔림을 받는 것 같다. 특히 팝(POP), 락(ROCK), 헤비메탈(Heavy metal) 등을 통한 사단의 역사에 대하여 이야기할 때 강 형제가 찔림을 받았다. 그는 그러한 음악을 즐겨 들었기 때문이다. 모두 소각시켜 버리라고 말하자 그러겠다고 한다. 또한 예배 시간에 사단이 우리 마음에 잡념들을 불어넣음으로 우리의 영을 혼미케(고후4:4) 하는 것에 대해 이야기했는데 모든 성가대원들이 공감한다. 예배 시간은 영적 전투가 치열한 시간이다. 성가대가 확신과 성령의 능력 가운데 찬양을 하면 사단의 역사들이 소멸되지만 성가대 찬양이 힘과 능력이 없으면 사단이 활개를 치고 예배 시간을 영적으로 어지럽게 만들 것이다. 다윗처럼 찬양의 능력으로 사단의 역사를 잠재워야 되겠다.

오랫동안 기도해 왔던 비디오 카메라(Video Movie Camera)를 구입할 수 있도록 물질을 주셔서(24일) 오늘 구입했다. 오전 기도 중 "바로 지금" 구입하라는 성령님의 내적 음성을 듣고 삼성전자에 근무하는 하 형제에게 전화를 했다. 같이 점심을 먹으며 교제한 뒤 같이 나가서 공장도 가격—시중보다 16만 원이 싸게—에 구입을 했다. 필요한 물질과 돕는 사람, 그리고 하나님의 시간 등 세 가지가 모두 어우러져 기도 응답을 이루었다. 이 비디오 카메라로 우리의 찬양 사역을 녹화하고 점검하면서 더욱 온전한 찬양 사역을 해야 하겠다. 응답하신 주님을 찬양한다. 할렐루야.

3일 동안 금식 기도한 ○○ 형제가 광주 집으로 내려가겠다고 한다. 말씀으로 응답을 받도록 해주셨다고 한다. 오전에 기도하던 중 하나님의 뜻이 아니라는 확신이 들었다. 선교센터로 전화해서 "○○ 형제, 집으로 가더라도 책은 놓고 배낭만 갖고 가세요! 아마 다음 주나 그다음 주에 다시 오게 될 것이니까요!"라고 말했다. 가는 것이 하나님의 뜻이 아니기 때문에 아마 며칠 견디지 못하고 다시 올 것이다. 금요 철야 기도를 하기 위해서 센터에 가니 ○○ 형제가 아직도 가지 않고 있었다. "아니, 왜 아직도 안 갔지요?"라는 질문에 유구무언…. 나중에 이야기를 들어보니 가려고 짐을 들고 나가려는데 마음이 천근만근 무거웠다고 한다. 도저히 갈 수 없었다고 한다. 나의 기도를 통하여 성령께서 역사하신 것이다. 성령께서 ○○ 형제의 맘을 친히 움직이사 주저앉게 하신 것이다. 중국선교사 허드슨 테일러의 말이 떠오른다. "기도함으로써 사람들의 마음을 움직이도록 하라" 나의 '세 치의 혀'로 사람들의 마음을 움직이려고 하지 말고 '오직 기도로, 성령의 역사로' 사람들의 마음이 움직이도록 해야 한다. 역사하신 주님을 찬양한다.

서울 언니 집에 가 있는 정숙 자매에게 전화를 했다. 기도 중에 생각이 나서 전화를 한 것이다. 정숙 자매는 저번 주 수요일에 나에게 전화를 했었는데, 배가 아프다며 치유를 위해 기도해 달라고 했다. 기도해주겠다는 약속을 하고 그날 밤 중보기도를 해주었다. 예수님께서 모든 병자들을 치유하셨으니 치유는 하나님의 뜻임에 틀림이 없다.(물론 사도 바울같이 예외도 있지만 – 이것은 영적 교훈을 위한 특별한 경우일 것이다./고후12:7-10) '믿음으로 담대히 기도'하니 성령께서 역사하실 것에 대한 확신이 들었었다. 그다음 날 바로 전화를 하려고 했었는데 바빠서 못 하다가 오늘에야 한 것이다. 기도 응답이 궁금해서 물어보니 기도한 다음 날부터 계속 좋아져서 다 나았다고 한다. 기도한 대로 성령께서 치유하셨다.

살아 계신 주님을 찬양한다. 할렐루야!

"여러 계시를 받은 것이 지극히 크므로 너무 자만하지 않게 하시려고 내 육체에 가시 곧 사탄의 사자를 주셨으니 이는 나를 쳐서 너무 자만하지 않게 하려 하심이라 이것이 내게서 떠나가게 하기 위하여 내가 세 번 주께 간구하였더니 나에게 이르시기를 내 은혜가 네게 족하도다 이는 내 능력이 약한 데서 온전하여짐이라 하신지라 그러므로 도리어 크게 기뻐함으로 나의 여러 약한 것들에 대하여 자랑하리니 이는 그리스도의 능력이 내게 머물게 하려 함이라 그러므로 내가 그리스도를 위하여 약한 것들과 능욕과 궁핍과 박해와 곤고를 기뻐하노니 이는 내가 약한 그때에 강함이라"(고후12:7-10)

11

8월 25일에 기도했던 "아들 선교를 돌보아 주는 문제"가 응답이 되었다. '계속, 믿음으로' 기도해왔는데 오늘 최 집사님이 봐

주시겠다고 연락이 왔다. 최 집사님은 나의 사역에 큰 관심을 가지고 도우시는 분인데 아이까지 돌봐 주시겠다고 하신다. 성령께서 집사님의 마음을 움직이셨다. 할렐루야! 아무에게도 말을 않고 기도만 했는데도 성령께서 친히 역사하셨다. "기도함으로 사람들의 마음을 움직이는 법을 배우라!" 할렐루야!

오늘 아침에 기도하면서 깨달은 것이 있다. 그것은 나의 마음이 슬픔이나 걱정, 안타까움, 분노, 지나친 기쁨 등의 상태에서 기도했을 때 성령님의 음성을 들을 수 없다는 것이다. 주님과의 평안한 관계에서 어떤 문제를 기도했을 때 성령님을 통하여 아버지의 뜻이 깨달아지는 것이다(고전2:12). 그러므로 내게 필요한 것은 어떤 문제에 대한 지나친 집착, 분노 등으로부터 자유함을 얻는 것이며, 그 문제를 주님 앞에서 내려놓고, 주님의 뜻대로 이루어지도록 기도할 때 성령께서 아버지의 뜻대로 역사하는 것이다.

어제 어떤 자매-선교에 헌신된-가 선교 헌신을 포기하고 직장을 구한다는 말을 듣고 그 자매에 대한 실망으로 내 마음의 평안을 잃어버렸다. 그 자매의 선교 헌신 포기가 하나님의 뜻인지 알기 위해 영으로 기도했지만 성령님의 음성은 들리지 않았다. 나는 그 이유를 알 수 없었지만 오늘 아침 조용히 영으로 묵상 기도하는 가운데 성령께서 깨달음을 주셨다. 그것은 내 마음이, 주님이 주시는 평안이 아닌, 인간적 감정들로 가득 차 있을 때에는 하나님의 뜻을 정확히 알 수 없는 것이며, 오히려 사단이 역사할 가능성이 커져 내 마음에 있는 생각대로 들리는 음성이 성령님의 음성인 줄로 착각하게 된다는 것이다. 이제야 깨달았다! 많은 사람들이 '기도하고 응답받았다!'는 것들이 하나님의 뜻과 자주 다른 이유는 그 마음속에 조그마한 욕심이 있기 때문이다. 다시 말하면 기도하기 전에 이미 마음속에 결정을 내려놓고-하나님의 뜻이 무엇인지도 모르면서- 기도하니 사단이 이미 결정된 마음을 조장하여 마치 하나님의 응답인 것 같이 느끼도록 해주는 것이다. 기도 응답을 받는데 있어서 가장 중요한 것은 내 자신의 인간적인 감정으로부터 자유해야 하는 것이다. 나의 욕심, 마음, 생각들을 비우는 것이다. 주님과의 관계에서 먼저 평안을 누리는 것이다. 이런 평안 가운데 기도할 때 성령님을 통하여 아버지의 뜻을 깨닫는 것이다(듣는 기도). 그리고 하나님의 뜻을 깨달았을 때에는 그것이 이루어지도록 간절히 기도하는 것이다(말하는 기도). 그러므로 인간적 감정들이 내 마음을 지배하여 평안을 잃어버렸을 때에는 결코 아무 결정도 하지 말라! 잘못된 성령님의 음성을 들을 수 있으며 성급한 결정으로 반드시 후회하게 될 것이다. 먼저 주님을 바라보고 모든 감정, 문제, 환경에서 자유함을 얻도록 하라! 그런 뒤에 기도하고 성령님을 따라 결정하라!

할렐루야! 깨달음을 주신 주님을 찬양한다!

"우리가 세상의 영을 받지 아니하고 오직 하나님으로부터 온 영을 받았으니 이는 우리로 하여금 하나님께서 우리에게 은혜로 주신 것들을 알게 하려 하심이라"(고전2:12)

12

오늘 아침에 주머니를 보니 삼천 원밖에 안 남았다. 아내가 돈을 달라고 한다. 삼천 원 모두 가지고 가라 했더니 천원만 가지고 갔다. 또 기도했다. '아버지 돈 좀 주세요!' (하나님은 나의 아버지이시기 때문에 나의 모든 필요를 하나님 아버지께 구하는 것은 나의 특권이며, 아버지 하나님은 응답하실 의무가 있는 것이다.) 조금 뒤 동생이 차로 아내를 학교까지 태워다 주기 위해 왔다. 그런데 가면서 뒷주머니에 무언가를 넣어 주었다. 나중에 보니 만 원이었다. 성령님께서 동생의 마음을 감동하사―내가 말하지 않더라도― 물질을 즉시 주신 것이다. 아, 많은 사람이 이러한 성령의 역사를 체험하며 산다면 얼마나 놀라운 일인가? 오직 주님만을 바라고 주님을 믿고 주님께 기도할 때 응답받는 이 기쁨. 오늘도 역사하신 주님을 찬양한다. 할렐루야!

13

7월 28일에 기도했던 '학생회 설교' 문제가 오늘에야 응답이 왔다. 금요 연합 구역회가 끝난 뒤 목사님께서 나를 부르시더니 돌아오는 주일에 학생회 설교를 하라고 말씀하셨다. 우리 교회 학생들의 영적 상태를 보고 안타까워서 말씀을 전할 수 있도록 기도했었는데 오늘에야(약 35일 만에) 응답이 온 것이다. 할렐루야! 주님께서 학생들에게 적합한 내용의 말씀들을 주실 것이 분명하다. 말씀 준비를 위해 기도해야겠다. 그리고 기도할 때 말씀을 주실 줄 믿는다.

14

오늘은 정말 돈이 필요하였다. 그러나 응답받지 못했다. 내일 성가대에서 쓸 악보 복사 값, 선교 우유 값, 종이, 기저귀 값 등이 필요했었는데 응답받지 못했다. 별수 없이 다른 돈으로 우선 쓸 수밖에 없었다. 응답받지 못한 이유를 분석해 본다.

1. 말씀이 없었다. ― 철야 기도를 마치고 새벽 6시가 넘어서야 잠자리에 들었다. 아침 9시 30분에 헌신자 모임을 위해 일어났다. 너무 피곤하고 졸립고, 세면하고 다른 일들을 하다보니 10시 30분, 부리나케 헌신자 모임 준비를 위해 말씀을 보았다.(이 말씀은 내가 영의 양식을 먹기 위한 것이 아니라 남에게 나누어 주기 위한 말씀이었다.) 그러다 보니

하나님과 나의 바른 관계를 점검하는 시간을 가질 수가 없었다. 말씀을 통해서 성령님의 음성을 들을 수가 없었다. 말씀을 통해서 성령님의 음성을 들을 수가 없었으며 말씀이 없었기 때문에 믿음도 생기지 않았다. (롬10:17)

"그러므로 믿음은 들음에서 나며 들음은 그리스도의 말씀으로 말미암았느니라" (롬10:17)

2. 기도가 없었다. — 오늘의 필요한 양식(물질)을 위해 기도하지 않았기 때문에 성령께서 역사하지 아니하신 것이다. 오전에 헌신자 모임으로, 오후에는 막내 여동생 내외가 집에 와 있는 바람에 바쁜 관계로 개인 기도할 수 있는 시간이 없었다. 그렇다. 한 가지 깨달은 사실이 있다. (비록 필요한 물질은 받지 못했지만) 그것은 '하나님을 위한 일'이 '하나님 앞에서의 기도와 말씀 보는 것'을 대신할 수 없다는 것이다. 하나님 앞에서의 기도는 기도이다. 말씀을 보는 것이 대신할 수 없고 기도가 사역을 대신할 수 없다. 말씀 보는 것이 사역을, 기도를 대신할 수 없다. 사역이 기도를 대신할 수 없다. 이것들은 각각 독립된 영역인 것이다. 내가 사역을 많이 한다고 해서 하나님께서는 나의 기도 없음을 용납하시는 것이 아니다. 사역을 영의 양식 먹는 것으로 대신 용납하지 않으신다. 또한 기도가 성경 묵상을 대신할 수 없다. 하나님께서는 따로따로 보신다. 그러니 내가 아무리 바쁘더라도 개인적으로 하나님께 해야 할 것은 해야 하는 것이다. 내가 오늘 비록 필요한 것을 얻진 못했더라도 영적인 깨달음을 얻었으니 이 얼마나 귀한 것인가? 합력하여 선을 이루신 하나님을 찬양한다(롬8:28). 할렐루야!

"우리가 알거니와 하나님을 사랑하는 자 곧 그의 뜻대로 부르심을 입은 자들에게는 모든 것이 합력하여 선을 이루느니라" (롬8:28)

15

오늘은 참으로 부끄러운 날이었다. 왜냐하면 월요모임에 증거할 말씀 준비가 안 되었기 때문이다. 계속되는 수면 부족과 피곤으로 인하여 오후 2시까지 무려 13시간을 잤다. 자리에서 일어나 약 1시간 동안 기도한 뒤 점심을 먹으니 4시, 회지 준비를 하니 30분, 그때부터 모임 준비를 위해 기도하고 말씀을 보니 잘 준비가 되지 못했다. 결국 포기하고 센터로 갈 수밖에 없었다. 하나님의 말씀을 맡은 사역자가 전할 말씀이 없다니 얼마나 부끄러운 일인가? 그것은 토요일, 주일 이틀 동안 깊은 말씀 묵상의 시간이 없었기 때문이다. 먹어서 소화시킨 말씀이 없기 때문에 새롭게 전할 말씀이 없는 것이다. '준비'라는 것에 대해 다시 한번 생각해 보았다. '항상 기도할 준비', '항상 말씀 전할 준비', '항상 찬양 사역할 준비', '항상 선교할 준비', '항상 주님 맞을 준비' 등이 필요하다. 그런데 준비가 안 된 부분을 해야 할 때, 혹은 부탁을 받았을 때에는 당황을 하게 된다. 하나님께서 어떤 일을 맡겨도 능히 잘 감당할 수 있도록 허리에 띠를 띠고 준비해 있어야 하겠다.(아멘) 하나님께서는 나의 말씀 준비가 없음에도 찬양을 통하여 많은 은혜를 주셨다. 오늘 모임은 말씀 없이 찬양과 기도로 은혜 가운데 보내었다. 나의 부족함에도 불구하고 찬양을 통하여 역사하신 주님께 감사를 드린다.(아멘)

"그러므로 깨어 있으라 어느 날에 너희 주가 임할는지 너희가 알지 못함이니라" (마24:42)

주님 오시리 곧 오시리

약 2주 전에 한 번 기도한 플라스틱 서랍장이 응답 되었다. 아내가 아이들 옷을 넣을 수 있는 서랍장이 필요하다고 해서 '싸면 살까?' 하고 파는 곳에 가보았더니 3만 원이나 한다고 했다. 너무 비싸서 사지 못하고 대신 기도를 했었다. 그런데 오늘 집에 와 보니 그 서랍장이 집에 있었다. 둘째 아들 '선교'의 100일 기념으로 동생이 사준 것이다. 할렐루야! 동생에게 아무 말도 하지 않았는데, 오직 하나님께 기도만 했었는데…. 성령께서 동생의 마음을 감동하사 그것을 사주도록 한 것이다. 할렐루야! 역사하신 주님을 찬양한다.

어제 철야 기도 시간에 찬양 사역을 할 교회를 열어 주시라고 기도했었는데 오늘 아침에 에바다 교회에서 전화가 왔다. 10월 초에 있을 부흥회에 찬양을 해달라고 한다. 10월에 있을 찬양을 왜 벌써 부탁하는 것인가? 그것은 하나님께서 우리가 기도한 것이 바로 응답 되었음을 확인시켜 주시기 위해서인 것 같다. 기도한 것에 바로 응답해 주시는 주님을 찬양한다. 할렐루야!

오늘 아침 기도하면서 '풍성한 삶'을 누리게 해달라고 기도했다. 그런데 주님께서는 음식의 풍성함으로 응답해 주셨다. 헌신자 모임에 온 세나 자매는 찐빵, 만두, 떡볶이 등의 음식을 아주 풍성히 가지고 모임에 참석했다. 기도한 지 1~2시간 만에 바로 응답해 주신 주님을 찬양한다. 할렐루야!

에녹이의 무릎대를 찾는데 어디 있는지 알 수가 없었다. 그래서 "찾으면 찾으리라"(마7:7)는 말씀을 붙잡고 기도했다. 믿고 기도할 때 찾을 수 있음을 믿었다. 기도 후 아버님 방으로 가보고 싶은 마음이 들어서 가보았더니 그곳에 있었다. 그곳에 있으리라고는 생각도 못했는데…. 말씀대로 역사하신 주님을 찬양한다. 할렐루야!

"나의 하나님이 그리스도 예수 안에서 영광 가운데 그 풍성한 대로 너희 모든 쓸 것을 채우시리라" (빌4:19)

"구하라 그리하면 너희에게 주실 것이요 찾으라 그리하면 찾아낼 것이요 문을 두드리라 그리하면 너희에게 열릴 것이니 구하는 이마다 받을 것이요 찾는 이는 찾아낼 것이요 두드리는 이에게는 열릴 것이니라" (마7:7-8)

18

오늘은 어떤 문제에 대해 확신 없이 약간의 의심 가운데 기도했었는데 그럼에도 불구하고 하나님께서 응답해 주셨다. 오늘 오후에는 전북대 앞에서 찬양을 하기로 했었는데 찬양 후 단원들에게 무엇인가를 먹였으면 하는 마음이 들어 물질을 주십사 고 기도했는데 확신이 오질 않았다. 아마도 짧은 시간에 빨리 기도하려고 하니 마음이 조급해서 기도가 잘 안 되었던 모양이다. (보통 평상시에는 9~10시 QT모임, 10~12시 기도 등의 시간표였지만 오늘은 10시까지 동부교회에 가야 되는 문제로 서두를 수밖에 없었으며 그로 인해 충분한 Q·T, 충분한 기도를 할 수 없었다) '정말 하나님께서 응답하실까' 하는 의심이 내 머릿속에서 떠나지 않았지만 그럼에도 불구하고 하나님께서는 응답해 주셨다. 세 분의 집사님들을 통하여 3만 원을 주셨다. 할렐루야! 나의 의심하는 적은 믿음에도 불구하고 응답하심으로써 의심하는 나의 신앙을 부끄럽게 하신 주님, 좋으신 아버지 하나님을 찬양한다. 할렐루야!

며칠 동안 '돕는 사람'들을 위해 기도해 왔다. 선교회가 찬양 선교 사역을 은혜 가운데 잘 하기 위해서는 동일한 마음으로 동역할 수 있는 분들의 기도와 물질 후원이 필수적이다. 그런데 하나님께서 오늘 두 분을 응답해 주셨다. 한 분은 승근 형제의 어머님이시고 한 분은 김 집사님이시다. 특히 승근 형제 어머님은 기도 중에 성령님의 감동으로 결정하셨다고 하신다. 나는 그저 기도만 했음에도 불구하고 성령께서 직접 감동하심으로 이 사역에 동참하게 하셨다.

나에게 기도시키시고 돕는 손길들을 보내주신 주님을 찬양한다. 할렐루야!

며칠 전 기도하다가 김이내 선교사님을 기도와 물질로 후원해야 한다는 성령님의 감동이 있었다. 이미 매월 75만 원 이상의 선교헌금을 드리고 있지만 주님께서는 김이내 선교사님을 더 후원하라고 하셨다. 40여 명의 단원이-그것도 대부분이 대학생들- 75만여 원의 선교헌금을 매월 정액적으로 보내는 것이 인간적으로는 불가능한 것 같지만 하나님의 능력을 바라볼 때 아무 걱정 없다. 선교비를 보내는 것은 우리의 일이 아닌 하나님의 일이기 때문이다. 단 하나님께서는 우리의 믿음을 통해서 일하시기 때문에 우리에게는 '하나님께서 하신다'는 믿음과 이에 따른 기도, 그리고 우리의 예물을 드리면 되는 것이다. 오직 믿음만이 이 일을 가능토록 하는 것이다. 그래서 이번 달 선교비를 보낼 때 풍성한 물질을 달라고 기도해 왔었는데 김이내 선교사님을 후원할 수 있는 풍성한 물질을 보내 주셨다. 어제나 오늘도 동일하신 하나님께서 이번 달 아니 오늘에도-선교비를 모아서 보내는 날- 풍성한 물질을 주셔서 선교사님을 후원하도록 하셨다. 할렐루야! 선교비를 보내야 하는 오늘(20일)이 다가옴에 따라 걱정—과연 물질이 채워질까 하는—이 있었지만 신실하신 하나님께서 어김없이 단원 후원회들을 통하여 충분한 물질을 주셨다. 걱정했던 내 자신이 얼마나 부끄러웠는지…. 오, 주님! 믿음이 적은 저를 용서해 주시고 더욱 큰 믿음을 주옵소서 (아멘). 또한 귀한 선교비를 보내주시는 분들께 더욱 많은 것들로 채워주소서! (아멘).

20

며칠 전에 새로운 김치가 먹고 싶어서 한 번 중얼거리듯이 기도했었는데 은혜로우신 하나님 아버지께서 김치, 무우김치, 생채, 꼬들빼기 김치를 주셨다. 동부교회 오 집사님, 양 집사님께서 선교회원 15여 명에게 식사를 대접하시겠다고 해서 센터에서 풍성한 식사를 했었는데, 그분들이 가지고 온 김치 중 남은 것을 ○○ 자매님이 싸준 것이다. 집에 와서 이 네 가지 김치를 보는 순간 며칠 전 기도한 것이 생각났으며 기도의 응답이었음을 깨닫게 되었다. 나는 '믿음으로'(주실 줄 믿고)기도하기만 하면 된다. 그러면 응답은 하나님께서 하나님의 사람을 통하여, 하나님의 시간에 응답해 주시는 것이다. 오, 놀라우신 하나님 나의 아버지! '예수 그리스도 이름'으로, '믿고' 구할 때 그대로 들어주심을 찬양합니다. 말씀대로 역사하시는 예수님을 찬양합니다. (아멘)

"무엇이든지 기도하고 구하는 것은 받은 줄로 믿으라 그리하면 너희에게 그대로 되리라" (막11:24)

(아멘) 할렐루야!

21

오늘은 전북대 앞에서 찬양하는 날이었다. 그런데 어제 저녁에 키보드를 맡고 있는 홍 자매에게서 전화가 왔었다. 오늘 취직 시험 때문에 서울로 올라가야 해서 찬양하는데 참석할 수 없다는 것이었다. 시험을 잘 치르고 오라고 격려해 주고 나서 기도하는데 홍 자매가 찬양하러 올 수 있도록 해달라는 감동이 왔었다. 그래서 그 감동대로 기도했다. 기도하면서도 내가 왜 이런 기도를 하는지 알 수 없었다. 홍 자매는 시험 보러 서울에 가야 하는데…. 오후에 성경 공부를 하러 전북대에 가보니 홍 자매가 와있었다. "아니? 어찌하여 서울에 가지 않았느냐?"고 묻자 시험이 하루 연기되었다고 한다. 할렐루야! 성령께서 왜 그런 기도의 감동을 주셨는지 알게 되었다. 성령께서는 알고 계셨던 것이다. 그래서 나에게 성령님의 감동으로 기도시키시고 응답하신 것이다. 오, 놀라우신 하나님! 인간의 생각, 이성을 초월해서 역사하시는 하나님! 나에게 기도시키시고 기도 응답을 체험토록 해주신 하나님께 감사와 찬송을 드린다. 할렐루야! 홍 자매는 내게 "제가 오늘 올 수 있도록 기도하셨죠?"라고 묻는다. "물론이죠!"라고 대답했다. 단원들은 자신의 계획표에 이상이 생기면 그것은 내가 기도했기 때문이라고 생각한다. 단원들이 나를 '기도하는 사람', '기도 응답을 받는 사람', 그리고 '기도함으로써 자신들의 생활, 일정표를 하나님의 뜻대로 바꾸는 사람'으로 알고 있다니 이 얼마나 귀한 일인가? 나의 기도의 삶이 단원들에게도 전달되기를…. 할렐루야!

사랑이 넘치시는 하나님께서 어떤 분을 통하여 1.5 리터 암바사 1 Box를 보내 주셨다. 전북대에서 찬양을 마치고 나니 누군가 갖다 놓은 것이다. '오늘 찬양 후 단원들에게 무엇인가를 먹여야 되는데….'라고 생각만 했음에도 불구하고 나의 생각에 더욱 넘치게 보내주신 것이다. 오, 놀라우신 하나님을 찬양한다. 주님께서 대접한 손길 위에 복 주시기를 기도한다. 할렐루야!

22

선교센터에 있는 철제 책상이 너무 낡아서 바꿔야 되겠기에 바꿔 달라고 기도했었는데 오늘 응답을 해주셨다. 소년원 사역을 마치고 집에 돌아오는데 아파트 쓰레기장에 철제 책상 두 개를 누군가 버렸다. 가까이 가서 보니 충분히 쓸 수 있는 것이었다. 그중 좋은 것을 골라 우리 집 앞에 가져다 놓았다. 건축자의 버린 돌이 집의 모퉁이 돌이 된다더니 남에게 필요 없는 물건들이 우리에겐 귀중한 물품이 되고 있다. 응답하신 주님을 찬양한다. 할렐루야!

23

집에는 내가 쓰는 도장이 여러 개 있는데 그 중 두 개가 케이스 없이 사용되었었다. 이것이 불편하게 여겨져서 도장 케이스가 있었으면 좋겠다고 생각했었는데 주님께서 응답해 주셨다. 센터에 있는 책상을 정리하다 보니 플라스틱 도장 케이스 두 개가 나왔다. 한 개도 아니고 두 개가. 희한한 방법으로 응답하시고 역사하신 주님을 찬양한다. 나의 모든 쓸 것과 필요를 아시고 세심하게 응답해 주시는 놀라우신 하나님 아버지를 찬양한다. 할렐루야!

"나의 하나님이 그리스도 예수 안에서 영광 가운데 그 풍성한 대로 너희 모든 쓸 것을 채우시리라" (빌4:19)

24

요즈음 포도가 먹고 싶어서 '아버지 포도가 먹고 싶어요!' 라고 기도했었는데 아내를 통하여 포도를 먹게 되었다. 오늘 아내가 학교 일직이었는데(추석 후 휴일) 처남이 먹을 것을 가지고 학교로 왔었다고 한다. 그중엔 포도도 끼어 있었는데 아내가 이것을 가지고 온 것이다. 하나님께서 그렇게 역사하시리라고 누가 생각하랴! 하나님께서는 생각지도 못한 사람, 생각지도 못한 방법들을 통하여 역사하신다. 할렐루야!

25
오늘도 하나님께서는 포도를 먹여 주셨다. 아내와 같이 에녹이 외가에 인사를 갔었는데 장모님께서 큼지막한 포도를 내어 오셨다. 할렐루야! 하나님의 은혜로 아주 맛있게 먹었다.

26
요즈음 둘째 아이 '선교'의 건강이 좋지 않아 우유 대신 보리차를 먹이고 있었다. 저녁때에 그의 머리에 손을 얹고 치유를 위해 믿음으로 기도하였다. 기도 후 아내는 우유 먹일 시간이 되어서 보리차를 먹인다고 한다. 나는 선교의 치유를 위해 기도했으니 하나님께서 치유해 주실 줄 믿고 우유를 먹이라고 했다. 무엇이든지 기도한 것은 받은 줄로 믿으라는 말씀이 생각났기 때문이다. 아내는 순종하여 우유를 먹였는데 다음에 변을 보니 거의 정상으로 돌아와 있었다. 할렐루야! 우리가 기도했으면 그대로 된 줄 알고 행해야 한다. 열 명의 문둥병자도 아직 치유되지 않은 상태였지만 예수님의 말씀을 믿고 순종하여 제사장에게 가다가 고침을 받지 않았는가? 믿었으면 그대로 행하라!

27
며칠 전에 어느 집사님께서 밥솥을 주신 적이 있다. 나는 기도하지도 않았는데…. '혹시 아내가 기도했는가' 하여 아내에게 물어보니 "며칠 전에, 우리가 쓰는 것이 낡아서, 새 것이 있으면 좋겠다고 생각했었어요!"라고 말한다. 생각만 해도 역사하시는 놀라우신 사랑의 하나님을 찬양한다. 할렐루야!

28

오늘 아침에 '생채'가 다 떨어졌다. 그래서 오늘 저녁에 다시 담아서 먹어야겠다고 생각했었는데 저녁 때 어느 집사님께서 생채를 보내 주셨다. 할렐루야! 그 집사님은 나에게 생채가 필요한지 어떻게 아셨을까? 아마도 성령께서 그 집사님의 마음을 감동하사 보내셨을 것이다. 나의 먹을 것까지 섬세하게 챙겨 주시는 놀라우신 하나님을 찬양한다. "너희는 먼저 그의 나라와 그의 의를 구하라 그리하면 이 모든 것을 너희에게 더하시리라"(마 6:33) 할렐루야!

※ 믿음은 주관적인 것이다. 이것은 객관화 될 수 없다. 각 사람이 처한 환경과 필요가 다르기 때문에 그 사람에게 꼭 필요한 것은 믿음으로 구하는 것이다. 소경이 눈을 뜨고 싶은 믿음의 기도는 정상적인 사람에게 필요 없는 것이다. 건강을 잃은 사람이 건강을 위해 믿음으로 기도하는 것은 건강한 사람에게는 필요 없는 기도이다. 바디매오가 눈을 뜨고 싶어 예수님을 불렀을 때 주위의 사람들이 시끄럽다고 하지 아니했는가? 믿음은 그 믿음을 필요로 하지 않는 사람들에게로부터 핍박을 당한다. 건강을 잃고 물질이 없는 사람이 건강과 물질을 위해 기도할 때 '기복신앙'이라고 정죄 받는다. 그러나 핍박하고 정죄하던 사람들이 건강을 잃고 물질이 없을 때 자신들이 '기복 신앙'이라고 정죄했던 그 기도를 하게 된다. 믿음은 주관적인 것이다. 내가 믿음으로 기도하고 구하는 것은 내 상황에서 필요로 하는 것이지 다른 사람들에게는 필요한 것이 아니기 때문이다. 남이 기도하며 구

주님 오시리 곧 오시리

하는 것을 비판하고 정죄하지 말고 응답받도록 도와주라! 기도하면서, 응답을 통하여 깨닫도록 하라! 기도의 초보자는 정욕으로 구하는 것이 무엇인지, 의심으로 구하는 것이 무엇인지 잘 모를 수 있다. 내 자신이 기도하면서 깨달은 것처럼 기도하면서 깨달을 수 있도록 도와주라! 내게 절실하지 않은 것이 남에게는 절실할 수 있다. 다른 사람의 도덕적 삶은 내가 분별하고 책망할 수 있지만 믿음만은 그럴 수 없다. 예수님께서는 '잘못된 믿음'을 책망하신 것이 아니라 '믿음 없음'을 책망하셨다. 그러니 우리도 잘못된 믿음을 책망하기보다는 바로잡아 주어 올바른 믿음으로 구하게 해야 한다. 다만 '믿음 없음'을 책망해야 한다. 그런데 우리는 거꾸로 하고 있다. 믿음 없음은 묵과하면서 조금 잘못된 믿음은 크게 책망한다. 이것이 잘못되었다.

29

찬양을 통하여 복음 증거 할 곳들을 열어 달라고 수일 동안 기도했었다. 오늘 아침에 기도하며 곰곰이 생각해 보니 주님께서 응답해 주셨음을 깨달았다. 내일(16)에 있을 이리 은성 교회 찬양 집회, 22일에 있을 어린이 선교원 신학 채플 찬양 예배, 29일에 있을 93 찬양 대축제. 할렐루야! 나는 예전에 찬양 사역을 위해 기도하면서 '왜 이렇게 응답이 되지 않는가' 하고 생각했었다. '왜 이렇게 더디게 역사하시는가' 하고 생각했다. 그러나 하나님은 하나님의 시간에 응답하시고 역사하신다. 하나님의 기도 응답은 더디게 나타난다 할지라도 반드시 응답된다. 기다리는 기간이 길면 길수록 응답받은 뒤의 내 기쁨은 더욱 커진다.

'오 주님! 제가 하나님의 응답 시간을 기다리면서 기쁨으로 기대하게 하옵소서! 조급하지 말게 하옵소서! 예수님께서 우리의 죄를 용서하시기 위해 이 땅에 오실 기간을 구약 4,000여 년 동안 기다리신 것처럼, 또한 이 땅에 오신 뒤 사역을 하시기 전에

30년을 기다리신 것처럼 저도 하나님의 시간을 기다리는 인내를 더하여 주옵소서! 믿음으로 기다리며 인내하게 하옵소서!' (아멘)

"너희에게 인내가 필요함은 너희가 하나님의 뜻을 행한 후에 약속을 받기 위함이라" (히10:36)

30

요즈음 기도할 때마다 선교회 사역에 동역할 수 있는 분들을 보내 달라고 간절히 구했었는데 오늘 석 집사님께서 매월 후원해 주시겠다고 하셨다. 할렐루야! 특히 석 집사님은 작년부터 마음이 있었는데 이제야 결심하게 되었다고 말씀하셨다. 성령께서는 작년부터 석 집사님의 마음에 감동을 주셨었는데 이제야 순종하신 것이다. 이러한 이야기를 들을 때마다 깨닫는 것이 있다. 먼저, 많은 사람들이 자기 자신의 마음에 떠오르는—성령께서 감동 주시는—생각들을 너무 많이 놓친다는 것이다. 성령께서 마음에 여러 가지 생각들을 떠올려 주시는데 이런 생각이, 성령의 음성인 줄 모르고 자신의 생각이라고 생각하여, 놓침으로써 하나님의 뜻을 이루지 못하는 것이다. 성령의 감동은 '순간적'이다. 성령께서 어떤 생각을 떠올려 주셨을 때 그것을 캐치(Catch) 하지 않으면 영영 놓쳐 버리는 것이다. 아! 얼마나 많은 사람들이 얼마나 많은 성령의 감동들을 놓치는지….

오, 주여! 사람들이 성령의 감동들을 순간적으로 캐치(Catch) 함으로써 주의 음성에 민감하게 반응하고 주의 뜻을 이루게 해 주옵소서! 아멘!

선교회에서는 매 모임 때마다 후원회를 위해서 기도해 왔다. 그렇다면 성령께서는 반드시 누군가를 감동하시고 계실 것이다. 즉 선교회를 아는 어떤 분들의 마음속에 선교회를 떠올려 주시거나, 돕고자 하는 마음을 주셨을 것이다. 그럼에도 불구하고 그들이 불순종하고 있는 것이다. 일례로 선교회에서는 시스템 문제를 위해 수없이 금식하며 기도해 왔다. 내가 이러한 문제를 기도할 때마다 성령께서 누군가의 마음을 감동하고 계신다는 확신이 들었다. 선교회를 아는 어떤 사람들의 마음속에 성령께서 '도우라!'는 마음을 주셨을 것이다. 그러나 그러한 분들이 성령의 음성에 불순종함으로써 성령의 역사와 기도의 응답은 더디게 나타나는 것이다. 결국 선교회는 300여만 원의 빚을 내어서 우선 시스템을 구입하게 되었다. 아마도 나의 인내하지는 못한 믿음과 성령님의 음성에 불순종하는 사람들의 합작으로 빚을 지면서 시스템을 구입한 것 같다. (오, 주여! 인내 없음과 불순종을 용서하여 주옵소서!) 할 수 있으면 빚을 지지 말아야 할 텐데…, 즉시 순종하지 않는 것도 불순종이다! 성령님의 감동에 즉시 순종하자.

31

선교회에 물질로 동역할 수 있는 분을 보내달라고 기도해왔었는데 교회 추 집사님께서 매달 후원해 주시겠다고 오늘 헌금을 주셨다. 내가 개인적으로 동역해 달라는 부탁을 하지도 않았는데…. 어떻게 해서 돕게 되었는지 난 알 수가 없다. 분명한 것은 내가 하나님께 기도했다는 것이고, 하나님께선 기도에 응답해 주셨다는 것이다. 오, 주님! 감사합니다. 계속 후원 회원들을 보내주실 줄을 믿습니다. 아멘!

32

호치키스가 필요해서 있을 만한 곳을 모두 찾아보았다. 그러나 호치키스는 나오지 않았다. 오늘도 다시 한번 여러 곳을 뒤져보았다. 역시 나오지 않았다. 그래서 내 방법을 포기하고 "찾으면 찾으리라!"는 말씀에 의지하여 기도했다. "주님! 주님의 말씀에 찾으면 찾으리라고 약속했었죠? 제가 그 말씀을 의지해서 기도합니다. 성령께서 감동해주시사 호치키스가 있는 곳으로 인도해 주옵소서!"

믿음으로 기도하고 난 뒤 다시 한번 책상 서랍을 열고 뒤져보았다. 그런데 웬일인가? 네 번, 다섯 번이나 보아도 없었던 책상 서랍 속에 있지 않은가? 할렐루야! 기도에 응답해 주시어 찾도록 해주신 성령님께 감사를 드린다.

33

아침에 기도하면서 '선교회를 기도와 물질로 도울 수 있는 분들을 보내주옵소서!' 라고 기도했는데 응답이 되었다. 농협 중앙회 인후동 지점에 볼일이 있어서 갔는데 창구에서 근무하는 아가씨(자매님)가 "지금 바쁘지 않으세요?"라고 묻는데 얼떨결에 "네!"라고 대답했다. (그때 시간은 12시 55분. 1시에 성경 공부가 있어서 빨리 가봐야 하는데 내가 왜 그렇게 대답했던가?) 그 자매님은 나에게 '잠깐만 기다려 달라'고 하였다. 나는 농협 안에 있는 의자에 앉아서 그 자매님의 일이 마쳐지기를 기다리고 있었다. 10분, 15분이 지나도 끝날 기미가 보이지 않았다. 마음이 내심 초조해지기 시작했다. 빨리 가야 되는데…. 20여 분이 지나서야 그 자매님은 나에게로 왔다. 자매님은 나에게 흰 봉투를 주었다. "무엇입니까?" 나는 반사적으로 물었다. "네, 선교 헌금입니다!" "네?" "앞으로 매월 3만 원씩 선교 헌금을 해드릴께요!" 이런…. 이렇게 고마울 데가……. 그 자매님은 지난 2월, 안디옥 교회에서 '찬양 대축제' 집회를 했을 때 그 모임에 참석했었던 자매님이었다. 며칠 뒤 내가 볼 일이 있어서 농협에 갔었는데 그곳에서 근무를 하고 있어서 인사를 나누었던 자매님이었다. "제가 개인적으로 DSM 간사님을 후원하고 있지만 그것 가지고는 부족한 듯싶어요. 그래서 선교회를 더 후원하기로 마음먹었어요!" 할렐루야, 나에게 기도를 시키시고 그 자매님의 마음을 움직여 주신 성령님을 찬양한다! 나는 그제서야 내가 왜 얼떨결에 시간이 있다고 대답했는지를 알게 되었다. 성령님의 감동으로 된 것이었다. 오, 주님! 감사합니다. 저에게 기도를 시키시고 응답해 주심을 감사합니다. 제가 부지중에도 성령의 감동으로 주님의 뜻을 이룰 수 있도록 도와주세요.(아멘) 그리고 더 많은 분들이 선교회의 선교 사역에 동참케 될 줄로 믿습니다! (아멘)

34

오늘 찬양 사역 감사 헌금으로 30만 원을 받았다. 앞으로 있을 '찬양 대축제'를 위해 물질이 필요한 줄 아시고 주님께서 풍성히 응답해 주셨다. 찬양 대축제를 위해서 기도한 물질 100만 원 중 53만 원이 채워졌다. 할렐루야! 나머지도 채워 주실 줄 믿는다. (아멘)

오늘 어느 집사님께서 봉투를 주셨다. 편지 겉봉에 보니 '도서비'라고 쓰여 있었다. 오늘 아침 기도할 때 물질을 달라고 기도했었는데 하나님께서 바로 응답해 주셨다. 봉투를 열어보니 5만 원이 들어 있었다. 이 돈을 어떻게 쓸 것인가? 곰곰이 생각하다가 '찬양 대축제'를 위해 헌금하기로 했다. 이 물질은 하나님께서 나보고 쓰라는 것이 아닌 찬양 대축제에 필요한 물질을 채워 주시기 위해 나를 잠시 도구로 사용하신 것 같다. 주님, 헌금해 주신 집사님께 더욱 풍성히 갚아 주시옵소서!

35

어제 찬양 대축제를 위해 필요한 물질을 위해서 전 단원이 기도했었는데 오늘 30만 원을 응답 받았다. 오늘 아침에 형집사님에게서 전화가 왔었다. "찬양 대축제 헌금 30만 원 보내드릴테니 오후에 찾아서 쓰세요." 사실 오늘 오후에 플랑카드 값 33만 3천원을 지불해야 했었다. 성령께서 이 일을 아시고 집사님의 마음을 감동하사 헌금하게 하신 것이다. 할렐루야, 물질이 꼭 필요한 시간에 응답해 주신 주님을 찬양한다! 할렐루야!

36

선교의 몸이 불덩이 같다. 아파서 자지 못한다. 선교를 부둥켜 안고 기도했다. "성령께서 치유의 영으로 임하여 주소서! 나사렛 예수 그리스도의 이름으로 명하노니 열아 내려가라!" 여러 차례 간절히, 믿음으로 선포하며 기도하니 잠시 후 선교의 몸은 정상으로 돌아왔다. 열이 내린 것이다. 할렐루야! 조금 전까지 아파서 신음 소리를 내던 선교가 아무 일 없었다는 듯이 싱글벙글 웃으면서 장난을 한다. 거참 신기한 일이다. 하나님의 치료의 역사가 이렇게 빠를 줄이야. 기도를 들으시고 치유하신 주님을 찬양한다. 할렐루야!

37

오늘 오후에 선교헌금을 보내야 되는데 (매월 20일/83만 원) 헌금이 없어서 보내지 못했다. 어제 저녁, 오늘 아침에 계속 '풍성한 물질을 위하여 기도했다. 그런데 오늘 저녁 헌금을 계수해 보니 선교헌금을 보내고도 조금 남음이 되었다. 할렐루야! 이번 달에도 하나님께서 변함없이 수고하심으로 보낼 수 있게 되었다. (우리의 열심과 수고보다도 하나님의 열심이 더 크다. 믿음이 없어서 '이번 달에는 어떻게 보낼까?' 하고 걱정한 내 자신이 부끄럽다. 그리고 묵묵히 주님을 바라보면서 매월 선교헌금을 보내주시는 후원 회원님들께 깊은 감사를 드린다.)

며칠 전 기도하면서 '하나님, 우리 교회에서 말씀을 전할 수

주님 오시리 곧 오시리

있도록 해주옵소서!'라고 기도했었는데 응답이 되었다. 어제 밤 예배 마치고 나오는데 목사님께서 "6월 둘째 주 밤 예배 때 말씀 전하세요!"라고 말씀하셨다. 목사님의 말씀에 깜짝 놀랐다. 며칠 전에 한번 기도하고 잊어버렸는데 주께서 응답하시다니…… 오, 놀라우신 주님을 찬양하라!(아멘)

주여 그날에 전할 말씀도 감동주시고, 성령님의 크신 임재와 역사 가운데 이루어지게 해주옵소서!(아멘)

38

2년 전부터 갖고 싶어 했던 카세트를 2년여 만에 하나님께로부터 받게 되었다. 올해에도 몇 번이고 살려고 했다가 못 샀었는데 이○○ 집사님이 일본에 다녀오시면서 'AWIA' 카세트를 사오셨다. 내가 그것이 필요한 줄을 어떻게 아셨을까? 아마도 성령께서 감동하신 것 같다. 사람들에게 나의 필요를 말하지 않아도 주님을 바라보고 기도하면 성령께서 다른 사람의 마음에 감동을 주셔서 나의 필요를 채워 주신다. 참으로 오랜만에 응답을 받았다. 응답해 주신 주님을 찬양한다. 할렐루야!

39

주님께서 나를 전주에서 사역할 수 있도록 해주심을 감사드린다. 왜냐하면 전주는 전라북도의 중심지로서 전주에서 부흥의 불길이 활활 타오른다면 삼례, 김제, 부안, 남원 등지로 번져 갈 수 있기 때문이다.

오, 주여! 전주를 주옵소서!
오, 주여! 전주의 부흥으로 전라북도가 변하게 해주옵소서!
오, 주여! 세계를 주옵소서!

선교헌금을 풍성히 보내고도 남음이 될 수 있도록 개인적으로 기도하고, 성경 공부 시간에 그룹으로 기도했는데 주께서 응답해 주셨다. 오늘 65만 원을 보내고도 5만여 원이 남았다. 할렐루야! 물론 며칠 뒤에 약 18만 원을 보내야 하지만 말일까지 풍성히 채워 주실 것을 믿는다.(아멘) 주님 감사합니다! 기도하게 하시고 응답해 주시니 진정으로 감사합니다!

잠을 자다가 언뜻 보니 아내가 자꾸 배가 아프다고 한다. 진통제를 좀 먹으라고 했다. 그런데 진통제로 해결될 것이 아니며, 마땅히 먹을 다른 약이 없다고 한다. 별수 없다. 기도를 하는 수밖에. 반쯤은 깨고 반쯤은 잠을 자는 상태에서 기도를 했다. "주여, 고쳐 주옵소서! 고쳐 주실 줄 믿습니다!" 몇 번을 기도해도 계속 아프다고 한다. 이를 어쩐다, '이렇게 기도해서는 안 되겠구나!' 하는 생각이 들어서 잠을 쫓아내버렸다. 정신을 바짝 차렸다. 그리고 간절한 마음으로 다시 기도를 했다. "하나님 아버지여, 고쳐 주옵소서! 성령께서 이 시간 임하사 치유의 역사가 나타나게 해주옵소서" 하며 간절히 기도하다 보니 믿음이 생긴다. "나사렛 예수 그리스도의 이름으로 명하노니 모든 고통아 물러갈지어다!"라고 선포하며 기도를 마친 뒤 다시 물어보니 배 아픈 고통이 물러갔다고 한다. 할렐루야! 치유하신 주님을 찬양한다! 역시 위기가 와야 간절히 기도하고 그 기도의 결과로 하나님의 역사하심을 체험하게 된다. 단순히 기도했다고 해서 하나님께서 역사하시는 것이 아니다. 간절한 기도, 성령께서 함께 하시는 능력의 기도가 하나님의 역사하심을 체험케 한다. 얼마나 많은 사람들이 맥 빠진 기도, 간절함이 없는 기도, 기도가 응답 되리라는 믿음이 없이 드리는 기도를 하고 있는가? 얼마나 많은 사람들의 기도가 자기 하소연으로 끝나버리고 마는가? 기도는, 하나님의 마음을 움직여 기적을 만들어 내기 이전에, 먼저 기도하는 자신을 변화시킨다. 기도하는 사람으로 하여금 뜨거운 믿음을 갖게 만든다. 생동력 있는 신앙생활을 하도록 만든다. 간절한 마음을 소유하도록 만든다. 왜? 기도할 때 성령께서 함께 하시기 때문이다. 성령께서는 기도하는 사람을 하나님 아버지의 뜻대로 변화시키시기 때문이다. 나는 어떤 문제에 부딪쳐서 기도할 때 비로소 내가 맥빠진―성령의 능력을 잃어버린―기도 생활, 신앙생활을 해왔다는 것을 깨닫곤 한다. 그리고 문제를 통하여 이러한 사실을 깨닫게 해주신 주님께 깊은 감사를 드리곤 한다. 하나님께서는 우리의 신앙이 나태해질 때마다 고난과 어려움을 허락하셔서 우리로 하여금 항상 깨어 있는 삶을 살도록 이끄신다. 오, 놀라운 하나님의 사랑이여, 주여, 저의 신앙이 나태해질 때마다 고난을 마음껏 허락하시어 그 고난으로 하여금 간절히 기도하게 하시고, 고난 중의 기도를 통하여 깨어 있는 삶을 살게 하소서! (아멘)

42

오늘은 장모님께서 김치를 보내 주셨다. 하나님께서는 아내가 학교일, 집안일로 바빠서 김치 담글 시간이 없는 줄을 아시고 장모님을 통하여 김치를 주셨다. 하나님께서 다른 분들을 통하여 주신 것은 이번만이 아니다. 이제까지 계속해서 최 집사님이 김치를 담가 주셨다. 가만히 생각해 보니 아내가 김치를 담근 것이 작년의 김장 김치 담글 때인 것 같다. 김장 김치를 먹고 난 다음부터 약 5개월 동안 하나님께서 이 모양 저 모양으로 김치를 제공해 주셨다. 오, 놀라운 하나님의 사랑이여! 김치가 떨어질 때쯤 되면 (아무 말도 안 했는데도) 어김없이 김치를 담가 주시도록 하신 하나님! 부족한 종이 하나님의 일 좀 한다고 너무나 과분한 대접과 사랑을 받고 산다. 아마도, 복음을 전하여 선교하는 일에 전념하라고, 하나님께서 도우시는 것 같다. '너희는 먼저 그의 나라와 그의 의를 구하라 그리하면 이 모든 것을 너희에게 더하시리라(마6:33)'는 말씀에 따라 주님께서 나의 필요를 다 채워 주시는 것 같다. 오, 예수님 감사합니다! 제가 더욱 예수 그리스도만을 섬기며 영화롭게 하며 전하겠습니다. 살든지 죽든지 오직 예수 그리스도만을 전하게 하옵소서! '오, 주님! 부족한 종에게 김치를 제공해 주신 장모님께 은혜를 주사 예수 그리스도를 알고 믿음으로 죄사함 받게 하여 주옵소서! 최 집사님에게도 하늘에 속한 영적 은혜와 지혜와 은사를 충만하게 하사 예수 그리스도를 더욱 잘 섬기며, 예수 그리스도를 영화롭게 하옵소서!' (아멘)

43

찬양 대축제를 치르기 위해서 필요한 물질을 풍성히 쓰고도 남음이 되도록 해달라는 기도에 주께서 또 응답해 주셨다. 행사에 쓰인 물질은 90여만 원. 헌금은 약 125만 원(당일 헌금 제외)이 되었다. 항상 우리가 기도한 것 이상으로 역사해 주시는 주님께서 이번에도 응답해 주셨다. 행사에 필요한 물질을 스폰서 구하지 않고도, 사람들에게 도와달라고 구걸(?)하지 않아도 성령께서는 여러 사람들의 마음들을 감동하사 풍성히 보내 주셨다. 우리의 믿음을 보시고 주께서 응답하신 것이다. "주님께 감사하라 그는 선하시며 그 인자하심이 영원함이로다. 할렐루야!"

44

이번 주는 선교헌금을 보내는 주이다. 지난주까지 헌금의 잔액이 10만 원도 채 되지 않았었다. 이번 주에 보낼 선교헌금은 75만 원, 다음 주에 보낼 선교헌금은 20여만 원, 약간은 걱정이

주님 오시리 곧 오시리

되어서 모임 시간에 몇 번 기도하였다. '오, 하나님! 이제까지 역사하신 대로 이번에도 풍성한 물질을 채워 주시사 선교헌금을 보내고도 남음이 되게 해 주옵소서!'

그런데 주께서 이번에도 역사하셨다. 선교헌금 75만 원 보내고도 13만여 원이 남았다. 이제 필요한 물질은 말일 경에 보낼 선교헌금 20여만 원과 할부금 13만 원, 월간회지 발행비 10만 원, 은행상환금… 그러나 이 모든 것은 나에게 있어서 문제가 되지 않는다. 돈의 액수가 문제가 아니라 나의 믿음이 문제인 것이다. 내가 믿음이 없을 때에는 모든 문제라는 풍랑에 휩싸여 헤어 나오지 못하게 되지만 믿음만 있으면 모든 문제를 성령의 능력으로 잔잔케 할 수 있기 때문이다. "주여, 내게 믿음을 더하여 주옵소서! 그리고 필요한 물질을 신실하신 분들을 통하여 풍성히 공급해주셔서 주를 위해 쓰고도 남음이 될 수 있도록 채워 주시옵소서!"(아멘)

45

가을, 겨울에 입을 티나 남방이 없어서 계속해서 봄, 여름용 남방을 입고 다녔다. 이것을 본 아내가 "가을, 겨울옷이 없으니 어떻게 하죠?"라고 물었었다. 나는 "기도해봅시다!"라고 대답한 뒤 옷을 위하여 기도하였다. 그런데 하나님께서 오늘 공급해 주셨다. 직장인 팀 성경 공부를 마친 뒤 황○○ 자매가 나에게 무엇인가를 주었다. 그것은 가을용 와이셔츠였다. '오, 주께서 또 역사하셨구나!' 황 자매에게 고맙다는 말을 하고 난 뒤 같이 있던 형제들에게 '내가 옷을 위해서 기도했었는데 주께서 응답해 주셨다'라고 간증했다. 역시 집에 돌아와서 에녹이 엄마에게도 기도 응답임을 말했다. 나의 입을 것까지도 책임지시는 하나님을 찬양한다. 할렐루야!

선교회에서 만드는 월간회지 발행에 16만 원이 든다고 한다. 그래서 오늘 필요한 물질을 위하여 집중적으로 기도했었는데 성령께서 '네가 헌금하도록 하라!'고 감동해 주셨다. 그래서 그 음성에 순종하기로 했다. 교회에서 사례비 20만 원을 받으면 2만 원은 십일조, 2만 원은 선교 십일조, 그리고 월간회지 '예수 나라'를 위하여 10만 원 헌금하기로 했다. '오, 주여! 나머지 6만 원도 채워 주옵소서!'

오늘은 월간회지 '예수 나라'를 찾는 날이었다. '예수 나라'를 찾는데 더 필요한 돈 6만 원은 동생을 통하여 응답되었다. 서울에서 살고 있는 동생이 오늘 집에 내려왔는데, 헌금이라며 정확하게 6만 원을 주는 것이 아닌가? 오! 내 영혼아 정확하신 주님을 찬양할지어다!(아멘) 원래 동생은 우리 집 김장을 해주기 위해서 지난주 금요일에 집에 오기로 했었다. 그런데 서울에서 일이 생겨 그때에는 못 오고 오늘(월요일)에야 오게 된 것이다. 이것은 성령님의 역사인 것 같다. 왜냐하면 에녹이를 돌봐 주시는 장모님이나 선교를 돌봐주시는 집사님 모두가 바쁜 일이 있기 때문에 오늘부터 수요일까지 3일간은 내가 에녹이와 선교 모두를 돌봐야 될 형편이었다. 내가 두 아이들을 본다면 월요 모임, 화요 성경 공부, 교회 찬양집 편집 등의 일에 큰 차질이 있을 수밖에 없는 것이다. 이것을 아신 성령께서 동생의 스케줄을 바꾸셔서 내가 두 아이를 돌봐야 될 그 기간에 보내주신 것 같다. (우리 집의 김장은 성령께서 다른 분을 통하여 해주시도록 감동하셨다 - 이것은 동생이 김장을 위해서 내려오겠다고 연락온 뒤의 일이었다. 즉 동생이 김장을 위하여 집에 내려오겠다고 한 뒤 다른 집사님이 우리의 김장을 해주시겠다고 전화해 주신 것이다.) 하나님께서는 내가 주님의 일을 하는데 전념하도록 주위 분들을 통하여 도우시는 것 같다. '오, 놀라우신 하나님! 이 부족한 종이 더욱 많은 시간을 주님을 위해 드림으로 하나님의 나라를 위해 힘쓰게 해주시옵소서!' (아멘)

48

수요 예배 말씀을 준비하는데 어떤 분의 말을 인용하려고 했다. 그런데 그 인용하려는 글을 아무리 찾아도 안 보인다. 분명히 설교 모음집 1권에 있는 것 같았는데 안 보인다. 마음이 급해서 그런지 두 번을 보아도 안 보인다. "하나님, 설교할 시간이 디기외갑니다! 빨리 찾게 해 주세요!" 긴급히 기도를 드리면서 이번에는 설교 모음 예화집을 찾아보기로 하였다. 제1권 안에 있는 것 같은데 제1권 안에도 없다. 마음은 점점 더 급해져만 간다. "하나님, 빨리 찾아야 돼요! 못 찾으면, 찾을 때까지 안 갑니다. 반드시 찾아야 합니다!" 계속해서 제2권을 훑어보면서 찾아보았다. 한 장, 한 장을 넘기면서 찾아보았다. 아, 있었다! 제2권 안에 있었다. 그것도 제일 마지막 장이었다! 할렐루야!

한나의 기도 가운데서 한나가 아들을 얻기 위하여 오랫동안 기도하는 내용이 있는데(삼상1:12), 오랜 기도란 '기도 응답이 될 때까지'하는 인내의 기도라는 말을 설명하면서 인내하는 기도, 응답될 때까지 하는 기도를 설명했던 아도니람 고든의 "하나님의 약속은 반드시 이루어진다. 그러나 오늘 안에 모두 이루어지지는 않는다!"라는 말을 인용하려고 했던 것이다.

그렇다! 나도 이 말을 찾기 위해서 끝까지 기도하며 찾아보았더니 하나님께서 마침내 응답하셨다! 할렐루야! 이 말을 찾게 하신 하나님을 찬양한다. 할렐루야!

오늘 말씀을 전하다가 깨달은 내용들을 적어 본다.

첫째, 한나가 하나님께 기도하게 된 계기는 자식을 낳지 못했다는 문제 때문이었다. 그 문제가 그녀로 하여금 기도하게 만든 것이다. 그렇다! 한나는 원래부터 기도의 사람이 아니었다. 자녀를 못 낳는다는 문제, 어려움이 그녀로 하여금 기도의 사람이 되게 하셨다는 것이다.

내가 기도하게 된 것도 어려움 때문이었다. 하나님께서는 나로 하여금 수많은 문제라는 것들을 통하여 무릎을 꿇게 만드셨다. 어려움은 곧 하나님께서 기도하라는 싸인이었다. 그러다 보니 내가 기도하는 사람이 되었다는 것이다. 오스왈드 챔버스는 "하나님은 우리가 처한 상황의 기관사이시다!"라고 말하였다. 내가 처한 상황은 우연히 이루어진 것이 아니라 하나님께서 어떤 뜻이 있어서 만드신 것이라는 것이다. 문제들을 통하여 나로 하여금 기도하게 하신 하나님을 찬양한다!

둘째, 하나님께서는 사무엘을 이스라엘 민족의 지도자로 쓰시기 위하여 한나를 기도의 여인으로 만드셨다는 것이다. "하나님은 위대한 일을 행하실 때마다 먼저 기도의 사람을 세우신다"라는 스펄전의 말처럼 하나님께서는 기도를 통하여 일하시고, 기도하는 사람을 통하여 일하신다는 것이다.

사무엘이 이스라엘의 위대한 지도자가 된 것은 한나의 기도 덕분이었을 것이다. 요한 웨슬레가 감리교의 창시자가 된 것은 그녀의 어머니 수잔나가 매일 자녀를 위해 1시간씩 기도드렸기 때문이었을 것이다. 어거스틴이 성자가 된 것은 어머니 모니카의 눈물의 기도의 씨앗이 뿌려졌기 때문이었을 것이다. 하나님께서 한 가정을 축복하시기 전에 먼저 그 가정에 기도의 사람을 세우신다는 말은 하나도 틀림이 없다. 오늘의 기도는 내일의 축복이다! 오늘의 기도의 씨앗은 내일의 열매이다! 오, 하나님, 제

주님 오시리 곧 오시리

가 더욱 기도의 사람이 되게 하소서! 교우들이 기도의 씨앗을 뿌리는 자들이 되게 하소서! (아멘)

49

아내와 에녹(딸), 선교(아들), 병현(조카)과 같이 E-마트에 갔는데 2층에 올라가자마자 선교와 병현이가 어디론가 사라졌다. 에녹이의 노트를 사야 되는데 이 녀석들이 어디로 갔는지, 이 녀석들을 떼어놓고 노트를 사러 갈 수도 없고…. 에녹이가 아이들을 찾는다고 돌아다녔는데 허탕치고 돌아왔다. 이번에는 아내가 찾는다고 돌아다니다가 그냥 돌아왔다. 이 넓은 곳에서 쉽게 찾을 리가 없지. 이번에는 내가 나서기로 하였다. 이곳저곳을 다니며 찾아보지만 안 보인다. "하나님, 아이들을 빨리 찾아야 빨리 일을 보고 갈 수 있습니다. 빨리 찾게 해주세요!" 하나님께 기도를 하며 찾으려고 하는데 이 녀석들이 게임 CD 판매하는 곳에 있을 것 같다는 생각이 문득 들었다. 맞다! 아마도 이 녀석들이 그곳에 틀림없이 있을 것이다. 그곳을 향하여 가는데 저만치쯤에서 아이들이 보인다. "야, 이 녀석들아, 빨리 와!" 이 녀석들이 게임에 몰두하고 있었다. "이 녀석들아, 누나도 너희들을 찾으려고 헤매었고, 엄마도 너희들을 찾으려고 얼마나 애썼는지 알아?" 이 녀석들의 귀를 잡고 아내가 있는 곳으로 끌고 왔다. 아내가 저만치쯤에서 이 모습을 보고 웃음을 짓는다. 아이들을 찾는 문제도 내 힘으로, 내 방법으로 찾으려고 하지 않고 기도하며 성령님의 도우심을 구했더니 역시 성령께서 즉시 도와주셨다. 할렐루야! 아이들을 찾는데 도와주신 주님을 찬양한다!

"구하라, 그리하면 주실 것이요!(기도하면서) 찾으라 그리하면 찾을 것이요" (마7:7)

50

아침에 기도하는데 박○○ 자매님 집에 심방을 가야겠다는 감동을 받았다. 박 자매님은 아이를 낳은 지 얼마 되지 않아 교회에 나오지 못하고 집에서 아이를 돌보며 몸조리를 하고 있었다. '무엇을 사갈까?' 하다가 딸기가 생각이 나서 딸기를 사가기로 마음먹었다.

금요 구역 예배를 11시 30분에 드린다고 하여, 부리나케 준비해서 노 집사님을 태우고 최 집사님 집에 갔다. 하나님께 인정을 받은 사람 시리즈 두 번째로 욥에 대하여 공부를 하였다. 이를 마치니 오후 1시. 점심을 먹고 노 집사님을 가게까지 모셔다드리니 집사님이 딸기를 주셨다. 박자매님 집에 심방을 가면서 딸기를 가지고 가려고 했는데 노 집사님이 딸기를 주시다니…. 심방을 가라 하시는 성령님의 감동에 순종하니 성령께서 기뻐하셔서 심방에 가지고 갈 딸기까지 주시는구나! 할렐루야! 성령님께 순종하며 살려고 하니 성령께서 도우시는구나! 아내가 학교를 파하면 같이 가야겠다고 마음을 먹었는데 강의하는 신학교의 송 목사님이 잠깐 만나자고 하셨다. 신학교에서 이야기를 한참 하다 보니 아내가 퇴근할 시간이 넘었다. 잘못하다가는 심방하기로 한 계획이 틀어지겠다. 성령께서 감동하시고, 가지고 갈 딸기까지 주셨다 하더라도 내가 내 마음을 잘 지키지 않으면 심방이 무위로 돌아갈 것 같아서 양해를 구하고 조금 일찍 나왔다. 최 집사님에게 전화를 해서 아파트 동과 호수를 물어보니 115동 501호라고 한다. 남편의 이름을 물어보니 모르겠다고 하신다. 내 자신의 무관심을 느꼈다. 내가 성도들의 영적인 부분에 지나치게 신경을 쓰다 보니 사소한 삶적인 것들에 약간 무심한 면이 있다. 이제부터는 성도들의 모든 것들에 대하여, 할 수 있으면 관심을 가져야겠다고 마음을 먹었다.

박 자매님에게 전화를 해서 심방을 간다고 하니 기쁘게 맞아

주었다. 잠시 이야기를 나눈 후 아이와 박 자매님을 위하여, 가족을 위하여 기도를 해주고 집에 돌아왔다.

오늘도 내 삶 가운데 구체적으로 개입하셔서 함께 하신 주님을 경험한 하루였다. 오늘 하루를 인도하신 주님께 감사와 찬양을 드린다. 할렐루야!

★ 최 집사님 집에서 구역 예배를 마친 후 잠깐 성경을 보는데 마태복음 8장 1절, 2절이 눈에 들어왔다. "예수께서 산에서 내려오시니 허다한 무리가 좇으니라 한 문둥병자가 나아와 절하여 가로되 주여 원하시면 저를 깨끗케 하실 수 있나이다" 말씀에 보니 예수님을 '좇는 자'들이 있고, 예수님께 '나아오는 자'가 있었다. 그런데 예수님을 개인적으로, 체험적으로 만난 사람은, 예수님을 좇는 사람들이 아니라, 예수님께 개인적으로 나아가는 사람이었다.

하나님께서 나에게 약속하신 영생이란 살아 계신 하나님을 경험함으로써 아는 것(요17:3)이다. 하나님을 경험하며 알려면 무리들처럼 예수님을 따르지만 말고, 예수님께 나아가야만 한다. 개인적으로 예수님께 나아갈 때 예수님은 우리를 만나주신다! 기도를 통하여, 말씀을 통하여 하나님께 나아가 그분을 매일 경험하는 삶이 되도록 해야겠다.

"예수님, 제가 예수님을 단순히 따르기만 하는 자가 되지 말고, 예수님께 매일 구체적으로 나아가는 자가 되어 예수님을 매일 개인적으로 만나는 자가 되게 해주세요!"

★ 구역 예배를 드리면서 하나님께 인정받은 사람 시리즈 중 두 번째로 욥에 대하여 공부를 해보니 그전에 깨닫지 못했던 말씀들이 새로 보였다.

하나님께서 욥의 신앙을 인정하신 것은 욥이 순전하고 정직하여 하나님을 경외하며, 욥처럼 악에서 떠난 자가 없기 때문이었다(욥1:8). 그러나 욥의 신앙은 이것만이 아니었다. 욥은 자녀들의 생일 때마다 그들이 혹시라도 하나님을 배반하고, 범죄할 것을 두려워하여 생일 때마다 번제를 드리며 그들의 죄사함을 위하여, 그리고 앞으로 1년 동안 하나님께서 붙잡아주시기를 위하여 제사를 드렸다.

오늘날 우리들의 생일 문화와 비교해 보았다. 오늘날 우리들의 생일 문화는 대부분 생일 감사 헌금을 드리는 것으로 끝내지 않는가? 욥은 단순한 물질적 감사로 끝낸 것이 아니라 앞으로의 소원적인 내용이 담겨져 있었다. 그것은 자녀들이 하나님을 떠나지 않게 하는, 일종의 기도였다. 과거적인 감사가 아니라 미래적인 소원을 품고 있었던 것이다. 그렇다! 생일을 맞이할 때마다 단순히 과거에 태어나게 하신 것만을 감사하는 감사가 아니라 미래 지향적인 소원을 품고 예물을 드리는 것이 바람직한 방법인 것이다.

또한 욥은 생일을 맞이한 아이 한 명을 위하여 예물(짐승)을 드리며 번제를 드린 것이 아니라 아이들 명수대로, 즉 10명 모두를 위하여 드린 것이다. 우리들의 생일 문화는 생일을 맞은 그 사람만을 위하여 예물을 드리지 않는가? 욥은 생일을 맞은 아들, 딸만이 하나님을 떠나지 않고 하나님을 경외하는 마음으로 살기를 원하는 것이 아니라 욥의 모든 아들, 딸들이 하나님을 경외하는 삶을 살도록 모두를 위하여 예물을 드리며 자신의 마음을 하나님께 보인 것이었다. 아, 그렇구나! 자녀의 생일 때마다 모두의 이름으로 감사를 드리며, 하나님을 경외하는 삶을 살도록 해야겠다.

그리고 더욱 놀라운 것은 번제라는 제사였다. 그는 단순히 감사 헌금을 드린 것이 아니라 번제, 즉 헌신 예배를 드린 것이었다. 생일을 맞이하여 집에서 예배를 드리는 성도를 거의 본 적

주님 오시리 곧 오시리

이 없었다. 더구나 헌신 예배를 드리는 사람은 더더욱 없다. 생일 축하 잔치를 할지언정 예배를 드리지는 않고, 감사 헌금만을 드리는 것이 생일 문화였던 것이었다. 그렇다! 생일이 되었을 때 생일 감사 예배를 하나님께 드리며, 헌신 예배를 드린다면 얼마나 하나님께서 기뻐하실까?

오, 하나님! 욥이 자녀들의 생일 때마다 행한 좋은 습관들을 우리 모두가 본받게 하옵소서!

※ 나는 이제까지 에녹이와 선교의 생일잔치에 대하여 별로 긍정적이지 못했다. 하나님께 드려야 할 감사와 찬송을 아이들이 차지하는 것 같아서 하나님께 죄송한 마음이 앞섰기 때문이었다. 그러나 욥을 보면서 생일잔치를 하되 하나님께 감사와 헌신의 예배를 드린다면 참 좋은 생일 문화라는 것을 깨달았다. 생일잔치와 예배 두 가지를 병행함으로써, 찝찝한 생일이 아닌, 은혜로운 생일이 되도록 해야겠다.

51

남편의 발령 문제를 놓고 작정하며 기도했던 김○○ 집사님의 기도가 응답이 되었다는 전화를 받았다. 남편이 대기 발령 상태로 있는 것을 보고 이 문제를 하나님께 나아가서 해결하시겠다고 매일 한 끼씩 금식하며 기도했는데 응답을 받았다니 참 좋은 일이다.

사실 나도 그 문제를 위하여 새벽마다 기도를 하며 중보했었다. 며칠 전에도 그 문제를 가지고 기도를 했는데 마음속에서 성령께서 '내가 응답하리라!'는 음성이 왔다. 그래서 그 문제는 더 이상 기도를 하지 않고 응답을 받았다는 연락이 오기를 기다렸었다. 그 음성을 들은 지 2-3일 동안 연락이 오지 않자 '내가 성령의 감동을 잘못 받은 것이 아닌가?' 하는 생각이 들었었는데 오늘 이렇게 연락을 받으니 잘못된 감동은 아니었던 것 같다. 나도 김 집사님의 기도 문제를 가지고 같이 중보 했더니 그분의 응답이 나에게도 기쁨을 준다.

그렇다! 중보기도는 응답의 기쁨을 본인과 '같이' 누린다는 것이다. 내가 중보 기도해 준 사람이 응답받는다고 해서 내가 특별히 이익을 보는 것도 아니다. 그러나 기도 응답의 기쁨을 같이 누리는 것이다. 성령께서 동일한 기쁨을 주시는 것이다. 요한복음 16장 24절 말씀처럼 기도 응답에는 기쁨이 있다. 기도한 것을 응답받기도 하지만 성령께서는 내적으로 기쁨도 주시는 것이다. 오 주님, 응답받는 기도의 삶을 통하여 기쁨이 끊이지 않고 계속되게 하소서! (아멘!)

> "지금까지는 너희가 내 이름으로 아무것도 구하지 아니하였으나 구하라 그리하면 받으리니 너희 기쁨이 충만하리라" (요16:24)

52

오늘 헌금을 계수해 보니 누군가가 무명으로 무려 100만 원을 하나님께 드렸다. 깜짝 놀랐다. 누가 이렇게 많은 물질을 드렸는지…. 그리고 얼마나 감사한 일인지….

지난 2월 20일경에 선교헌금 70만 원을 보내야 하는데 교회에 돈이 없어서 못 보냈었다. 며칠 동안 고민을 하다가 내가 선교헌금을 보내기로 하였다. 해외에서 열악한 환경과 싸우면서 영적 전투를 하며 복음을 전하시는 선교사님들에게 있어서 물질은 실탄과 같은 것이 아닌가? 우리 교회가 돈이 없다고 못 보낼 수는 없는 노릇이었다. 그래서 내가, 예수님의 십자가 지시는 모습을 구경하러 왔다가 얼떨결에 억지로 십자가를 진 구레네 사람 시몬처럼, 억지로라도 헌금을 드릴 것을 결정하였다. 그런데 나도 수중에 돈이 없어서 카드로 현금 서비스를 받아 우선 급한 60만 원을 보냈었다. 물론 3월 초에 보내야 할 40만 원도 막막하였었다. 나의 인간적인 생각으로는 나머지 선교헌금 40만 원도 채워질 것 같지 않았다. 그래도 일단 급한 불은 꺼놓고 봐야 했다.

그런데 오늘 기적이 생긴 것이다! 어느 성도가 무명으로 '전도헌금'을 드린 것이다. 그래서 선교헌금 40만 원을 드릴 수가 있었다. 할렐루야!

아마도 내가 빚을 내서라도 선교헌금을 드리는 것을 보신 하나님 아버지께서 한 성도의 마음을 감동하사 과부의 두 렙돈과 같은 헌금을 드리게 하신 것 같다. 우리 교회에는 한 번에 100만 원을 헌금할 수 있는 사람이 없는데 100만 원을 드린 것은 아마도 그 성도가 자신의 소유를 털어서 하나님께 드린 것 같다. 오 주여, 귀한 물질을 드린 그 성도에게 두 배의 물질로 갚아 주옵소서! (아멘) 오늘도 기적을 베푸셔서 하나님의 은혜로 2월도 무사히 보내게 하신 주님을 찬양한다! 할렐루야!

〈 영혼의 일기 후기 〉

사람이 서로 가까워지면 자신에게 나타나는 큰 일들만 상대방에게 말하는 것이 아니라 일상생활 가운데 나타나는 사소한 일들까지 말한다. 서로 사랑하는 남녀가 만나서 이야기할 때 자기에게 있었던 큰 일들만 말하는가? 아니면 사소한 것들을 말하는가? 사소한 것들까지 말한다. 서로가 가까우면 가까울수록 사소한 것까지 말하고 가깝지 않으면 사소한 것까지는 말하지 않는다. 자녀를 사랑하는 부모는 자녀의 사소한 것들도 다 들어준다. 왜냐하면 사랑은 관심이기 때문이다. 서로 사랑하면 할수록 사소한 일에도 관심이 있기 때문이다. 사랑하면 그 사람의 일거수일투족까지 관심을 갖는 것이다.

어떤 분들은 『영혼의 일기』를 읽고 '뭐 저런 것들까지 세세하게 하나님께 구한단 말인가?' 하고 생각하는 분들도 있을 것이다. 그러나 하나님과의 친밀함의 관점에서 보면 다르게 보인다. 신앙이 깊지 않은 사람들은 자신에게 있는 큰 일들에 대해서만 주님의 도우심을 구하고 나머지는 자신의 맘과 뜻대로 한다. 그러나 신앙이 깊어질수록 자신의 뜻대로 하지 않고 세미한 것들까지도 모든 것들을 주님께 맡기고 주님의 도우심과 인도하심을 구하게 되는 것이다.

12   네게 준 달란트대로 가거라!

군을 제대한 나는 앞길에 대하여 기도하기 시작하였다. 대학교 4학년 때 말기 암 환자이신 어머님의 치료를 위하여 기도원에 가서 기도하다가 하나님의 부르심을 받고 성경 공부, 기도, 전도, 양육 등에 힘쓰다가 군에 가서 군종병으로서 복음을 전하며 영혼 구원과 예배 등으로 군 사역을 마치고 전역한 나는 이제 신학교를 선택해야만 했기 때문이다. 나는 감리교회를 다녔기 때문에 서울에 있는 감리교 신학대학원이나 대전에 있는 목원 신학대학원, 이 둘 중 한 학교를 선택하면 되었다. 쉽게 생각하면 우선 내가 살고 있는 전주에서 가깝고, 다니던 교회를 계속 섬기면서 다닐 수 있는 대전 목원 신학대학원을 선택하는 것이 여러 가지로 좋았다.

그러나 하나님의 정확한 인도하심을 받고 싶었기 때문에 어느 학교를 가야만 하는지 매일 새벽마다 기도하며 하나님의 응답을 구하였다.

"하나님 어느 신학교를 가야 합니까? 하나님께서 인도하시는 학교로 가겠습니다!"

며칠 동안 계속해서 새벽 기도를 하는데 어느 날 방언과 함께 통역이 나오면서 주님께서 말씀하셨다.

"내가 너에게 준 달란트대로 가거라!"

"네? 하나님께서 저에게 주신 달란트대로 가라고요?"

나는 전혀 예기치 못한 주님의 음성에 깜짝 놀랐다. 나는 제자 훈련에 대한 꿈이 있었기 때문에 일반 목회를 하며 제자 훈련하는 교회를 만들고 싶었다. 군에 가기 전부터 제자 훈련에 대한 여러 가지 책들을 읽으면서 제자 훈련에 대한 꿈이 마음속에서 불타고 있었다. 청년부들과 함께 제자 훈련을 했었다. 성경을 공부하며 삶을 나눈다는 것이 너무나도 재미있었다. 그런데 하나님께서 나에게 주신 달란트대로 신학교를 가라니….

하나님께서 나에게 주신 달란트는 다름 아닌 음악이었다. 노래를 조금 잘하시는 어머님 덕에 나는 목소리가 그런대로 괜찮았고 어느 정도 음악성도 있었다. 고등학교 때에 음대로 진학하고 싶었으나 아버님의 반대로 뜻을 이루지 못했었다. 그래서 대학교에 들어가자마자 대학 합창단에 들어갔으며, 대학교 1학년 때부터 지휘법, 화성학, 대위법, 작곡법, 편곡법 등을 독학으로 공부하였다. 대학교 축제 때 노래 경연 대회에 나가기 위해서 작곡도 했고, 작곡한 곡으로 공전 가요제, 비사벌 가요제 등에 나가서 1등, 2등 했으며, 해방 노래 경연 대회에는 김민기 씨의 '아침 이슬'이라는 곡으로 나가서 1등을 하기도 했고, 작곡한 곡으로 합창단 후배들을 연습시켜 인문대 가요제에서 2등 상을 받도록 하게도 했으며, 3학년 때에는 대학교 합창단을 지휘하며 전국 대학생 음악 경연 대회에 나가서 대상을 받은 일도 있었다. 그리고 4학년 때에는 작곡한 곡들, 편곡한 곡들을 모아서 '가스펠 송(Gospel Song) 및 가요 작곡&편곡 발표회'를 하기도 했었다. 이러한 음악성을 살려서 대학을 졸업한 후에는 음악 대학원을 가고 싶은 마음도 있었다. 그러던 중 대학교 4학년 때 예수님을 만나 철저히 회개한 뒤 세상 음악을 다 버리고 오직 전심으로 하나님만을 찬양하며 예수님을 전하는 일에 헌신해 온 것이었다.

그러므로 하나님께서 내게 주신 달란트는 분명히 음악이었다. 그러나 나는 전적으로 찬양 사역을 전문으로 하고 싶은 맘은 전혀 없었다. 찬양보다 말씀을 사모하였기에 성경 공부를 하며 제자 훈련을 하는 교회를 만들고 싶었던 것이다. 그런데 뜻밖에도 하나님께서는 내게 찬양 사역의 길을 걸으라고 하시는 것이다. 갑작스런 주님의 말씀에 나는 순종할 수가 없었다. 내가 하고 싶은 사역은 찬양 사역이 아닌, 말씀 사역, 말씀을 중심으로 한 제자 훈련이기 때문이다.

고민을 하던 나는 그다음 날부터 새벽 기도에 나가지 않았다. 기도하다 보면 하나님께서 찬양 사역의 길로 가라고 계속해서 말씀하실 것 같았기 때문이었다. 찬양 사역의 길을 가는 것은 나의 계획에도 없었고, 전적으로 그 길을 걷고 싶은 마음도 전혀 없었기 때문에 도저히 순종할 수 없었다.

그런데 새벽 기도를 안 나가며 며칠 동안 기도를 하지 않다 보니 점점 영적으로 답답해져서 견딜 수가 없었다. 매일 기도하는 생활을 하다가 기도를 않게 되니 내 영혼에 여러 가지 고민과 갈등으로 인해 평안이 사라졌다. 이러한 상황 가운데에서 앞으로 어떻게 해야 할 것인가에 대하여 깊이 고민하고 또 고민하였다.

'내가 하나님의 종이 되겠다고 하는 것은 내 뜻이 아니고 하나님의 뜻에 따라서 된 것이고, 내가 하나님의 종이 되겠다는 것은 나를 위해서가 아니라 하나님을 위해서 한 것인데 내가 하나님께서 원하시는 사역에 순종하는 것이 아니라, 내 자신의 비전을 고집하면서 하나님을 위한 종이 될 수 있을까?' 하는 생각이 들면서 '기왕에 내가 하나님의 뜻을 위해서, 하나님을 위해서 살겠다고 헌신했으니 한 번 더 하나님의 정확한 뜻을 묻고 하나님의 뜻을 분별한 뒤, 내 비전이 아닌 하나님의 비전에 순종하자.'는 생각으로 중단했던 새벽 기도를 다시 시작하였다.

　"하나님, 저의 꿈과 저의 비전을 내려놓고 하나님의 비전에
　　순종하겠습니다. 하나님께서 가라고 하신 길을 가겠습니다.
　　다시 한번 말씀해주시옵소서!"

　하나님의 뜻에 순종할 것을 결단하고 계속해서 기도하는데 역시 방언과 함께 통역을 통해서 하나님께서 주신 달란트, 즉 찬양 사역의 길로 가라고 또 말씀하셨다.

　"하나님, 그러면 어느 학교에 가야 합니까?"라고 묻는데 며칠 전에 「신앙계」라는 신앙 서적에서 그런 종류의 학교를 본 것 같았다. 즉시 기도를 마치고 집에 가서 「신앙계」를 보니 음악 선교사, 음악 사역자, 음악 목사를 양성하는 학교가 서울에 있었다.

　그래서 이 학교를 가기로 마음먹고 이런 나의 결정을 가까이 지내던 목사님, 전도사님에게 말씀 드렸더니 두 분 다 반대하였다. 일반 목회를 하면서 얼마든지 찬양 사역을 할 수 있으니 대전 목원 신학 대학교로 가라고 했다. 그 학교에 가면 학비도 주고 교회에서 전도사로 사역하게도 해주시겠다고 하였다. 목사님, 전도사님의 말을 들으니 그 말이 옳은 것 같았다. 그래서 또 고민하고 갈등하였다. 하나님의 뜻과 주위 분들의 권면 사이에서 수없이 고민하고 갈등하는 가운데 기도하면 주님은 변함없이 찬양 사역의 길을 가라고 말씀하셨다. '목사님, 전도사님이 권하

고 사람들이 인정해주는 일반 목회자의 길을 걸을 것인가, 아니면 나를 응원하고 격려해 주는 사람은 한 명도 없지만 하나님께서 가라고 하시는 찬양 사역의 길을 걸을 것인가' 둘 사이에 고민하던 나는 결국 하나님께서 가라고 하신 길을 걷겠다고 결심하고 찬양 사역자, 음악 목사를 양성하는 서울의 학교에 지원하였다. 사람의 뜻과 하나님의 뜻 사이에서 결국 하나님의 뜻을 선택한 것이었다.

그런데 하나님께서 인도하신 그 학교에 다니며 공부를 한다고 해서 어려움이 없는 것은 아니었다. 오히려 어려움들이 더 많았다. 매주 화요일 새벽마다 서울에 올라가서 금요일에 전주로 내려오기까지 거처할 집이 없었기 때문에 이 집 저 집 아는 사람들의 집에 다니며 잠을 자야 했고, 학비도 없었고, 응원해주고 격려해 주는 사람들도 없었고…. 수많은 어려움이 있었고 힘도 들었다. 특히 물질의 어려움이 많았다. 아버지는 예수님을 믿지 않으실 뿐 아니라 내가 대학교를 졸업하기까지 어려운 가운데 공부시키셨기에 신학교에 간다면 부자간의 정을 끊어버리시겠다고 하셨기 때문에 내가 스스로 학비, 교통비, 식비, 책 구입비 등 모든 것들을 해결해야 했다. 직장에 다니면서 돈을 벌며 공부할 수 있는 상황도 못 되었기 때문에 물질이 필요할 때마다 간절히 기도하며 하나님의 응답을 바라볼 수밖에 없었다. 그런데 하나님께서는 생각지도 못한 방법으로 매주마다 필요한 교통비와 공부에 필요한 물질을 공급해 주셨다. 어떤 집사님은 "기도하는데 하나님께서 갖다 주래요." 하면서 돈이 들어 있는 봉투를 주시기도 하였고, 전주에서 서울 갈 때 올라갈 차비밖에 없어서 내려올 일을 걱정했는데 서울에서 누군가를 만나게 하셔서 해결해 주시기도 하셨다.

그리고 신학교를 다니면서, 군에서 군종병으로 사역할 때 기도로 후원해 주었던 젊은이들 10여 명을 중심으로 선교회를 만

들어, 매주 월요일 저녁마다 찬양 모임을 가졌다. 그들에게 찬양에 대하여 말씀을 전하며 찬양 연습을 시키면서 틈틈이 찬양 사역을 하였다. 찬양 선교단을 조직하여 사역하면서도 수많은 어려움들이 있었다. 남이 걷지 않은 좁은 길을 걷는 데 있어서 따르는 헌신과 희생뿐만이 아니라 내 자신의 무지와 경험 부족으로 인해 여러 가지 시행착오가 뒤따라 왔다. 수많은 하나님의 살아계심과 능력, 역사하심 등을 체험하면서도 여러 가지 크고 작은 어려움들로 인한 갈등과 괴로움으로 인해 선교회를 그만두고 싶은 마음도 수십 번 있었다.

그런데 찬양 선교단을 이끌면서 수많은 어려움들을 기도로 해결히는 가운데 나는 점점 영적으로 성장하고 있었다. 좀 더 큰 일들을 감당할 수 있도록 나도 모르게 준비가 되어져 가고 있었다. 이렇게 수 년이란 세월이 흐르다 보니 선교회는 초창기와는 아주 판이하게 다른 모습으로 변해있었다. 내 자신도, 선교회도, 함께 하는 사람들로 여러 가지로 성숙된 모습으로 변화된 것이었다. 그런데 놀랄만한 사실을 발견하였다. 그것은 내가 그렇게 하고 싶었던 제자훈련을 선교회원들을 대상으로 하고 있었던 것이다. 찬양 선교단이라고 해서 찬양만 연습했던 것이 아니라, 하나님 앞에서 찬양 사역하기에 합당한 사람들로 세우려다 보니 말씀 공부, 제자 훈련은 필수적으로 해야 했다. 하나님의 뜻과 비전을 위하여 제자 훈련이라는 나의 꿈을 포기했더니 하나님께서는 선교회원들을 대상으로 제자 훈련 사역을 하게 하신 것이다. 찬양 사역을 위해서 필요한 것은 단지 음악적인 영역만이 아니었다. 영성이 뒷받침되지 않으면 성령의 기름부음이 있는 찬양이 흘러나오지 않기 때문에 선교회원들을 대상으로 영성 훈련을 반드시 해야만 했다. 그래서 평상시에는 선교회원들을 데리고 성경공부하며 성경 암송 훈련, 묵상 훈련(QT), 기도 훈련, 예배 훈련 등으로 제자 훈련에 집중했더니 찬양 사역할 때 놀라운 기름 부으심이 있는 찬양이 흘러나와 수많은 사람들이 눈물을 흘리며 예수님을 영접하고, 회개하고, 도전받고, 하나님 앞에서 결단하는 일들이 나타난 것이다. 나의 꿈과 비전 등을 하나님 앞에서 포기하고 내려놓았더니 하나님께서는 당신의 뜻을 이루도록 하시면서 나의 꿈을 이루어주신 것이다. 할렐루야!

하나님의 비전을 위하여 내 비전을 포기하고 내려놓았더니, 결국은 내 비전도 이루어지게 하시는 주님을 찬양할지어다. 할렐루야!

"예수께서 제자들에게 이르시되 누구든지 나를 따라오려거든 자기를 부인하고 자기 십자가를 지고 나를 따를 것이니라"
(마16:24)

"너는 마음을 다하여 여호와를 의뢰하고 네 명철을 의지하지 말라 너는 범사에 그를 인정하라 그리하면 네 길을 지도하시리라"
(잠3:5-6)

13   목사님, 귀신 좀 쫓아 주세요

어느 날 선교회에서 활동하고 있는 한 자매에게서 전화가 왔다. 어머니가 간질 증세를 일으키고 있으니 와서 기도해달라는 것이었다. '간질이라고? 성경을 보면 간질은 귀신의 역사(마 17:15-18)인데 그렇다면 그 자매의 어머니가 귀신에게 시달림을 받고 있단 말인가?' 그 자매에게 언제부터 그랬느냐고 물어보니 그런 증상이 자주 나타났다고 한다. 나는 그 자매 집에 간다고 말하고 선교회 센터(Center)를 나섰다. 얼마 후 그 자매 집에 도착하니 그 자매의 어머니가 대뜸 말하기를 "목사님, 저기 보이는 귀신 좀 쫓아내 주세요!"

"네? 귀신이 보인다구요?"

"예, 저기 저 위에 있어요!"

나는 그 집사님이 가르키는 곳을 아무리 둘러보아도 귀신이 보이지 않았다.

그런데 그 집사님은 귀신이 보인다는 것이었다. 비록 귀신이 공중에 돌아다닌다 하더라도 우리들의 눈에 보이지 않는 것이 정상인데 그분에게는 보인다니 이는 둘 중의 하나였다.

첫째, 그분에게 성령께서 충만하게 임하셔서 그분의 영안이 열려서 귀신들이 보이거나

둘째, 그분에게 귀신이 임하여서, 귀신은 귀신끼리 통하므로, 같은 귀신들이 보이거나 둘 중의 하나였다.

그런데 그 집사님은 성령이 충만하게 보이지도 않을 뿐 아니라 귀신의 역사 중의 하나인 간질 증세가 나타나는 것을 볼 때 후자에 속한 것이었다. 그리고 공중에서 돌아다니는 귀신은 별로 문제가 안 된다. 귀신이 없는 곳이 이 세상에서 어디가 있을까? 어느 곳에서나, 심지어 예배당에도 귀신들이 있는데…. 문제는 그러한 귀신이 사람의 마음과 몸속에 있는 것이 문제인 것이다. "집사님, 저기에 있는 귀신이 문제가 아니라 집사님 마음속에 있는 귀신이 문제입니다. 저 거실에 있는 귀신은 제가 나가면 다시 들어옵니다. 집사님 안에 있는 귀신을 쫓아내야 합니다!"

"아니에요! 저기 있는 귀신을 좀 쫓아내 주세요!"

그 집사님은 자신의 마음속에 귀신이 있다는 것은 알지 못하고 자꾸만 거실에 있는 귀신만 쫓아 달라고 했다. 나는 참으로

답답하였다. 자신 안에 있는 귀신을 쫓아내야 거실에 있다는 귀신이 안 보이게 되는데….

그런데 귀신이 사람 몸 안에 들어간 것은 반드시 이유가 있다. 원인이 있다. 이러한 원인을 알아야 쉽게 귀신을 쫓아낼 수 있으므로 나는 그 집사님과의 대화를 통하여 그 원인을 찾으려고 애썼다. 그 결과 원인을 알게 되었다.

그 집사님은 생선 가게를 하시면서 7년 동안 돈을 아끼고 아끼면서 저축을 하여 1,000만 원을 모았다. 그런데 그 돈을 어느 친척이 빌려달라고 하기에 선뜻 빌려주었다. 그런데 문제는 돈을 돌려주기로 한 기간이 지났음에도 불구하고 그 친척이 돈을 갚지 않는다는 것이었다. 집사님은 돈을 돌려줄 것을 몇 번 이야기를 했지만 그 친척은 도무지 돈을 돌려주려고 하지 않았다. 그러자 그 집사님은 자신이 어렵게 모은 돈을 돌려주지 않는 친척에 대하여 분노하기 시작하였고, 그 분노는 미워하는 마음으로 자라서 그 집사님 마음에 자리 잡고 있었다. 자신이 7년 동안 안 먹고, 안 입고, 안 쓰고 모은 돈이니 얼마나 애착이 가는 돈인가? 그런 돈을 빌려줬는데, 돈을 빌려간 친척이 돈을 갚지 않으니 얼마나 화가 나고, 얼마나 밉겠는가? 집사님에게 그런 분노와 미움이 있는 것은 인간적으로 이해가 갔다. 그러나 그러한 분노와 미움이 귀신으로 하여금 그 집사님의 마음에 들어가는 통로를 열어준 것이다.

삼상18:7-10 말씀을 보면, 다윗이 골리앗을 죽임으로써, 블레셋과의 전쟁에서 이긴 사울왕이 돌아올 때 여인들이 뛰놀며 노래하여 이르되 "사울이 죽인 자는 천천이요 다윗은 만만이로다."라고 하니 사울이 그 말을 듣고 "다윗에게는 만만을 돌리고 내게는 천천만 돌리니 그가 더 얻을 것이 나라 말고 무엇이냐?" 하며 불쾌하여 심히 분노한 그 이튿날에 악령이 사울에게 강하게 임하였지 않은가…

주님 오시리 곧 오시리

"여인들이 뛰놀며 노래하여 이르되 사울이 죽인 자는 천천이요 다윗은 만만이로다 한지라 사울이 그 말에 불쾌하여 심히 노하여 이르되 다윗에게는 만만을 돌리고 내게는 천천만 돌리니 그가 더 얻을 것이 나라 말고 무엇이냐 하고 그 날 후로 사울이 다윗을 주목하였더라 그 이튿날 하나님께서 부리시는 악령이 사울에게 힘 있게 내리매 그가 집 안에서 정신 없이 떠들어대므로 다윗이 평일과 같이 손으로 수금을 타는데 그때에 사울의 손에 창이 있는지라"(삼상18:7-10)

사울왕이 심히 '분노'하고 다윗에 대하여 시기하고 질투하며 '미워한' 그 '다음날' 귀신이 강하게 임한 것을 볼 때 '분노, 시기, 질투, 미움' 등은 귀신 들림의 주요 원인인 것이다(성도들도 얼마든지 귀신 들릴 수 있음). 그래서 엡4:26-27에서 "분을 내어도 죄를 짓지 말며 해가 지도록 분을 품지 말고 마귀로 틈을 타지 못하게 하라"고 말씀하신 것이다. 사람들이 귀신들리는 가장 보편적인 통로는 바로 '분노와 미움'인 것이다. 사람이 살아가는데 있어서 때로는 미워하는 감정이 생길 수도 있지만 분노와 미움이 죄임을 깨닫고 즉시 회개해야만 귀신 들리지 않게 되는 것이다. 그런데 그 집사님은 친척에 대한 분노와 미움이 귀신으로 하여금 자신 안에 들어오게 하는 원인임을 몰랐던 것이다. 그러므로 분노와 미움을 회개하고 주님의 용서를 구하고 그 친척을 용서해야만 귀신이 나가게 되는 것이다. 나는 집사님에게 이러한 사실을 설명하고 자신이 분노하고 미워한 죄를 회개하고, 친척을 용서해야만 귀신이 나갈 수 있음을 말하였으나 그 집사님은 막무가내로 거실에 있는 귀신을 쫓아내 달라고만 하였다. 내가 집사님에게 아무리 설명해도 받아들이지 않자 "집사님, 제가 아무리 귀신에 대하여 선포를 하고 귀신이 나가라고 명령해도 집사님 안에 있는 회개되지 않은 죄와 미움 때문에 귀신이 나가지 않습니다. 죄가 있는 한 귀신은 나갈 수가 없습니다. 그런데도 집사님은 제 말을 듣지 않고 귀신만 쫓아 내달라고 하니 어쩔 수가 없네요! 그 친척에 대한 미움은 그 친척보다도 집사님 자신을 더 고통스럽게 만들고 귀신으로 하여금 계속해서 집사님 안에서 역사하게 만듭니다. 집사님이 치유되기 위해서라도 그 친척을 용서해야만 합니다. 의지적으로 용서하겠다고 결단을 내려야 합니다. 만약에 제 말대로 미워했던 마음을 회개하고 그 친척을 용서하겠다고 마음먹으면 다시 연락을 주세요!"라고 말하고 안타까운 마음으로 돌아왔다. 죄가 있는 곳에서는 성령께서는 역사하실 수 없으니 어찌할 것인가.

그런데 그다음 날 자매에게서 전화가 왔다.
"목사님, 어머니가 분노와 미움을 회개하시겠대요. 친척을 용
 서하시겠대요."
"그래? 그러면 네가 어머니가 회개하시도록 기도를 인도해드
 려! 네가 먼저 기도를 한 마디씩 하고 어머니에게 따라서 하
 시도록 해봐. 내가 지금 갈게"
하루 만에 미움을 회개하고 친척을 용서하겠다니 아마도 귀신에게 너무 시달려서 너무 고통스러우셨던가 보다. 잠도 도무지 못 주무셨던 모양이었다. 나는 즉시 차를 타고 그 자매의 집으로 갔다. 가서 집사님의 얼굴을 보니 그다지 고통스러운 표정은 아니었다.
"어떠세요? 귀신이 지금도 보이나요?"
"아니요. 이제는 귀신이 안 보여요!"
"그래요? 잘 되었네요. 집사님이 회개하고 그 사람을 용서하
 겠다고 기도를 하니 귀신이 더 이상 있지 못하고 쫓겨 갔어
 요. 이제는 마음이 평안하시죠?"
"예!"
상황은 이미 종료되어 있었다. 내가 가서 귀신이 나가도록 기

도할 것도 없었다. 딸이 하는 대로 따라서 회개기도를 하니 귀신이 쫓겨난 것이었다. 그날 이후로 그 집사님은 다시 간질 증세가 나타나지 않았다. 다시는 귀신이 보이지도 않았다. 할렐루야!

모든 죄들, 특히 분노와 미움, 시기와 질투는 귀신들로 하여금 내 안에 들어오게 하는 통로가 된다. 그러나 죄에 대한 철저한 회개와 사람들에 대한 용서는 귀신들로 하여금 더 이상 발붙일 곳이 없게 만든다. 회개와 용서의 삶의 통하여 내 안의 더러운 귀신들을 내 쫓고 성령님과 동행하라! 할렐루야!

"근신하라 깨어라 너희 대적 마귀가 우는 사자같이 두루 다니며
삼킬 자를 찾나니 너희는 믿음을 굳게 하여 저를 대적하라
이는 세상에 있는 너희 형제들도 동일한 고난을 당하는 줄을 앎이니라"
(벧전5:8-9)

"분을 내어도 죄를 짓지 말며 해가 지도록 분을 품지 말고
마귀로 틈을 타지 못하게 하라"
(엡4:26-27)

14 　　　 아들아, 습관을 좇아 기도하거라!

전주 소년원 기독교반에서는 해마다 모든 원생들을 대상으로 여름 수련회를 하는데, 여름 수련회를 하기 전에 중보 기도회를

갖는다. 올해에도 수련회를 하기 위하여 교사들이 ○○ 교회에 모였다. 본드 흡입부터 해서 도둑질, 강도, 강도 상해, 강간, 조폭(조직 폭력), 심지어는 (소수이지만) 살인까지 다양한 죄를 짓고 들어온 아이들을 대상으로 하는 사역이라서 보통 교회에서 하는 사역보다 최소한 세 배 이상은 더 힘이 든다. 그래서 수련회는 그야말로 영적 전투의 현장이라고 할 수 있다. 예수님을 믿는 아이들만 대상으로 하는 사역이 아니라 예수님을 믿지 않는 아이들, 다른 종교를 갖고 있는 아이들에게 예수님을 전하여 믿도록 하고, 결신하도록 하는 일은 결코 쉬운 일이 아니었다. 웬만히 영적으로 무장되지 않으면 도저히 할 수 없는 사역이 소년원 사역이었다. 이 세상적인 관점에서 보면 학교에서 낙오되고, 여러 가지 죄를 짓고 수감된 아이들인데 하나님께서는 이상하게도 그들을 사랑하셨다. 그 아이들에게 사랑을 쏟아 부어주시려는 하나님을 종종 발견하고 하나님의 사랑이 참으로 은혜임을 많이 알게 하셨다.

아무튼 이 사역을 위해서는 반드시 기도가 필요했고, 기도한 만큼 성령께서는 역사하셨다. 그래서 교사들은 성경학교가 있기 전 최소한 한 달 이전부터 기도회를 갖고 준비를 하지 않으면 안 되었다. 여름 성경 학교를 위하여 기도회로 모인 어느 수요일, 각 교회에서 수요 예배를 마친 교사들이 하나 둘씩 ○○ 교회에 모였다. 소년원을 사역하시는 김○○ 목사님께서 누가복음 22장 39-45절의 말씀을 통하여 예수님의 기도에 대하여 설교를 하셨다. 우리들은 그 말씀을 들은 뒤 소년원 사역을 위하여 합심하여 목소리를 높여 부르짖었다. 교사들의 충원을 위하여, 교사들의 성령 충만을 위하여, 필요한 물질을 위하여, 아이들이 은혜받고 변화되도록, 소년원 직원들을 위하여, 프로그램들을 위하여, 강사님들을 위하여...... 여러 가지 제목들을 놓고 조목조목 기도한 뒤 기도회를 마치고 각자 집으로 갔다. 집으로 돌아온 나는

주님 오시리 곧 오시리

잠을 잔 후 여느 때와 다름없이 생활을 하였다.

　그런데 수요 기도회 다음 날부터 내 마음속에 성경 말씀이 계속 떠올랐다. 김○○ 목사님께서 설교하신 내용 가운데 누가복음 22장 39절 말씀에 '습관을 좇아서 기도하신 예수님'에 대한 내용이 있는데 바로 그 말씀이 계속해서 내 머리에 떠오르는 것이었다. 처음에는 단순히 '어제 설교 말씀이니까 기억이 나는 것이 겠지.' 하고 생각했는데 그 말씀이 이튿날에도, 3일 후에도, 4일 후에도 계속해서 떠오르는 것이었다. 처음에는 무심코 그냥 지나갔던 나는, 그 말씀이 계속해서 떠오르자, 이상하게 생각하였다. 그러면서 '혹시 하나님께서 이 말씀을 통하여 내게 어떤 말씀을 하시고자 하는 것이 아닐까?' 하는 생각이 들었다. 그래서 "하나님, 혹시 이 말씀을 통하여 저에게 하시고자 하는 말씀이 있으신가요? 왜 이 말씀이 계속 제 머리에 떠오르죠?" 하고 하나님께 물었다. 그러자 방언과 함께 통역을 통하여 하나님께서 말씀하셨다.

　"아들아, 나는 네가 예수님처럼 습관을 좇아서 기도하기를 원한다."

　"무슨 기도를 습관을 좇아서 하라는 말씀인가요?"

　그러자 성령님께서는 내가 과거에 습관을 좇아서 기도하다가 지금은 하고 있지 않은 것을 깨닫게 하셨다. 그것은 금요 철야 기도였다.

　그 당시 나는 다니던 교회를 떠나서 다른 교회에 전도사로 사역을 나갔다. 전에 다니던 교회에서는 몇 분의 집사님들과 같이 매주 금요일마다 교회 3층 다락방에 모여서 철야 기도를 하였었다. 화요일 새벽에 서울로 올라가서 신학교를 다닌 뒤 금요일에 집에 내려왔는데, 집에 오면 대개 7시쯤 되었고, 저녁을 먹고 잠시 쉬다가 11시에 시작되는 철야 기도를 하기 위하여 교회에 갔으며, 새벽 4시쯤 철야 기도가 끝나면 1층에 내려와서 새벽 기도에 참석하고 집에 돌아오곤 하였다. 이러한 일은 매주 계속되었고, 금요 철야 기도회를 쉬는 일이 없었다.

그런데 새로 옮긴 교회에서는 금요 철야 기도회가 전혀 없었다. 그러자 나도 자연히 금요 기도회를 쉬게 되었고, 결국은 습관을 좇아서 매주 했던 금요 기도회는 중단되고 말았던 것이었다. 성령님께서는 바로 그것을 말씀하시는 것이었다. 성령님께서는 금요 기도회를 회복하라고 말씀하신 것이었다. 그래서 곰곰이 생각한 나는 순종하기로 하였다. 중단되었던 금요 기도회를 회복하기로 마음을 먹고 선교회에서 기도회를 갖기로 생각했다. 그런데 나 혼자서 철야 기도회를 하는 것보다는 여럿이 하는 편이 좋다고 생각되었다. 또한 나에게 금요 철야 기도회를 말씀하셨다면 나 혼자서 하라는 것이 아니라 누군가와 같이 하기를 원하신 것이라는 생각이 들었다. 나와 같이 할 수 있는 사람들은 선교회 회원들이었다. 그래서 그들과 같이 금요 철야 기도회를 갖기로 마음을 먹었다. 그런데 그들을 어떻게 설득해야 하느냐 그것이 문제였다. 무조건 "금요 철야 기도회를 합시다!"라고 말하기 보다는 금요 철야 기도를 해야 하는 이유와 목적을 잘 설명해주며 같이 기도하자고 해야만 그들이 수긍을 하고 순종할 것이기 때문이었다.

그래서 하나님께 또 기도하였다.

"하나님, 제가 금요 철야 기도회를 회복하겠습니다. 그런데 선교회 젊은이들에게도 금요 철야 기도를 하자고 해서 그들과 같이 하려고 하는데, 그들에게 왜 철야기도를 해야 한다고 말하죠?"

그러자 성령님께서 방언 통역을 통해서 말씀하셨다.

"금요 철야 기도회는 너희들의 영이 깨어서 곧 오실 예수님을 맞이할 준비를 하는 기도회니라! 예수님께서 가실 날이 멀지 않았느니라!"

주님 오시리 곧 오시리

성령님께서는 내가 왜 금요 기도회를 가져야 되는 지를 정확하게 설명해 주셨다. 주님의 강림에 대비하기 위하여 우리의 영혼이 깨어 있도록 하기 위함이라는 것이었다. 나는 그제서야 하나님께서 나에게 금요 기도회를 회복하라고 하신 뜻을 알게 되었다. 그것은 단순한 기도회가 아니라 예수님의 오심을 상기시키고, 예수님의 강림에 대비하여 영혼이 깨어 있고, 맡은 바 사명을 잘 감당하도록 하기 위함이었다.

나는 선교회 월요 정기 모임에서 이러한 내용을 가지고 말씀을 전하였다. 그리고 금요일부터 당장 금요 기도회를 가질 것이니 각 교회에서 기도회를 하지 않는 회원들은 할 수 있거든 모두 나와서 기도를 하자고 하였다. 주님의 강림에 대비하여 영혼이 깨어 있도록, 하나님께서 맡겨주신 사명을 잘 감당하도록 기도하자고 하였다. 나는 그 말씀을 전했지만 과연 몇 명이나 나올지 염려가 되었다. 대학생, 직장인들로 구성된 선교회 30-40명 가운데 몇 명이나 순종할지? 혹시 나 혼자서 하게 되지나 않을지?

그러한 염려 가운데 있다가 금요일이 되어서 선교회 센터로 갔다. 과연 몇 명이나 나올는지?

첫 금요 기도회에 참석한 선교회원들을 세어보니 모두 11명이었다. 하나님께서는 나 혼자서 금요 기도회를 하도록 하지 않으셨다. 그래서 그들과 같이 마음껏 부르짖으며 철야 기도를 하였다. 그런데 그 다음 주가 되자 또 걱정이 되었다.

'이번 주에는 과연 몇 명이 나와서 기도를 할 것인가?'

금요일이 되면 이런 걱정을 하며 몇 주를 보냈는데, 매주 금요일마다 선교회원들이 10명 이상씩 참여하는 것을 보고서야 금요 철야 기도회에 대한 걱정이 사라지게 되었다. 내가 하나님의 말씀에 순종하니 하나님께서는 나의 말을 듣고 하나님의 말씀에 순종하는 기도 동역자들을 계속해서 보내 주셔서 같이 기도하도록 해주신 것이었다.

금요 기도회를 회복시켜 주셔서 영적으로 깨어 주님 오심을 준비하게 하신 하나님을 찬양한다. 할렐루야!

당신에게도 기도하는 습관이 있습니까?

당신도 금요일마다 기도하며 영적으로 깨어서 곧 오실 주님을 맞이할 준비가 되었나요?

"예수께서 나가사 습관을 좇아 감람산에 가시매 제자들도 좇았더니"
(눅22:39)

"그런즉 깨어 있으라 너희는 그 날과 그 시를 알지 못하느니라"
(마25:13)

15   빨간색 티코를 주세요

전주시에서 가장 외곽 지역인 금상동에 살고 있는 배OO 간사가 새벽 기도회에 나오고 싶은데 교회가 중앙동에 있어, 너무 멀어서 나올 수 없다고 말하는 것을 들었다. 그 말을 들은 나는 하나님께 차를 달라고 기도하라고 말하였다.

"하나님께 기도를 하는데 있어서 동기와 목적이 올바르면 그 것은 이미 70-80%는 응답받은 것과 같은 거야! 나머지는 구한 것이 하나님의 뜻이냐 아니냐의 문제이지. 차를 달라고 하는 이유가 새벽 기도회에 나오기 위한 것이니 동기와 목적이 올바르잖아, 그러므로 하나님께 차를 달라고 기도해봐! 나도 같이 기도해 줄게!" 나의 기도 응답의 경험상 그랬다. 내가 하나님 앞에서 올바른 동기와 목적을 가지고 기도를 하면 내 마음이 담대하고 떳떳이 하나님께 구했으며, 그 결과 수없이 하나님께 응답을 받았기 때문이었다. 나머지 20-30%는 하나님의 뜻이냐, 아니냐가 문제였던 것이다. 아무리 동기와 목적이 올바르다 하더라도 하나님의 뜻이 다른 곳에 있으면 빨리 내 뜻을 내려놓고 하나님의 뜻을 따르는 것이 올바른 기도, 하나님께서 기뻐하시는 기도, 성령님의 인도를 받는 기도인 것이다.

　사도행전 16장에서 사도 바울이 아시아로 가서 복음을 전하려고 했지만 성령께서 막으셨다. 비두니아로 가려고 했으나 주님께서 또 막으셨다. 복음을 전하는 것은 하나님 앞에서 선한 일이요, 바울이 아시아와 비두니아로 가려는 것은 순수한 동기와 목적, 즉 복음을 전하려는 목적이었다. 그럼에도 불구하고 성령께서 왜 막으셨는가? 그것은 하나님의 뜻이 아니기 때문이었다. 복음을 전하는 것이 하나님의 뜻이 아닌 것이 아니라 바울이 아시아와 비두니아로 가는 것이 하나님의 뜻이 아닌 것이다. 성령님은 하나님의 영이시므로 하나님의 뜻대로 인도하신다. 하나님의 뜻을 거스리는 기도, 거스리는 말, 행동, 사역 등에는 성령께서 이끄시지 않는 것이다. 그렇다면 아시아와 비두니아의 영혼들은 어떻게 한단 말인가? 베드로전서 1장 1절에 보면 그 지역은 베드로 사도가 가서 복음을 전해야 할 지역임을 알 수 있다.

"예수 그리스도의 사도 베드로는 본도, 갈라디아, 갑바도기아, 아시아
　와 비두니아에 흩어진 나그네 곧 하나님 아버지의 미리 아심을 따라
　성령이 거룩하게 하심으로 순종함과 예수 그리스도의 피 뿌림을 얻기
　위하여 택하심을 받은 자들에게 편지하노니 은혜와 평강이 너희에게
　더욱 많을지어다." (벧전1:1-2)

이와 같이 동기와 목적이 올바르고 하나님의 영광을 위한 일이라 하더라도 그 일이 내가 할 일인가? 아니면 다른 사람이 해야 할 일인가가 문제인 것이다.

아무튼 차가 필요한데 그 목적이 새벽 기도회를 가기 위함이기 때문에 하나님의 뜻인지 아닌지만 분별하며 간구하면 될 일이었다. 배○○ 간사는 내 말을 듣고 기도를 하기 시작하였다. 나도 이 문제를 가지고 매일 기도를 하였다.

"하나님, 차가 필요합니다! 배○○ 간사가 새벽 기도회에 나오고 싶은데 너무 멀어서 나올 수가 없다고 하니 중고차를 한 대 주세요!"

새 차는 생각지도 못하고 중고차 한 대만 있어도 감사하기에 중고차를 달라고 기도하였다. 그런데 기도하는 중에 자꾸 오병이어 사건이 떠올랐다. 예수님의 말씀을 들으려고 모인 수많은 사람들이 해가 저물어 식사를 해야 하는데 이 문제를 놓고 고심하는 제자들에게 한 어린아이가 물고기 두 마리와 보리떡 다섯 개를 예수님께 드리자 예수님께서 이것들을 가지고 축사하심으로써 장정 5,000명이 배불리 먹고도 12광주리가 남은 기적이 오병이어 사건 아닌가?

'왜 자꾸 이 말씀이 떠오르는 것일까?'

나는 곰곰이 묵상하기 시작하였다.

'하나님께서 왜 이 말씀을 내 마음에 떠올려 주실까? 하나님은 이 말씀을 통하여 나에게 무엇을 말씀하고 싶으신 것일까?'

며칠 동안 묵상한 나에게 성령께서 깨닫게 해주셨다. 그것은 하나님께 차를 달라고 단순히 기도만 하지 말고, 오병이어 기적이 나타나도록 오병이어를 드린 어린아이처럼 배○○ 간사가 자신의 오병이어를 드리면서 기도를 하라는 뜻이었다. 하나님의 기적이 일어나기 위해서는 어린아이처럼 자신의 오병이어를 드려야 한다는 말씀이었다. 나는 즉시 배○○ 간사에게 이 말을 하였다. "배○○ 간사, 하나님의 기적이 일어나기 위해서 우리가 단순히 기도만 할 것이 아니라 오병이어를 드리면서 기도를 해야 될 것 같아, 그러니 배 간사가 드릴 수 있는 오병이어를 드리면서 기도해."

배○○ 간사는 나의 말에 순종하였다. 그래서 고민하던 끝에 30만 원을 하나님께 오병이어로 드리기로 작정하였다. 그런데 한 번에 드릴 수 있는 물질이 없기 때문에 매월 5만 원씩 나누어서 드리기로 하였다. 며칠 뒤 배○○ 간사는 하나님께 약속한 대로 첫 번째 오병이어를 드리며 기도하였다. 차를 위하여 계속해서 기도를 하던 어느 날 나도 이 문제를 놓고 기도를 하는데 순간적으로 빨간색 티코가 "쓱" 지나가는 것이 보였다.

'이건 또 뭐지? 아, 하나님께서 빨간색 티코를 주시려나보다. 이제부터는 빨간색 티코를 달라고 기도해야지!' 아마도 하나님께서 빨간색 티코를 주시려는 것으로 나는 해석을 하였다. 나는 이 말을 사람들에게 하였고, 기회가 있을 때마다 빨간색 티코를 달라고 합심하여 기도를 하였다.

어느 날, 오래전부터 우리의 찬양 사역을 후원해 주셨던 김○○ 집사님이 센터를 방문하셨다. 그래서 이런저런 신앙적인 이야기를 나누었는데 이야기 도중에 "목사님, 혹시 요즘 필요한 것 없으세요?"라고 갑자기 물으셨다.

그래서 "예, 없는데요!"라고 대답하였다. 그런데 한참 동안 다른 이야기를 하다가 또 말씀하신다. "목사님, 혹시 요즘 필요한 것 없으세요?" 그래서 나는 또 "예, 없어요!"라고 대답하였다. "사람들에게 구걸하지 아니하고, 오직 하나님께 기도함으로써 필요를 해결한다!"는 사역의 원칙을 정하고 그대로 따라 살려고 했기 때문에 센터에 자동차가 필요해서 차를 위하여 기도하고 있다고 말할 수가 없었다. 또한 돈이 많이 들어가기에 함부로 말할 수도 없는 문제였다. 김○○ 집사님은 나와의 이야기를 마친 후 김○○ 간사와 기도를 하기 위해서 옥상에 있는 기도실에 올라가셨다. 한참 동안 기도를 하신 뒤 내려온 집사님은 "김○○ 간사와 기도를 하며 여러 가지 이야기를 나누었는데 요즈음 차가 필요해서 기도를 한다구요? 제가 차를 사드리겠습니다!"

"네? 차를 사 주신다구요?"

이럴 수가…. 오병이어를 드리며 기도를 해왔던 차가 드디어 응답되는 순간이었다. 나는 너무 감사하기도 하고 송구스럽기도 하였다. 김○○ 집사님이 차를 사줄 만큼 물질이 많은 것이 아님에도 불구하고 차를 사 주신다니 감사하면서도 송구스러운 것이었다.

며칠 후 김 집사님에게서 전화가 왔다.

"목사님, 차는 흰색이 좋을까요? 아니면 다른 색이 좋을까요?"

그러자 나는 주님께서 보여주신 환상대로 대답하였다.

"네, 빨간색이 좋아요!"

"빨간색요? 알았습니다!"

김 집사님은 당신이 알아서 아무 색이나 사주실 수 있지만 나에게 전화를 하여 물어본 것은 이제까지 기도해 온 대로 빨간색의 차가 응답되도록 하시려는 하나님의 뜻이었다. 며칠이 지난 뒤 어느 분에게서 전화가 왔다. "박 목사님이시죠? 제가 김 집사님에게서 돈을 받았습니다. 차가 나왔으니 오셔서 가져가시죠!"

"예, 알았습니다!"

나는 그분이 알려준 대로 차가 있다는 위치로 찾아갔다. 그런데 이게 웬일인가? 우리는 이제까지 중고차를 달라고 기도해왔는데 새 차가 아닌가? 하나님께서는 우리가 구하는 것이나 생각하는 것 이상으로 응답해주셨다. 할렐루야!

차를 가지고 청년들(개척 초기에는 90%가 청년들이었다)에게로 오자 그들은 자기들이 기도한 것이 응답된 것을 눈으로 확

주님 오시리 곧 오시리

인하였다. 하나님께서 지금도 살아서 말씀대로 역사하시는 것을 보았다. 오병이어의 기적이 오늘날에도 일어난 것을 보고 기쁨에 넘쳐 하나님을 찬양하였다. 할렐루야!

그 후 티코를 볼 때마다, 요단강을 건넌 이스라엘 백성들이 요단 강 바닥의 돌을 가져가 요단 강 도하 작전을 기념하며 살아 계신 하나님을 기억하며 찬양했던 것처럼(수4:1-9), 우리도 살아 계신 하나님께 감사와 찬양을 드렸다. 오늘날에도 오병이어의 기적을 베푸신 하나님을 찬양한다. 할렐루야!

16 빨간색 티코를 주신 하나님
배○○

어느 날 목사님께서 나를 위해 중보기도 하는데 '빨간색에 흰 줄 무늬가 있는 티코(TICO)'가 눈앞을 스치고 지나가는 환상을 보았다는 말씀을 하셨다. 그러면서 복음 전도 사역을 위하여 티코가 필요하니 하나님께 티코를 달라고 기도하라고 말씀하셨다. 이 말씀을 들었을 때 난 '그래, 티코가 있으면 좋겠지. 선교회 센터에 오는데 집이 멀고, 교통 편도 많이 불편하니까 티코가 있으면 편할 거야.' 이 정도로만 생각하면서 그 기도에 집중하지는 않았다. 왜냐하면 있으면 좋기는 하겠지만 필요성을 절실히 느끼지 않았기 때문이다. 그러던 중 이틀 동안 선교회에서 기도 수련회를 하게 되었는데 그 기간 동안 티코를 위해 금식 기도를 하라고 목사님께서 말씀하셨다. 그런데 난 믿음이 없었다. '정말이틀 금식을 하면 티코를 주실까?' 이런 의심도 생겼다. 하지만 목사님께서 하신 말씀이니 순종하기로 하고 이틀 금식을 했다. 이틀 금식을 좀 힘들게 마쳤는데 내 마음에는 아직도 확신이 없었다. 이렇게 시간은 흘러갔다. 처음엔 나 혼자 개인적으로 기도했는데 언제부터인가 선교회지에 기도 제목으로 실리고, 심야기도 시간에 전체적으로 티코를 놓고 기도하게 되었다. 그런데도 여전히 내 안에서는 간절한 마음이 생기지를 않았다. 이렇게 하다 보니 내 개인 기도 시간에는 전혀 기도하지 않다가 심야기도 시간에 그저 형식적으로 기도하기만 했는데 어느 날 심야기도 시간에 "아무리 전체적으로 기도해도 정작 티코가 필요하고 운전해야 할 사람이 간절히 기도하지 않으면 응답이 안 된다"고 하면서 전체 기도 시간에 기도하는 것을 빼고 나 혼자 기도하라고 하셨다. 그때서야 나는 다시 한번 티코가 왜 필요한가를 생각하게 되었다. 그즈음에 새벽 기도를 해야겠다는 간절한 마음이 들기 시작했다. 그래서 이제 이렇게 기도했다. "하나님, 저 새벽기도 하겠습니다. 그러니 티코를 주시옵소서! 티코를 주시면 그 차를 타고 다니면서 새벽기도 하겠습니다!"고 하나님 앞에서 결단하였다.

그러던 어느 날 목사님께서는 예수님께서 5천 명을 먹이신 사건을 말씀하시며 "예수님께서 5천명을 먹일 수 있었던 것은 어린아이가 물고기 2마리와 보리떡 5개를 내놓았기 때문에 거기에 축사하시어 5천명을 먹일 수 있는 기적이 나타났다"고 하시면서 목사님께서 오병이어를 드렸을 때 하나님께서 축사하사 기도 응답해 주신 것을 간증해 주시고는 나에게도 "주님께 오병이어를 드려 보라"고 말씀하셨다. 그때 나는 그 말씀을 들으면서 '그래 한 번 해보자. 목사님께서 말씀하셨지만 하나님께서 목사님을 통해 하신 말씀으로 믿고 해보자.' 이런 마음이 들면서 오병이어

주님 오시리 곧 오시리

로 30만 원을 작정하게 되었다. 그러나 그 30만 원이라는 물질이 없었기 때문에 우선 5만 원을 먼저 드렸다. 그리고는 담대하게 기도하기 시작했다.

"하나님, 히브리서 13장 17절 말씀에 '너희를 인도하는 자들에게 순종하고 복종하라'고 말씀하셨죠? 저 이 말씀에 순종하여 저를 인도하시는 목사님 말씀에 순종합니다. 하나님, 티코 주시옵소서! 빠른 시일 내에 새벽기도 하겠습니다! 7월 중순까지 주시옵소서! 이 티코가 하나님의 영광을 위해 쓰이도록 해 주세요!"라고 기도하기 시작한 것이 6월 22일이었다. 그러면서 그날이 주일이었는데 주일 밤 강단에서 말씀을 전하면서 많은 사람들 잎에서 이 사실을 믿음으로 선포했다.

그런데 며칠이 지난 뒤 목사님께서 철야기도 시간에 "우리가 기도해 왔던 차가 응답이 되었습니다. 어느 신실한 집사님께서 선교 사역을 위하여 헌납해주셨습니다. 집사님을 통하여 역사하신 하나님을 찬양합니다." 하며 하나님을 찬양하자고 하셨다. 나는 깜짝 놀랐다. '아니, 이럴 수가….' 하나님께서 차를 주신다면 그 차를 가지고 새벽 기도를 하고, 복음을 전하는데 기동성에 도움이 되도록 봉사하겠다는 결단과 함께 내가 드릴 수 있는 오병이어를 드리면서 기도를 했는데 결국 TICO가 응답이 되었던 것이다. 그리고 7월 3일에 직접 '빨간색에 흰 줄 무늬의 티코(TICO)'를 내 눈으로 보고 운전하여 가져온 것이다. 할렐루야!

이렇듯 하나님은 정확하게 하나님의 시간에 응답해주셨다. 이 티코는 순종과 기도의 결과이다. 나는 하나님의 계획을 전혀 몰랐으나 기도하고 감동을 받은 영적 지도자의 말에 순종하고 기도했을 때 하나님께서 나를 위하여 계획하신 풍성함을 누리게 하신 것이다. 하나님은 당신의 자녀인 우리를 사랑하셔서 하나님의 뜻과 계획을 알 수 있도록 말씀을 주셨고, 말씀으로 정확히 알 수 없는 것들이 있을 때에는 영적 지도자를 통해 알 수 있도록 해주신다. 따라서 하나님의 말씀과 영적 지도자의 말씀에 순종하고 기도하면 나를 향하신 하나님의 평안과 소망의 길을 걷게 된다는 것이다. 놀라운 일을 행하신 주님을 찬양한다. 할렐루야!

17 오병이어

오늘은 자동차 보험료를 내는 만기일이다. 선교회 봉고차의 보험료가 70여만 원이 나왔는데 선교회에 돈이 한 푼도 없었다.
'어떻게 해결하나?'
이 생각 저 생각을 해보았지만 다른 방법이 없기 때문에 기도로 해결할 수밖에 없어서 선교회 옥상에 있는 기도실로 올라갔다.
'기도 응답 받기 전에는 내려오지 않으리라!'
마음을 굳게 먹고 기도하기 시작하였다.
"하나님, 봉고차 보험료가 70여만 원 나왔습니다. 그런데 아시다시피 선교회에 돈이 없습니다. 하나님께서 역사하여 주옵소서. 이 차는 하나님께서 주신 차입니다. 그러므로 연료비, 보험료 등 이 차를 유지하는데 필요한 모든 물질까지 하나님께서 책임지실 것을 믿습니다. 보험료 70만 원을 주옵소서!"
이 기도 제목만을 가지고 기도하기를 10분, 20분, 30분, 40분, 50분, 1시간... 계속 기도하여도 마음속에서 기도 응답에 대한 어떤 확신도 생기지 않았다.

빌4:6-7 말씀에 의하면 나의 기도에 대하여 하나님께서는 평안으로 응답을 주신다고 하셨는데, 보험료 문제에 대한 어떤 평안도 내 마음에 임하지 않은 것이다. 나의 부르짖는 기도가 마치 허공에서 흩어지는 것 같이 공허한 울림이 되는 것 같았다.

'왜 그럴까?'

이유를 곰곰이 생각해 보기로 하였다.

'하나님, 왜 기도 응답을 안 주시나요? 무엇이 문제인가요?'

부르짖는 기도를 잠시 멈추고 묵상 기도로 들어갔다. 하나님 앞에서 이 문제에 대한 하나님의 뜻을 발견하려고 마음을 집중하였다. 그때 마음속에서 '내가 너무 공짜를 좋아하는 것이 아닌가?' 하는 생각이 들기 시작하였다. '필요한 보험료에 대하여 나는 기도만 하고, 하나님께 보험료 전부를 달라고 하는 것은 너무 공짜 심리에 젖어 있는 것이 아닌가?' 하는 생각이 들었다. 필요한 보험료에 대하여 내가 무엇인가를 드리면서 기도를 해야겠다는 생각이 들었다. '좋다! 내가 드릴 수 있는 물질을 먼저 드리고 나머지를 하나님께 간구하자!'고 생각하고 내가 얼마를 드릴 수 있는지를 곰곰이 생각해 보았다. 잠시 동안 생각해 보니 내 형편에 10만 원 정도는 드릴 수 있을 것 같았다.

"하나님, 제가 보험료로 10만 원을 헌금하겠습니다. 그러니 나머지를 채워 주옵소서!"

10만 원을 드리기로 결정하고 이렇게 기도를 드렸다. 그런데 이게 웬일인가? 이렇게 기도를 드린 지 몇 분 지나지 않아서 내 마음에 큰 평강이 찾아왔다.

'아, 하나님께서는 내가 먼저 오병이어를 드린 뒤 나머지를 채워달라고 기도하기를 원하셨구나!' 이러한 깨달음과 함께 기도를 마치고 3층 선교센터로 내려왔다. 그런데 3층에서 ○○ 자매가 나를 기다리고 있었다.

"옥상에서 기도하고 계실 때 어떤 집사님에게서 전화가 왔었어요! 대표님을 찾기에 기도실에 계신다고 했더니 저를 좀 오라고 해서 제가 그분 병원에 다녀왔는데 그분이 이것을 주셨어요!" 하면서 웬 봉투를 내밀었다. 내가 기도하는 사이에 ○○ 자매에게 전화를 하신 분은 이○○ 집사님이었다. 우리 선교회의 찬양 사역에 자주 도움을 주시던 분이었다. 나는 ○○자매에게서 봉투를 받아들고는 내 방에 가서 내용물을 확인해 보았다. 돈이었다. 얼마인지를 세어보았다. 하나, 둘, 셋, 넷, 다섯…… 1만 원짜리로 모두 60장, 60만 원이었다.

'이럴 수가…….'

나는 깜짝 놀랐다. 보험료 70만 원 중에서 내가 헌금하기로 한 10만 원을 뺀 나머지 60만 원, 정확히 60만 원이었다. 할렐루야! 나는 놀라면서 '내게도 죠지 뮬러의 기도 응답 사건과 같은 일이 나타나는구나!' 하며 감사를 드렸다.

내가 예수님을 믿은 후 가장 관심 깊게 보았던 책은 '기도'에 대한 책이었다. 기도에 대한 이론, 기도 방법, 실제로 기도 응답을 받은 분들의 간증 책등 그러한 책들 가운데 하나가 '5만 번 응답 받은 죠지 뮬러의 이야기'였다. 일생 동안 5만 번 이상 기도 응답을 받았다는, 고아의 아버지로 불리우는 죠지 뮬러의 책을 읽으면서 많은 감동과 기도에 대한 영적 교훈들을 많이 받았었다. 특히 그 책에는 죠지 뮬러가 아이들을 먹이기 위해서 필요한 것들을 기도했을 때, 기도가 끝나자마자 누군가가 문을 두드리며 필요한 것들을 갖다 준 일들이 여러 번 기록되어 있었다. 죠지 뮬러의 필요를 아신 하나님께서는 죠지 뮬러가 기도하자 그 시간에 맞춰서 응답이 이루어지도록 역사하신 하나님의 기적들이 여러 번 있었음을 보면서 놀라우신 하나님에 대하여 많이 깨달았었다. 그런데 그러한 일이 나에게도 나타난 것이었다. 내가 기도를 마치고 내려오자 기도 응답이 나를 기다리고 있었던 것이다. 할렐루야!

주님 오시리 곧 오시리

하나님께서는 이〇〇 집사님이 60만 원 헌금할 것을 아셨다. 그런데 필요한 보험료는 70만 원이기에 부족한 10만 원을 내가 드린다고 할 때까지 침묵하신 것이었다. 그러다가 내가 10만 원을 헌금한다고 결심하자 그때서야 마음에 평안을 통하여 응답의 확신을 주신 것이다.

나는 이 일을 통하여 기도에 대한 중요한 교훈을 깨달았다. 그것은 기도란 단순히 부르짖는 행위만이 아니라 내가 할 수 있는 것들에 대하여 최선을 다하는 행동을 포함하고 있다는 것이다. 내가 할 수 있는 것들을 최선을 다하면서 기도해야 한다는 것이다. 기도라고 해서 무조건 골방에서 부르짖기만 해서는 안 되며, 기도 응답을 위해서 내가 할 수 있는 것들을 하며 하나님의 역사를 기다려야 한다는 것이다. 특히 기도 응답이 물질과 관련된 것이라면 내가 드릴 수 있는 물질을 드리면서 하나님의 역사를 바라보아야 한다는 것이다. 한 어린아이가 자신이 가지고 있던 소유의 전부를 주님께 드림으로써 오병이어의 기적이 일어난 것처럼, 내가 드릴 수 있는 최선의 물질을 드리며 기도할 때 주님께서 오병이어의 기적을 일으켜 주신다는 것이다. 예수님께서 마 7:7에서 기도에 대하여 가르쳐주셨을 때 "구하라, 찾으라, 두드리라!"고 하시지 않았는가? 이 세 가지 종류의 기도 중에서 단순히 입술만으로 부르짖는 기도는 "구하라"는 기도이다. 이는 3가지 종류의 기도 중에서 1/3밖에 되지 않는다. 나머지 2/3는 "찾으라, 두드리라!"는 행동하는 기도인 것이다. 그러므로 내가 아무것도 할 수 없을 때에는 입술로 부르짖는 기도만 하면 되지만 내가 할 수 있는 일, 드릴 수 있는 물질이 있음에도 불구하고 부르짖는 기도만 하는 것은 하나님의 응답을 가져오지 못하는 것이다. 공짜 심리로 기도하며 응답을 받으려고 한다면 그것은 무(無)응답을 가져오게 된다.

'내가 기도 응답을 위하여 할 수 있는 것이 무엇일까?' 생각하면서 기도하면 훨씬 더 빨리 응답을 받을 수 있을 것이다. 인간의 힘으로 할 수 있는 것이 아무것도 없으면 기도만 하면 된다. 그러나 내가 할 수 있는 것이 있음에도 불구하고 행하지 않으면서 기도만 한다면 그러한 기도는 응답을 받을 수 없는 것이다. 학생이 시험을 잘 보기 원한다면 최선을 다하여 기도를 하며 최선을 다하여 공부를 해야 한다. 내게 좋은 비전과 꿈이 있다면 그 비전과 꿈의 성취를 위하여 기도만 하지 말고 그 꿈과 비전이 성취되도록 내가 할 수 있는 것들을 해야 한다.

가족이, 내 주위에 있는 누군가가 예수님을 믿기 원한다면 단순히 금식 기도, 작정 기도만을 하지 말고 기도 응답을 위하여 내가 사랑으로 그들을 섬기며 할 수 있는 일들을 찾아서 실천해야 한다.

'나는 기도했으니 하나님께서 알아서 해주시겠지!' 라는 자세는 좋지 못한 태도이다.

이 나라가 복음화 되기를 원한다면 단순히 부르짖지만 말고 최선을 다하여 기도한 뒤 나가서 전도를 해야 한다.

앉아서 부르짖으며 기도만 해야 할 문제인가? 아니면 기도하며 내가 할 일이 무엇인가를 찾아서 실천하며 기도 응답을 기다려야 하는가를 분별하는 지혜가 필요하다.

기도 응답과 함께 기도 응답에 대한 중요한 교훈을 주신 주님을 찬양한다. 할렐루야!

주님 오시리 곧 오시리

아들아, 내가 네게 무엇을 주랴?

젊은이들을 데리고 2박 3일 동안 기도 수련회를 갔다. 전적으로 기도에 집중하기 위하여 다른 프로그램은 하지 않고 기도에 집중하는 수련회이다. 나는 20여 명을 이끌고 기도원에 들어갔다. 내가 기도에 대한 강의를 한 뒤 다들 흩어져서 1시간 이상씩 기도를 한 뒤 모여서 자기가 한 기도에 대하여 나눈다. 다른 사람들은 그 사람이 한 기도를 들으며 자신이 한 기도와 비교해본다. 그리고 나는 그들의 말을 들으면서 조언해 준다. 그 후 다시 흩어져 기도한 뒤 한 시간쯤 후에 또 모여 전과 같이 자신이 한 기도에 대하여 나누게 한다. 이렇게 반복하다 보면 기도에 대하여 실제적인 도움을 많이 받게 되어 점점 깊은 기도를 경험할 수 있다.

기도에 대한 책들을 읽고, 기도의 대가였던 분들의 기도 세계와 영적 체험들을 자신의 기도와 비교해보며 기도를 하면 점점 깊이 있고 체계적인 기도의 세계로 들어갈 수 있지만, 대부분의 사람들이 하는 기도는 막연한 기도의 방법이다. 이 사람 저 사람에게서 들은 것들을 자신의 기도에 접목을 시킨다. 그러다 보니 깊은 기도는 거의 하지 못하는 것이다.

예수님을 만난 후, 내 자신이 가장 관심 있었던 부분이 바로 기도였다. '어떻게 하면 기도를 잘할 수 있을까?' 하는 마음이 항상 있었다. 기도의 세계는 체험의 세계이기에 단순히 기도에 대한 책 몇 권을 읽었다고 해서 기도의 대가가 되는 것은 아니다. 화가가 그 분야에서 탁월하려면 그림에 대하여 이론적으로 많이 안다고 해서 대가가 되는 것은 아니고, 이론적 바탕 위에 수많은 그림 연습을 통하여 성장해 가듯 기도도 마찬가지이다. 기도를 잘하는 방법은 자기 자신이 스스로 기도하며 기도에 대한 책들, 특히 다른 분들이 실제로 기도하며 경험한 것들을 참고하면서 교정해 가면 기도를 훨씬 더 잘할 수 있는 것이다.

나는 내가 알고 있는 기도에 대한 이론과, 실제로 내가 기도하면서 경험하고 체험한 모든 것들을 영적 자녀들에게 나누어 주어 그들도 나처럼 기도의 사람이 되기를 원하여 기도 수련회를 간 것이었다.

각자가 흩어져서 개인 기도를 하게 한 뒤 나도 기도하기 위해 예배당에 갔다. 예배당 이곳저곳에서는 젊은이들이 자리를 잡고 열심히 부르짖으며 기도하고 있었다. 나도 그들 사이에서 자리를 잡고 한참 동안 소리 높여 "주여! 주여!" 하며 간절히 부르짖는데 갑자기 하늘에서 우뢰와 같이 큰 음성이 들렸다.

"아들아, 왜 부르느냐, 내가 네게 무엇을 주랴?"

나는 깜짝 놀랐다. 이제까지 기도하면서 수도 없이 "주여! 주여!" 하고 부르짖었지만 한 번도 그 부르짖음에 대답해주신 적이 없었던 하나님께서 갑자기 대답해주시니 당황된 것이었다.

"예?"

"내가 네게 무엇을 주랴?"

우리가 "주여! 주여!" 하며 부르짖는 것은 기도를 들으시는 하나님께 집중하기 위하여 하는 것이지 하나님의 대답을 기다리는 것은 아니지 않은가? 그런데 갑자기 하나님께서 대답을 하시면서 "무엇을 줄까" 하고 내게 물으시니 대답에 깜짝 놀랄 수밖에 없는 것이 당연하였다. 깜짝 놀라면서도 속으로 '하나님께서 나에게 무엇을 줄 것인가를 묻고 계신다. 그렇다면 나는 무엇을 달라고 해야 할 것인가?' 고민하였다. 그러자 솔로몬의 기도가 생각났다. 솔로몬이 일천 번제를 드렸을 때 하나님께서는 솔로몬의 꿈속에 나타나셔서 솔로몬에게 무엇을 줄 것인가 물었을 때 솔로몬은, 다른 것을 구하지 않고, '지혜'를 구하여서 하나님의 마음을 흡족하게 하였고, 하나님께서는 '지혜'를 구한 솔로몬을 기뻐하시고 그가 구하지 아니한 부귀와 영화까지 주시지 않았던가? '나도 솔로몬처럼 하나님의 영광을 위한 것을 구해야지. 무엇을 구할까?' 그때 번쩍 하나님께 무엇을 구할 것인지 생각이 났다. 그래서 하나님께 말하였다.

"하나님, 제 일생 동안 10,000명의 제자를 주옵소서! 그러면 이들과 함께 복음을 전하며 수많은 영혼들을 구원하는데 힘쓰겠습니다. 그리고 이들 중 1/10인 1,000명은 세계 선교를 위하여 선교사로 파송하겠습니다!"라고 하였다. 내 자신의 능력을 보면 도저히 이루어질 수 없는 일이지만 "네 입을 크게 열라 내가 채우리라"는 시81:10 말씀대로 크게 구하였다. 그러자 하나님께서는

"아들아, 네 믿음이 크도다, 네 믿음대로 될지어다!"라고 주님이 말씀하셨고 나는 "아멘!"하고 대답하였다.

그런데 주님께서는 "그래, 또 무엇을 주랴?"고 또 물으셨다.

예상치 못한 주님의 말씀에 또 당황되었다. 주님께서 또 물으시리라고 전혀 생각을 못했기 때문이다. 당황하면서도 속으로 생각을 하였다. '이번에는 무엇을 구하지?' 그러자 순간적으로 '그래, 이번에는 구체적이고 실제적인 것을 구하자'는 생각이 들어 잠깐 고민하다가 말씀드렸다. "주님, 지금 저희 교회는 선교회 사무실로 사용했던 3층을 교회로 사용하고 있는데, 이곳에서 예배도 드리고, 식당으로도 사용하다 보니 불편하고 좁습니다. 2층을 교육관으로 사용할 수 있도록 해주세요!" 그러자 주님께서 또 말씀하셨다.

"알았느니라, 내가 주리라!"

우리 교회가 사용하고 있는 3층은 약 34평 정도 되는 곳으로 그곳에는 작은 방이 2개 있다. 방 2개를 제외한 공간을 커튼으로 나누어서 반은 예배당, 남은 반은 식당으로 사용하고 있었다. 예배를 드리고 나면 커튼을 좌우로 걷고 그 자리에서 점심 식사를

하였다. 이러한 열악한 환경으로 인해 초신자들이 교회에 왔다가 그냥 간 적도 여러 번 있었다. 그래서 3층은 예배당 전용으로 사용하고, 2층은 교육관 겸 식당으로 사용하고 싶었던 것이다.

나는 기도하면서 들었던 하나님의 음성과 내가 구한 것들에 대하여 젊은이들과 교우들에게 나누었다. 그리고 기회가 있을 때마다 하나님께 구한 2층을 위하여 합심하여 기도하였다. 인간적으로 보면 2층에 세 들어 있는 분이 그곳을 비우고 나가는 것은 불가능한 일이었다. 그분은 10년 이상을 그곳에 계셨기 때문이다. 그러나 하나님께서 약속한 것이기에 믿고 기다리며 기도하였다.

하나님의 음성을 들은 지 몇 개월이 지난 어느 날, 3층 예배당에서 새벽 기도를 마치고 내려오는데 2층에 살던 분이 사무실 짐을 빼고 있었다. 나는 깜짝 놀랐다.

"아니, 이사 가세요?"

"예, 사무실을 집으로 옮기기로 했어요!"

오랫동안 독신으로 살던 그분은 이번에 결혼을 하게 되어 모든 짐들을 신혼집으로 옮긴다는 것이었다. 드디어 하나님께서 응답하시는 시간이 된 것이었다. 나는 즉시 건물 주인에게로 가서 우리가 2층을 사용할 수 있도록 해달라고 하였다. 건물주는 흔쾌히 승낙하였다. 세상에 이런 일이…. 내가 들었던 초자연적인 하나님의 음성이 진짜 하나님의 음성이었던 것이다. 하나님께서 2층을 주신다고 약속하신 것이 사실이었던 것이다. 도저히 불가능하게만 보였던 2층 사용이 현실로 나타난 것이었다. 내가 하나님께 구한 2층 사용 문제가 응답되었다면, 내가 하나님께 처음에 구한 일만 명의 제자, 일천 명의 선교사 문제도 분명히 응답될 것이다.

하나님께서 우리에게 2층을 주신 후부터 "일만 제자, 일천 선교사"의 비전은 나의 사역에 있어서 가장 중요한 목표가 되었고, 가장 중요한 기도 제목이 되었으며, 그 후 수많은 찬양 집회

주님 오시리 곧 오시리

때마다 나는 선교사로 헌신하게 하는 결단의 시간을 가짐으로써 많은 사람들이 선교에 헌신하도록 하였다.

부르짖어 기도할 때 초자연적인 하나님의 음성을 듣는 경험을 하게 하시고, 하나님께서 주신 약속이 성취되는 것을 보게 하시고 일만 제자, 일천 선교사의 비전을 주셔서 수많은 사람들로 하여금 그리스도의 제자와 선교사가 되게 하신 주님을 찬양한다. 할렐루야!

> "너는 내게 부르짖으라 내가 네게 응답하겠고 네가 알지 못하는 크고 은밀한 일을 네게 보이리라" (렘33:3)

P.S. 2층을 교회 교육관으로 사용하기 위해 계약한 임대료는 전세 1,500만 원에 월세 7만 원으로 하였다.

그런데 젊은이들 20여명으로 이루어진 교회에 그런 큰 돈이 있을 리가 없었기에 처음에는 1,500만 원의 2부 이자 30만 원과 월세 7만 원을 더하여 37만 원을 월세로 주며 필요한 전세금을 위하여 전심으로 기도하였다. 그러나 물질은 응답이 오지 않았다. '어떻게 하면 이 문제를 해결할 수 있을까?' 이 문제에 대하여 깊이 고민하던 나는 내가 드린 기도에 대하여 내가 책임져야 할 문제임을 깨달았다. 하나님은 다른 사람을 통하여 1,500만 원을 공급해 주시는 것이 아니라 나와 아내의 헌신을 통하여 일하시기를 원하시는 것임을 깨달았다. 그래서 나와 아내는 은행에서 1,500만 원을 대출 받아서 헌금하였다.

때때로 기도하는 사람은 자신이 한 기도에 대하여 책임을 져야 할 경우가 많다. 예를 들면 전도를 위하여 기도한 사람은 기도만으로 끝나지 않는다. 그 기도에 대하여 자신이 책임을 져야 하는 것이다. 그렇기에 기도한 자신이 전도하러 가야 하는 것이다. 가난한 자들을 위하여 기도하는 사람은 그 기도에 대하여 자신이 책임을 지고 가난한 자들을 도와야 하는 것이다. 세계 선교를 위하여 기도하는 사람은 세계 선교를 위해 자신이 헌신을 하든지, 물질을 보내든지 자신의 기도에 책임을 져야 하는 것이다. 나는 이 일을 통하여 하나님께로부터 내가 한 기도에 대하여 내가 책임지는 것을 배우게 되었다.

> "느헤미야는 잡힘을 면하고 남아 있는 유다와 예루살렘 사람들이 큰 환난을 당하고 능욕을 받으며 예루살렘 성은 허물어졌고 성문들은 불 탔다는 소식을 듣고 울고 수일 동안 슬퍼하며 금식하며 기도할 때, 자신을 그곳에 보내어 성벽을 쌓을 수 있도록 기도함으로써 자신이 한 기도에 자신이 책임지려고 한 것과 같이 말이다." (느1:2-4)

당신은 당신의 기도에 책임을 지는가?
아니면 기도하는 것으로 당신이 할 일이 다 끝났다고 생각하고 아무 책임을 지지 않는가?
당신의 기도에 당신이 책임을 져라. 할렐루야!

19   하나님, 왜 일본이 망하지 않나요?

세 번의 필리핀 찬양 사역을 다녀온 나는 일본으로 찬양 사역을 다녀오고 싶었다. 그런데 일본에는 아무 연고도, 아는 선교사님도 안 계셨다. 그렇지만 일단 나의 마음의 소원을 가지고 하나님께 나아가 기도하기 시작하였다.

주님 오시리 곧 오시리

"하나님, 지난 3년 동안에는 선교회원들과 같이 필리핀으로 찬양 사역을 다녀왔는데, 올해에는 일본으로 찬양 사역을 가고 싶습니다. 일본으로 갈 수 있도록 길을 열어 주세요!"

기도는 아무것도 없는 무에서 유를 창조하는 것과 같다. 앞에서 말한 대로 아무 연고도 없고, 아는 선교사님들도 없는 무의 상태에서 일본에 찬양 사역하러 가고 싶다는 소원 하나 갖고 기도를 해서 일본에 다녀오려고 하는 것이 무에서 유를 창조하는 것과 다를 게 무엇인가? 그런데 무슨 일이든지 막막한 상황에서 기도를 하기 시작하면 하나님께서는 조금씩 구체화시켜 주시는 것이 기도의 능력이다. 막막한 상황에서 일본 찬양 사역을 하고 싶다는 열망 하나로 기도를 하기 시작하였다. 하나님께서 무엇인가 길을 열어주시리라는 기대 가운데…

이렇게 기도한 지 얼마 뒤 우리 선교회에서 매월 후원하는 이동은 일본 선교사님이 처음으로 전화를 주셨다. 단순히 안부를 전하는 전화라고 하셨는데, 그 선교사님은 말끝에 "일본에 찬양 사역하러 한 번 안 오시나요?"라고 물으셨다. 그래서 나는 "가고 싶어도 아는 곳이 있어야 가죠?"라고 대답하자 이 선교사님은 "만약 오신다면 제가 스케줄을 잡겠습니다."라고 말씀하셨다.

아니, 이럴 수가…. 하나님께 일본 찬양 사역의 길을 열어달라고 기도했는데 주님은 이동은 선교사님을 통하여 말씀하신 것이다. 할렐루야! 이것은 분명 하나님의 응답이었다. 하나님께서 일본 찬양 사역의 문을 열어주신 것이었다.

나는 즉시 우리가 자주 부르던 찬양곡들 가운데 가사가 쉽고 은혜로운 20여 곡을 뽑았다. 이 곡들을 우석여고 일본어 교사이신 집사님에게 일본어로 번역해 주실 것을 부탁드리며, 간단한 일본어 인사도 가르쳐달라고 말씀드렸다. 얼마 후 집사님은 내가 드린 찬양곡들을 모두 일본어로 번역해서 보내주셨고, 나는 일본 찬양 사역에 참가할 단원들을 모집하였는데 14명이 일본 찬양 사역에 참가하기로 하였고, 이들과 함께 일본 찬양곡들을 연습하여 『예수오 아이스루(예수 사랑해요)』, 『아이노 슈(사랑의 주)』 등과 같은 20여 곡들을 완전히 외우도록 하였다. 선교는 커뮤니케이션(communication)이라고 강조하신 선교사님들의 말씀을 생각하고 타국에 갔을 때, 우리나라 언어가 아닌 그 나라 언어로 찬양하며 복음을 전하는 것은 대단히 중요한 일이기에 다른 것들은 몰라도 찬양만큼은 완벽하게 일본어로 찬양하도록 연습하였다. 이동은 선교사님은 우리들이 김환 선교사님, 이종현 선교사님 등 바울 선교회 소속 선교사님들의 사역지를 돌며 찬양과 거리 전도 사역들을 하는 것으로 스케줄을 잡아주셨다.

드디어 한국을 떠나 일본을 향하는 비행기를 탔다. 이번 사역에 성령님께서 어떻게 인도하시고, 어떤 일들을 하게 하실지 기대가 되었다. 지난 세 번의 필리핀 찬양 사역을 통하여 느낀 것은 하나님께서는 우리가 준비한 것 이상으로 놀라운 역사를 일으키셨다는 것이다. 찬양할 때마다 나타나는 성령님의 강한 임재와 기름 부으심, 눈물 흘리며 하나님의 사랑에 감동받는 많은 사람들...... 이는 필리핀 영혼들을 향한 하나님의 크신 사랑의 결과였다. 부족한 우리들을 통하여서라도 필리핀 사람들에게 은혜를 주시려는 하나님 아버지의 마음을 알 수 있었다.

일본에 도착하니 이동은 선교사님 부부, 이종현 선교사님 부부께서 우리를 기다리고 계셨다. 이종현 선교사님도 우리가 매월 조금씩 후원하고 있는 선교사님이시다. 우리는 이종현 선교사님과 인사를 나눈 뒤 며칠 후 뵙기로 하고 먼저 이동은 선교사님 댁으로 갔다. 그곳에서 며칠 동안 있으면서 우리는 가두 전도, 거리 찬양 등을 하였고, 그다음에는 한인 교회를 섬기시는 김환 선교사님 교회로 갔다. 그곳에서 우리는 주일 아침 예배 중에 찬양을 드렸다. 하나님의 크신 이름을 선포하며 신령과 진정으로 찬양하고 경배하는 모습들을 성도들에게 보여주었다. 찬양하는 중에 성령님의 강한 임재와 기름 부으심을 느낄 수 있었다. 선교회원들이 손을 들고 찬양하기도 하고, 엎드려 경배하기도 하는 등 각자에게 임하신 성령의 감동에 따라 예배하는 가운데 성령님의 강한 임재가 나타나자 성도들과 같이 교제 찬양을 하였다. 모든 사람들이 둘씩 짝을 지어서 "사랑의 주, 사랑의 주 사랑의 주 너의 하나님~", "예수 사랑 나의 사랑 내 맘속에 넘쳐 당신을 사랑해~" 사랑이 가득한 마음으로 상대방의 눈을 바라보며 진심으로 축복하고 기도하는 이 노래를 통하여 많은 사람들이 성령님의 크신 임재 가운데 하나님의 사랑을 경험하고 회복되었다. 어떤 일본인 한 분은 그날 교회에 처음 나왔음에도 불구하고 성령님의 강한 임재 가운데 축복하며 불러주는 이 노래로 인해 눈물을 흘리며 하나님의 사랑에 감동받기도 하였다.

김환 선교사님이 섬기는 〈동경 아이다 교회(사랑의 교회)〉 사역을 마친 후 우리들은 이종현 선교사님이 섬기시는 교회로 갔다. 일본인들을 대상으로 사역하시는 이종현 선교사님이 섬기는 교회는 오래되지 않아서 규모가 그리 크지는 않았다. 우리는 선교사님을 도와서 공원 찬양 전도 사역, 각 가정의 편지함에 전도지를 넣는 문서 전도 사역 등으로 섬겨드렸다. 그리고 예배 시간에 성령의 임재와 인도하심 가운데 손을 들며 찬양하기도 하고, 무릎 꿇고 경배하기도 하는 모습을 보이며 찬양 사역을 하였다. 그리고 이곳에서도 "예수 사랑 나의 사랑 내 맘속에 넘쳐 당신을 사랑해~"라는 곡을 일본어로 부르면서 주님의 사랑이 가득한 마음으로 상대방의 눈을 바라보며 축복할 때 다른 교회에서와 마찬가지로 성령님의 감동받아 주르르 흘리는 눈물과 함께 하나님의 사랑에 감동받는 일들이 나타났다. 처음 보며 서로가 알지 못하는 사람들이었지만 주님의 사랑이 가득한 마음으로 서로를 바라보며 축복하고, 서로 껴안고 중보하며 기도하는 모습들은 천국의 한 장면과도 같았다.

그런데 일본에 도착한 날부터 계속해서 한 가지 의문이 내 마음에서 떠나지 않고 있었다. 알다시피 일본은 음란한 문화가 아주 깊숙이 물들어 있는 나라이다. 일본 서점에 가보면 실오라기 하나 걸치지 않고 완전히 옷을 벗은 여인들의 사진들을 모은 책들이 아무렇지도 않게 팔리고 있었고, 공중전화 박스에 가보면 몸을 파는 여인들 수십 명의 사진과 전화번호들이 올 칼라로 붙여 있었다. 그중에는 집으로 방문까지 하여 서비스를 한다는 내용까지 있었다. 일본의 성문화는 완전 개방되어 있었으며, 손만 뻗으면 아주 가까이 닿을 수 있는 매우 음란한 나라였다.

구약 성경을 보면 소돔이 멸망한 가장 큰 이유가 성적인 타락이었다. 하나님께서 보내신 천사들과 동성 연애하려고 롯의 집을 쳐들어오지 않았던가? 소돔(sodom)이라는 말에서 파생되어 남색을 뜻하는 "sodomy"란 단어가 만들어지지 않았는가? 구약 성경 말씀대로라면 일본은 망해도 진작 망했어야 하는 나라가 아닌가? 더군다나 일본은 600만 이상의 귀신들을 우상으로 섬기는 나라가 아닌가? 개인이 범죄하면 하나님께서는 개인을 심판하시고, 가족이 범죄하면 하나님께서는 가족을 벌하시고, 민족이 범죄하면 민족을 멸망시키시는 것이 하나님의 공의가 아닌가?

"하나님, 일본이 왜 아직 망하지 않고 있죠? 소돔과 고모라처럼 음란하고, 하나님께서 가장 싫어하시는 우상을 600만 이상을 섬기는 나라인데 왜 멸망시키지 않고 계시나요?"

이 질문이 내 마음에서 떠나지 않는 것이었다.

우리가 가장 마지막으로 찬양 사역을 간 곳은 전형구 선교사님이 섬기는 교회였다. 전 선교사님 교회를 방문했을 때 그날은 마침 선교사님이 일본인 성도들과 함께 성경 공부를 하는 날이

주님 오시리 곧 오시리

었다. 그래서 우리들은 성경 공부하는 모임에 나온 성도들을 대상으로 찬양 사역을 하게 되었다. 다른 교회에서의 사역과 같이 성령의 기름 부으심과 임재 가운데 찬양과 경배를 드린 뒤 그분들과 1:1로 짝을 지어 서로를 바라보며 손을 잡고 서로 축복하는 노래를 부르고 서로 기도를 하는 시간을 가졌다. 찬양 사역을 마친 뒤, 다과를 나누며 담소를 나누고 있는데, 한 일본인 여 성도님이 갑자기 앞으로 나오셨다. 그리고 우리들 앞에 정중히 무릎을 꿇더니 뭐라고 말씀하셨다. 우리는 일본어를 할 줄 모르기에 그 성도가 무슨 말을 하는지 몰라 전형구 선교사님을 바라보았더니 전 선교사님께서 통역해 주셨다.

"저 성도님은 대학에서 일본의 역사를 공부했답니다. 그런데 일본의 역사들을 보니 자기네 조상들이 우리 한국 사람들에게 참으로 못할 짓을 너무 많이 했다는 것을 알고 같은 일본인으로서 수치를 느꼈다고 합니다. 그래서 저 성도님은 오늘 여러분들 앞에서 무릎을 꿇고 자기 조상들이 한 죄에 대하여 여러분들에게 용서를 구하고 싶다고 말하고 있습니다!"

전 선교사님의 말을 들은 나는 당황하였다. 일본 사람들이 36년 동안 몹쓸 짓을 한 것은 맞지만 저 성도님의 죄는 아니지 않은가? 자신과 전혀 상관없는 조상들이 범한 죄에 대하여 왜 자신이 용서를 빈단 말인가? 처음 보는 우리들을 향해 무릎을 꿇고 용서를 구하는 그분의 너무 정숙하고 고귀한 자세를 보면서, 자기 조상들의 죄를 대신 회개했던 느헤미야가 생각났다. 우리의 죄를 대신 짊어지시고 십자가에서 돌아가신 예수님도 생각났다. 그분의 양심적인 깊은 신앙심에 대하여 놀라고 있는데 그때 성령님의 세미한 음성이 들렸다.

"아들아, 내가 왜 일본을 멸망시키지 않고 있는 줄 아느냐? 바로 저런 성도들 때문이니라. 일본의 복음화가 비록 1%도 되지 않는다고 하지만 저 성도와 같이 신실한 성도들이 일본 방방곡곡에 있단다. 나는 그들을 사랑하며 그들로 말미암아 일본이 멸망하고 있지 않는 것이란다. 내가 만약 일본을 심판한다면 저 성도와 같이 신실한 성도들은 어떻게 되겠느냐? 나는 저런 성도들로 말미암아 일본을 포기할 수 없단다. 이제야 알겠느냐?"

거의 보름 동안 내 머릿속에 맴돌며 풀리지 않았던 의문이 드디어 풀리는 순간이었다. 나는 나도 모르게 하나님을 너무 율법적으로만 생각하고 있었던 것이었다. 하나님의 깊은 마음을 이해하지 못했던 것이었다. 나는, 니느웨가 심판받는 것을 보기 원했던 요나처럼, 무의식적으로 일본이 심판받기를 원하고 있었던 것이었다.

내가 바로 요나였던 것이다.

'그렇구나! 하나님은 일본을 심판하시기보다 저들이 구원받기를 원하시는구나!'

내 안에 일본을 향한 하나님의 사랑이 없었음이 부끄러워졌다. 그리고 하나님의 깊으신 사랑을 알게 하시고 깨닫게 해주셔서 감사를 드렸다.

"오, 주님! 우둔하고 미련한 저에게 깨달음을 주셔서 감사합니다. 제가 하나님을 공의의 하나님, 심판의 하나님으로 더 많이 생각하였습니다. 하나님 아버지의 마음으로 일본을 보지 않고, 율법의 눈으로 보았습니다. 회개하오니 용서해 주시옵소서! 제 마음에 하나님 아버지의 마음, 하나님 아버지의 사랑을 부어주시옵소서! 제가, 하나님의 심판을 선포하는 사역자가 아닌, 하나님의 사랑을 전하는 사역자가 되게 해주시옵소서!"

나에게 일본을 향한 하나님 아버지의 마음과 사랑을 깨닫게 하신 주님을 찬양한다. 할렐루야!

20 너는 고생해도 싸다

어느 날 하루 종일 밖에서 일을 보고 처가에 들려서 아이를 데리고 아내가 근무하는 학교에 들려 아내를 태우고 집으로 왔다. 그런데 이게 웬일인가? 우리가 생활하는 방에서 "찍찍"하며 쥐소리가 났다. 어떻게 아파트에 쥐가 들어왔단 말인가? 우리가 사는 아파트가 1층이어서 쥐가 들어올 수도 있지만 거의 불가능할 텐데 어떻게 해서 쥐가 들어왔는지 알 수 없었다. 아파트에 방이 3개 있는데 큰 방은 아버님께서 쓰시고 우리가 생활하는 중간 방에 쥐가 들어왔는데, 쥐가 있는 방에서 잠을 자기에는 너무 껄끄러워서 작은 방에서 잠을 잘 수밖에 없었다. 그런데 작은 방은 통풍도 안 되고, 작아서 나와 아내와 아이가 잠자기에는 너무 불편하였고, 잠을 자도 피곤이 풀리지가 않았다. 우리가 생활하는 방은 쥐 한 마리가 독차지하고 있고, 우리는 작은 방으로 쫓겨나서 생활하며 잠을 자야 하는 상황에 기가 막혔다. 어떻게 쥐를 잡을 수 있을까? 고민하던 나는 쥐덫을 사다가 덫 안에 고구마 조각을 넣고 중간 방에 설치해놓았다. 중간 방에 있으면서 며칠 동안 먹을 것을 못 먹은 쥐가 배고파서 즉시 고구마를 먹으러 쥐덫에 들어갈 법도 한데 이상하게도 쥐는 고구마를 먹으러 들어가지 않았다. 아침에 아내를 출근시키고, 아이를 처가에 맡긴 뒤 하루 종일 선교회원들 제자 훈련과 모임 등을 마치고, 다시 처가에 가서 아이를 태우고 아내가 근무하는 학교에 가서 아내를 태우고 집에 오는 나의 가장 큰 관심사는 과연 쥐가 쥐덫에 잡혔는지 안 잡혔는지 확인해보는 것이었다. 그런데 이상하게도 쥐는 잡히지 않았다. 나는 하나님께 기도하였다. "하나님, 쥐가 저희 방에 들어와서 저렇게 며칠 동안 방을 차지하고 있어 저희가 작은 방에서 생활하며 잠을 자고 있습니다. 주님께서 아시다시피 작은 방에서 잠을 푹 잘 수 없기 때문에 피곤이 풀리지 않게 되고, 피곤이 풀리지 않은 몸으로 매일 주님의 일을 하고 있습니다. 주여, 저 쥐가 속히 저희 방에서 나가도록 역사해 주옵소서! 나사렛 예수 그리스도 이름으로 명하노니 쥐는 속히 우리 방에서 나갈지어다! 쥐덫에 잡힐지어다!" 며칠 동안 아무리 기도해도 응답이 되지 않았다. 아니, 도대체 뭐가 문제란 말인가? 혹시 내 죄로 인해서 기도 응답이 안 되는 것일까? "주님, 쥐가 잡히도록 덫을 놓고 기도해도 응답이 되지 않고 있습니다. 기도 응답이 되지 않는 이유가 혹시 저의 죄 때문이라면 깨닫게 해주옵소서!" 쥐로 인해서 하루하루가 피곤한 나는 간절히 기도하였다. 그런데 방언 통역과 함께 주님께서 말씀하셨다.

"너는 고생해도 싸다!"
"네? 제가 고생해도 싸다구요?"

아니, 내가 고생해도 싸다니…, 이게 무슨 말인가…?
"주님, 제가 고생해도 싸다니요, 제가 무엇을 잘못했습니까?"
그러자 주님께서 말씀하셨다.
"너, 두 달 전에 나에게 약속한 것을 왜 지키지 않고 있느냐?"
"네? 제가 두 달 전에 주님께 약속한 것을 지키지 않고 있다구요?"

'내가 두 달 전에 주님께 약속한 것을 지키지 않고 있다고? 그

주님 오시리 곧 오시리

게 뭐지…?'

나는 곰곰이 생각해 보았다. 그러자 한 가지가 생각났다. 그것은 국제구호개발기구인 월드비전을 통하여 아프리카의 열악한 환경에서 생활하는 아이들의 비참한 소식을 본 나는 하나님의 형상으로 지음 받은 아이들이 그렇게 살고 있다는 사실에 너무 마음이 아파서 매달 얼마씩 그들을 후원하기로 마음을 먹고, 그들을 후원하겠다고 주님께 기도한 뒤 물질을 보냈었다. 그런데 선교회 사역에 집중하다 보니 매달 후원하기로 한 것을 까맣게 잊어버리고 있었던 것이다. 주님은 그것을 말씀하고 계신 것이었다.

"너는 고생해도 싸다. 네가 약속한 물질을 보내지 않음으로써 그 아이들이 고통을 당하고 있으니 너도 이곳에서 고생을 좀 해야 한다."

아, 그렇구나. 아무 까닭 없는 고난은 없었다. 내가 쥐로 인해서 고생을 하고 있는 것은 나의 죄 때문이었던 것이다. 나의 죄를 깨닫게 하기 위해서 주님께서는 '쥐'를 사용하고 계셨던 것이었다. 죄를 깨달은 나는 즉시 회개하였다. "주님, 제가 너무 바쁘다 보니 깜빡 잊었습니다. 회개합니다. 지난달에 보내지 않은 것과 이번 달에 보내야 할 후원금을 즉시 보내겠습니다."

나는 주님께 약속한 물질을 보내겠다고 말씀드렸다.

다음 날 아침, 경기도에 사는 동생에게서 전화가 왔다. 이런저런 이야기를 하는 도중에 우리 방에 쥐가 들어와서 며칠째 고생하고 있다는 말을 하였다. 그러자 동생이 말하였다. "오빠, 약국에 가면 쥐 잡는 '찍찍이'가 있어. 찍찍이에 고구마 놓고 펴 놓으면 쥐 잘 잡혀." "그래? 알았어. 고맙다"

나는 은행 ATM기에 가서 월드비전에 후원금을 보낸 뒤 약국에 가서 찍찍이를 사다가 우리 방에 설치해 놓고 선교회 사역을 하러 갔다. 오후 늦게 아이와 아내를 태우고 집에 온 나는 과연 찍찍이에 쥐가 잡혔는지 궁금하였다. 우리 방문을 열자 며칠 동안 우리 방을 독차지하며 생활하였던 쥐가 찍찍이에 달라붙어 있었다. 드디어 쥐가 잡힌 것이었다. 할렐루야!

'고난에는 하나님의 뜻이 있다'는 말처럼 주님께서는 '쥐'로 인한 고난을 통하여 나의 죄를 깨닫게 하셨고, 내가 회개하고 약속한 물질을 보내자 즉시 '쥐'라는 고난의 문제가 해결되도록 하신 것이었다.

참새가 한 앗사리온에 팔리는 것까지도 하나님께서 허락하셔야 하는 일이기에 우리들의 삶 가운데 나타나는 고난들은 어느 것 하나 우연히 발생하지 않는 것이다. 박 넝쿨로 인한 고통을 통하여 요나의 죄를 깨닫게 하신 주님께서는 우리들의 일상생활에 나타나는 크고 작은 일(사건)들과 고난들을 통하여 우리들의 죄를 깨닫게 하시고 주님의 뜻을 깨닫게 하시며 우리들을 변화시키려고 하시건만 우리들은 영적으로 너무 둔하여 우리들의 삶에 나타나는 사건과 고난을 우연한 일들로 생각하고 우리 자신의 힘으로 그 문제를 해결하려고 함으로써 우리들의 죄에 대하여 말씀하시는 주님의 음성을 못 듣게 되어서 삶이 변화되지 않고 있는 것이다. 오스왈드 챔버스가 "하나님께서는 우리가 처한 상황의 기관사이시다"라고 말한 것처럼, 우리가 처한 상황은 우연히 만들어진 상황이 아니라 하나님께서 인도하신 상황이기 때문에 어떤 상황에서도 그 상황을 허락하신 하나님께 감사를 드려야 하며, 그 상황을 통해서 하나님께서는 무엇을 말씀하시려고 하시는지 주님의 음성에 귀를 기울여야 한다.

"네가 하나님께 서원하였거든 갚기를 더디게 하지 말라
하나님은 우매한 자들을 기뻐하지 아니하시나니 서원한 것을 갚으라"
(전 5:4)

"나는 감사하는 목소리로 주께 제사를 드리며

나의 서원을 주께 갚겠나이다
구원은 여호와께 속하였나이다 하니라”
(욘 2:9)

“미련한 자들은 그들의 죄악의 길을 따르고
그들의 악을 범하기 때문에 고난을 받아
그들은 그들의 모든 음식물을 싫어하게 되어 사망의 문에 이르렀도다
이에 그들이 그들의 고통 때문에 여호와께 부르짖으매
그가 그들의 고통에서 그들을 구원하시되
그가 그의 말씀을 보내어 (죄를 깨닫게 하시고 회개하게 하신 후)
그들을 고치시고 위험한 지경에서 건지시는도다”
(시107:17-20)

21 아들을 낳으리니 이름을 ‘선교’라 하라

아내가 둘째를 임신하였다.

아내가 첫째를 임신했을 때는, 예수님께서 내가 살아있는 동안에 오셔서 나를 휴거시키실 줄 믿고, 나의 신앙고백을 담아서 ‘에녹’이라고 이름을 지었는데, 둘째 아이의 이름은 무엇으로 해야 할지 고민하다가 하나님께 기도하기로 했다.

“하나님, 아내가 둘째를 임신하였습니다. 아이 이름을 뭐라고 할까요?”

며칠 동안 하나님께 “아이 이름을 무엇으로 할까요?” 물으면

서 기도했는데 드디어 하나님께서 말씀해주셨다.

"아이를 낳으리니 이름을 '선교'라고 하거라"

"네? 아이 이름을 '선교'라고 하라구요?"

하나님께서는 많고 많은 이름들 가운데 왜 하필 '선교'라고 지으라고 하시라는 것일까?

하나님께서 주시는 이름들은 모두 하나님께서 주시는 '비전'과 관련 있지 않은가?

'고귀한 아버지'를 뜻하는 '아브람'을 '아브라함'이라고 하심으로써 '아브라함이 열국의 아버지가 될 것'을 비전으로 주신 것이며, '발꿈치를 잡은 자, 속이는 자, 대신 들어앉은 자(찬탈자)'라는 인본주의적인 사람을 뜻하는 '야곱'이란 이름을 '이스라엘'이란 이름으로 바꾸어 주셔서 '하나님과 더불어 힘을 얻어 강하게 된 자, 혹은 하나님이 통치하신다'라는 신본주의자가 될 비전을 주셨듯이 아들의 이름을 '선교'라고 하신 것은 내 아들이 장차 '선교사'가 될 것을 말씀하신 것이다.

나는 결혼하기 전에 선교에 헌신했었다. 그리고 사도 바울처럼 결혼하지 않고 전 세계에 다니면서 복음을 전하며 영혼들을 구원하고 싶었다. 그래서 "하나님, 제가 선교에 헌신합니다. 그리고 저는 사도 바울처럼 결혼하지 않고 전 세계에 다니면서 수많은 영혼들에게 복음을 전해 그 영혼들을 구원하겠습니다"라고 간절히 기도했었다. 그런데 하나님께서는 "아들아, 나는 너를 선교사로 부르지 않았다. 네가 선교사로 나가는 대신 젊은이들을 훈련시켜서 선교사로 내보내도록 하거라"고 말씀하셨다. 선교사로 나가겠다고 헌신했지만 하나님께서는 나를 선교사로 부르지 않았다고 하셨기 때문에 나는 어쩔 수 없이 선교사의 길을 내려놓았고, 비록 선교사로 나가지는 못했지만 내 가슴에는 항상 선교에 대한 마음이 있었기 때문에 젊은이들에게 선교에 대한 강력한 도전을 주면서 젊은이들을 훈련시켜 선교사로 보내기도 하였다. 그런데 하나님께서는 둘째를 선교사로 태중에서부터 정해주신 것이었다.

둘째 아이는 예정일에 맞춰서 태어났고, 아이의 이름은 하나님께서 말씀하신 대로 '선교'라고 지었다. 둘째 아이는 미래에 분명 선교사가 될 것인데, 나는 아이에게 선교사가 되라는 말을 일절 안 하기로 마음먹었다. 둘째 아이를 선교사로 부르신 분은 하나님이시기 때문에 하나님께서, 하나님의 시간에, 하나님의 방법으로 그 아이를 선교사로 부르셔서 선교에 대한 소명을 주실 것을 믿었고, 그래서 아이에게 어려서부터 선교에 대한 부담을 미리 줄 필요가 없다고 생각했기 때문이었다. 내가 할 일은 기도하면서 둘째 아이가 하나님 안에서 잘 자라도록 하는 것이었다.

둘째 아이가 자라서 어느덧 대학생이 되었다. 자라는 과정에서는 특별한 믿음이 있거나 뜨겁고 열정적인 믿음이 있어 보이지 않았는데 모 선교 단체에서 주관하는 '비전 스쿨(Vision School)'을 받더니 선교에 대한 비전을 갖기 시작하였고, 그 선교 단체에서 활동하며 '미션 스쿨(Mission School)'을 받으며 방학 동안에 단기 선교를 다녀오더니 이제는 1년 간 학생 선교사(Student Missionary)로 다녀오겠다고 했다. 대학생이 되니 드디어 하나님의 시간이 된 것이고, 하나님께서 아들 '선교'의 삶 가운데 개입하여 일하시고 계신 것이었다. 대학교 1학년을 마친 '선교'는 1년 6개월 동안 학생 선교사로 K국에 다녀온 뒤 전공을 바꾸는 문제에 대하여 고민을 하였다. '선교'는 '의류학과'에 재학 중이었지만 계속해서 K국에서 선교를 하려면 그 나라의 언어를 준비하는 것이 좋으므로 전과(轉科)하는 것이 좋을 것이다. 나는 기도하면서 '선교'가 전과(轉科)하도록 권면하였고, '선교'는 1년 동안 전과(轉科) 준비를 하였다. '선교'는 대학 2학년을 마친 겨울 방학 때 학생 선교사로 사역했던 K국에 또 가고 싶어서 서류를 준비하여 비자 신청을 하였다. 그런데 이게 웬 일인가? 비자가 거부되었다. 그 나라는 외국인들의 전도가 법적으로 금지되어 있었는데, 학생 선교사로 사역을 하던 도중 누군가의 신고로 그 나라 경찰에게 붙잡혔고, 경찰서에 끌려가서 여러 날 동안 조사를 받은 뒤, 그 도시(city)에서 추방되어, 어쩔 수 없이 사역지를 다른 도시로 옮겨 남은 기간 동안 선교 사역을 한 뒤 귀국했었는데, 경찰에 끌려가서 조사를 받고 추방된 전력이 있어서 블랙리스트에 올라가 있었던 것이었다. 문제는 그해 겨울에만 못 가는 것이 아니라, 계속해서 K국에 들어갈 수 없게 된 것이다. K국에 가서 선교하기 위해 그 나라 언어를 공부하는 학과로 전과(轉科)하려고 1년 동안 준비까지 해왔는데, 전과(轉科)해서 K국 언어를 공부한들 비자가 거부될 것이기 때문에 K국 선교를 할 수 없지 않은가... 고민이 되었다. 어떻게 해야 한단 말인가? 어떻게 해야 할지 하나님께 기도하였다. "하나님, '선교'가 전과(轉科)하려고 준비해왔는데 블랙리스트에 올라 비자가 안 나와서 K국에 들어갈 수가 없습니다. 어떻게 해야 하나요?" 며칠 동안 기도를 했는데 주님께서 말씀하셨다. "그대로 전과(轉科)해서 공부하도록 하거라" 그래서 주님께서 말씀하신 대로 선교는 전과(轉科)하여 2년 동안 공부를 하고 대학교를 졸업하였다. 그런데 가까이 지내는 선교사님 가운데 K국에서 사역하다가 추방된 분이 계셨는데, 그분은 한국에 와서 개명(改名)한 뒤 다시 K국에 입국하여 계속해서 선교를 하고 있는 분이셨다. 그분은 '선교'가 자신과 같이 K국에서 사역하다가 추방되어 비자가 나오지 않는다는 말을 듣고 개명해 보라고 권하였다. 그래서 '선교'도 개명하기로 마음을 먹고 법적 절차를 밟아서 개명하였고, 개명된 이름으로 비자를 신청했는데 다행히도 비자가 나왔다. 그래서 '선교'는 K국에 가서 선교할 준비한 뒤 K국으로 출국하였다. K국에 도착하면 나에게 연락을 하기로 했는데 비행기 도착 시간이 훨씬 지나도 '선교'에게서 연락이 오지 않았다. 궁금한 내가 '선교' 폰으로 아무리 전화해도 '선교'는 전화를 받지 않았다. '도대체 무슨 일이지? 왜 연락이 없지? 무슨 일이 생긴 건가?' 등 여러 가지 생각으로 불안해하던 내게 드디어 '선교'에게서 전화가 왔다. "아빠, 나 인천 공항이야. 조금 전에 비행기에서 내렸어." "뭐라고? 인천 공항이라고?"

아니, 선교지를 향해 갔던 '선교'가 어찌 인천공항으로 다시 왔단 말인가?

K국에 입국하여 공항 검색대에서 개명(改名)된 이름으로 검색을 받던 '선교'는, 이름은 바뀌었어도 주민등록번호는 그대로였기 때문에, 주민등록번호까지 기재돼 그 나라 공항 입국 심사에서 블랙리스트에 올라가 있는 것이 발견되었던 모양이었다. 그래서 '선교'는 입국이 거부되어 그 공항에서 대기하고 있다가 한국에 오는 비행기로 추방된 것이었다. K국 선교를 위해서 이름까지 개명(改名)하는 수고까지 했지만 그 수고가 헛되게 되고 만 것이었다. 집으로 돌아온 '선교'는 선교 사역지를 어디로 변경할 것인지 고민하며 기도한 뒤 T국으로 사역지를 정하고 비행기 티켓을 예약하였다. 그런데 '선교'가 대학교를 졸업하고 K국에 선교사로 가려고 한 때는 '코로나' 전염병이 전 세계에 퍼지기 시작하여 우리나라뿐만이 아니라 전 세계에 '코로나'로 인한 공포와 두려움이 모든 사람들에게 있던 때였다. 당시에는 코로나에 대한 백신도, 치료제도 아무것도 없는 상태였고 코로나에 걸려서 고통을 당하는 사람들에 대한 이야기와 코로나로 인해 죽은 사람들에 대한 이야기가 뉴스의 가장 많은 부분을 장식하고 있었고, 교회에서는 코로나 감염을 막기 위하여 비대면 예배를 드리는 등 코로나로 인한 불안과 두려움이 가장 큰 때였다. '선교'가 가려고 한 T국의 코로나 상황을 보니 그 나라는 매일 1,460명 정도의 신규 환자가 발생하고 있었다. 그 당시 우리나라는 코

로나 환자가 한 명만 발생해도 온 나라가 들썩이는 때였는데 그 나라는 하루에 1,460명 이상씩 코로나 환자가 발생하다니……우리나라와 비교하면 아주 위험한 나라였다. 나는 고민이 되었다. 인간적인 마음으로는 '선교'가 우선 우리나라에 있다가 코로나가 잠잠해지면 선교지로 나갔으면 좋겠다는 마음이 간절했지만, 초대교회 때에는 목숨의 위협이 있음에도 불구하고 전도하고 선교했기 때문에 코로나가 잠잠해지면 선교지에 가라는 말을 차마 할 수 없었다. 고민하고 갈등하던 나는 '선교'를 불렀다.

"선교야, 네가 가려고 한 나라는 코로나 신규 환자들이 매일 1,460명씩 발생하는 나라다. 네가 그런 나라에 선교하러 가면 너도 분명히 코로나에 걸릴 것이다. 코로나는 하나님의 백성과 불신자를 구분하지 않고 모든 사람들을 무차별하게 감염시킨다. 그렇기 때문에 네가 선교사로 나간다고 해서 하나님께서 너를 코로나에 감염되지 않도록 지켜주신다는 보장이 없다. 코로나에 걸리면 어떻게 될지, 어떤 고통이 올지 아무도 모른다. 심지어 생명을 잃게 될지 아무도 모른다. 네가 만약 선교지에 가면 너는 반드시 코로나에 걸릴 것이다. 그럼에도 불구하고 선교지에 가겠느냐?"고 물었다. 그러자 '선교'는 비장한 각오로 "코로나에 걸린다 하더라도 선교하러 가겠습니다"고 대답하였다. '선교'의 각오를 들은 나는 그 나라에 선교하러 가라고 할 수밖에 없었다. "좋다, 그럼 가거라! 아빠와 엄마는 너를 위해서 기도하겠다."

결국 '선교'는 예정대로 T국으로 선교하러 출국했고, 아니나 다를까 '선교'는 코로나에 걸렸다. 하지만 감사하게도 주님의 크신 은혜로 며칠 동안 고생을 한 뒤 회복되었다고 한다.

하나님께서 우리에게 보내주신 최초의 선교사는 '예수 그리스도'이시고, 그분은 '선교사' 뿐만이 아니라 '순교자'가 되시기도 하셨다. 코로나가 전 세계에 창궐하여 모든 모임들이 중지되고, 심지어 정부의 방침에 의해 예배까지 비대면으로 드려야 하고,

성도들은 코로나에 감염될 것을 두려워하여 예배에 나오는 것조차 꺼려하여 집에서 온라인으로 예배하는 때, 더군다나 모든 교회들이 코로나로 인한 두려움으로 인해 선교하는 것까지도 잠시 멈춰야 한다고 주장하는 때임에도 불구하고 하나님께서는 코로나를 두려워하지 아니하고 '죽으면 죽으리라'는 믿음으로 선교에 헌신된 자들을 변함없이 파송하시는 것을 본다.

코로나를 두려워하지 않고, 하나님의 부르심을 따라 영혼 구원을 위하여 생명을 걸고 각 선교지로 간 그들로 말미암아 선교행전은 변함없이 계속되며, 하나님께서는 그들을 통하여 당신의 뜻을 계속해서 이루시고 계심을 보았다.

코로나에 걸릴까 봐 모두가 두려움과 공포 가운데 벌벌 떠는 시국에도 '죽으면 죽으리라'는 각오로 선교지로 나간 적은 무리여 무서워 말라 너희 아버지께서 그 나라를 너희에게 주시기를 기뻐하시느니라(눅12:32). 할렐루야 아멘!

22 　　　　　　　　　　　　　　　　　　　　　　　건축 헌금

음악 전도사로 섬기는 교회에서 예배당을 건축한다며 목사님께서 성전 건축 헌금을 작정하자고 하셨다. 땅 한 평이 150만 원이라고 하시며 최소한 '땅 한 평 사기 운동'을 벌이자고 하셨다. 그 말씀을 들은 나는 '얼마를 작정해야 하나?' 고민하다가 500만 원을 작정하기로 하였다. 내가 한 평, 아내가 한 평, 딸이 한 평, 그리고 50만 원을 더해서 도합 500만 원을 작정하면 되겠다고 생각한 것이었다. 나는 선교회를 이끌고 있었기에 물질적인 여유가 별로 없었지만 일단 믿음으로 작정하였다.

건축 헌금을 작정하는 것은 어렵지 않았으나, 작정한 대로 헌금을 드리는 것은 쉬운 일이 아니었다. 모아둔 돈이 있는 것도 아니고, 헌금을 작정했다고 해서 하나님께서 갑자기 물질을 많이 주시는 것도 아니기 때문에 허리띠를 졸라매고 절약하면서 물질이 생길 때마다 10만 원, 20만 원, 50만 원씩 드렸다. 그렇게 드리다 보니 작정한 건축 헌금으로 인해 때로는 스트레스를 받기도 하여 후회가 되기도 하였다. '너무 많이 작정했어. 내 사정을 고려하지 않고 너무 무리해서 작정했구나.' 이런 흔들리는 마음 가운데에서도 계속 드린 결과 300만 원을 헌금할 수 있었다. 이제 작정한 헌금 중 200만 원이 남았다. 그런데 더욱 갈등이 왔다. 남은 200만 원을 헌금한다는 것이 너무 힘에 부쳤기 때문이었다. 어렵사리 300만 원을 헌금했는데, 앞으로도 200만 원을 더 헌금해야 한다고 생각하니 눈앞이 캄캄하였다.

'200만 원 드리는 것을 포기할까? 하나님께서도 내 사정을 뻔히 아시는데….'

'그래도 그렇지 작정한 것을 어떻게 포기해?'

두 가지 생각으로 인해 마음의 갈등이 계속되었다. 그런데 '내가 하나님께 작정한 것을 포기하게 되면 나중에 성도들에게 헌금에 대하여 담대히 설교할 수 없다. 내가 작정한 헌금을 도중에 포기하고 드리지 않는다 하더라도 사람들은 모른다. 그러나 하나님께서 아시고, 내 양심도 알지 않는가? 내가 지금 힘들어도 작정한 것은 지켜야 한다! 그래야 하나님 앞에, 내 양심 앞에 떳떳할 수 있고, 성도들에게 담대히 설교할 수 있다!'라는 생각이 들었다. 그래서 결국 남은 200만 원도 드리기로 굳게 마음먹었다. 그러나 물질이 없었기 때문에 계속해서 하나님께 기도드렸다.

"하나님, 제가 200만 원을 더 헌금해야 하는데 돈이 없습니다. 200만 원을 헌금할 수 있도록 물질을 주옵소서!"

이렇게 날마다 기도하는 중에 예전에 계약한 아파트 계약금을 추가해서 내야 하는 일이 생겼다. 내 수중에는 돈 한 푼 없는데 또 돈 들어갈 곳이 생긴 것이었다. 이 문제를 놓고도 속으로 끙끙 앓으며 걱정을 하고 있었는데 어느 날 아버지께서 웬 봉투를 주셨다.

"네가 200만 원이 있어야 아파트를 계약한다고 해서 내가 마련했으니 이것으로 계약하거라. 앞으로는 내가 더 이상 도와줄 수 없으니 다음부터는 네가 알아서 하거라."

평소에는 엄하신 아버지셨지만 내가 돈 문제로 고민하는 것을 보시고 낭신이 돈을 마련해서 주신 것이다. 아버지께서 주신 돈을 받은 나는 갈등했다. '돈 200만 원이 생겼으니 이 돈으로 남은 건축 작정 헌금을 드려서 끝낼까? 아니면 아파트 계약금을 낼까?' 건축 헌금으로 인해서 많은 고민과 갈등을 해왔기 때문에 이 200만 원을 건축 헌금으로 드리면 더 이상 건축 헌금에 대하여 골머리를 썩지 않아도 된다. 그러나 그렇게 되면 아파트 계약금이 없어지게 되는 것이다. 200만 원이라는 거금이 앞으로 또 생기리라는 것은 불가능하기에 갈등하였다. 건축 헌금과 아파트 계약금 사이에 고민과 갈등을 수없이 하던 나는 '에라 모르겠다, 우선 건축 헌금으로 드리자.'고 생각하고 헌금해버렸다. 아파트 계약금 낼 날짜가 아직 며칠 남았으니 그때 가서 또 고민하자고 생각하였다. 속이 썩도록 고민했던 남은 건축 헌금을 모두 드리고 보니 내 마음이 후련해졌다. 어떻게 해서든지 작정 헌금을 다 드렸다는 생각에 마음이 뿌듯하였다. 그러나 문제는 아파트 계약금이었다. 계약금을 내야 하는 만기일이 점점 다가오자 나는 또 걱정하였다. 계속해서 기도를 했지만 도무지 물질은 생기지 않았다. 드디어 계약금을 내야 하는 만기일 전날이 되었으나 내 수중에는 돈이 한 푼도 없었다. '하나님은 내 사정을 모두 아시는데. 하나님, 어떻게 해야 하나요?' 한숨을 쉬며 하나님께 하소연하였다.

그런데 선교회의 한 자매가 오랜만에 저녁 식사를 같이 하자고 전화했다. 그래서 선교회 사무실 근처에서 만나 식사를 하며 이런 이야기, 저런 이야기를 나누는 중에 우연히 건축 헌금 이야기가 나왔고, 내가 수많은 고민과 갈등 가운데 아버지께서 주신 아파트 계약금을 건축 헌금으로 드렸다는 말을 하게 되었다. 그 이야기를 하려는 생각이 전혀 없었는데 이야기를 하다 보니 우연히 그 이야기가 나온 것이었다. 내 말을 들은 그 자매는 "제가 3년 동안 적금을 넣은 것이 있는데 이것이 만기가 다 되었거든요. 하나님께서는 저번에도 적금 넣은 것을 내가 쓰도록 하지 않으시고 다른 필요한 사람에게 드리도록 하시더니, 이번에도 그런 것 같아요. 오늘 식사를 같이 하고 싶은 마음이 든 것이 우연이 아니었나 봐요. 하나님께서 감동 주신 것이었나 봐요. 계좌번호 알려주세요. 제가 그 200만 원 보내 드릴게요."

세상에, 이럴 수가? 하나님께서는 내가 한숨을 쉬며 고민하고 걱정하는 것을 보고 계셨다. 아파트 계약금을 건축 헌금으로 먼저 드린 것을 보셨다. 힘들고 어려운 가운데에서도 작정한 건축 헌금을 다 드린 것을 보셨다. 내게는 아파트 계약금을 낼 수 있는 어떤 방법도 없음을 알고 계셨다. 하나님께서 도와주시지 않으면 이 문제가 해결될 수 없음을 아셨다. 그래서 하나님께서는 그 자매의 마음에 나와 식사하도록 감동하셨고, 식사 중에 우연히 건축 헌금 이야기를 하게 하셨으며, 그 이야기를 들은 그 자매의 마음을 감동하셔서 만기 된 적금을 내게 주도록 감동하신 것이다. 할렐루야!

하나님께서 이렇게 역사하시리라고 누가 생각했을까? 나도 그 자매도 전혀 알지 못하였다. 하나님께서는 생각지도 못한 방법을 통해서 계약금 만기일 전날에 물질의 문제를 해결해 주신 것이었다. 할렐루야!

주님 오시리 곧 오시리

나는 그 자매에게 대단히 미안하면서도 감사한 마음을 가졌다. 물질에 대한 자신의 소유권을 내려놓고 하나님의 뜻에 따라 아낌없이 200만 원을 주는 그 자매의 신앙에 깊은 감동을 받았다.

수많은 고민과 갈등 가운데 "너희는 '먼저' 그의 나라와 그의 의를 구하라"(마6:33)는 말씀대로 아파트 계약금을 건축 헌금으로 '먼저' 하나님께 드렸더니 하나님께서는 아파트 계약금의 문제를 해결해 주신 것이었다. 할렐루야!

믿음은 간혹 그 믿음 때문에 위기의 상황을 만든다. 믿음이 없었으면 위기의 상황이 오지 않았을 텐데, 믿음으로 결단하고 나면 그 믿음의 결단으로 인해서 위기의 상황이 온다. 하나님을 위하여 먼저 드리는 것은 내가 쓰고 남은 것을 드리는 것이 아니라 내가 쓸 곳이 있음에도 불구하고 '먼저' 드리기에 물질의 어려움을 겪는 위기의 상황이 오는 것이다. 그러한 위기 가운데 하나님께 나아가 부르짖어 기도할 때 그런 상황을 아시는 하나님께서는 놀라운 방법으로 기적을 베푸셔서 그 문제를 해결해 주시는 것이다. 그러므로 위기란 곧 살아계신 하나님의 능력을 체험할 수 있는 기회인 것이다. 내 영혼아, 광야에 길을 내시고 사막에 물이 흐르는 기적을 만들어 내시는 하나님을 찬양할지어다! 할렐루야!

23 아들아, 그 돈 내가 받았느니라!

서울 사당동에 있는 신학교를 가기 위해서 지하철에서 내려

올라가다 보니 약 65세-70세 정도로 보이는 한 할머니가 지하철 입구에서 껌을 팔고 있었다. 나는 그냥 지나칠 수 없어서 껌을 사드리려고 가까이 가서 껌 값을 물어보니 100원이라고 하셨다. 보통 길거리에서 껌을 팔거나 지하철, 버스 터미널 등에서 껌을 파는 사람들은 자신의 비참한 처지를 호소하며 최소한 200원, 많으면 500원도 받는 데 그 할머니는 100원만 받으니 참으로 이상하였다. 나는 껌을 여러 개 샀으며, 기회를 봐서 예수님을 전하려고 만날 때마다 껌을 사드렸다.

몇 번의 만남이 있은 뒤 얼굴이 익숙해지자 나는 할머니와 이야기를 나누었다. 알고 보니 그 할머니는 교회를 다니는 분이셨다. 아들이 하나 있는데 그 아들은 부산에 살고 있었고, 그 할머니는 생활을 위하여 껌을 팔고 계시는 것이었다. 그 할머니는 물질이 필요함에도 불구하고 껌 한 개에 100원만 받으시는 것은 남들에게 구걸하고 싶지 않은 그분의 고상한 신앙심 때문이었다.

'껌 한 개를 팔아서 30원이 남는다면 하루에 100개 팔아도 3,000원밖에 남지 않는 것 아닌가? 그렇게 팔아서 어떻게 생활을 하신다고….' 나는 측은한 마음이 들었으나 그분의 고상한 신앙심에 먹칠을 할까 봐 껌 값을 더 드리지 못하였다. 어느 날인가 그 할머니가 추운 겨울에 차가운 빵과 우유로 식사를 때우는 모습을 보며 많이 안쓰러운 마음이 들었다.

신학교를 다니던 나는 돈이 없어서 수업료를 한 번에 내지 못하고 조금씩 분납하였는데 학교에는 늘 죄송하여서 수업료를 하루라도 빨리 완납하기 위해 늘 기도하였다. 그런데 어느 날 교회의 김○○ 집사님이 물질을 주셔서 밀린 수업료를 모두 내고도 5만 원이라는 거금이 남았다. 나는 '이 돈을 어디에 쓰면 좋을까?' 하고 생각하며 돈이 꼭 필요한 사람이 있으면 주려고 주머니에 넣고 다녔다. 어느 날 아침에 학교에 가기 위해 지하철에서 내렸는데 추위에 떨며 껌을 파는 할머니의 모습이 눈에 들어왔다. 순간 '이 돈을 저 할머니에게 드리자!'고 생각하였다. 그런데 문제는 그 돈을 할머니에게 어떻게 드려야 하느냐였다. 그 할머니는 어떤 사람이 껌을 산 뒤 껌 값을 더 드리고 가자 그 사람이 더 준 돈을 그 사람에게 던지면서 갖고 가라고 한 것을 본 적이 있기 때문에 할머니가 거부하지 않고 받을 수 있는 좋은 방법을 생각해보았다. 일단 그 할머니에게 다가가서 인사를 드린 뒤 무릎을 쪼그리고 앉아 여러 가지 이야기를 나누며 할머니에게 돈을 드릴 수 있는 기회를 엿보려고 하였다. 이를 알지 못하는 할머니는 나에게 이런 저런 이야기를 하셨다. 나는 할머니의 이야기를 듣던 중 갑자기 할머니의 주머니에 5만 원 넣어드리고는 "할머니, 안녕히 계세요!"라고 외치고 쏜살같이 도망(?)갔다. 그 할머니는 갑자기 창졸간에 당한 일이라 어리둥절하다가 주머니에서 돈 5만 원이 나오자 나를 향하여 연신 손짓을 하며 불렀다. 그러나 나와 할머니의 거리는 이미 멀리 떨어져 있었다. 나는 할머니에게 손을 흔들며 학교를 향하여 갔다. 그런데 바로 그때 바로 하늘에서 우뢰와 같은 음성이 들려왔다.

"아들아, 그 돈 내가 받았느니라!"

나는 깜짝 놀랐다. 분명히 하나님의 음성이었다.

"예? 하나님께서 그 돈을 받으셨다구요?"

그러나 하나님께서는 더 이상의 말씀을 하지 않으셨다. 다만 "아들아, 그 돈을 내가 받았느니라!"는 음성만이 계속해서 내 귀에서 메아리치고 있었다. 그리고 예수님께서 마태복음 25장 40절에서 하신 말씀이 떠올랐다.

"내가 진실로 너희에게 이르노니 너희가 여기 내 형제 중에 지극히 작은 자 하나에게 한 것이 곧 내게 한 것이니라" (마25:40)

아, 하나님께서는 이 말씀대로 내가 지극히 작은 할머니에게 물질을 드리자 그 물질을 주님께서 받으셨다고 말씀해주신 것이다. 이 세상에서 보잘것없는 가난한 자, 병든 자, 장애우, 독거노인, 물질이 없는 자, 고아와 과부, 힘이 없어서 무시당하는 자 등 지극히 작은 자들은 예수님의 또 다른 모습인 것이다. 지극히 작은 자들을 섬기는 것이 곧 예수님을 섬기는 것이며, 지극히 작은 자에게 드린 것이 곧 예수님께 드린 것이며, 지극히 작은 자들을 돌아본 것이 곧 예수님을 돌아본 것이다.

"그때에 임금이 그 오른편에 있는 자들에게 이르시되 내 아버지께 복 받을 자들이여 나아와 창세로부터 너희를 위하여 예비된 나라를 상속받으라 내가 주릴 때에 너희가 먹을 것을 주었고 목마를 때에 마시게 하였고 나그네 되었을 때에 영접하였고 헐벗었을 때에 옷을 입혔고 병들었을 때에 돌보았고 옥에 갇혔을 때에 와서 보았느니라 이에 의인들이 대답하여 이르되 주여 우리가 어느 때에 주께서 주리신 것을 보고 음식을 대접하였으며 목마르신 것을 보고 마시게 하였나이까 어느 때에 나그네 되신 것을 보고 영접하였으며 헐벗으신 것을 보고 옷 입혔나이까 어느 때에 병드신 것이나 옥에 갇히신 것을 보고 가서 뵈었나이까 하리니 임금이 대답하여 이르시되 내가 진실로 너희에게 이르노니 너희가 여기 내 형제 중에 지극히 작은 자 하나에게 한 것이 곧 내게 한 것이니라 하시고 이에 임금이 대답하여 이르시되 내가 진실로 너희에게 이르노니 이 지극히 작은 자 하나에게 하지 아니한 것이 곧 내게 하지 아니한 것이니라 하시리니 그들은 영벌에, 의인들은 영생에 들어가리라 하시니라" (마25:34-46)

"아들아, 그 돈 내가 받았느니라!"라는 우뢰와 같은 음성을 들려주심으로써 할머니에게 드린 적은 물질이 주님께 드린 것임을 깨닫게 하셔서, 내가 생활 가운데 만나는 지극히 작은 자가 예수님의 또 다른 모습임을 깨닫게 하신 주님을 찬양한다. 할렐루야!

아들아, 교회를 개척하거라

음악 전도사로서 교회를 섬긴 지 5년째, 2월의 어느 날이었다. 우연히 두란노 출판사에서 나온 「한동대 사람들」이라는 책을 읽었는데 깊은 감동을 받았다. 그 책에는 새로운 기독교 대학인 '한동 대학교'를 위하여 교수님들이 보장된 미래를 포기하고, 미래에 대하여 전혀 보장되지 않은 한동 대학교로 엑소더스 (exodus)한 이야기, 학교를 옮기게 된 계기, 과정, 미래의 포부 등을 담고 있었다. 마치 갈대아 우르에서 하나님의 부르심을 받고 새로운 하나님의 나라를 위하여 정든 땅을 출발한 아브라함과 같은 믿음의 행렬들이었다. 하나님과 함께 새로운 시작을 하기 위하여 현재의 안락함, 교수로서의 특권, 지위 등을 포기한 그들은 자기 백성들과 함께 고난을 받기 위하여 왕자의 직을 포기한 모세와도 같아 보였다.

이 책을 보면서 내 자신과 비교해 보기 시작하였다. 한동대로 옮긴 교수님들과 내가 처한 상황이 비슷하였다. 내 마음속에서 고민과 갈등이 일어났다.

'이 교회에 계속 있으면 재미있게 사역할 수 있다. 성도들과 정도 들었다. 물질적으로도 더 안정된 삶을 살 수 있다. 그러나 나의 미래가 없다! 이 교회는 하나님이 내게 주신 비전과 맞지 않는다. 내가 이곳에서 주저앉으려면 하나님께서 내게 주신 비전(vision)을 포기해야 한다. 안락함을 선택하여 편안히 있을 것인가? 아니면 비전을 선택하여 고난을 받을 것인가?'

수없이 고민과 갈등을 한 나는 결단하였다.

'좋다! 나도 한동대 사람들처럼 떠나자! 정든 이 교회를 떠나면 조금 더 힘들겠지만 하나님이 주신 비전을 위하여 현실의 안락함을 포기하자! 올해 말에는 교회를 사임하고 선교회만 섬기며 선교에만 최선을 다하자! 선교회 사역만을 하자!'는 생각이 강하게 일어났다. 그리고 깊이 생각한 끝에 그 해까지는 최선을 다하고 잘 마무리를 하기로 마음먹었다. 그리고 내년부터는 선교회 사역만 감당하기로 마음먹었다. 젊은이들을 훈련시키며, 복음을 전하고, 선교하는 일에 최선을 다하기로 결심하였다.

하나님께서 내게 주신 비전은 영혼 구원과 세계 선교였다. 그러나 내가 섬기는 교회의 목사님은 영혼 구원과 선교에 대한 비전이 있는 분이 아니었다. 나는 복음을 전하여 영혼을 구원하는 일과 선교하는 데 헌신된 사역자였으나 목사님은 그런 비전이 없었기 때문에 지난 4년 동안 갈등이 많았었다. 나와 비전이 너무 달라서 사임하고 싶어서 사표도 몇 번 냈었다. 그러나 담임 목사님이 허락하지 않으셔서 '아직은 때가 아닌가보다.' 하며 주저앉아 있었던 것이다.

그런데 이제는 영혼을 구원하고 선교하는 일에 더욱 헌신하고 싶어서 이 교회를 떠나야겠다는 마음이 내 마음 깊은 곳에서 일어났다. 그래서 아름답게 마무리를 하고 떠나고 싶었다. 성도들과의 관계도 잘 마무리 되도록 하고 싶었다.

이런 마음을 갖고 최선을 다하다 보니 어느덧 12월이 되었다. 내가 올해를 끝으로 교회를 사임할 것이라는 것을 성도들이 하나둘씩 알기 시작하였다. 몇몇 성도들은 교회를 사임하면 무엇을 할 것인가를 묻기도 하였다. 혹시 교회를 개척한다면 나와 같이 시작하고 싶다는 뜻을 보이기도 하였다. 그러나 나는 교회 개척에는 전혀 마음도, 계획도, 뜻도 없고 선교회 사역만을 할 것이라고 말하였다. 그러자 그들은 나와 함께 새로운 교회를 시작하려는 마음을 포기하였다.

연말이 되어 담임 목사님에게 나의 사임 의사를 밝혔는데 이상하게도 목사님은 예전과 달리 쉽게 허락해 주셨다. 지난 4년

주님 오시리 곧 오시리

동안 허락하지 않으시던 것과는 전혀 달랐다. 아마도 하나님의 성령께서 인도하시고, 역사하시는 것 같았다. 정들었던 5년 동안의 사역을 12월 마지막 주 예배를 통하여 마감하고 집으로 돌아왔다. 전도사가 되어서 교회 사역을 한 5년간의 사역을 뒤돌아보니 나의 미숙함, 잘못 등이 많이 깨달아졌다. 성도들의 마음, 삶들을 잘 알지 못하고 나의 열정만으로 일하다가 실수한 일도 많았음을 깨달았다. 아쉬움도 있었지만 여러 가지 갈등과 영적 긴장 등으로 힘들었던 5년의 사역을 내려놓게 되어서 감사했다.

　교회를 사임하고 맞은 신년 첫 주일 예배를 드리기 위하여 안디옥 교회로 갔다. 주일 예배는 예전부터 잘 알고 있는 이동휘 목사님이 섬기는 교회에서 드리고 평일에는 선교회 사역을 하기로 마음을 먹었다. 주일마다 안디옥 교회에서 예배를 드린 지 2주, 3주가 지났는데 이상한 일이 생겼다. 토요일만 되면 안디옥 교회에 가서 주일 예배 드리는 것에 대해 굉장한 부담감이 생기는 것이었다. 주일 아침에는 그 마음이 더 하였다. 안디옥 교회를 가기 싫은 마음이 토요일보다 더 강하게 생기는 것이었다. 억지로라도 가서 예배를 참석했는데 전혀 은혜가 되지 않았다. '내 자신의 영성에 문제가 생긴 것일까?' 하고 내 자신을 돌아보며 체크해 보았지만 내 자신은 영적으로 문제가 없어 보였다. '뭐가 문제지?' 아무리 생각해도 모르겠다.

　1월 넷째 주 주일이 되었다. 아침에 안디옥 교회에 주일 예배를 드리러 가려고 하는데 마음속에서 거부감이 아주 강하게 일어나서 도저히 갈 수가 없었다. 그래서 어쩔 수 없이 가족들에게 집에서 예배를 드리자고 하였다. 나와 아내, 아이들 둘과 함께 안방에서 찬송을 하였다. 그런데 이상하게도 성령님의 강한 임재가 나타남을 느낄 수 있었다. 기도를 하는 시간에도 동일하게 성령님의 강한 임재를 느꼈으며, 설교 시간에도 강한 임재를 느졌다. 안디옥 교회에서 예배 드릴 때와는 전혀 다른 양상이었다. 뭔가 하나님의 뜻이 있는 것 같았다. 그래서 안디옥 교회에 가지 못하게 하시고 집에서 예배를 드리게 하시는 것 같았다. 나는 하나님의 뜻을 알기 위하여 일주일 동안 기도에 집중하기로 하였다. 하나님께서 주시는 사인(sign)이 무엇인지 알고 싶었다. 그래서 계속해서 기도하였다.

"하나님, 왜 안디옥 교회에 가지 못하게 하시나요? 무슨 뜻이 있으신지요? 집에서 예배를 드렸을 때 나타난 하나님의 강한 임재는 무슨 의미인가요?"

금식하며 주로 하나님의 뜻을 묻는 기도를 하였다. 기도하기 시작한 지 며칠 뒤, 기도하는데 성령님께서 방언과 함께 통역으로 말씀하셨다.

"아들아, 교회를 개척하거라!"

"예? 교회를 개척하라구요?"

나는 믿을 수가 없었다. 나에게 교회를 개척하라니? 기도하며 두 번, 세 번 확인해 봐도 틀림없는 성령님의 음성이었다. 나는 교회 개척하려는 마음이 눈곱만큼도 없었다. 나는 선교회를 만들어서 사역하면서 고생을 많이 했었다. 내 속이 거의 썩어 문드러질 정도로 여러 가지 어려움을 많이 겪었다. 그래서 내 생애에 다시는 개척 같은 것을 하지 않기로 마음먹었었다. 그런데 개척하라니…. 개척에 대하여 아무런 준비도 안 했는데…. 경험 상으로 볼 때 하나님께서 내게 한 번 지시하신 말씀은 한 번도 물리는 법이 없었다. 나에게 순종을 요구하셨다. 이번에도 내가 하나님께 순종해야 한다. 그분의 뜻이 무엇인지 알 수 없지만 순종해야 했다. 그러나 너무 막막하였다. 어디서 어떻게 시작해야 한단 말인가?

내가 전도사로 사역한 5년 동안 장년부, 대학부, 청년부, 중고등부, 주일학교 등 교회의 어느 부서를 맡아서 사역해 본 적이 없다. 음악 전도사로서 찬양대를 맡아서 사역을 했을 뿐이었다. 간혹 각 부서에서 설교만 몇 번 해 보았을 뿐이었다. 성가대를 맡아서 지휘를 한 것 외에는 교회 사역을 한 번도 안 해봤는데 교회를 개척하라고 하시니 앞이 캄캄하였다. 그렇다면 왜 진작 교회를 개척하라는 감동을 안 주시고 교회를 사임하고 나서야 말씀하시는지?

"하나님, 왜 이제야 교회를 개척하라고 말씀하십니까? 교회를 사임하기 전에 감동을 주시고 말씀하셨으면 미리 준비했을 텐데요⋯."

그러자 성령께서 말씀하셨다.

"네가 교회를 사임하기 전에 개척하라고 했으면 너는 미리 준비하고 기도하고, 그리고 개척 멤버들을 구하였을 것이다. 게다가 너를 따르는 성도들이 네가 개척한다면 너와 같이 개척하려고 교회를 나오려고 하지 않겠느냐? 그렇게 되면 너는 함께 하는 성도들이 있어서 개척하는데 큰 도움이 되고, 어렵지 않게 개척할 수 있어 좋겠지만, 너를 따라서 나오는 성도들로 인해서 네가 몸담고 있었던 교회와 담임 목사는 큰 상처를 받게 된단다. 나는 내 교회가 상처받는 것을 원하지 않는단다. 교회는 내 몸이니 교회와 목회자가 상처받는 것은 곧 내 몸을 상하게 하는 것이니라."

아, 주님께서는 내가 교회를 사임하기 전에 개척한다고 하면 나를 따라서 나오는 성도들이 있을 것이고, 그렇게 되면 섬기던 교회가 소란스러울 것이고, 따라 나간 성도들로 인해서 담임 목사님은 상처를 받을 것이고, 결국은 주님의 몸 된 교회가 상처받게 되는데, 주님은 이것을 원치 않으셨던 것이다.

아, 깊도다 주님의 지혜여! 주님께서는 그런 깊으신 뜻이 있으셨기에 교회를 완전히 사임한 뒤 개척하라고 하신 것이었다.

또 섬기던 교회는 예배당을 건축하고 있었다. 그래서 빚이 많앇다. 그런데 내가 교회를 개척한다면 목사님과 장로님들이 부담을 갖게 될 것이 아닌가? 돕자니 돈이 없고 돕지 말자니 인정상 그럴 수 없고…. 이는 하나님의 깊으신 지혜였다. 그러한 하나님의 뜻을 알게 된 나는 주님의 뜻에 따라 교회를 개척하기로 마음먹었다.

하나님의 강권하심으로 교회를 개척하기로 한 것이 갑작스런 일이라 나와 아내, 아이들 두 명과 교회를 시작할 수밖에 없었다. 그리고 하나님께서는 나로 하여금 다른 사람들의 도움과 후원으로 교회 개척을 하게 하지 않으셨다. 교회 개척 멤버들을 모으며 사람들의 도움으로 개척하게 하지 않으셨다. '사람들'과 함께가 아닌 '하나님'과 함께 시작하게 하셨다. 선교회 전임 간사들이 3명이나 있었고 바로 아래 동생 부부도 집사였으나 하나님께서는 어떤 선교회 사람도, 간사들도, 동생 부부도 부르게 하지 않으셨다. 그들에게 교회 개척을 알리고, 그들을 개척한 교회로 부르고 싶은 마음을 주지 않으셨다. 그래서 선교회 사람들 어느 누구에게도, 간사들에게 조차도 말하지 않고 선교회 사무실에서 예배를 드렸다. 교회 장의자도 없이 맨바닥에 앉아서 예배를 드렸다. 그런데 이렇게 몇 개월 동안 예배를 드리다보니 주위 사람들에게 자연스럽게 알려졌다. 그러자 말씀을 사모하는 젊은이들이 한두 사람씩 모이기 시작하였다. 이렇게 모인 사람들과 같이 예배를 드린 11월 어느 날이었다. 기도하는데 주님께서 말씀하셨다.

"아들아, 이제 교회 설립 예배를 드리거라"

"예? 설립예배를 드리라구요? 예배를 처음 드리기 시작한 날에 교회가 자동적으로 설립된 것이 아닌가요? 가족들과 함께 예배드린 첫날이 바로 설립일이 아닌가요?" 그러나 하나님께서는 공식적으로 설립 예배를 드리라고 하셨다.

아무래도 하나님께서는 당신의 뜻과 목적을 가지고 시작한 교

주님 오시리 곧 오시리

회가 아무 소리 없이, 그냥 시작되기를 원하지 않으신 것 같았다. 교회 개척을 정식으로 사람들에게 알리라고 하시는 것 같았다. 순종하기로 하였다.

"하나님, 그럼 언제 설립 예배를 드릴까요?" 하는데 마음속에 12월 25일이 감동되었다.

그래서 12월 25일 교회 설립 예배를 드리기 위하여 준비하였다. 그동안 같이 예배를 드린 숫자를 보니 젊은이들만 12명 정도 되었다. 이들과 함께 교회를 시작하는 것이었다.

설립 예배를 드리기 전에 나는 주님께 물었다.

"주님, 이 세상에는 이미 교회들이 많고 많은데 왜 저에게 교회를 개척하라고 하시나요?"

그러자 성령님께서 또 말씀하셨다.

"나는 네가 섬기는 교회가, 평범한 교회가 아닌, 교회다운 교회가 되길 원한다. 성도들을 나의 제자가 되도록 만들어라. 그리고 교회가 마음껏 선교할 수 있도록 하거라. 이것이 내가 네게 원하는 교회의 모습이다."

하나님께서는 내 인생의 중요한 부분마다 개입해 오셨다. 그리고는 삶의 방향을 지시하시고, 하나님의 뜻과 다른 길을 가려고 할 때는 수정해 주셨다.

대학교를 졸업하고 평범한 사람으로 살려고 했을 때, 기도원에서 기도하고 있는 중에 개입하셔서 나를 목사로 부르셨다. 일반 신학대학원에 가서 제자 훈련 중심의 목회 사역을 하려고 했을 때에는, 기도 중에 찬양 사역자로서의 길을 걷도록 개입하셨다. 6년 동안 사역한 소년원에서 계속 사역하려고 했을 때에는 그만두게 하셨다. 내가 하고 싶은 대로 그냥 놔두지 않으시고 주님의 뜻의 길로 이끄셨다. 내 길을 포기하게 하시고 주님의 길을 가게 하셨다.

그때마다 인간적으로는 마음이 상하기도 했다. 내가 하고 싶은 것을 못하게 하시고 갑자기 개입하셔서 주님이 원하시는 일을 하게 하시다니…. 그러나 감사한 일이었다. 비록 내 길을 포기해야만 하는 아픔이 있었지만, 주님의 뜻을 분명히 깨닫게 하시고 주님이 원하시는 길을 걷게 하심으로써 하나님의 길로 행하게 하신 것이다. 인생의 중요한 순간마다 주님께서 개입하신다는 것은 내 삶이 주님 안에, 주님의 장중(掌中)에 있다는 의미, 즉 주님께서 나를 붙잡고 계시며, 내 삶을 주님께서 책임지신다는 것이다. 내가 잘못된 길을 걷도록 내버려 두지 않으신다는 것이다. 이 얼마나 감사한 일인가?

나에게 기도하게 하시고 하나님의 뜻을 깨닫게 하시는 주님을 찬양한다. 하나님의 개입과 인도하심은 거의 기도하는 중에 나타났다. 아무도 내 앞길을 알 수 없지만, 하나님께서는 아시고, 기도를 통하여 내 삶에 개입해 오셨다. 내가 하나님의 뜻과 상관없이 헛바퀴 도는 삶, 헛바퀴 도는 인생을 살지 못하도록 개입해 오셨다.

하나님께서 앞으로 어떻게 인도하시려는 것일까? 하나님께서는 나를 한 번도 편한 길, 쉬운 길로 인도하지 않으셨다. 쉽지 않은 길, 고난의 길, 남들이 가지 않으려는 길, 가보지 못한 새로운 길로 인도하셨다. 내 지식, 경험, 능력으로는 너무 힘에 겨워서 하나님을 의지하지 않고는 도저히 갈 수 없는 길로 인도하셨다. 교회를 개척하라고 하셨으니 주님을 의지하지 않고는 도저히 갈 수 없는 길로 인도하실 것이며, 주님의 뜻과 계획이 있는 길로 인도하실 줄 믿고 주님을 찬양한다. 할렐루야!

"여호와의 말씀에
내 생각은 너희 생각과 다르며 내 길은 너희 길과 달라서,
하늘이 땅보다 높음같이 내 길은 너희 길보다 높으며

주님 오시리 곧 오시리

내 생각은 너희 생각보다 높으니라"

(사55:8-9)

"너는 마음을 다하여 여호와를 의뢰하고 네 명철을 의지하지 말라.
너는 범사에 그를 인정하라 그리하면 네 길을 지도하시리라"

(잠3:5-6)

25 　　　　　　　　　　　　아, 138만 원!

　　선교헌금 70만 원, 간사 사역비 30만 원, 은행 이자 38만 원.
이번 주일에 필요한 돈은 모두 약 138만 원인데 헌금은 거의 바
닥났고⋯. 그렇다고 해서, 평상시 주일에 나오는 헌금을 볼 때,
이번 주일에 그만한 헌금이 나올 리는 없는 것 같고⋯.
　　참으로 고민이 되었다. 아무리 생각해도 방법이 없다.
　　'하나님, 어떻게 합니까? 돈이 필요한데 방법은 없고⋯.'
　　하나님 앞에서 한숨만 쉬면서 걱정을 하다가 '만약에 돈이 모
자라면 카드로 현금 서비스를 받아야겠다. 헌금이 없다고 선교헌
금을 안 보낼 수도 없고, 간사 사역비를 안 줄 수도 없고, 더군다
나 은행 이자는 제 때에 내야 신용 등급에 이상이 없는데. 최후의
수단으로 카드를 써야지.' 이렇게 마음을 굳게 먹었다. 그리고 주
일이 되었다. 과연 얼마나 모자라며, 얼마를 현금 서비스 받아야
하는지를 생각하며 헌금을 계수하였다. 그런데 이게 웬일인가?
전혀 생각지도 못한 헌금들이 있었다. 35명 정도가 출석하여 예

배를 드렸는데(그중 젊은이들이 20-25명) 도저히 상상할 수 없는 일이 일어난 것이다. 그날의 헌금은 총 138만 8천 5백 40원, 그날에 필요한 액수만큼 채워주신 것이었다. 할렐루야!

사람들에게 필요한 물질에 대하여 말하지 않고 오직 하나님께 기도하며 걱정하였는데(정말로 믿음이 있었으면 걱정조차 안 했을 텐데) 하나님께서 역사해 주신 것이었다.

나는 다시 한번 깨달았다. 우리 교회는 내가 운영하는 것이 아니라 하나님께서 친히 주인이 되셔서 이끄신다는 것을... 나에게 교회를 개척하라고 하신 것은 하나님이셨다. 교회는 예수 그리스도의 피로 말미암아 세워진 그리스도의 몸이다. 교회를 이끌어 가시는 분은 성령 하나님이시다. 운영하시는 분도 성령이시다. 그분은 우리의 필요를, 교회의 필요를 아시고 기도할 때마다 역사해주셨다. 기적을 일으켜 주셨다.

그렇다. 교회는 나의 힘과 능력이 아닌 하나님의 능력에 의하여 운영된다. 문제가 있을 때마다 하나님께 나아가 기도하고 아뢰면 모든 이름 위에 뛰어나신 주님께서 당신의 능력으로 필요를 채우신다. 내 힘과 방법으로 해결하기 어려운 문제가 있을 때마다 기도하면 주님은 기적을 보게 하신다. 필요는 기도를 낳고, 기도는 기적을 낳는다! 믿음이 없는 사람들에게 위기는 위험이지만 믿음의 사람에게는 기회이다! 할렐루야!

"문제는 기도를 낳고, 기도는 기적을 낳는다!"
(박요셉)

"10년간 염려하는 것보다 10분간 기도하는 것이 더 낫다!"
(스펄전)

26

풍성하신 하나님을 바라보세요!

아내를 학교에 출근시키고 집에 돌아가는 길에 새로운 책이 나왔는지 알아보고 필요하면 구입하기 위해서 자주 가는 두란노 기독백화점에 들렀다. 여러 가지 신간 서적들을 본 뒤 운영하시는 집사님과 이런 이야기 저런 이야기를 나누었는데 집사님께서 말씀하셨다.

"목사님, 저를 위해서 기도 좀 해주세요!"

"왜요?"

"한 달 한 달이 가까스로 운영돼요"

"아, 그래요? 매우 힘드시겠네요!"

그 여집사님의 남편은 신학을 하기 위하여 직장을 그만두고 매주 서울로 학교를 다니고 계셨다. 그렇기 때문에 남편 뒷바라지하랴, 가정을 꾸려가랴, 시어머님 모시랴, 자녀들을 돌보랴, 그러면서 기독교 서점을 운영하느라 여러 가지로 힘드셨다. 또한 필요한 모든 물질을 혼자서 모두 감당하셔야 했다. 그러면서도 하나님께 드리는 선교헌금은 풍성히 드리려고 애쓰시는 것을 알고 있었다. 나는 문득 "집사님, 물질을 위하여 어떻게 기도하세요?"

"예, 잠30:8-9 말씀대로 그저 '가난하게도 마옵시고 부하게도 마옵시고 오직 필요한 양식으로 내게 먹이시옵소서'라고 기도해 왔어요!"

"곧 허탄과 거짓말을 내게서 멀리하옵시며 나로 가난하게도 마옵시고 부하게도 마옵시고 오직 필요한 양식으로 내게 먹이시옵소서 혹 내가 배불러서 하나님을 모른다 여호와가 누구냐 할까 하오며 혹 내가 가난하여 도적질하고 내 하나님의 이름을 욕되게 할까 두려워함이니이

다” (잠30:8-9)

　"예? 집사님이 그렇게 기도했으니 하나님께서 그렇게 응답하실 수밖에요. 하나님께서는 우리가 기도한 대로 응답하시는 분이세요. 기도는 부하게도 말고 가난하게도 말게 해 달라고 하면서 어떻게 풍성하길 바라요? 기도를 바꾸세요! 에베소서 3장 20절 말씀에 의하면 하나님은 우리 가운데서 역사하시는 능력대로 '우리의 온갖 구하는 것이나 생각하는 것에 더 넘치도록 능히 하실 하나님' 이라고 하셨거든요. 그러므로 '하나님, 이번 달에 풍성히 쓰고도 남음이 되게 해 주세요!' 라고 기도하세요! 그러면 하나님께서 그렇게 구한 대로 응답해주실 것입니다!"

　나는 그 집사님에게 기도를 바꿀 것을 강력하게 말하였다. 그러자 집사님은, "듣고 보니 정말 그런 것 같네요! 그러면 목사님도 제가 풍성한 삶을 살 수 있도록 기도해 주세요!"

　"알았습니다! 한 달 동안 기도해 드릴게요!"

　집사님은 그런 기도를 할 자격이 있었다. 부족한 중에도 전도한다고 서점을 비우기도 하고, 최선을 다하여 선교헌금을 드리는 삶을 살아왔기 때문이었다. 나는 집사님에게 기도해 주겠다고 약속을 하고 집에 왔다.

　그런데 죄송하게도 나는 그 약속을 지키지 못했다. 며칠 동안은 그 문제를 놓고 기도해 주었지만 그만, 다른 중요한 기도 제목들로 인하여 깜빡 잊어버린 것이다. 잊어버려도 새까맣게 잊어버렸다. 그날 뒤 나는 여러 가지 일로 바빴기 때문에 한동안 두란노 서점을 가지 못했다. 한 달 이상이 지난 뒤 그 서점에 들르게 되었다. 그런데 나를 본 그 집사님은 아주 반갑게 맞아주셨다.

　"어서 오세요, 목사님!"

　"안녕하셨어요?"

"목사님이 그때 기도를 바꾸도록 말씀하신 뒤 제가 기도를 바꾸었거든요. 그랬더니 정말로 수입이 달라졌어요! 감사합니다!"

나는 그제서야 내가 한 달 동안 중보 기도를 해주기로 했다는 것이 생각났다. '아차!' 했지만 이미 한 달이 훨씬 지나간 후였다. 그래도 그분이 하나님의 말씀을 붙잡고 기도를 하니, 내가 중보 기도를 하지 않았어도, 하나님께서 그분의 기도를 들으신 것이었다. 할렐루야!

내가 전에 서점에 간 것이 우연이 아니었음을 깨달았다. 하나님께서는 내가 그 서점에 다녀가도록 하셨고, 나의 권면을 통해서 집사님의 기도가 바뀌게 하신 뒤 복을 내리신 것이었다. 기도 내용 하나를 바꾸니 그 집사님의 생활이 완전히 달라진 것을 볼 때 어떻게 기도하느냐가 대단히 중요함을 깨달았다.

나도 예전에 부하게도 말고 가난하게도 말게 해달라는 기도에 매력을 느껴서 그렇게 기도한 적이 있었다. 그 결과 나도 그 집사님처럼 물질적으로 여유 없이 살았었다. 물질적으로 빠듯하여 힘들었었다. 그렇게 살다보니 남을 도울 여력이 없었다. 마음은 원이로되 현실은 물질의 여유가 없어서 도울 수가 없었다. 그러한 삶의 원인이 나의 기도의 결과였음을 말씀을 통하여 깨닫고 엡3:20 말씀을 따라서 기도의 내용을 바꾸었었다.

"하나님, 풍성히 쓰고도 남는 물질을 주세요! 그 물질을 가지고 남을 위하여 쓰게 해주세요!" "하나님, 제게 맡겨주신 일들을 능히 감당하고도 남을 만큼의 풍성한 성령 충만함을 주세요!"

이렇게 기도하면서부터 무엇인가가 달라졌다. 풍성하신 하나님을 바라본 뒤로 단순히 물질적인 풍성한 삶만이 아닌, 모든 삶이 바뀐 것이었다. 풍성하신 하나님을 바라보며 영적, 삶적 풍성함을 위하여 기도했을 때 비로소 여유가 생겼다. 그 풍성함의 동기가 먼저 하나님의 영광을 위하여, 맡겨진 사명을 위하여, 다른 사람들을 섬기기 위해서 구했기 때문에 주님께서 풍성하게 부어 주신 것이었다. 구하는 것이나 생각하는 것 이상으로 응답하실 주님을 바라보라. 할렐루야!

"여호와의 말씀에 나의 삶을 가리켜 맹세하노라
너희 말이 내 귀에 들린 대로 내가 너희에게 행하리니"
(민14:28)

"우리 가운데서 역사하시는 능력대로
우리의 온갖 구하는 것이나 생각하는 것에 더 넘치도록 능히 하실 이에게
교회 안에서와 그리스도 안에서
영광이 대대로 영원무궁하기를 원하노라 아멘!"
(에베소서 3장 20-21절)

27

한 해에 다리를 4번 다침

초등학교 때부터 운동을 시작한 나는 여러 가지 운동을 하였다.
초등학교 4학년 때부터 시작한 축구를 시작으로, 기계 체조, 배구, 야구, 핸드볼 등 여러 가지 운동을 하였는데, 축구는 아이들과 어울려서 취미로 하였으며, 기계 체조, 배구, 야구, 핸드볼 등은 어쩌다 보니 초등학교의 정식 부서에 들어가서 조금씩 하게 되었다.
중학교 때에는 거의 매일 3시간 정도씩 친구들과 같이 축구를

주님 오시리 곧 오시리

했으며, 고등학교 때에는 탁구와 테니스도 배우게 되었다. 그리고 대학교 때에는 축구, 배구, 테니스 등을 주로 하였다.

이렇게 많은 시간을 운동하는 데 보내다가 대학교 4학년 때 예수님을 극적으로 만난 후 좋아하던 운동을 다 끊고 기도와 말씀, 전도하는 일에 매진하였다.

그런데 좋아하던 운동을 모두 그만두고 영적인 신앙생활과 사역에 힘쓰다 보니 건강에 좋지 않은 증상들이 나타나게 되었다. 그래서 고민하던 나는 건강을 위하여 운동을 다시 시작하게 되었는데 그것은 축구였다.

새벽 기도를 마친 후 풍남초등학교에 가서 조기 축구를 하기 시작했고, 얼마 후 목회자 축구 선교회에 가입하여 활동했다. 건강을 위하여 다시금 축구에 열심을 내다보니 어떤 때에는 스트레스 많이 받는 목회보다, 축구하는 것이 더 재미있기도 했다.

새벽 기도를 마친 후 기도 시간을 최소한 2시간 이상 가져야 하지만, 그렇게 기도를 한 뒤 운동장에 가면 조기 축구 회원들은 직장 때문에 일찍 운동하고 가버려서, 아무도 없기 때문에 새벽 기도회를 인도한 뒤 잠깐 기도하고 운동하러 갔다.

한참 운동을 하고 있는데 갑자기 오른쪽 장딴지 근육에서 쩍 소리가 났다. 깜짝 놀란 나는 직감적으로 장딴지 근육이 파열되었음을 느꼈다. 초등학교 때부터 오랫동안 운동을 해왔지만 난생처음 있는 일이었다. 병원에 가서 진찰을 받아 보니 아니나 다를까 근육 파열이었다.

나는 파열된 근육을 치료하기 위하여 한 달 동안 매일 정형외과에 다니면서 물리치료를 받으며 약을 먹었는데, 한 달쯤 지난 뒤 근육이 좀 괜찮은 듯이 느껴져서 다시 조기 축구에 나갔다.

어느 주일 오후, 우리 교회는 길 건너편에 있는 교회와 친선 축구 경기를 하기로 했다. 그런데 그 교회는 오후 한 시에 예배를 드리고 우리 교회는 오후 5시에 예배를 드리기 때문에 그쪽

교회 예배가 끝나면 경기를 바로 하기로 하고 나와 우리 교회 사람들은 운동장에 미리 가서 연습을 하였다.

연습 중 내게 굴러오는 공을 차기 위해 발걸음을 옮기려고 하는 순간 날카로운 돌이 날아와서 내 왼쪽 장딴지를 탱 하며 맞춘 것 같은 느낌이 들었고, 순간적으로 통증이 왔다. 이번에는 왼쪽 장딴지 근육이 파열된 것 같았다. 나는 좋아하는 축구 경기를 해보지도 못하고 쩔뚝거리며 운동장에서 나왔다.

병원에 가서 진찰을 받아보니 역시나 근육 파열이었다. 나는 또다시 한 달여 동안 병원에 매일 다니며 물리치료를 받으면서 약을 먹었다. 운동을 못하는 한 달이 왜 그렇게 길게 느껴지는지….

길고 긴 한 달이 지난 뒤 다친 근육이 좀 나은 듯 여겨지자 다시 축구를 하였다. 어느 날 새벽, 내가 속해 있는 목회자 팀이 다른 목회자 팀과 친선 경기를 하기로 되어 있어서 새벽 기도를 마친 후 운동장에 나갔다. 한참 경기를 하던 중 나는 내 앞으로 오는 공을 찼는데 상대팀의 목사님이 내가 공을 차는 것을 막으려고 발을 뻗었고, 공을 찬 내 발이 그 목사님의 축구화 바닥을 차면서 내 발등이 그 목사님의 날카로운 축구화 바닥에 붙어 있는 뽕과 강하게 부딪혔다. 순간 나는 악 소리를 내며 발등을 부여잡고 쓰러졌다. 발등은 통증과 함께 순식간에 부어올라 있었다. 도저히 경기를 할 수 없어 다른 멤버와 교체한 나는 다시 정형외과에 가서 엑스레이를 찍어보니 발등의 뼈가 깨져 있었다. 그래서 나는 다시 또 물리치료를 받기 시작하였다.

'다른 목사님들은 아무리 운동해도 잘 다치지도 않는데 나는 벌써 세 번이나 다쳤네. 에휴.' 나는 발등의 뼈가 깨진 것보다, 발등의 뼈가 깨짐으로써 좋아하는 축구를 할 수 없다는 아쉬움이 더 컸다. 그렇게 해서 한 달여 이상을 치료한 나는 다시 운동을 했다. 이 정도쯤 되면 축구는 내게 있어서 우상이 된 것이나 다름없었다.

어느 날 새벽 다른 목회자 팀과 축구 경기를 하기 위하여 새벽 기도회만 인도하고 운동장에 온 나는 상쾌한 기분으로 경기를 하였다.

경기하는 중 저쪽으로 굴러가던 공을 따라잡기 위하여 힘껏 달려간 나는 왼발을 땅에 고정시키고 오른발로 공을 차려고 했다. 그런데 급작스럽게 멈추려고 하다 보니 왼쪽 발목이 접질려져서 악 소리와 함께 넘어지며 발목을 잡고 뒹굴었다. 조금 후 접질려진 왼쪽 발목을 보니 엄청 부어 있었다. 도저히 경기를 할 수 없는 나는 다른 멤버와 교체하여 나오게 되었고, 또다시 병원에 가보니 발목 인대가 늘어나서 치료를 받아야 했다.

그리고 또다시 물리치료 받기를 한 달, 두 달, 세 달...

계속해서 물리치료를 받았지만 발목의 부기는 전혀 가라앉지 않았다.

빨리 나아서 운동을 하고 싶은 나는 신유의 은사를 받은 어느 사모님을 소개받아서 기도를 받았다. 그런데 아무리 기도를 받아도 발목은 정상으로 돌아오지 않고 계속 부어있었다.

"이상하네요. 다른 분들은 몇 번 기도 받으면 낫는데…."

그 사모님은 이상하다며 고개를 갸우뚱하며 흔들었다. 빨리 나아야 운동을 할 수 있는데 전혀 나아지지를 않자 이번에는 어느 집사님의 말을 듣고 봉침을 맞기 시작하였다. 한 번, 두 번, 세 번... 봉침을 맞았지만 이것도 소용이 없었다.

그런데 우리 교회에서 기도를 많이 하는 어느 집사님으로부터 "목사님, 하나님께서는 목사님이 그렇게 운동하는 것 원하지 않으셨어요."라는 말을 듣게 되었다. 예전부터 날 위해 기도할 때마다 하나님께서 그렇게 말씀하셨다는 것이었다.

나는 그때서야 내가 왜 그렇게 자주 다치게 되었는지 알게 되었다.

나는 성격상 한 가지 일에 몰두하면 집중하기 때문에 깊이 빠지는 경향이 있었다.

그런데 축구라는 운동에 깊이 빠지다 보니 주님이 하라는 목회보다도 운동하는 것에 더 재미를 느껴서 그 운동에 깊이 빠진 것이었다. 운동에 빠지다 보니 매일 새벽마다 하던 두세 시간의 기도가 흐물흐물하게 되었고, 심지어 예배에 온전히 신경 써야 하는 주일에도 석양 예배 전에 시간이 된다고 축구 경기를 하려고 하고…. 이런 나의 모습을 주님께서 기쁘게 보실 리가 없는 것이었다.

내가 왜 그렇게 네 번씩이나 다쳤는지 깨닫게 된 나는 결국 축구를 포기할 수밖에 없었다.

다친 발목으로 인하여 아무것도 할 수 없는 나는 새벽 기도회를 인도한 뒤 예전처럼 기도에 집중할 수 있었으며, 다친 발목 때문에 심방도 할 수 없었고, 사람 만나는 것도 할 수 없었기 때문에 대부분의 시간들을 교회에 가서 기도하며 보냈다.

새벽에 가서 기도하고, 집에 왔다가 아침에 가서 기도하고, 점심 먹고 가서 기도하고….

아무튼 시간이 나면 기도에 힘썼다. 그리고 나만 기도한 것이 아니라 교우들도 기도회에 나오도록 하여 특별 오전 기도회를 만들어서 같이 기도하였다.

이렇게 기도하던 중 우리 교회에서 파송한 선교사가 신장 결석으로 인해 너무나 큰 고통을 받다가 한국에서 수술받기 위해 귀국하였다. 선교지에 석회석 지형이 많아서 물속에 석회석이 녹아 있는데 그런 물을 수년 동안 마시다 보니 선교사의 신장(콩팥)에 돌이 생긴 것이었다. 신장 결석에는 이루 말할 수 없는 큰 고통이 수반되는데 그 선교사는 너무나 고통스러워서 죽고만 싶다고 했었다고 한다.

예배에 참석한 그 선교사의 치유를 위해서 온 교우들과 다 같이 합심해서 기도하였다. 그리고 내가 마지막에 대표로 기도했다.

"하나님 아버지 이 아들의 고통을 돌보시고 몸 안에 있는 담석이 사라지게 해주옵소서! 수술을 받지 않고도 치유되게 해주시옵소서."

매일 교회에서 기도회를 하다 보니 내 안에서 담대한 믿음이 꿈틀거리고 있었다. 그래서 담대히 선포하며 기도하였다.

"나사렛 예수 이름으로 명하노니 이 아들 몸에 있는 담석이 사라질지어다."

기도를 받은 선교사가 병원에 가서 엑스레이를 찍어보니 담석의 위치가 15cm 내려왔다고 한다. 담석이 그 정도 내려가려면 최소한 보름은 걸려야 한다는데 교우들과의 합심 기도 한 번으로 그런 역사가 나타난 것이었다. 할렐루야!

우리는 그 선교사를 위하여 계속해서 합심하여 기도하였다.

"주님, 담석이 완전히 사라지게 하옵소서! 수술받지 않고도 치유되게 해주옵소서! 소변으로 다 빠져나가게 하옵소서! 전능하신 예수 그리스도 이름으로 명하노니 담석이 완전히 사라질지어다!"

며칠 후 수술을 받기 위하여 병원에 가서 엑스레이를 다시 찍어 본 그 선교사는 의사로부터 담석이 흔적도 없이 사라졌다는 말을 듣게 되었다. 할렐루야!

신장 결석으로 인해 수술을 받으려고 왔던 그 선교사는 예배 시간에 온 성도들의 합심 기도 두 번 받고 완전히 치유되어 수술을 받지도 않고 선교지로 돌아가게 되었다.

계속해서 기도에 힘썼더니 놀라운 치유의 역사가 나타난 것이었다. 할렐루야!

한 해 동안 다리를 네 번이나 다치게 하심으로써 축구라는 우상에서 나를 건지시고 기도의 삶을 회복시키시고 놀라운 치유의 기적을 일으키신 주님을 찬양한다. 할렐루야!

"고난 당하기 전에는 내가 그릇 행하였더니
이제는 주의 말씀을 지키나이다"
(시119:67)

"고난 당한 것이 내게 유익이라
이로 인하여 내가 주의 율례를 배우게 되었나이다"
(시119:71)

28   아들아, 40일 금식 기도를 하거라!

어느 날 귀에 음성이 들려왔다. "아들아, 40일 금식 기도를 하거라!"

기도하고 있는 시간도 아닌, 일상생활을 하는 중에 들려온 하나님 음성이었다. 하늘에서 들려오는 우뢰와 같은 음성도 아니었고, 마음에서 들려오는 세미한 음성도 아니었고 귓가에 들려온 음성이었다.

"예? 40일 금식 기도를 하라구요?"

말이 40일이지 목회하면서 어떻게 40일 금식을 한단 말인가? 대부분 40일 금식 기도를 하는 분들은 기도원에 들어가서 아무 것도 하지 않으면서 전적으로 금식 기도에 힘쓰며 기도하지만, 나는 목회를 해야 하고, 신학교 강의도 해야 하고, 집안일도 해야 하고…. 도저히 기도원에 가서 금식 기도를 할 수 있는 상황이 아니었다.

            주님 오시리 곧 오시리

그러나 주님께서 말씀하셨기 때문에 어찌 되었든 순종해야만 했다. 그래서 '어떻게 40일 금식 기도를 할까' 이리저리 고민을 하며 생각을 하던 중 한 가지 아이디어가 떠올랐다. 그래서 주님 께 말씀드렸다.

"주님, 아시다시피 제가 집을 떠나 기도원에 가서 40일 동안 집중적으로 금식 기도를 할 수 있는 상황이 아닌 줄 아시지 요? 그런데 주님께서 40일 금식 기도를 하라고 하셨으니 순 종을 해야 하기에 연속으로 40일 금식 기도하는 것 대신에 격일로 40일을 금식하며 기도하겠습니다."

주님께서 40일 금식 기도를 하라고 하셨지, 40일을 연속해서 금식 기도를 하라고 하신 것은 아니며, 하나님은 할 수 있는 것을 하라고 하시는 분이시지 할 수 없는 것을 하라고 하시는 분은 아 니신 것이다. 어떻게 보면 우스꽝스런 생각일지 모르지만 격일로 하는 40일 금식 기도는 내가 할 수 있는 최선의 방법이었다.

그런데 격일로 하는 40일 금식 기도는 몇 년 전에 이미 한 차 례 한 일이 있었다. 선교회를 이끌면서 그때 간사진들 3명과 함 께 격일로 40일 금식 기도를 했었던 것이다. 1주일에 3일씩 월, 수, 금요일에 하거나 화, 목, 토요일에 하면 14주 정도 걸리게 되는데 이는 약 3개월 보름 동안 해야 하는 장거리 금식인 것이 다. 그래서 목회와 강의 스케줄에 따라서 어떤 주는 월, 수, 금요 일에 하기도 하고, 어떤 주는 화, 목, 토요일에 금식하며 기도를 하되 주일에는 느8:10 말씀에 따라서 금식을 하지 않기로 했다.

"느헤미야가 또 그들에게 이르기를 (중략) 이 날은 우리 주의 성일이니 근심하지 말라 여호와로 인하여 기뻐하는 것이 너희의 힘이니라" (느8:10)

격일로 하는 40일 금식 기도를 하다 보니 처음 3주 동안은 별로 힘들지 않고 할 수 있었다. 그런데 4주 째부터는 육체적으로 힘들기 시작하였고. 시간이 가면 갈수록 육체적으로 더욱 힘들었다. 음식을 먹는 날이 오더라도 그다음 날에는 금식을 해야 하기 때문에 많이 먹을 수가 없었다. 그래서 몸에는 힘이 없었고, 위도 엉망이 되었고, 금식하며 하루하루 산다는 것에 비참하다는 생각이 들기도 했다.

그런데 하나님께서는 왜 40일 금식 기도를 하라고 하셨을까? 분명히 뭔가 이유가 있으실 텐데….

기도는 하나님의 크신 역사의 전주곡이라고 했다. 하나님께서 놀라운 일을 행하실 때에는 반드시 하나님의 사람들로 하여금 기도를 하게 하신 뒤 행하신다. 하나님께서 오순절에 각국에서 모인 이스라엘 사람들에게 예수 그리스도가 증거 되도록 하시기 위해서 120명의 성도들로 하여금 10일 동안 마가 다락방에서 기도하게 하신 뒤 그들에게 방언을 하도록 하심으로써 놀라운 역사가 나타나도록 하셨다.

하나님께서 나로 하여금 참으로 견디기 힘든 3개월 보름 동안의 장기간 격일 금식 기도를 하게 하신 것은 내가 생각지도 못하고 상상하지도 못했던 일들이 나를 통해서 나타나도록 하시기 위함이었다.

40일 격일 금식 기도를 통하여서 하나님께서는 나의 마음과 생각을 먼저 바꾸셨다. 하나님의 능력을 제한하는 인간적이고 이성적인 생각들, 경험에 의존하는 생각들, 하나님께서 보시기에 올바르지 못한 신학 사상들로 물들어 있는 생각들, 하나님의 말씀을 먼저 믿음의 눈으로 보지 않고 분석적으로 보는 습관들…

주님 오시리 곧 오시리

주님은 성경에 있는 주님의 말씀을 있는 그대로 믿기 원하셨다. 말씀을 대할 때 믿음을 갖고 보도록 하셨다. 성경 분석보다도 더 중요한 것은 말씀에 대한 믿음이었다. 구약의 성경이 약 4,000여 년이나 지났지만 하나님의 말씀을 그대로 믿고 행할 때 성령께서는 지금도 기적을 베풀고 계심을 깨닫게 하셨다. 신약의 성경도 2,000여 년이 지났지만 말씀 그대로 믿고 행할 때 성령님께서는 지금도 성경에 있는 말씀대로 기적을 행하심을 깨닫게 하셨다.

"예수 그리스도는 어제나 오늘이나 영원토록 동일하시니라(히 13:8)" 말씀대로 구약과 신약에서 기적을 베푸신 주님은 지금도 기적을 베푸시고 계심을 믿게 하시고, 믿음으로 행할 때 놀라운 성령의 역사가 나타나게 하셨다.

하나님께서는 말씀을 그대로 믿게 하시고 그 말씀을 선포하고 행할 때 성령의 역사가 즉시 나타나도록 하셨다. 사도행전 4장에서 베드로 사도가 앉은뱅이를 일으키면서 복음을 전한 것처럼, 말로 전한 것을 들음으로써 믿음을 갖게 하는 '듣는' 복음에서 초대 교회와 같이 기사와 표적이 나타나도록 하심으로써 '보이는' 복음(막16:17-20)을 전하게 하셨다.

"제자들이 나가 두루 전파할 새 주께서 함께 역사하사 그 따르는 표적으로 말씀을 확실히 증거하시니라"(막16:20)라는 말씀과 같이 말이다.

40일 금식 기도를 통하여 하나님께서는, 내가 원하지도 않고 생각지도 못한, 여러 가지 성령의 은사와 능력이 나타나도록 하셨다. 그리고 이 금식 기도를 통하여 내가 변화되자 성도들도 변화되기 시작하였고, 또한 교회의 체질이 변화되어 초대 교회와 같이 성령의 역사들이 나타나는 교회가 되게 하셨다. 말씀 중심의 교회에서 말씀과 함께 성령의 역사가 같이 나타나는 교회로 바뀌게 하셨다. '말씀 80%', '성령 20%'의 교회 사역을 하고 있는 나에게 주님은 지금은 마지막 때이므로 '말씀과 성령의 시대'라고 말씀하시면서 요엘 선지자에게 주신 말씀대로 '말씀 100%'와 '성령 100%'의 사역, 즉 '말씀 충만'과 함께 '성령 충만'한 성도들이 되게 하라고 말씀하셨다.

마지막 때는 주님께서 오실 때요, 주님께서 오시면 마25장에 나오듯이 신랑 되신 예수님의 오심을 기다려도 성령 충만하지 않으면 혼인 잔치에 참여할 수 없기 때문에(마25:3,8) 모든 성도들이 성령 충만(마25:4)이라는 '신부 자격을 갖춘' 슬기로운 다섯 처녀가 되게 하는 사역으로 전환되도록 하시기 위하여 40일 금식 기도를 시키신 것이었다. 나로 하여금 40일 금식 기도를 하게 하시어, '말씀 중심'의 사역에서 '말씀과 성령 충만 중심'의 사역으로 변화시키신 주님을 찬양한다. 할렐루야!

"하나님이 말씀하시기를 말세에 내가 내 영을 모든 육체에 부어 주리니
너희의 자녀들은 예언할 것이요 너희의 젊은이들은 환상을 보고
너희의 늙은이들은 꿈을 꾸리라
그 때에 내가 내 영을 내 남종과 여종들에게 부어 주리니
그들이 예언할 것이요
또 내가 위로 하늘에서는 기사를 아래로 땅에서는 징조를
베풀리니 곧 피와 불과 연기로다
주의 크고 영화로운 날이 이르기 전에 해가 변하여 어두워지고
달이 변하여 피가 되리라
누구든지 주의 이름을 부르는 자는 구원을 받으리라 하였느니라"
(행2:17-21)

주님 오시리 곧 오시리

29   샤마하

　40일 금식 기도하는 중에 친구 목사님을 따라서 성령 컨퍼런
스를 하는 대전의 어느 교회에 가게 되었다. 성령 컨퍼런스를 인
도하는 목사님은 수십 번의 장기 금식 기도를 통하여 성령의 기
름부음과 능력이 아주 강력한 분이었다.

　그 목사님께서는 말씀을 전하신 후 기도 받을 사람들 나오라
고 해서 나도 앞으로 나가서 그 목사님의 안수 기도를 받았다.
안수 기도를 받는 순간 그 목사님에게서 흘러나오는 강력한 성
령님의 능력으로 인하여 나는 그 자리에서 쓰러지고 말았다. 그
런데 갑자기 나의 입에서 "샤마하"라는 방언이 터져 나왔다. 난
생처음 나오는 단어였다. 그동안 20년 이상을 방언 기도를 해왔
을 뿐만 아니라 방언 찬양도 하고 있었는데 한 번도 해보지 못한
방언의 단어가 터져 나온 것이었으며, 쓰러져있는 상태에서 다
른 방언은 전혀 나오지 않고 오직 "샤마하"라는 방언만 계속 나
오는 것이었다.

　그날 집회를 마치고 교회에 와서 기도를 하는데 이상하게 교
회에서도 다른 방언 기도는 나오지 않고 계속해서 "샤마하"라
는 말만 수백 번, 아니 수천 번 터져 나왔다. 한 시간이고, 두 시
간이고 기도를 하기만 하면 계속해서 그 방언만 하게 되었는데
매일 그 방언만 나오자 내 마음은 답답해졌다. 도대체 이게 무
슨 의미인지? 내가 왜 이런 방언을 하고 있는지? 답답해하던 나
는 '혹시 히브리말이 아닌가?' 하는 생각을 하였다. 왜냐하면 신
6:3-4절에 보면 '듣다'의 히브리 원어가 '샤마'였기 때문이다.

　"이스라엘아 듣고(샤마) 삼가 그것을 행하라 그리하면 네가 복을 받고

네 조상들의 하나님 여호와께서 네게 허락하심 같이 젖과 꿀이 흐르는 땅에서 네가 크게 번성하리라 이스라엘아 들으라(샤마) 우리 하나님 여호와는 오직 유일한 여호와이시니 너는 마음을 다하고 뜻을 다하고 힘을 다하여 네 하나님 여호와를 사랑하라"(신6:3-5)

그런데 아무리 생각해봐도 '들으라'는 의미의 '샤마'는 아닌 것 같았다. 그래서 '찬양'을 뜻하는 의미인가도 생각해 보았다. 왜냐하면 '찬양'을 뜻하는 히브리 원어 가운데 '샤마흐'라는 말이 있음을 알고 있었기 때문이었다. 그래서 히브리어 사전을 찾아보았다. 그런데 '샤마하'라는 단어는 없었다.

여러 가지로 고민하던 나는 기도하였다.

"하나님, 아시다시피 얼마 전에 그 목사님을 통해 안수받은 후부터 '샤마하'라는 새로운 방언이 터져 나왔는데 이게 무슨 말인지 모르겠어요 그래서 답답해요. 이것이 무슨 의미인지 알고 해야 확실히 할 수 있으니 주님께서 깨닫게 해주세요."

이렇게 기도한 지 며칠 후 예배당에서 기도하고 있었는데 우리 교회 어느 간사가 나의 기도를 듣더니 "목사님, 기도가 바뀌셨네요."하고 말하였다.

"그래, 얼마 전부터 기도를 하는데 '샤마하'라는 단어만 계속 나오네. 그런데 나도 이게 무슨 말인지 모르겠어."라고 대답했다.

그런데 며칠 후 그 간사에게서 전화가 왔다.

"목사님, 제가 대학교 때 세계사를 공부했는데요 그때 그런 말을 들은 것 같아요. 그래서 찾아보았어요. 아제르바이잔의 수도가 '바쿠'인데 바쿠의 옛 지명이 '샤마'래요. '샤마'라는 말은 '바람'이라는 뜻이래요!" 나는 그 간사의 말을 듣고서 인터넷을 통하여 검색해 보았다. 그랬더니 아제르바이잔의 수도 '바쿠'라는 도시의 의미가 '산바람이 심하게 부는'이라는 뜻이었고, 그 '바쿠'의 옛 지명이 '샤마'였는데 '바람'이라는 의미였다. 나는

주님 오시리 곧 오시리

그제야 '샤마하'라는 방언의 의미를 알게 되었으며, '샤마하'라는 방언을 하며 성도들을 위해서 기도할 때 나타나는 현상을 이해할 수 있었다.

'샤마하'라는 방언을 받은 후 성도들을 위해서 안수하며 기도할 때 이상하게도 성도들의 몸이 점점 뒤로 기울어지더니 뒤로 쓰러지곤 했었다. 내가 그 성도를 손으로 미는 것이 전혀 아니었는데도 그 성도들의 몸이 저절로 뒤로 기울어지더니 넘어지는 것이었다. 심지어 성도들에게 안수를 하지도 않고 멀리서 그 성도들을 향하여 손을 펴서 "성령님, 저들에게 충만하게 임하여 주옵소서!"라고 기도하면 멀리 있는 성도들의 몸이 점점 뒤로 기울더니 뒤로 쓰러지곤 했던 것이다. 이것은 성령님께서 그 성도들에게 '바람같이' 임하사 그들로 하여금 쓰러지게 하셨다고 생각할 수밖에 없었다. 태풍이 불면서 있던 나무도 쓰러지고 다른 것들도 쓰러지듯이 말이다.

아무튼 '샤마하'라는 방언의 의미는 '바람'이라는 의미로서, '샤마하'라는 방언을 하며 성도들을 위해서 기도하면 안수를 하든 안 하든 상관없이 '성령의 바람'이 불어서 성도들로 하여금 쓰러지게 하시는 것 같았다.

또한 '샤마하'라는 방언을 하며 성도들 머리에 안수하고 기도를 하면 성도들이 기침을 하기 시작했다. 그전에는 그런 현상이 거의 없었는데 안수하며 '샤마하'라는 방언을 하자 성도들이 기침을 하기 시작하는 것이었다. 이러한 기침은 귀신들이 사람에게서 나갈 때 나타나는 일반적인 현상 아닌가? '샤마하'와 귀신들이 나가는 것과 무슨 상관이 있지? 40일 금식 기도를 하며 '샤마하'라는 방언이 터져 나온 뒤부터, 성도들을 위해서 안수 기도할 때, 대부분 나타나는 현상이었다. 이는 나도 모르게 축사의 은사가 임한 것이었다. 내가 축사의 은사를 원하지도 않았지만 주님께서 그런 역사가 나타나게 하신 것이었다.

그런데 많은 사람들을 축사하는 과정에서 깨달은 것인데 귀신들은 이 '샤마하'라는 방언을 굉장히 두려워하는 것 같았다. 내가 '샤마하'라는 방언을 하며 기도하면 귀신들은 정체를 드러내며 "아, 제발 그 말만은 하지 말아줘!"하고 그 사람의 입을 통하여 말하는 것이었다. 그래서 나는 더욱 '샤마하'를 외치며 "나사렛 예수 이름으로 명하노니 악한 영들아 당장 떠날지어다!"하고 귀신들을 쫓았다.

　　그런데 어느 날 나는 '악한 귀신들은 왜 이 '샤마하'라는 방언을 두려워할까?'하는 생각이 들었다. 그래서 축사를 하는 중에 귀신에게 "이 더러운 귀신아 너희들은 왜 '샤마하'라는 말을 두려워하느냐? 나사렛 예수 이름으로 명하노니 악한 영들은 내게 거짓말하지 말고 진실을 말할지어다!"라고 물었으나 귀신들은 나의 말에 "안돼, 말할 수 없어!"라며 대답을 하지 않으려고 했다. 그래서 나는 "이 더러운 귀신아, 나사렛 예수 그리스도 이름으로 명하노니 진실을 말할지어다! 말 안 하면 무저갱에 던져버릴 것이다!"라고 협박을 하며 다그치자 귀신이 마지못해서 대답하였다. "'샤마하'라는 말은 고어로 '악한 영들아 성령의 불로 태워져 죽을지어다'라는 뜻이 있다. 그래서 네가 '샤마하'를 외치면 성령의 불이 나와서 우리들이 성령의 불로 태워지기 때문에 우리는 그 말이 너무 두렵다!"라고 대답하는 것이었다.

　　아! '샤마하'라는 방언에 '성령의 불'이라는 영적인 의미가 또 있었던 것이다. 그 귀신의 말을 듣고서 또 이해되는 것이 있었다. 내가 성도들을 위해서 기도할 때마다 '샤마하'가 터져 나오는데, '샤마하'라는 방언을 하며 안수하려고 하면 내 손바닥에 무슨 불덩어리가 있는 것 같은 느낌이 있었다. 그래서 성도들에게 안수를 하면 그 불이 성도들 안에 들어가는 것 같았고, 성도들은 기침을 하며 축사가 되었으며, 내가 다시 '샤마하' 방언을 하면 다시 내 손에 불덩어리가 생기는 것 같았고, 다시 또 성도

　　　　　　　　　　　　　주님 오시리 곧 오시리

들에게 안수를 하면 그 불이 성도들 안에 들어가고, 성도들은 기침을 하며 귀신이 떠나는 현상이 반복되는 것이었다. '샤마하'라는 방언의 뜻이 '악한 영들아 성령의 불로 태워져 죽을지어다'라는 의미가 있음을 깨닫게 된 이후 나는 축사를 할 때마다 더욱 '샤마하'를 외치며 치유 사역을 하였으며, '샤마하'라는 방언이 '성령의 불'이라는 의미가 있었기 때문에 성도들에게 안수 기도를 하면 성도들이 "앗, 뜨거워!" 하면서 뒹굴기도 하고, 눈물을 흘리며 회개하기도 하였다.

그러고 보니 '샤마하'라는 방언이 '바람'이라는 의미가 있고, '악한 영들아 성령의 불로 태워져 죽을지어다'라는 의미로 '성령의 불'이라는 의미도 있는 것을 통해서 깨닫게 된 게 있다.

사도행전 2장에 보면 마가의 다락방에서 기도하던 120명의 성도들이 성령 충만을 받게 되었는데 그들에게 성령님께서 불과 바람같이 임하셨던 것이다.

"오순절 날이 이미 이르매 그들이 다같이 한 곳에 모였더니 홀연히 하늘로부터 급하고 강한 '바람'"같은 소리가 있어 그들이 앉은 온 집에 가득하며 마치 '불'의 혀처럼 갈라지는 것들이 그들에게 보여 각 사람 위에 하나씩 임하여 있더니 그들이 다 '성령의 충만'함을 받고 성령이 말하게 하심을 따라 다른 언어들로 말하기를 시작하니라"
(행2:1-4)

주님의 말씀에 순종하여 120명의 성도들이 10일 동안 전심으로 기도했을 때 성령님이 불과 바람 같이 그들에게 임하신 것처럼, 40일 금식 기도하라는 주님의 말씀에 따라 순종하며 금식 기도를 하는 나에게 성령님께서 '샤마하'라는 새로운 방언을 주셔서 성령님께서 '불'과 '바람'처럼 임하신 것은 첫째는 나를 성령의 사람으로 변화시키시기 위함이요, 둘째는 나를 통하여 성령의 바람, 영적 부흥의 바람이 불게 하시려고 행2:1-4 말씀을 체험케 하신 것 같았다.

아무튼 성령 컨퍼런스를 통하여 나는 새로운 영적 사역의 길로 들어서게 되었다. 나의 안수 기도를 통해서 성도들이 성령의 불을 받고 뒹굴기도 하고, 회개하기도 하고, 귀신이 떠나가기도 하고…. 초대 교회와 같은 성령의 역사들이 나의 일상 목회 사역에서 나타나게 되었으며, 40일 금식 기도가 깊어짐에 따라서 성령의 은사들도 더 깊고 강하게 나타나기 시작하였다.

수년 뒤, 나는 우리 교회에서 파송한, J국의 소수 민족에게 복음을 전하는, 선교사의 초청을 받아 그 지역에 가게 되었다. 나는 그 선교사 부부에게 40일 금식 기도를 하면서 '샤마하'라는 방언을 받으면서 나타났던 일들을 나누었다. 그런데 내 말을 들은 그 선교사는 "목사님, 제가 선교하고 있는 종족이 쓰는 말 가운데 '샤마하'라는 말이 있는데, 성경 행2:2에 나와요."라고 말하면서 성경을 보여주었다.

"홀연히 하늘로부터 급하고 강한 바람 같은 소리가 있어 그들이 앉은 온 집에 가득하며"

"목사님, 행2:2 말씀에서 '바람'이라는 단어가 있잖아요? 이 '바람'이라는 단어가 이 종족의 언어로 '샤마'입니다."

아, '(성령의)바람'이라는 단어가 이 종족의 언어로 '샤마하'라고 하는구나! '샤마하'라는 방언에 '바람'이라는 의미가 있음을 보고 나는 또 놀라게 되었다.

나에게 새로운 방언을 통하여 권능으로 기름 부으시고 새로운 영적 사역의 길로 이끄신 주님을 찬양한다. 할렐루야!

P.S.

몇 년이 지난 후 나는 성령님께 '샤마하' 방언에 대하여 직접 물어보았다.

주님 오시리 곧 오시리

"성령님, 40일 금식 기도할 때 주신 '샤마하' 방언이 무엇인
가요?"

그러자 성령님께서 말씀하셨다.

"샤마하 방언은 축사와 치유의 은사 방언이니라. 네가 '샤마
하'를 말하면서 성도들을 안수하면 내가 직접 기도를 받는
성도들에게 역사해서 그들로 하여금 축사되고 치유되도록 한
단다."

그렇구나! '샤마하'는 '축사와 치유의 은사 방언'인 것이다.
새로운 은사 방언을 주시고, 부족한 이 종을 통하여 성령님께서
친히 축사하시고 치유하실 수 있도록 기름 부으신 주님을 찬양
한다. 할렐루야!

30 이제 용을 쫓는 권세를 주노라!

40일 금식 기도를 하는 중이던 어느 날 새벽, 새벽 기도회를
마친 뒤 강단에서 기도를 하고 있었다. 성령의 깊은 임재 가운데
기도하고 있던 내게 갑자기 주님의 음성이 들렸다. (성령님께서
는 언제 어떤 상황에서 무슨 말씀을 하실지 아무도 모른다. 그러
므로 항상 영적으로 깨어 있으면서, 언제든지 주님의 음성을 들
을 준비하면서 신앙 생활하는 것이 중요하다.)

"아들아, 이제 내가 용을 쫓는 권세를 네게 줄 테니 용을 쫓아
내면서 성도들을 치유하고 자유케 할지어다!"

40일 금식 기도를 하도록 하신 주님께서는 금식 기도를 하는 중에 내가 원하지도 않고, 전혀 생각지도 못한 축사의 은사로 기름 부으셔서 성도들 안에 있는 악한 영들을 쫓아내게 하시면서 치유하도록 하셨는데, 축사할 때 때로는 성령님께서 영안을 열어주셔서 기도를 받는 사람들 안에 있는 귀신들을 보게도 해주시고, 때로는 기도를 받는 사람들에게 어떤 귀신(무슨 일을 하는 귀신)이 있는지 말씀해주시기도 하고, 때로는 기도 받는 사람들의 몸 어디에 귀신들이 있는지 말씀해주시기도 하고, 기도를 받는 사람들에게 언제 귀신이 들어왔는지, 누구에게서 있다가 들어왔는지 말씀해주시면서 치유 사역을 하게 하셨다. 축사할 때 중요한 것은 기도를 받는 사람들에게 있는 귀신이 무슨 일을 하는 귀신인지, 그 귀신이 몸 어디에 있는지, 언제 들어왔는지, 누구에게 있다가 들어왔는지 정확하게 정체를 드러내서 나가라고 해야 귀신이 쉽게 떠나게 된다.

예를 들면,

"이 사람에게 있는 '음란 귀신'아, 나사렛 예수 그리스도 이름으로 명하노니 지금 당장 나와서 예수님 발 앞으로 갈지어다!"

"이 사람이 '5살 때 집에 혼자 있을 때 들어온 두려움을 주는 영'아, 나사렛 예수 그리스도 이름으로 명하노니 지금 당장 나와서 예수님 발 앞으로 갈지어다!"

"이 사람 '아버지가 분노할 때 그 아버지로부터 들어온 분노의 영'아, 나사렛 예수 그리스도 이름으로 명하노니 지금 당장 나와서 예수님 발 앞으로 갈지어다!"

"이 사람이 '돌아가신 할머니를 그리워할 때 들어온 죽음의 영'아, 나사렛 예수 그리스도 이름으로 명하노니 이 사람을 묶고 있는 결박을 풀고 지금 당장 나와서 예수님 발 앞으로 갈지어다!"

어느 날, 교회에 한 청년이 왔는데, 내가 그 청년에게 다가가자 그 청년이 "오지마, 오지마."하며 두려운 표정으로 뒷걸음치며 나를 피하려고 하였다. 나는 그 청년 안에 있는 귀신이 나를 보고 두려워하는 것임을 알고 그 청년에게 다가갔다. 그 청년 머리에 안수를 하고 기도하는데 그때 성령님께서는 그 청년 안에 있는 귀신이 '당뇨병 귀신'이며, 그 당뇨병 귀신이 아버지에게 있다가 아버지를 당뇨로 돌아가시게 만든 후, 그 청년에게 들어왔다고 말씀하셨다. 나는 그 청년의 아버지가 당뇨로 돌아가신 줄도 몰랐고, 그 청년에게 당뇨병이 있는 줄도 몰랐지만, 성령님께서 말씀하셨기에 그대로 믿고 축사하기 시작하였다.

"나사렛 예수 그리스도 이름으로 명하노니 이 딸 아버지에게 있으면서 이 딸의 아버지를 죽이고, 아버지가 죽자 이 딸에게 들어온 당뇨병 귀신아, 지금 당장 이 딸에게서 떠날지어다!"

그러자 이 청년은 "웩, 웩"하며 토하기 시작했고, 그 안에 있는 귀신들이 나오기 시작하였다. 한참 동안 치유 사역을 한 뒤 그 청년에게 "아버지께서 당뇨로 돌아가셨냐?"고 묻자 "그렇다."고 말했으며, 그 청년에게 "너 당뇨가 있느냐?"고 묻자 "그렇다."고 대답했다. 이처럼 성령님께서 귀신의 정체를 정확히 말씀해주실 때 축사와 치유가 쉬워진다. 그리고 부모에게 있던 영들은 대부분 자녀들에게 전이되는데 이를 'familiar spirit(친숙한 영)'이라고 한다. 어떤 사람에게 있던 영이 그와 '친한(가까운)' 사람에게 전이되기 때문에 'familiar spirit(친숙한 영)'이라고 부르는 것이다. 예를 들면 부모에게 분노의 영이 있을 때, 부모는 자녀에게 자주 화를 내게 되는데, 부모가 화를 낼 때 부모 안에 있던 분노의 영이 자녀들에게 그대로 전이가 되어 자녀들도 분노의 영으로 인해 분노하는 사람이 된다. 부모가 음란했으면 부모 안에 있던 음란의 영이 부모와 가까운 자녀들에게 그대로 전이 되어 자녀들도 음란한 생활을 하게 되며, 할머니, 할아버지, 부모 등이 돌아가셨을 때 돌아가신 분과 가까운 사람이 돌아가신 분을 그리워하게 될 때 그리워하는 사람에게 죽음의 영이 들어가서 죽고 싶은 마음이 드는 것도 'familiar spirit(친숙한 영)'으로 인한 것이다. 어떤 사람이 암에 걸려서 병원에 가면 의사는 그의 가족이나 친척, 혹은 같이 사는 사람들 가운데 암에 걸린 사람이 있는지 '가족력'을 조사하는데, 이는 암이 가족, 친척, 같이 사는 사람들에게 전이되기 때문인데, 이는 'familiar spirit(친숙한 영)'이 가족, 친척, 같이 사는 사람들 가운데 누군가에게 들어가서 동일한 암을 일으키는 것이다.

어느 날 새벽 기도회를 마치고 기도를 하고 있는데, 기도를 하던 한 교우가 강단으로 와서 자꾸 배가 아프다고 기도를 해달라고 했다. 그래서 그 성도에게 기도해 주려고 안수하였는데, 그 순간 성령께서 나의 영안을 열어주셨다. 열린 영안으로 보니 그 성도의 뱃속에 수많은 실뱀들이 우글거리고 있었다. 그 성도의 배가 아픈 원인이 바로 그 실뱀들 때문이었던 것이다. 그래서 "이런, 뱃속에 실뱀들이 수없이 많네요. 이것들이 어디서 들어왔대요?"라고 말하고 배에 안수하고 축사하면서 치유 사역을 하였다. "나사렛 예수 그리스도 이름으로 명하노니 이 성도 뱃속에 있는 실뱀들아 성령의 불로 태워질지어다!"라고 하며 한동안 기도를 해주자 실뱀들은 소멸되었고, 그 성도는 치유를 받게 되었다.

축사 사역을 하다 보니 귀신들에게도 '급(레벨)'이 있다는 것을 알게 되었다. 가장 낮은 차원의 귀신들은 '뱀' 귀신들이었으며, 이들은 '뱀'의 형상으로 사람들에게 들어 있었는데, 이들은 예수 그리스도 이름으로 명령하고 선포하면 쉽게 떠나가는 '가

주님 오시리 곧 오시리

장 낮은 차원'의 영들이었다. 뱀 귀신들보다 좀 더 힘 있는 귀신들은 '구렁이'급의 귀신들이었는데, 이들은 실제로 사람들 몸 안에서 구렁이 형상을 하고 있었는데, 이들은 쉽게 떠나지 않고 여러 번 선포를 하고 명령을 해야 떠나갔다.

주님께서 이제 용을 쫓는 권세를 주겠다고 말씀하시기 전까지 축사 사역을 할 때 주님께서 보여주시고, 말씀해주시고 사역하게 하신 것은 주로 '뱀'과 '구렁이'급 귀신들이었는데, 계속해서 금식을 하고 축사 사역을 하다 보니 축사의 기름 부으심이 강력하게 되어서, 이제는 '용'급 영들을 쫓아내는 권세를 주신다고 말씀하신 것이다. '용'급의 귀신들은 귀신들이라기보다는 '마귀' 수준의 영들로서 제일 강력한 어둠의 영들이다. '마귀'급의 '용'들을 쫓아내야 완전한 축사, 완전한 치유 사역을 할 수 있는데, 주님께서는 내게 용을 쫓아낼 수 있는 권세를 주신다고 말씀하신 것이다.

주님께서 주신 '용' 마귀를 쫓는 권세를 가지고 축사 사역을 할 때 주님께서는 영안을 열어서 '용' 마귀들을 보게 하셨는데, 이 '용' 마귀들은 실제로 사람들의 몸속에서 용의 형상으로 자리 잡고 있었다.

"큰 용이 내쫓기니 옛 뱀 곧 마귀라고도 하고 사탄이라고도 하며 온 천하를 꾀는 자라 그가 땅으로 내쫓기니 그의 사자들도 그와 함께 내쫓기니라" (계12:9)

'용' 마귀를 축사하며 쫓아낼 때 영안이 열려서 보니 '회색'을 띤 '용'이 있었고, '황금색'을 띠고 있는 '용'도 있었으며, 어떤 것들은 아주 작은 '새끼 용'의 모양을 하고 있기도 하였다. 이 '새끼 용'들은 안수를 하면 기도를 받는 사람들의 몸 이곳저곳으로 도망 다니기도 하였다.

'용' 마귀들은 아주 오랜 세월 동안 자리 잡고 있었던 '대장급의 영'들로서 가문 대대로 흘러 내려온 가문의 영이거나, 불교와 같이 다른 종교를 오랫동안 섬긴 사람들에게서 역사하고 있는 종교의 영들이었다. 치유 사역을 할 때, 주님께서는 먼저 그 사람 안에 있는 가장 약한 '뱀'급의 귀신들을 쫓아내게 하셨고, '뱀'급의 귀신들이 다 쫓겨나면 그다음에는 '구렁이'급의 귀신들을 쫓아내게 하셨으며, 제일 나중에는 '용' 마귀를 내어 쫓게 하심으로써 가장 작은 귀신들부터 점점 강한 귀신들을 쫓아내게 하셨는데, 그 이유는 강한 귀신들일수록 그에게 속해 있는 부하 귀신들의 수가 많기 때문에, 부하 귀신들의 수가 줄어들면 대장 귀신들도 힘을 잃어 쫓아내기가 쉬워지기 때문이었다.

그런데 축사와 치유 사역을 하다 보니 어떤 귀신들은 쉽게 나가는데, 어떤 귀신들은 쉽게 나가지 않는 것을 보면서 '효과적으로 귀신들을 쉽게 쫓아낼 수 있는 방법이 없을까?' 고민하고 기도하면서 다른 축사 사역을 하는 분들이 쓴 책을 보며 공부한 결과 '효과적'이고, '쉽게' 축사하는 방법은 다름 아닌 '회개'와 '용서'임을 알게 하셨다. 왜냐하면 귀신들이 사람의 몸속에 들어가게 되는 가장 중요한 원인(통로) 두 가지는 '죄'와 '상처'이기 때문이다.

마귀가 사람들의 몸과 마음속에 들어가 사람들을 지배하기 위한 첫 번째는 우리들로 하여금 죄를 짓도록 유혹하는 것이다. 그리고 우리들이 죄를 짓게 되면 귀신들이 우리의 몸과 마음속에 들어갈 수 있는 합법적인 통로가 열린다. 그렇게 되면 귀신들은 우리들의 몸과 마음에 들어와서 자리를 잡게 되면서 우리 몸 안에 자신의 집을 짓고(마12:43-45), 우리들의 마음과 생각을 지배하여 더 큰 죄를 짓게 하기도 하고, 우리들의 몸에 여러 가지 질병을 일으키기도 하는 것이다. 아담과 하와의 사건을 보면 알 수 있다.

1) 마귀가 처음에는 하와를 유혹하였다. - 유혹받은 것 자체
   는 죄가 아니다.
2) 마귀의 유혹을 받은 하와는 선악과를 따먹을지, 따먹지 말지
   잠시 고민하였다. - 고민하는 것 자체도 아직 죄가 아니다.
3) 결국 하와는 선악과를 먹기로 결심하고 선악과를 따먹었
   다. - 마음에 결심한 순간부터 죄가 된다.
4) 아담과 하와가 선악과를 따 먹는 죄를 짓자 하나님께서는
   뱀으로 하여금 흙을 먹도록 하셨다. - 뱀은 흙을 먹고 살지
   않는다. 이 말씀은, 뱀 마귀로 하여금 흙으로 만들어진 인
   간의 몸에 들어갈 수 있도록 허락하신 것이다. 즉, 인간이
   죄를 짓게 되자 뱀 마귀가 인간의 몸에 들어가는 것이 합법
   화되었다. 합법적으로 들어온 마귀와 귀신들은 우리 안에
   서 온갖 영적, 정신적, 육체적 질병을 일으킨다.

가룟 유다가 예수님을 파는 죄를 짓게 된 것도 마찬가지였다.

1) 마귀는 가룟 유다의 마음에 예수님을 팔도록 유혹하였다.
   - 가룟 유다가 유혹받은 것 자체는 죄가 아니다.
   (요13:2) 마귀가 벌써 시몬의 아들 가룟 유다의 마음에 예
   수를 팔려는 생각을 넣었더라
2) 마귀의 유혹을 받은 가룟 유다는 예수님을 팔 것인지, 안
   팔 것인지 고민하고 갈등하였다. - 고민과 갈등 자체도 아
   직 죄가 아니다.
3) 고민하고 갈등하던 유다가 예수님을 팔기로 마음을 먹고
   예수님이 주시는 떡을 받았다. - 유다가 예수님을 팔기로
   결심하는(마음먹은) 순간부터 죄가 된다.

"예수께서 이 말씀을 하시고 심령이 괴로워 증언하여 이르시되 내가 진실로 진실로 너희에게 이르노니 너희 중 하나가 나를 팔리라 하시니 제자들이 서로 보며 누구에게 대하여 말씀하시는지 의심하더라 예수의 제자 중 하나 곧 그가 사랑하시는 자가 예수의 품에 의지하여 누웠는지라 시몬 베드로가 머릿짓을 하여 말하되 말씀하신 자가 누구인지 말하라 하니 그가 예수의 가슴에 그대로 의지하여 말하되 주여 누구니이까 예수께서 대답하시되 내가 떡 한 조각을 적셔다 주는 자가 그니라 하시고 곧 한 조각을 적셔서 가룟 시몬의 아들 유다에게 주시니" (요13:21-26)

- 예수님께서는 떡 한 조각을 적셔다 주는 자가 당신을 팔리라고 말씀하신 뒤 가룟 유다에게 떡 한 조각을 주셨는데, 만약 가룟 유다가 예수님이 주시는 떡을 거부하였으면 그는 죄를 짓지 않게 되는 것이다. 그러나 예수님이 주시는 떡을 받음으로써 그는 이미 마음으로 죄를 지은 것이다.

4) 예수님을 팔기로 마음먹고 떡을 받음으로써 마음으로 범죄하자 마귀가 합법적으로 가룟 유다의 마음에 들어갈 수 있게 되었다.

(요13:27) 조각을 받은 후 곧 사탄이 '그 속에 들어간지라'

5) 가룟 유다가 마음에 결심한 순간 가룟 유다의 마음에 들어간 마귀는 가룟 유다로 하여금 마음의 죄를 행동으로 실천하게 하였고, 행동함으로 범죄 하게 한 뒤 가룟 유다에게 강한 죄책감을 주어서 자살까지 하도록 하였다.

귀신들이 사람의 마음과 몸에 들어가는 가장 보편적인 통로는 '죄'다. 귀신들은 죄를 지은 사람들의 마음과 몸에 들어와 집을 짓고 사는 것이다. 그러므로 귀신들을 쫓아내는 효과적인 방법은 '회개'다. 죄를 지은 사람이 만약 회개를 하게 되고, 회개를 통해서 죄 사함을 받으면 죄가 없어지게 되는데, 죄가 없어진 사람들의 몸에 귀신들이 들어 있으면 그것은 불법이 된다. 불법으로 자리 잡고 있는 귀신들에게 '나사렛 예수 그리스도 이름'으로 명령을 하면 귀신들은 떠날 수밖에 없다. 축사를 통한 치유 사역이 효과적으로 되려면 반드시 회개 기도를 하도록 해야 한다. 그러나 회개 없이 귀신들을 쫓아내려면 힘들다. 그러므로 회개한 만큼 축사가 되고 치유가 되는 것이다. 깊이 축사를 받고, 깊이 치유를 받으려면 깊이 회개해야 한다. 물론 어떤 귀신들은 죄와 상관없이도 사람의 몸과 마음에 들어갈 수 있다. 그런 귀신들을 쫓아내기는 어렵지 않다. 그러나 죄를 통해서 들어온 귀신들은 반드시 회개를 해야 쉽게 쫓아낼 수 있다. 나는 처음에는 이런 사실을 모르고 내 힘으로 귀신들을 쫓아내려고 힘썼으나, 나중에 이런 사실을 알고 충분히 회개 기도를 먼저 하도록 함으로써 효과적으로 축사하며 치유 사역을 할 수 있었다. 그리고 성도들이 진심으로 애통해하며 울면서 회개할 때, 귀신들이 떠나가는 것을 많이 보았다. 애통해하며 깊이 뉘우치며 하는 회개에는 축사가 필요가 없었다. 진정한 회개 기도는 축사가 같이 나타나게 된다. 그러나 마음에서 우러나지 않은 껍데기 회개, 거짓 회개에는 축사와 치유의 역사가 잘 나타나지 않았고, 삶의 변화도 없는 것을 보면서 진정한 회개가 있을 때 축사와 치유가 나타날 뿐만 아니라 마음과 생각, 삶까지도 변화를 가져오기 때문에 진심으로 애통해하는 마음으로 하는 깊은 회개가 필요하다.

귀신들이 사람들의 몸과 마음에 들어가는 가장 보편적인 통로 두 번째는 '상처'다.

우리들은 이 땅에 살면서 다른 사람들로부터 크고 작은 수많은 상처들을 받는다. 사람들로부터 폭언을 듣기도 하고, 분노에 찬 말을 듣기도 하고, 무시하는 말을 듣기도 하고, 때로는 억울

함을 당하기도 하고, 다른 사람들로부터 무례한 말을 듣기도 하고, 상사로부터 부당한 일을 당하거나 인격을 모독하는 말을 듣기도 하고, 다른 사람들과 비교하여 나로 하여금 열등감을 느끼게 하는 말을 듣기도 하고, 부모나 배우자로부터 많은 상처를 받기도 한다. 이렇게 상처를 받으면 우리의 마음에는 상처를 준 사람들에 대하여 '분노'하며 '미워하는 마음'이 생기게 되어 나에게 아픔과 상처와 고통을 준 사람들을 용서하지 못하는 마음이 자리 잡게 된다. '상처', '분노', '미움', '용서하지 못하는 마음' 등의 쓴 뿌리는 우리를 하나님의 은혜에 이르지 못하게 만든다. 하나님께서 우리들에게 베푸신 은혜는 '용서'인데, 나는 내게 상처를 준 사람들을 용서하지 못하고 있기 때문에, 하나님의 은혜 가운데에 있을 수가 없는 것이다. 왜냐하면 성경은 여러 곳에서 내게 상처 주고, 잘못한 사람들을 '용서'하라고 말하고 있기 때문이다.

* "너희가 사람의 잘못을 용서하면 너희 하늘 아버지께서도 너희 잘못을 용서하시려니와 너희가 사람의 잘못을 용서하지 아니하면 너희 아버지께서도 너희 잘못을 용서하지 아니하시리라" (마6:14-15)

* "그 때에 베드로가 나아와 이르되 주여 형제가 내게 죄를 범하면 몇 번이나 용서하여 주리이까 일곱 번까지 하오리이까" (마18:21)

* "너희가 각각 마음으로부터 형제를 용서하지 아니하면 나의 하늘 아버지께서도 너희에게 이와 같이 하시리라" (마18:35)

* "서서 기도할 때에 아무에게나 혐의가 있거든 용서하라 그리하여야 하늘에 계신 너희 아버지께서도 너희 허물을 사하여 주시리라 하시니라" (막11:25)

* "우리가 우리에게 죄 지은 모든 사람을 용서하오니 우리 죄도 사하여 주시옵고 우리를 시험에 들게 하지 마시옵소서 하라" (눅11:4)

* "만일 하루에 일곱 번이라도 네게 죄를 짓고 일곱 번 네게 돌아와 내가 회개하노라 하거든 너는 용서하라 하시더라" (눅17:4)

주님 오시리 곧 오시리

* "서로 친절하게 하며 불쌍히 여기며 서로 용서하기를 하나님이 그리스도 안에서 너희를 용서하심과 같이 하라" (엡4:32)
* "누가 누구에게 불만이 있거든 서로 용납하여 피차 용서하되 주께서 너희를 용서하신 것 같이 너희도 그리하고" (골3:13)

상처로 인해서 생긴 '분노'와 '미움', '용서하지 못하는 마음' 등은 나로 하여금 하나님의 은혜 가운데 있지 못하게 하고, 내 영혼을 고통스럽게 할 뿐 아니라 귀신들이 우리들 안에 들어올 수 있는 통로가 된다.

사울 왕은 여인들이 "사울이 죽인 자는 천천이요 다윗은 만만이로다."라고 노래하자 그 말에 분노하였으며, 그 분노는 귀신들이 사울 왕에게 들어 올 수 있는 통로가 되어서 그 이튿날 악령이 사울에게 힘 있게 내리게 되었다(삼상18:8-10). 가인은 자신이 드린 제사를 하나님께서 받지 않으시자 그는 '분노'하였다. 그 '분노'는 가인의 마음에 '살인의 영'이 들어올 수 있는 통로가 되었으며, 그 통로를 타고 들어온 '살인의 영'은 가인으로 하여금 아벨을 죽이도록 만들었다. 오늘날 살인 사건의 대부분의 원인은 '상처'와 '분노'이다. '상처'와 '분노'라는 감정은 살인의 영이 합법적으로 들어올 수 있는 통로를 열어준다. '상처'를 받지 않았으면 '분노'하지도 않을 텐데, '상처'를 받음으로써 생긴 '분노'가 귀신들이 들어올 수 있는 통로가 되게 하는 것이다.

그러므로 '상처'는 '화', '분노', '미움'이라는 죄를 짓게 만들고, 그 죄들은 더러운 귀신들이 우리의 몸과 마음에 들어올 수 있는 통로가 되고, 상처 준 사람들을 '용서하지 못하게' 만들기 때문에, 효과적으로 귀신들을 쫓아내고 치유를 받기 위해서는 '화', '분노', '미움'이라는 죄를 철저히 회개하고, 나에게 상처 준 사람들을 '의지적으로 용서'해야 한다. 내가 사람들로부터 받은 상처를 통해서 들어온 귀신들을 쫓아내고 치유받기 위해서는 죄에 대한 '회개'와 상처를 준 사람에 대한 '용서'가 반드시 필요한 것이다. '죄(특히 우상숭배)'가 많은 사람일수록, '상처'가 많은 사람일수록, '분노'와 '미움'이 많은 사람일수록, '남들을 용서하지 않는' 사람일수록 그 안에 있는 귀신들의 세력들은 강해서 축사하기가 힘들고 어렵다. 귀신들이 '죄', '상처', '분노', '미움', '남들을 용서하지 않는 마음'들과 강하게 결합되어 있기 때문이다. 그러나 '회개'와 '용서'를 통해서 '죄'와 '상처'가 없어지면 귀신들은 홀로 남게 되어서 축사하기가 쉬워진다. 아무리 강력한 용 마귀가 들어 있다 하더라도 '철저한 회개'와 '상처를 준 사람들에 대한 용서'가 있다면 용 마귀는 힘을 잃고 쫓겨날 수밖에 없다.

그러므로 우리들은 죄에 대한 철저한 '회개'와 내게 상처를 준 사람들에 대한 '용서'를 통해서 어둠의 영들이 내 안에 자리 잡지 못하도록 해야 한다. '죄'와 상처를 통한 '분노', '용서하지 못하는 마음'은 내 안에 더러운 귀신들이 거하는 어둠의 보좌를 만들어 내어 '빛'되신 주님 앞에 나아가지 못하게 하며, '빛'되신 주님의 은혜를 체험하지 못하게 만든다. 내가 지은 죄에 대한 철저한 '회개'와 내게 상처 준 사람들에 대한 '용서'는 '축사와 치유'를 통해서 어둠의 보좌를 몰아내고, 내 안에 '빛'의 보좌가 임하도록 만든다. 그러므로 철저한 '회개'와 '용서'를 통해서 내 안에 있는 어둠의 영들을 쫓아내고, 어둠의 영들이 떠난 그 자리에 성령의 기름 부으심이 임하여 빛의 보좌가 되도록 할 때 주님의 다스림과 통치가 내 안에 나타나는, 그런 우리 모두가 되길 소원한다. (아멘)

오늘 문이 열린다!

주님께서 40일 금식 기도를 하라고 하셔서 격일로 기도를 시작했는데, 나의 금식 기도가 끝나는 시기를 맞춰서 직장에 다니는 교회 청년들 4명이 40일 철야 기도를 시작하였다. 직장에서 퇴근한 뒤 집에 가서 식사를 하고 밤 10시부터 모여서 찬양으로 시작하면서 그다음 날 새벽 기도회 전까지 철야 기도를 하고, 새벽 기도회에 참석한 뒤 잠깐 잠을 자고 직장으로 출근하였다. 하루 이틀도 아니고 40일 동안 그렇게 철야 기도를 한다는 게 쉬운 일이 아닐 텐데 청년들의 열심이 대단하였다.

매주 토요일 오후마다 청년 리더들을 데리고 성경 공부를 하는데, 40일의 금식 기도가 거의 끝나가고, 청년들의 40일 철야 기도도 거의 끝나가는 어느 토요일이었다. 청년들에게 말씀을 전하고 있는데 "오늘 열린다!"하는 세미한 소리가 들렸다. 나는 청년들에게 성경을 가르치는데 집중하고 있었기 때문에 그 세미한 소리를 그냥 한 귀로 듣고 한 귀로 흘려보냈다. 그런데 잠시 후에 또 "오늘 열린다!"하는 세미한 소리가 들렸다. 역시 나는 한참 성경을 가르치고 있었기 때문에 그 세미한 소리에 주의를 기울이지 못했다. 그런데 잠시 후에 또 "오늘 열린다!"하는 세미한 소리가 들렸지만 역시 별로 신경 쓰지 않고 청년들에게 성경을 가르쳤다. 그런데 잠시 후 또 "오늘 열린다!"하는 세미한 소리가 들렸다. "오늘 열린다!"는 세미한 소리가 4번이나 계속해서 들리자, 그때서야 나는 그 세미한 소리가 무슨 뜻인지, 도대체 왜 4번이나 연속해서 들리는지 잠시 생각해 보았다. 아마도 하나님께서 오늘 하늘 문을 열어주신다는 의미인 것 같았다. 성경 공부를 인도하던 나는 청년들에게 말했다.

"주님께서 아까부터 계속해서 '오늘 열린다'고 4번이나 말씀을 하셨는데, 이제야 내가 주님의 말씀을 캐치(catch)하게 되었네. 주님께서 '오늘 열린다'고 말씀하신 것이 무슨 뜻일까? 무엇이 오늘 열린다는 말씀일까? 가만히 생각해보니 오늘 '하늘 문'이 열린다는 말씀인 것 같다. 하늘 문이 열리면 천국도 보고 지옥도 볼 수 있는데, 주님께서 오늘 하늘 문을 여시고 천국과 지옥을 보여주시려나 보다. 철야하는 청년들은 오늘 기도할 때 집중해서 잘 하거라!"고 말하였다. 그렇다. 하늘 문이 열릴 때 천국을 보고, 천국에 계신 예수님도 보고, 천국에 있는 성도들도 볼 수 있게 된다. 에스겔은 하늘 문이 열렸을 때 하나님의 모습을 볼 수 있었다.

* "서른째 해 넷째 달 초닷새에 내가 그발 강가 사로잡힌 자 중에 있을 때에 하늘이 열리며 하나님의 모습이 내게 보이니"(겔1:1)

사도 요한도 하늘 문이 열렸을 때 하늘에 올라가서 하나님의 보좌를 보았고, 이십사 장로들과 하나님의 보좌를 지키는 네 생물들도 보았다.

* "이 일 후에 내가 보니 하늘에 열린 문이 있는데 내가 들은 바 처음에 내게 말하던 나팔 소리 같은 그 음성이 이르되 이리로 올라오라 이후에 마땅히 일어날 일들을 내가 네게 보이리라 하시더라 내가 곧 성령에 감동되었더니 보라 하늘에 보좌를 베풀었고 그 보좌 위에 앉으신 이가 있는데 앉으신 이의 모양이 벽옥과 홍보석 같고 또 무지개가 있어 보좌에 둘렸는데 그 모양이 녹보석 같더라 또 보좌에 둘려 이십사 보좌들이 있고 그 보좌들 위에 이십사 장로들이 흰 옷을 입고 머리에 금관을 쓰고 앉았더라 보좌로부터 번개와 음성과 우렛소리가 나고 보좌 앞에 켠 등불 일곱이 있으니 이는 하나님의 일곱

주님 오시리 곧 오시리

영이라 보좌 앞에 수정과 같은 유리 바다가 있고 보좌 가운데와 보좌 주위에 네 생물이 있는데 앞뒤에 눈들이 가득하더라 그 첫째 생물은 사자 같고 그 둘째 생물은 송아지 같고 그 셋째 생물은 얼굴이 사람 같고 그 넷째 생물은 날아가는 독수리 같은데 네 생물은 각각 여섯 날개를 가졌고 그 안과 주위에는 눈들이 가득하더라 그들이 밤낮 쉬지 않고 이르기를 거룩하다 거룩하다 거룩하다 주 하나님 곧 전능하신 이여 전에도 계셨고 이제도 계시고 장차 오실 이시라 하고" (계4:1-8)

하늘 문이 열리는 것은 흔하지 않은, 굉장히 특별한 사건이다. 나의 40일 작정 금식 기도가 거의 끝나가고, 청년들의 40일 철야 기도도 거의 끝나가는 시점이기에 '하나님께서 하늘 문을 열어주시려나 보다'고 생각하였다. 나는 철야 기도를 하는 청년들에게 기도해 주고 집에 갔다.

다음날 주일 아침, 교회에 간 나는 철야 기도 팀장에게 지난밤에 무슨 일이 있었는지 물었다. 그러자 팀장은 말했다.

"목사님, 어제 우리들이 기도하고 있는데 성령님께서 강력하게 임재하셔서 기도하다가 쓰러졌는데, 4명 중 3명이 입신하여 천국에 가 예수님을 만났고, 지옥도 보고 왔어요!"

오, 역시 주님께서 하신 말씀대로 하늘 문을 열어주셔서 청년들이 천국과 지옥을 볼 수 있도록 해주신 것이다. 나는 천국과 지옥을 갔다 온 청년들에게서 그들이 갔다 온 체험들을 하나씩 들어보았다. 그들의 간증을 들은 뒤 이런 생각이 들었다.

'하늘 문을 열어주신 주님께서 어제 한 번만 하늘을 열어주시지는 않을 거야, 계속해서 열어주실 거야. 그리고 청년들이 천국을 보고 왔다면 그들의 영안이 열린 것인데, 한 번 열린 영안은 계속해서 열려서 계속 천국과 지옥을 갔다 올 수 있을 거야.'

그래서 나는 영안이 열려서 천국과 지옥을 다녀온 청년들과 자주 기도회를 하면서 청년들이 계속해서 천국과 지옥을 갔다 올 수 있도록 기도해주었다.

"하늘 문을 열어주시고 청년들의 영안을 열어주신 주님, 계속 열어주실 줄 믿습니다. 예수 그리스도 이름으로 기도하오니, 이들이 천국과 지옥을 계속해서 보고, 예수님도 만나고, 천국의 성도들도 보게 해주시고, 그들이 돌아와서 간증하게 해주시옵소서!"

이렇게 기도를 하면 주님께서는 그때마다 기도를 들으시고 청년들로 하여금 천국과 지옥을 볼 수 있도록 해주셨고, 나는 천국과 지옥을 갔다 온 청년들로 하여금 한 명씩 간증하게 하였다. 그런데 놀라운 일이 나타났다. 기도를 받고 천국과 지옥을 갔다 오는 사람들이 한 명씩 한 명씩 늘어나는 것이었다. 천국과 지옥을 갔다 오는 사람들을 보니 기도를 많이 한 사람일수록, 그리고 마음이 순수하고 깨끗한 어린이들일수록 영안이 빨리 열리고 천국과 지옥을 갔다 오는 체험을 하는 것을 보았다. 나는 천국과 지옥을 갔다 온 사람들에게 간증하게 하였고, 간증한 사람들에게는 자신이 체험한 것을 글로 써서 제출하도록 하였다. '나중에 이들의 간증을 모아서 책으로 만들 수도 있지 않을까' 하는 생각에서였다. 처음에 3명으로 시작된 입신자들이 10명 이상으로까지 늘어났다. 이들의 생생한 입신 간증은 나에게 놀라움을 주기도 했고, 영적 세계에 대하여 더 정확히 알게 하는 계기가 되게 하였다.

그런데 40일 금식 기도하면서 내가 하나님께 기도했던 것 중 하나가 '입신'이었다.

"하나님, 세상 사람들이 너무나 악하여 말의 논리로 전하는 복음으로는 하나님께 잘 돌아오지 않습니다. 천국과 지옥을 보고 와서 천국과 지옥을 직접 갔다 온 사람들이 자신의 체험을 간증하며 전도한다면 그래도 사람들이 많이 돌아오지 않겠습니까? 그러니 '입신'할 수 있는 은혜를 베풀어 주옵소서!"

'입신'에 대한 열망은 순수한 "영혼 구원"에 대한 열망에서 비롯된 것이었다. 나의 이런 순수한 영혼 구원에 대한 열망을 아신 주님께서 응답을 해주신 것이었다. 하나님께서 가장 기뻐하시는 것이 영혼 구원인데, 이 영혼 구원을 위하여 '입신'을 간구하였더니 응답해 주신 것이다. 그리고 천국과 지옥을 갔다 온 성도들의 생생한 간증은, 천국과 지옥의 실제를 생생하게 느끼게 하였다. 하나님께서 사무엘을 부르셨는데 사무엘이 하나님께서 부르신 줄 깨닫지 못하자 하나님께서 부르신 것을 깨달을 때까지 4번이나 부르신(삼상3:4-10) 것과 같이, "오늘 열린다!"고 말씀하시는 성령님의 세미한 음성을 내가 깨닫지 못하자, 내가 깨달을 때까지 4번이나 계속 들려주시고 하늘 문을 열어주시어 천국과 지옥을 갔다 오게 하시고, 천국과 지옥에 대한 생생한 간증을 듣게 하심으로써 영적으로 깨어 있는 신앙을 갖게 하신 주님을 찬양한다. 할렐루야!

32 6년 만에 치유된, 아버지로 인한 우울증

어느 날 교회에서 성도들과 QT 세미나를 하고 있는데 전화가 왔다.

"여보세요, 박요셉 씨 되십니까?"

"예, 그렇습니다."

"혹시 아버님 성함이 '박'자 '태'자 '효'자 되시나요?"

"네, 맞습니다."

"여기 제주도 경찰서인데요, 아버님께서 친구분들과 여행을 오셨었는데 교통사고가 나서 돌아가셨습니다. 오셔서 확인하시고 시신을 모셔 가시기 바랍니다."

"네? 아버님께서 돌아가셨다구요?"

이게 무슨 청천벽력 같은 소리인가? 아버님이 친구분들과 제주도에 여행 가셨는데 교통사고로 돌아가시다니….

깜짝 놀란 나는 형님과 동생들에게 이 사실을 알렸다. 그리고 서로 의논하여 남동생이 아버님 시신을 모셔오기로 하고, 나는 장례식장을 예약하고 장례를 치를 준비를 하였다. 얼마 후 제주도에 간 동생이 아버님 시신을 모시고 왔고, 절차에 따라 장례식을 마친 뒤 어머니가 계시는 공원묘지에 같이 모셨다.

장례식을 마친 후 내 눈에서는, 갑작스런 사고로 돌아가신 아버지로 인해 시도 때도 없이 눈물이 흘러나왔다. 길을 걷다가 아버지와 비슷한 체구이신 분을 보거나 아버지께서 입으시던 옷과 비슷한 옷을 입은 사람만 보아도 돌아가신 아버지 생각이 나서 눈물이 주르르 흘렀다. 아버지 친구분들만 봐도 돌아가신 아버지 생각이 나서 눈물이 주르르 흘렀고, 아버지가 남기신 유품만 보아도 아버지 생각이 나서 눈물이 주르르 흘렀다. 가족들이 모두 잠들고 나면 하늘을 바라보며 수많은 날들을 돌아가신 아버지를 생각하며 눈물을 흘렸다. 내가 이렇게 시도 때도 없이 눈물을 흘린 것은 단순히 아버지가 갑작스럽게 교통사고로 돌아가셔서 그런 것은 아니었다. 가장 큰 이유는 내가 아버지를 구원시키

주님 오시리 곧 오시리

지 못했다는 생각 때문이었다. 목사인 내가 아버지를 구원하지 못함으로써 아버지가 지옥에 가셨다는 생각에, 자책하는 마음으로 시도 때도 없이 눈물을 흘린 것이었다.

내가 목사가 되고 교회를 개척했어도 아버지는 교회에 나오지 않으셨다. 둘째인 내가 아버지를 10년 동안 모시고 살면서 원했던 오직 한가지 소원은 아버지가 예수님을 믿고 구원받는 것이었다. 아이들이 조금 자랐을 때 아버지 생신이 되면 아이들로 하여금 할아버지에게 생일 선물을 드리도록 하면서 이렇게 편지를 쓰도록 했다. "할아버지 생신을 축하해요. 건강하고 오래 사세요. 그리고 할아버지 예수님 믿고 구원받으세요" 고사리 같은 손으로 삐뚤빼뚤하게 쓴 편지를 드리면 아버지는 이렇게 말씀하시곤 했다. "할아버지는 마음에 예수님을 믿어." 그러나 목사인 내가 볼 때 아버지는 믿으시는 것이 아니었다. 아버지가 예수님을 영접하고 구원받도록 수많은 날들을 기도했다. 그런데 아버지가 갑작스런 교통사고로 돌아가 버리신 것이다. 분명 지옥에 가신 것이다. 아버지의 구원을 위하여 15년 이상을 기도한 것이 헛되고 만 것이다. 아버지를 모시고 산 것이 헛되고 만 것이다. 아이들이 쓴 편지를 동원하여 예수님을 믿으시라고 한 것이 헛되고 말았다. 목사인 내가 다른 사람들의 영혼은 구원하면서, 정작 구원해야 할 아버지는 구원하지 못했다는 죄책감과 구원받지 못하고 지옥에 가버리신 아버지 영혼을 향한 아픔과 슬픔으로 인해 시도 때도 없이 눈물을 흘린 것이다. 나는 내 안에 있는 죄책감과 구원받지 못하고 지옥에 가신 아버지에 대한 아픔과 슬픔을 어느 누구에게도 말하지 못했다. 구원받지 못한 아버지를 향한 아픔과 슬픔은 항상 내 가슴에 쌓여 있었고, 내 마음에 우울증이 깊이 자리 잡고 있었다. 아버지로 인한 우울증으로 말미암아 6년 동안 시도 때도 없이 눈물을 흘리며 살았다.

하나님께서 40일 금식 기도를 하게 하신 뒤, 40일 금식 기도

끝자락에 "오늘 열린다!"고 말씀하시고 그 후로 10여 명 이상의 여러 성도들이 입신하여 천국과 지옥을 수도 없이 갔다 오게 되는 놀라운 일들이 나타난 어느 날, 천국을 갔다 온 한 청년이 "목사님, 천국에 갔었는데 그곳에서 목사님의 아버님을 보았어요!"라고 말하는 것이었다. "뭐라고?" 나는 깜짝 놀랐다. 아버지는 분명히 예수님을 영접하지 않고 돌아가셨는데 어떻게 천국에 계신단 말인가? 그래서 물었다. "정말이야?" "네, 분명히 목사님 아버님이셨어요. 그래서 제가 '아버님께서는 예수님을 믿지 않으신 걸로 알고 있는데 어떻게 해서 이곳에 오셨어요?'라고 물었어요. 그랬더니 아버님께서 말씀하시길 '우리 아들과 며느리가 기도를 많이 해줘서 내가 숨이 끊어지기 직전에 예수님께서 천사를 보내시며 빨리 가서 박요셉 목사 아버지를 구원하라고 하셔서 천사가 나에게 와서 예수님을 전해주었고, 나는 천사가 전해준 예수님을 믿어서 이곳에 왔어'라고 말씀하셨어요."

세상에 이런 일이…. 어떻게 이런 일이 일어날 수 있단 말인가? 그 청년의 말이 정말 사실일까? 나는 그 청년의 말만으로는 확신할 수 없었다. 확인해 봐야 했다. 그래서 몇 번 입신한 경험이 있는 아들을 통해서 알아보기로 했다. "선교야, 네가 이번에 입신해서 예수님을 만나면 '예수님, 저 할아버지 보고 싶어요.'라고 말해 보거라. 그래서 할아버지가 진짜로 천국에 가셨는지 확인해 보거라."고 말하고 선교의 머리에 안수하고 입신 기도를 해줬다. "주님, 이 시간 선교가 입신할 수 있도록 해주세요. 선교의 영안을 열어 주셔서 선교가 천국도 보고 지옥도 보게 해주세요." 주님께서는 부족한 나의 기도를 들으시고 선교가 입신할 수 있도록 은혜를 베풀어 주셨다. 한참 동안 입신한 뒤 선교는 깨어났다. 나는 선교에게 입신해서 경험한 것을 물어보았다. "아빠 기도를 받고 입신해서 천국에 갔는데 예수님께서 맞아주셨어. 그래서 아빠가 말한 대로 '예수님, 저 할아버지 보고 싶어

주님 오시리 곧 오시리

요'라고 했더니 예수님이 천사를 불러서 '박태효 성도를 데리고 오너라'고 말씀하셨어. 잠시 후에 저만치쯤에서 할아버지가 보였어. 그래서 내가 달려가서 '할아버지!' 하고 품에 안겼더니, 할아버지가 '선교야, 많이 컸구나.'라고 말씀하셨어."

오, 아버지가 정말로 천국에 계신 것이었다. 아버지가 교통사고를 당해서 돌아가시기 직전에 예수님이 천사를 보내셔서 아버지로 하여금 복음을 듣게 하시고 믿게 하심으로써 아버지의 영혼을 구원하신 것이었다. 주님께서는 나와 아내가 아버지의 영혼 구원을 위하여 오랫동안 간절한 마음으로 기도한 것을 기억하시고 아버지가 돌아가시기 직전에 천사를 보내셔서 아버지의 영혼을 구원하신 것이다. 할렐루야!

나는 아버지가 확실히 천국에 계신다는 말을 듣는 순간 아버지를 구원하지 못했다는 자책감으로 인해 지난 6년 동안 시도 때도 없이 눈물을 흘리던 우울증이 치유되었다. 아버지가 구원받지 못한 것으로 인한 죄책감이 우울증의 원인이었는데, 아버지가 천사가 전해준 복음을 듣고 구원받아 천국에 가셨다는 말을 들으니 어찌 우울증이 내 안에 계속 있을 수 있단 말인가? 아버지가 예수님을 믿고 천국에 가셨다는 말을 들음으로 내 안에 있던 우울증은 완전히 치유되었으며, 그 이후로 아버지를 생각하며 눈물을 다시는 흘리지 않게 되었다. 아버지의 영혼 구원을 위하여 십수 년 간 드린 기도가 땅에 떨어지지 않고, 응답 되게 하신 주님을 찬양한다. 천사를 보내주셔서 아버지의 영혼을 구원하신 주님을 찬양한다. 40일 금식 기도를 시키시고 입신을 통하여 아버지가, 지옥에 가지 않고, 천국에 계심을 확인시켜 주신 주님을 찬양한다! 할렐루야!

구원받지 못한 영혼들을 위해 우리는 끝까지 기도해야 한다. 기도한 영혼이 구원받지 못하고 이 세상을 떠난 것 같더라도 낙심하지 말아야 한다. 내가 기도한 영혼이 교회에 나오지 않고 이 세상을 떠났을지라도, 우리 아버지처럼, 죽음 직전에 주님께서 천사를 보내셔서 구원했을지 누가 알겠는가? 아무리 봐도 예수님을 믿을 것 같지 않게 보이는 사람이 있더라도 포기하지 말자. 의인의 간구는 역사하는 힘이 많다고 하지 않았는가?

포기하지 말고 영혼 구원을 위하여 끝까지 기도하자!

주여, 우리가 기도하는 영혼들이, 한 명도 지옥에 가지 않고, 다 구원받도록 역사하여 주옵소서! 아멘!

33   하늘 문을 여는 사역자가 되라!

신학원에서 내적 치유와 기름부음 강의를 시작하기 전에 다 같이 통성으로 기도하는데 갑자기 주님께서 말씀하셨다.

"아들아, 하늘 문을 여는 사역자가 되라!"

이제까지 수백 번 이상 하나님의 음성을 들어왔는데, 이런 음성들이 내 신앙생활이나 사역에 중요한 영향을 끼쳤는데, 이번에는 "하늘 문을 여는 사역자가 되라!"고 말씀하셨을 때 나는 그 말씀이 얼마나 중요한지 알 수 없었으나 주님께서 직접 말씀하신 내용이라면 분명히 굉장히 중요한 메시지임이 틀림없었다. 그래서 나는 하늘 문이 열리는 것이 왜 중요한지 성경을 통해서 알고자 이와 관련된 내용들을 찾아서 연구하기 시작하였고 그 결과, 하늘 문이 열리는 것이 얼마나 중요한지 깨닫게 되었다.

1. 이스라엘 백성들이 범죄 할 때 하나님께서는 하늘 문을 닫아버리셨다.

대하7:13-14 말씀을 보면 이스라엘 백성들이 범죄 할 때 하나님께서는 하늘의 문을 닫아버리시고 이 땅에 비가 내리지 않도록 하신 것을 본다.

"혹 내가 하늘을 닫고 비를 내리지 아니하거나 혹 메뚜기들에게 토산을 먹게 하거나 혹 전염병이 내 백성 가운데에 유행하게 할 때에 내 이름으로 일컫는 내 백성이 그들의 악한 길에서 떠나 스스로 낮추고 기도히여 내 얼굴을 찾으면 내가 하늘에서 듣고 그들의 죄를 사하고 그들의 땅을 고칠지라"(대하7:13-14)

이스라엘 백성들이 우상을 섬기며 범죄 할 때 하나님께서는 선지자를 통하여 가뭄을 예언하게 하셨다.

"가뭄에 대하여 예레미야에게 임한 여호와의 말씀이라 유다가 슬퍼하며 성문의 무리가 피곤하여 땅 위에서 애통하니 예루살렘의 부르짖음이 위로 오르도다 귀인들은 자기 사환들을 보내어 물을 얻으려 하였으나 그들이 우물에 갔어도 물을 얻지 못하여 빈 그릇으로 돌아오니 부끄럽고 근심하여 그들의 머리를 가리며 땅에 비가 없어 지면이 갈라지니 밭 가는 자가 부끄러워서 그의 머리를 가리는도다 들의 암사슴은 새끼를 낳아도 풀이 없으므로 내버리며 들 나귀들은 벗은 산 위에 서서 승냥이 같이 헐떡이며 풀이 없으므로 눈이 흐려지는도다 여호와여 우리의 죄악이 우리에게 대하여 증언할지라도 주는 주의 이름을 위하여 일하소서 우리의 타락함이 많으니이다 우리가 주께 범죄하였나이다"(렘14:1-7)

"가뭄이 물 위에 내리어 그것을 말리리니 이는 그 땅이 조각한 신상의 땅이요 그들은 무서운 것을 보고 실성하였음이니라." (렘50:38)

"칼이 떨어지면 샘터는 말라버리리라. 바빌론은 우상들의 천지, 험상궂은 우상들을 섬기다가 미쳐버리리라." (렘50:38 공동 번역)

우리가 잘 알다시피 아합왕의 시대에 3년 6개월 동안 가뭄이 있었던 이유는 아합과 이세벨의 우상숭배라는 죄악 때문이었다.

"길르앗에 우거하는 자 중에 디셉 사람 엘리야가 아합에게 고하되 나의 섬기는 이스라엘 하나님 여호와의 사심을 가리켜 맹세하노니 내 말이 없으면 수년 동안 우로가 있지 아니하리라 하니라" (왕상17:1)

"저가 대답하되 내가 이스라엘을 괴롭게 한 것이 아니라 당신과 당신의 아비의 집이 괴롭게 하였으니 이는 여호와의 명령을 버렸고 당신이 바알들을 좇았음이라" (왕상18:18)

"여호와께서 너희에게 진노하사 하늘을 닫아 비를 내리지 아니하여 땅으로 소산을 내지 않게 하시므로 너희가 여호와의 주신 아름다운 땅에서 속히 멸망할까 하노라" (신11:17)

비가 내리지 않는 것은 자연적인 현상이나 기후적인 현상만이 아니고 영적인 문제라는 것이다. '사람들이 죄를 짓게 되면 하늘 문이 닫혀서 가뭄이 있게 된다'는 것이다. 그러므로 가뭄이라는 문제를 해결하기 위해서는 기우제를 드려야 하는 것이 아니라, 하나님 앞에 나아가 죄를 철저히 회개하면서 하나님의 자비를 구할 때 하나님께서 그 죄를 사하시고 가뭄으로 인해서 고통받는 땅을 고쳐 주시는 것이다.

주님 오시리 곧 오시리

"혹 내가 하늘을 닫고 비를 내리지 아니하거나 혹 메뚜기로 토산을 먹게 하거나 혹 염병으로 내 백성 가운데 유행하게 할 때에 내 이름으로 일컫는 내 백성이 그 악한 길에서 떠나 스스로 겸비하고 기도하여 내 얼굴을 구하면 내가 하늘에서 듣고 그 죄를 사하고 그 땅을 고칠지라" (대하7:13-14)

우리에게 하나님의 사랑의 가뭄이 와서 우리들의 마음은 메마르게 되어, 간절히 부르짖으며 아무리 기도해도 하나님의 사랑의 단비가 내리지 않을 때가 있다. 우리에게 성령의 가뭄이 와서 영적으로 메말라서, 간절히 부르짖으며 아무리 기도해도 성령 충만의 단비가 내리지 않을 때가 있다. 우리에게 물질의 가뭄이 와서 우리들이 물질로 인해서 고통을 받아, 간절히 부르짖으며 아무리 기도해도 물질의 단비가 내리지 않을 때가 있다. 우리에게 건강의 가뭄이 와서 질병으로 인해서 고통당할 때, 간절히 부르짖으며 아무리 기도해도 치유의 단비가 내리지 않을 때가 있다. 우리에게 인간관계의 가뭄이 와서 인간관계가 메말라지고, 틀어지고, 관계가 악화되어, 간절히 부르짖으며 아무리 기도하고 힘써도 관계 회복의 단비가 내리지 않을 때가 있다.

사랑의 가뭄, 성령 충만의 가뭄, 물질의 가뭄, 건강의 가뭄, 인간관계의 가뭄이 와서 고통당할 때 그 문제들을 해결하려고 아무리 애써도 그 문제가 해결되지 않는 이유가 있다. 그것의 근원이 '죄'이기 때문이다. 그런 가뭄의 근원인 '죄'에 대하여 철저히 회개하지 않으면 아무리 힘쓰고 애쓰고, 심지어 기도를 해도 그 가뭄의 문제는 해결되지 못한다.

그러므로 내게 어떤 가뭄이 왔을 때 나의 어떤 죄로 인해서 가뭄이 왔는지 하나님께 깊이 기도하면서 그 원인을 찾아내어 철저히 회개하고 겸손히 낮출 때 하나님께서는 먼저 그 죄를 사하시고, 땅을 고쳐 주시는 것이다.

2. 하나님께서 복을 주실 때에는 하늘 문을 열고 주신다.

1) 하나님께서는 하늘 문을 열고 만나를 먹이셨다.

출애굽한 이스라엘 백성들이 40년 동안 만나를 먹은 것은 하나님께서 '하늘 문을 여시고' 내려주셨기 때문이다. 역으로 말하면, 하늘 문이 열리지 않았으면 그들은 만나를 먹을 수 없었다는 것이다.

"그러나 그가 위의 궁창을 명령하시며 하늘(heaven) 문을 여시고 그들에게 만나를 비 같이 내려 먹이시며 하늘 양식(the grain of heaven)을 그들에게 주셨나니 사람이 힘센 자의 떡을 먹었으며 그가 음식을 그들에게 충족히 주셨도다"(시78:23-25)

하늘 문을 열고 '만나'를 주셨다는 말은 '만나'가 이 땅의 음식이 아니라 '하늘(heaven)'에서 내린 하늘 양식(the grain of heaven)이라는 것이다. 성경에는 세 종류의 하늘이 있다. 첫째 하늘은 새가 날아다니고 비행기가 날아다니고 비가 내리는 대기권 하늘인데, 영어로 'sky'라고 하고, 둘째 하늘은 해와 달과 별들이 있는 우주의 하늘인데 영어로 'cosmos'라고 한다. 그리고 사도 바울이 갔다 왔다고 말 한 셋째 하늘(고후12:2)은 하나님께서 계시는 '천국'으로서 영어로 'heaven'이라고 한다. 그래서 주기도문의 첫 부분 '하늘에 계신 우리 아버지'를 영어로 'Our Father in heaven'이라고 한다. 그런데 만나를 '하늘 양식(the grain of heaven)(시78:24)'이라고 한 것은 하나님께서 하늘에

주님 오시리 곧 오시리

있는 양식을 내려 주셨다는 말씀이다.

> "그들에게 만나를 비 같이 내려 먹이시며 하늘 양식을 그들에게 주셨나니" (시78:24)

2) 하늘 문이 열릴 때 물질의 복이 임함

온전한 십일조를 드린 성도들에게 하나님께서는 하늘 문을 열고 물질의 복을 부어주신다. 역으로 말하면 하늘 문이 열리지 않으면 물질의 복이 임할 수 없는 것이다.

> "만군의 여호아가 이르노라 너희의 온전한 십일조를 창고에 들여 나의 집에 양식이 있게 하고 그것으로 나를 시험하여 내가 하늘(heaven) 문을 열고 너희에게 복을 쌓을 곳이 없도록 붓지 아니하나 보라" (말3:10)

3) 하늘 문이 열릴 때 성령님이 임하시고 하나님의 음성이 들림

예수님께서 세례 요한에게 세례를 받으실 때 하늘의 문이 열리면서 성령님이 비둘기 같이 임하시고 하나님 아버지의 음성이 들렸다. 하늘 문이 열릴 때 성령님이 임재하시고, 하나님 아버지의 음성이 들리게 되는 것이다. 역으로 말하면, 하늘 문이 열리지 않으면 성령님이 임하지 않으시고, 하나님 아버지의 음성도 들리지 못하게 된다는 것이다.

> "백성이 다 세례를 받을 새 예수도 세례를 받으시고 기도하실 때에 하늘(heaven)이 열리며 성령이 비둘기 같은 형체로 그의 위에 강림하시더니 하늘(heaven)로부터 소리가 나기를 너는 내 사랑하는 아들이라 내가 너를 기뻐하노라 하시니라" (눅3:21-22)

4) 하늘 문이 열렸을 때 하나님의 모습이 보임

하늘 문이 열렸을 때 에스겔에게 하나님의 모습이 보였으며 하나님의 보좌 앞에 있는 네 생물의 모습들도 보였다.

"서른째 해 넷째 달 초닷새에 내가 그발 강가 사로잡힌 자 중에 있을 때에 하늘(heaven)이 열리며 하나님의 모습이 내게 보이니" (겔1:1)
"그 얼굴들의 모양은 넷의 앞은 사람의 얼굴이요 넷의 오른쪽은 사자의 얼굴이요 넷의 왼쪽은 소의 얼굴이요 넷의 뒤는 독수리의 얼굴이니" (겔1:10)

역으로 말하면, 하늘 문이 열리지 않으면 하나님의 모습을 볼 수도 없고, 보좌 앞에 있는 네 생물의 모습도 볼 수 없게 되는 것이다.

5) 하늘 문이 열렸을 때 사도 요한도 천국 보좌를 봄

하늘 문이 열렸을 때 사도 요한도 하나님의 모습과 24장로들과 하나님의 일곱 영과 네 생물들을 볼 수 있었다. 만약 하늘 문이 열리지 않았으면 그는 아무것도 볼 수 없었을 것이다.

"이 일 후에 내가 보니 하늘(heaven)에 열린 문이 있는데 내가 들은바 처음에 내게 말하던 나팔 소리 같은 그 음성이 이르되 이리로 올라오라 이 후에 마땅히 일어날 일들을 내가 네게 보이리라 하시더라 내가 곧 성령에 감동되었더니 보라 하늘(heaven)에 보좌를 베풀었고 그 보좌 위에 앉으신 이가 있는데 앉으신 이의 모양이 벽옥과 홍보석 같고 또 무지개가 있어 보좌에 둘렸는데 그 모양이 녹보석 같더라 또 보좌에 둘려 이십사 보좌들이 있고 그 보좌들 위에 이십사 장로들이

주님 오시리 곧 오시리

흰 옷을 입고 머리에 금관을 쓰고 앉았더라 보좌로부터 번개와 음성과 우렛소리가 나고 보좌 앞에 켠 등불 일곱이 있으니 이는 하나님의 일곱 영이라 보좌 앞에 수정과 같은 유리 바다가 있고 보좌 가운데와 보좌 주위에 네 생물이 있는데 앞뒤에 눈들이 가득하더라 그 첫째 생물은 사자 같고 그 둘째 생물은 송아지 같고 그 셋째 생물은 얼굴이 사람 같고 그 넷째 생물은 날아가는 독수리 같은데" (계4:1-7)

부족한 종에게도 하늘(heaven) 문이 열렸을 때 주님의 모습도 볼 수 있었고, 보좌 앞에 있는 네 생물 중 소의 모습도 볼 수 있었다.

이제까지의 말씀들을 종합해보면 다음과 같다.

1) 하늘 문이 열렸을 때의 축복
 (1) 하늘 문이 열릴 때 하나님의 모습과 24장로들과 하나님의 일곱 영과 네 생물들을 볼 수 있다(계4:1-6).
 (2) 하늘 문이 열릴 때 성령님이 임하시고 하나님의 음성을 듣게 된다(눅3:21-22).
 (3) 하늘 문이 열릴 때 물질의 복이 임한다(말3:10).
 (4) 하늘 문이 열렸을 때 만나를 먹게 되었다(시78:23-25).

2) 하늘 문이 닫히게 되면
 (1) 하늘 문이 닫히면 하나님의 모습과 24장로들과 하나님의 일곱 영과 네 생물들을 볼 수 없다.
 (2) 하늘 문이 닫히면 성령님이 임하지 않으시고 하나님의 음성도 들을 수 없게 된다.
 (3) 하늘 문이 닫히면 물질의 복이 임하지 못한다.

(4) 하늘 문이 닫히면 만나를 먹을 수 없다.

(5) 하늘 문이 닫히면 가뭄이 있게 된다.

3. 하늘(heaven)의 문을 열고 닫는 권세는 예수님에게 있다.

"예수께서 나아와 말씀하여 이르시되 하늘(heaven)과 땅의 모든 권세를 내게 주셨으니" (마28:18)

"빌라델비아 교회의 사자에게 편지하라 거룩하고 진실하사 다윗의 열쇠를 가지신 이 곧 열면 닫을 사람이 없고 닫으면 열 사람이 없는 그가 이르시되 볼지어다 내가 네 앞에 열린 문을 두었으되 능히 닫을 사람이 없으리라 내가 네 행위를 아노니 네가 작은 능력을 가지고서도 내 말을 지키며 내 이름을 배반하지 아니하였도다" (계3:7-8)

4. 예수님께서는 하늘(heaven)의 문을 열고 닫는 것은 우리에게 달렸다고 말씀하셨다.

그런데 예수님께서는 하늘(heaven)의 문이 열리고 닫히는 것은 우리에게 달렸다고 말씀하셨다.

"내가 천국 열쇠를 네게 주리니 네가 땅에서 무엇이든지 매면 하늘(heaven)에서도 매일 것이요 네가 땅에서 무엇이든지 풀면 하늘(heaven)에서도 풀리리라 하시고" (마16:19)

그런 권세를 가지고 실제로 하늘의 문을 열고 닫은 사람은 엘리야다.

"엘리야는 우리와 성정이 같은 사람이로되 그가 비가 오지 않기를 간절히 기도한즉 삼 년 육 개월 동안 땅에 비가 오지 아니하고 다시 기도하니 하늘(heaven)이 비를 주고 땅이 열매를 맺었느니라"
(약5:17-18)

엘리야가 기도했을 때 하늘이 비를 주었다고 하였는데 이 하늘은 'sky'가 아니라, 하나님께서 계시는 'heaven'인 것이다. 즉 하나님께서 비를 주신 것이다.

하늘의 문을 여시고 우리에게 축복을 주시는 것도 예수님이시요, 하늘의 문을 닫고 재앙을 내리시는 것도 예수님이시지만, 하늘의 문이 반드시 열려야 (1) 하나님의 모습과 24장로들과 하나님의 일곱 영과 네 생물들을 볼 수 있고(계4:1-6), (2) 성령님이 충만하게 임하시고 하나님의 음성을 들을 수 있고(눅3:21-22), (3) 물질의 복이 임하고(말3:10), (4) 하늘의 신령한 만나를 먹을 수 있기 때문에(시78:23-25) 반드시 하늘 문은 열려야 한다.
그렇다면 어떻게 했을 때 하늘 문이 열렸는가? 예수님께서 '기도하실 때' 하늘 문이 열렸다.

"백성이 다 세례를 받을 새 예수도 세례를 받으시고 기도하실 때에 하늘(heaven)이 열리며 성령이 비둘기 같은 형체로 그의 위에 강림하시더니 하늘(heaven)로부터 소리가 나기를 너는 내 사랑하는 아들이라 내가 너를 기뻐하노라 하시니라" (눅3:21-22)

5. 어떻게 하면 하늘 문을 열 수 있을까?

그런데 대부분의 사람들에게 하늘 문이 닫혀 있다. 왜냐하면

'죄 가운데 있기 때문'이다. 예수님은 죄가 없으시기 때문에 기도하시면 즉시 하늘이 열렸지만 대부분의 사람들은 죄 가운데 있기 때문에 하늘 문이 닫혀 있는 것이다.

그렇다면, 어떻게 하면 닫힌 하늘 문을 열 수 있을까? 대하 7:13-14 말씀은 닫힌 하늘 문을 어떻게 하면 열 수 있는지 그 방법을 가르쳐주고 있다.

"혹 내가 하늘을 닫고 비를 내리지 아니하거나 혹 메뚜기들에게 토산을 먹게 하거나 혹 전염병이 내 백성 가운데에 유행하게 할 때에 내 이름으로 일컫는 내 백성이 그들의 악한 길에서 떠나 스스로 낮추고 기도하여 내 얼굴을 찾으면 내가 하늘에서 듣고 그들의 죄를 사하고 그들의 땅을 고칠지라" (대하7:13)

하나님께서는 대하7:13-14 말씀을 통하여 하늘 문이 닫혔을 때 여는 방법 3가지를 말하고 있다.

첫째, 악한 길에서 떠나라(회개하라)
둘째, 스스로 낮추어 겸손하라
셋째, 하나님의 얼굴을 구하라

이와 같이 할 때 하나님께서는 죄를 사하고 비를 내려주심으로써 땅을 고쳐주신다는 것이다.

주님께서 "하늘 문을 여는 사역자가 되라"고 말씀하셨을 때, 내가 "어떻게 하면 하늘의 문을 열 수 있나요?"라고 물었을 때 "회개와 금식으로 열 수 있다"고 말씀하셨다.

그렇다! 우리의 죄악으로 인하여 하늘의 문이 닫혀서 영적 축복, 말씀의 축복, 성령 충만의 축복, 물질의 축복 등이 막혀 있다

주님 오시리 곧 오시리

면 하늘의 문을 여는 유일한 방법은 '회개와 금식'이다! '회개와 금식'만이 닫힌 하늘 문을 여는 방법이다.

주님께서 "하늘 문을 여는 사역자가 되라"고 말씀하신 것은 하늘 문을 여는 것이 나만의 특권이라는 말이 아니라, 닫힌 하늘의 문을 여는 방법은 '회개와 금식'밖에 없다는 것을 사람들에게 알리고 '회개와 금식'을 통하여 하늘 문이 열리도록 말씀을 전하라는 의미인 것이다.

하늘 문이 열리는 것의 중요성과 하늘 문을 여는 방법을 깨닫게 하시고 전하게 하시는 주님을 찬양한다. 할렐루야!

내가 아직 회개하지 않은 죄가 있어서 나의 하늘 문이 닫혀 있다면 '회개와 금식'을 통하여 하늘 문을 열고 그 죄를 반드시 찾아내서 회개할 때 하늘의 문이 열릴 것이다.

우리가 이 나라와 이 민족의 죄를 찾아내서 회개하며 금식할 때 하늘의 문이 열려서 이 나라와 이 민족에게 다시 한번 놀라운 부흥이 임할 것이다.

주여, 회개와 금식을 통하여 닫혔던 하늘의 문이 활짝 열려 천국과 주님의 보좌를 보게 해주시고, 성령님이 충만하게 임하시고 하나님의 음성도 듣게 해주시고, 물질의 복이 임하여 그 물질을 영혼 구원과 구제와 선교를 위하여 마음껏 드리게 해주시고, 하늘의 신령한 만나를 먹으면서 주님과 동행하며 이기는 자의 삶을 살게 해 주시옵소서! (아멘!)

♬ 성령의 비가 내리네 하늘의 문을 여소서 ♬
(스캇 브레너의 '성령의 비가 내리네')

34

하늘의 권세와 능력을 풀어 놓아라!

어느 금요일 심야기도 시간. 주님께 간절히 부르짖으며 기도하고 있는데 하나님께서 갑자기 말씀하셨다.

"아들아, 나사렛 예수 그리스도 이름으로 하늘의 권세와 능력을 풀어놓아라!"

아니, 어떤 문제가 있으면 그 문제가 해결되도록 부르짖어 기도하면 되는데, '하늘의 권세와 능력이 풀어지도록 기도하라'니... 하늘의 권세와 능력을 풀어놓는 것이 중요한 것일까.....?

나는 잘 이해가 안 되어서 주님께 물었다.

"주님, 하늘의 권세와 능력을 풀어놓는다는 것이 무슨 뜻입니까?"

그러자 주님께서 말씀하셨다.

"하늘의 권세와 능력은 예수 그리스도에게 있고, 예수 그리스도는 천사들에게 하늘의 권세와 능력을 위임해서 일하시므로 하늘의 권세와 능력을 풀어놓는다는 것은 하늘의 권세와 능력을 받은 천사들이 이 땅에 와서 하늘의 권세와 능력을 풀어 놓는 것을 말한다."

그렇다, 하늘의 권세와 능력을 풀어 놓는다는 것은 하늘의 권세와 능력을 위임받은 천사들이 주님의 뜻을 좇아서 하늘의 권세와 능력으로 일을 하는 것을 말한다. 그렇기 때문에 계6:8 말씀을 보면 청황색 말을 탄 '천사'가 '권세를 받았다'고 말을 하고 있는 것이다.

"내가 보매 청황색 말이 나오는데 그 탄 자의 이름은 사망이니 음부가

그 뒤를 따르더라 그들이 땅 사분의 일의 권세를 얻어 검과 흉년과 사
망과 땅의 짐승들로써 죽이더라" (계6:8)

그리고 시103:20 말씀에서는 '천사'들이 하나님의 '능력'을
받아서 하나님의 뜻을 행한다고 말하고 있다.

"능력이 있어 여호와의 말씀을 행하며 그의 말씀의 소리를 듣는 여호
와의 천사들이여 여호와를 송축하라" (시103:20)

그러므로 하늘의 권세와 능력을 풀어 놓는다는 것은 하늘의
권세와 능력을 받은 천사들이 이 땅에 와서 하늘의 권세와 능력
을 풀어놓는 것을 의미하는 것이다.
나는 또 물었다.
"천사들이 하늘의 권세와 능력을 풀어놓으면 무슨 일이 나타
나는가요?"
그러자 주님께서 또 말씀하셨다.
"천사들은 주님의 명령을 받아서 일을 하는 존재이므로 천사
들이 하늘의 권세와 능력을 풀어놓으면 주님의 뜻이 이루어
지게 된다."
그렇다. 만약 귀신들이 풀어놓아진다면 귀신들은 마귀의 뜻대
로 움직여서 하나님의 일을 방해할 것이지만, 천사들이 하늘의
권세와 능력을 풀어놓는다면 주님의 뜻이 이루어지게 될 것이
다. 시 103:21 말씀을 보면 천사들은 하나님을 섬기며 하나님의
뜻을 행한다고 말하고 있다.

"능력이 있어 여호와의 말씀을 행하며 그의 말씀의 소리를 듣는 여호
와의 천사들이여 여호와를 송축하라 그에게 수종 들며 그의 뜻을 행
하는 모든 천군이여 여호와를 송축하라" (시103:20-21)

성경을 보면, 특별한 일은 주님께서 직접 일하시기도 하지만, 일반적인 일들은 주님께서 천사들을 보내서 일을 하시는 것을 본다. 단 10장에 보면 다니엘이 세 이레 동안 기도했을 때 하나님께서는 천사들을 보내심으로써 일하시는 것을 본다.

"바사 왕 고레스 제삼년에 한 일이 벨드사살이라 이름한 다니엘에게 나타났는데 그 일이 참되니 곧 큰 전쟁에 관한 것이라 다니엘이 그 일을 분명히 알았고 그 환상을 깨달으니라 그때에 나 다니엘이 세 이레 동안을 슬퍼하며 세 이레가 차기까지 좋은 떡을 먹지 아니하며 고기와 포도주를 입에 대지 아니하며 또 기름을 바르지 아니하니라 첫째 달 이십사일에 내가 힛데겔이라 하는 큰 강가에 있었는데 그때에 내가 눈을 들어 바라본즉 한 사람이 세마포 옷을 입었고 허리에는 우바스 순금 띠를 띠었더라 또 그의 몸은 황옥 같고 그의 얼굴은 번갯빛 같고 그의 눈은 횃불 같고 그의 팔과 발은 빛난 놋과 같고 그의 말소리는 무리의 소리와 같더라 이 환상을 나 다니엘이 홀로 보았고 나와 함께 한 사람들은 이 환상은 보지 못하였어도 그들이 크게 떨며 도망하여 숨었느니라 그러므로 나만 홀로 있어서 이 큰 환상을 볼 때에 내 몸에 힘이 빠졌고 나의 아름다운 빛이 변하여 썩은 듯하였고 나의 힘이 다 없어졌으나 내가 그의 음성을 들었는데 그의 음성을 들을 때에 내가 얼굴을 땅에 대고 깊이 잠들었느니라 한 손이 있어 나를 어루만지기로 내가 떨었더니 그가 내 무릎과 손바닥이 땅에 닿게 일으키고 내게 이르되 큰 은총을 받은 사람 다니엘아 내가 네게 이르는 말을 깨닫고 일어서라 내가 네게 보내심을 받았느니라 하더라 그가 내게 이 말을 한 후에 내가 떨며 일어서니 그가 내게 이르되 다니엘아 두려워하지 말라 네가 깨달으려 하여 네 하나님 앞에 스스로 겸비하게 하기로 결심하던 첫날부터 네 말이 응답받았으므로 내가 네 말로 말미암아 왔느니라" (단10:1-12)

주님 오시리 곧 오시리

다니엘이 기도한 첫날에 하나님께서는 '천사를 보내서' 기도가 응답되도록 하셨지만 그 천사가 기도 응답을 갖고 다니엘에게 오던 도중에 바사 왕국의 군주 배후에서 역사하는 마귀가 그 천사를 21일 동안 막고 있었다. 그러자 하나님께서는, 직접 오셔서 그 마귀들을 처리하신 것이 아니라, 미가엘 천사장을 보내셔서 그 천사를 돕도록 하셨다.

"그런데 바사 왕국의 군주가 이십일 일 동안 나를 막았으므로 내가 거기 바사 왕국의 왕들과 함께 머물러 있더니 가장 높은 군주 중 하나인 미가엘이 와서 나를 도와 주므로 이제 내가 마지막 날에 네 백성이 당할 일을 네게 깨닫게 하러 왔노라 이는 이 환상이 오랜 후의 일임이라 하더라" (단10:13-14)

이처럼 다니엘이 기도했을 때 기도 응답을 갖고 온 것도 '천사'요, 그 천사가 마귀에게 막혀서 21일 동안 오지 못하고 있었을 때 그 천사가 다니엘에게 갈 수 있도록 마귀를 무찌른 것도 '천사'였다. 그러므로 하늘의 권세와 능력이 풀어진다는 것은 하늘의 권세와 능력을 위임받은 천사들이 하늘의 권세와 능력을 풀어놓아서 마귀의 역사를 막고 하나님의 뜻이 이루어지도록 일하는 것을 의미하는 것이다.

나는 계속해서 주님께 물었다.
"주님, 하늘의 권세와 능력을 받은 천사들의 숫자가 증가되면 무슨 일이 나타나는가요?"
그러자 주님께서 말씀하셨다.
"귀신들의 숫자가 증가되면 귀신의 세력이 강해지듯이, 천사들의 숫자가 증가된다면 하늘의 권세와 능력이 더욱 강하게 나타나게 되어서, 강력한 하나님의 능력과 역사가 나타나게 된다."

그렇다. 귀신들의 숫자가 많으면 귀신의 세력이 강해진다. 거라사 지방의 귀신 들린 사람의 이야기가 그것을 말해주고 있다.

"예수께서 바다 건너편 거라사인의 지방에 이르러 배에서 나오시매 곧 더러운 귀신 들린 사람이 무덤 사이에서 나와 예수를 만나니라 그 사람은 무덤 사이에 거처하는데 이제는 아무도 그를 쇠사슬로도 맬 수 없게 되었으니 이는 여러 번 고랑과 쇠사슬에 매였어도 쇠사슬을 끊고 고랑을 깨뜨렸음이러라 그리하여 아무도 그를 제어할 힘이 없는지라 밤낮 무덤 사이에서나 산에서나 늘 소리 지르며 돌로 자기의 몸을 해치고 있었더라 그가 멀리서 예수를 보고 달려와 절하며 큰 소리로 부르짖어 이르되 지극히 높으신 하나님의 아들 예수여 나와 당신이 무슨 상관이 있나이까 원하건대 하나님 앞에 맹세하고 나를 괴롭히지 마옵소서 하니 이는 예수께서 이미 그에게 이르시기를 더러운 귀신아 그 사람에게서 나오라 하셨음이라 이에 물으시되 네 이름이 무엇이냐 이르되 내 이름은 군대니 우리가 많음이니이다 하고" (막5:1-9)

거라사인의 지방에 귀신들려 있던 사람에게는 군대 귀신이 들어 있었는데, '군대'라는 말은 헬라어로 '레기온'이다. '레기온'은 '로마 군대의 군단'을 의미하는데, 로마 군단은 '6,000명의 보병과 120명의 기병, 그리고 지원 특수 부대'들로 이루어져 있는데 그 사람 안에 '군단' 귀신이 들어 있었으니 그 수가 얼마나 많았겠는가? 그렇게 많은 귀신들이 들어 있었기 때문에 고랑과 쇠사슬에 매였어도 여러 번 쇠사슬을 끊고 고랑을 깨뜨려서 아무도 그를 제어할 힘이 없었던 것이다.

모든 신앙생활이나 모든 주님의 일들, 특히 영혼 구원과 선교 사역 등은 악한 영들과의 영적 전투이기 때문에 하늘의 권세와

주님 오시리 곧 오시리

능력이 풀어지는 것은 대단히 중요하다. 하늘의 권세와 능력이 풀어지지 않은 상황에서 전도하고 선교한다면 실패할 수밖에 없을 것이고, 하늘의 권세와 능력이 풀어진 후에 전도하고 선교한다면 승리하게 될 것이다.

주님께서는 계속해서 말씀하셨다.
"이곳은 철저한 회개를 통하여 하늘 문이 열려있으므로 하늘의 권세와 능력이 풀어지도록 기도하면, 내가 하늘의 권세와 능력을 받은 천사들을 보내서 그 천사들이 하늘의 권세와 능력을 풀어놓으며 내 뜻을 행하도록 할 것이다. 내가 이곳에 열린 하늘 문을 두었으니 이곳을 통하여 전주 땅의 교회들에게 하늘의 권세와 능력이 풀어지도록 중보하며 나갈지어다."

그렇구나. 주님께서는 단지 우리 교회의 부흥과 성장을 위하여 하늘의 권세와 능력이 풀어지도록 기도하라고 하신 것이 아니라, '전주에 있는 모든 교회들에게 하늘의 권세와 능력이 풀어지도록 중보하라'고 하신 것이다.

그러므로 이 글을 읽는 모든 성도들은 자신이 섬기는 교회와 지역에 하늘의 권세와 능력이 풀어짐으로써 어둠의 권세들이 무너지고 수많은 영혼들이 구원받고, 회개하고, 치유 받고, 헌신하도록 기도할 뿐만 아니라 이 땅의 모든 교회들에게 하늘의 권세와 능력이 풀어져서 교회들이 영적 잠에서 깨어 주님의 오심을 준비하도록 해야 할 것이다.

주여, 이 땅에 하늘의 권세와 능력을 풀어놓으셔서 어둠의 세력이 무너지고 하나님의 나라가 확장되며, 주님의 오실 길이 예비 되게 하옵소서! (아멘)

하늘의 권세와 능력을 풀어 놓도록 하는 영적 진리를 깨닫게 하신 주님을 찬양한다. 할렐루야!

35

나에게 세 번 나타나 주신 예수님 (1)

내가 예수님을 만난 후 나의 삶은 완전히 변화되었다. 매일 성경을 읽고, 기도하는 것이 가장 중요한 일이 되었다. 성경 말씀을 읽으면 어찌 그리 재미있는지…. 성경 말씀대로 꿀송이보다 더 달게 느껴졌다(시119:103). 성경을 10분만 보려고 했는데 30여 분이 흐르기도 하였고, 3-4장만 읽으려고 하였는데 어느새 20-30장을 읽고 있었다. 예전에 7년 동안 교회에 다니면서 성경을 읽은 것은 성경 퀴즈대회 할 때 4복음서를 2번 읽은 것밖에 없었다. 지명, 인명 등을 중심으로 공부하듯이 성경을 읽었으니 성경을 읽으면서 영적 기쁨이 있을 리가 없었다. 그러나 예수님을 만난 후 성경 말씀은 참으로 달콤하였다.

이렇게 기도와 말씀으로 매일 생활을 하던 어느 날, 토요일마다 중고등부 성경 공부를 인도하던 교회 전도사님이 토요일에 일이 생겼다고 하시면서 나에게 학생들 성경 공부를 인도해달라고 부탁하셨다. 나는 부족하지만 순종하는 마음으로 정성껏 준비해서 아이들을 가르쳤다. 그런데 그다음 주에도 전도사님에게 일이 생겨서 내가 또 대타로 아이들을 가르쳤다. 그런데 이상하게도 이런 일이 4주 동안 반복되었다.

그러자 이 일에 대하여 깊이 생각하신 전도사님이 "아무래도 토요일 성경 공부는 박 선생님이 하는 것이 하나님의 뜻인 것 같아요. 전에는 그런 일이 없었는데 요즘은 이상하게도 4주 동안 일이 생겨서 제가 아이들에게 성경을 가르치지 못했잖아요. 그러니 아예 박 선생님이 가르치세요!" 하고 말씀하셨다. 나는 부족했지만 전도사님의 말씀에 순종하여 토요일마다 아이들에게 성경을 가르치기 시작하였다. 그런데 아이들에게 성경 공부만 시키면 성경이 아이들 머리로 들어가서 지식을 쌓아줄 뿐, 아이들이 변화되는 것이 아니기 때문에 성경 공부 후에 기도회를 같이 병행하였다. 1시간 정도의 성경 공부를 마친 뒤에 3층 기도실에 올라가서 들은 말씀을 붙잡고 마음껏 소리 지르며 기도하도록 했고, 특히 내가 회개하면서 주님을 만난 간증을 하면서 아이들로 하여금 1주일 동안의 자신의 삶을 뒤돌아보면서 하나님 말씀대로 살지 못한 사소한 죄도 자백하고 회개하도록 도전을 주었다. 회개를 강조하는 나의 메시지를 들은 아이들은 하나님 말씀대로 살지 못한 자신을 돌아보며 회개하기 시작했고, 하나님의 말씀대로 살게 해 달라고 부르짖었다. 이렇게 매주마다 아이들이 죄를 회개하며 하나님 말씀대로 살게 해달라고 부르짖어 기도하자 중고등부의 분위기가 조금씩 변하기 시작하였다. 아이들 사이에서 죄를 회개하고 은혜를 사모하는 마음들이 전염병처럼 퍼지기 시작하였다. 3-4명이 모여서 하던 성경 공부와 기도회에 참석하는 아이들이 한두 명씩 늘어나더니 얼마 후 30-40명으로까지 늘어났다. 그리고 간절히 부르짖으며 기도를 하는 중에 성령님께서 친히 임재하시고 역사하심으로써 방언도 받는 아이들이 하나씩 늘어났으며, 토요일 성경 공부를 통하여 자녀들이 변화되었다고 말하는 집사님들이 생기기 시작했다.

매주 토요일마다 영적으로 뜨겁게 성경 공부와 기도회를 한 몇 개월 후, 여름 방학이 되어 교회에서는 여러 가지 프로그램들로 구성된 여름 수련회를 실시하였고, 고등부 교사였던 나는 아이들과 함께 수련회에 참석하였다. 그런데 학생회 수련회 프로그램을 보니 좀 답답하게 여겨졌다. 학생회 부장님이 대학교 교수님이다 보니 대부분 대학교와 같이 강의를 중심으로 한 교육이 대부분이었고, 아이들로 하여금 은혜를 받고 마음껏 부르짖으며 기도하는 시간이 없었던 것이다. 아이들에게 필요한 것은 은혜였는데 은혜를 받게 하는 프로그램이 없이 강의 중심이라니…. 하나님의 은혜를 사모하여 마음껏 부르짖으며 기도했던 아이들은 영적 갈증을 참지 못하였다. 첫날 프로그램이 모두 끝난 밤에 아이들이 나를 찾아왔다. "선생님, 우리 기도회를 좀 해요! 답답해 죽겠어요! 마음껏 부르짖으면서 기도를 하고 싶어요!" 매주 토요일마다 기도회에 나와서 마음껏 부르짖으며 기도했던 아이들이 기도회를 하자고 한 것이다. 나는 곤란하였다. 나는 그 당시 나이가 가장 적은 교사였다. 수련회를 이끄시는 분들은 부장 장로님들을 중심으로 한 장년부들이 아닌가? 내 마음대로 결정해서 기도회를 할 수 있는 상황이 아니었다. 한참 머뭇거리며 하나님의 지혜를 구한 나는 "너희들 마음이 정 그렇다면 부장 장로님을 찾아가서 허락을 받고 오너라"고 하였다. 그러자 아이들은 부장 장로님을 찾아가서 기도회를 하고 싶다고 간곡히 말씀드렸고, 결국 허락을 받아 왔다. 나는 기도하기를 원하는 아이들과 함께 야외에 나갔다. 찬송을 몇 곡 힘차게 불렀다. 그리고 말씀을 뜨겁게 전하였다. 하나님의 말씀을 깊이 알지는 못했지만 매일 기도한 것이 뒷받침되어서인지 내가 열정적으로 전한 말씀은 총알 같이 아이들의 마음을 파고들었다.

말씀을 마친 뒤 기도회에 들어갔다. 아무도 없는 산속이라서 거칠 것이 없었다. 나와 아이들은 마음껏 소리를 지르며 부르짖었다. 우리들의 기도 소리가 메아리쳐 왔다. 참으로 아름다운 기도 합주회였다. 그런데 갑자기 이상한 현상이 나타났다. 내가 여기서 무릎을 꿇고 기도하는데 저만치쯤 앞에서 또 다른 내가 무릎을 꿇고 있는 것이 보이는 것이었다. '이런, 이게 어찌 된 일이지? 나는 분명히 여기에서 기도를 하고 있는데 저 앞에 내가 또 있다니?' 도대체 무슨 현상인지 알 수 없었다. 그런데 내 모습만 보이는 것은 아니었다. 내 앞에 계단이 보였고, 계단 위에서 한 사람이 서서히 내려오고 있었다. 계단에서 서서히 내려오는 사람은 흰옷을 입고 있었는데 옷이 발끝까지 끌리고 있었다. 그 사람을 처음 보는데 순간 '예수님이시다!'는 생각이 들었다. 그분은 저만치쯤 앞에서 기도하고 있는 또 다른 나에게 다가오셨다. 예수님은 무릎을 꿇고 기도하고 있는 또 다른 나의 머리에 무엇인가를 씌워주시면서 '아들아, 얼마나 수고가 많으냐? 계속해서 열심히 하거라!'고 하셨다. 예수님께서 내 머리에 무엇을 씌워주시는지 자세히 보니 면류관이었다.

아, 예수님은 내가 아이들과 씨름하면서 성경을 가르치고 기도회를 한 것을 보고 계셨던 것이다. 날마다 아이들의 이름을 불러가며 중보 기도를 했던 것을 보고 계셨던 것이다. 내 주머니에 있는 돈을 탈탈 털어서, 기도회가 끝난 후 아이들에게 호떡을 사주며 아이들과 함께 하였던 것을 보고 계셨다. 아이들의 영혼을 불쌍히 여기면서 가슴 아파했던 것을 다 알고 계셨다. 오랫동안 교회를 다녔지만 은혜를 경험하지 못해 삶의 변화가 없던 아이들이 변화되도록 힘을 다하여 매주 토요일마다 성경을 가르치고 같이 부르짖으면서 기도회 한 것을 보고 계셨던 것이다. 그리고 수련회에 와서 성령 충만함을 받기 위하여 아이들과 같이 간절히 부르짖으며 수고하고 애쓰는 나를 격려하기 위하여 오신 것이었다. 나에게 면류관을 씌워주시며 격려하셨던 예수님은 다시 서서히 계단을 통하여 올라가셨다. 그리고 그 환상은 사라졌으며 나도 현실로 돌아왔다. 아이들은 아직도 마음껏 소리를 지르며 간절히 부르짖고 있었다. 밤하늘에는, 아이들의 빛나는 영혼들처럼, 별이 초롱초롱하게 빛을 발하고 있었다. 그리고 내 마음에도 이 환상이 선명하게 초롱초롱 빛나고 있었다. 그런 일이 있은 뒤 내가 힘이 들고 지칠 때마다 예수님께서 내게 오셔서 면류관을 씌워주시며 격려하신 것을 생각하면 다시금 새 힘이 생겼다. 죄인 중에 괴수인 나의 모든 죄를 용서해주신 것만도 감사한데, 내게 찾아오셔서 면류관을 씌워주시면서 격려하신 주님께 황송하면서 감사와 찬양을 드린다. 할렐루야!

"내가 그리스도 안에 있는 한 사람을 아노니
그는 십사 년 전에 셋째 하늘에 이끌려 간 자라
(그가 몸 안에 있었는지 몸 밖에 있었는지
나는 모르거니와 하나님은 아시느니라)
내가 이런 사람을 아노니
(그가 몸 안에 있었는지 몸 밖에 있었는지
나는 모르거니와 하나님은 아시느니라)"
(고후12:2-3)

"네가 죽도록 충성하라 그리하면 내가 생명의 관을 네게 주리라"
(계2:10)

36   나에게 세 번 나타나 주신 예수님 (2)

40일 금식 기도를 통해서 새로운 방언(은사 방언), 축사, 환상, 예언 등의 여러 가지 성령의 은사들이 나타나자 나는 케네스 헤긴 목사님 등과 같이 영성 사역을 한 분들의 책들을 읽으면서 영성 사역에 대하여 지식을 넓혀 갔다. 하지만 혼자서 책을 읽으며 공부한다는 것에 한계를 느낀 나는 영성 사역에 대하여 전문적으로 공부를 해야겠다는 생각이 들어서 영성 사역을 전문으로 하는 학교에 대하여 알아보았는데 서울에 ○○○신학원이라는 학교가 있어서 그 학교에 박사과정으로 등록하고 공부하였다. ○○○신학원에서는 해외의 기름부음이 강한 목사님들을 모셔다가

대형집회를 하기도 하고, 박사과정을 공부하는 목회자들을 대상으로 세미나를 하기도 했으며, 국내에서 활동하는 분들 가운데 지성과 영성의 기름부음이 강한 분들을 모셔다가 세미나를 하며 공부할 수 있도록 해주었다.

○○○신학원에서 공부하며 영성 사역에 대하여 공부하던 중, 대전 침신대 목회상담학 교수였던 안태길 교수님의 〈내적 치유의 이론과 실제〉라는 강의를 듣게 되었다. 안태길 교수님은 학문적으로도 탁월하시고 영적으로도 기름부음이 충만한 분이라는 것을 이미 들었었기 때문에 언젠가 그분의 강의를 듣고 싶은 마음이 있었는데 학교에서 그분을 모셔다가 세미나를 한다니 큰 기대가 되었다.

안 교수님께서 〈내적 치유의 이론과 실제〉에 대하여 첫째 날 강의를 하신 뒤 세미나에 참석한 목사님들에게 통성으로 기도하라고 하시며 당신은 목사님들을 위해서 기도해 주겠다고 하셨다. 나는 다른 목사님들과 같이 큰 소리로 간절히 기도하며 안 교수님의 기름부음이 내 안에 흘러들어오기를 간구하였다. 한참 동안 기도를 하고 있는데 안 교수님이 두 손을 들고 기도하는 내 손을 잡고 기도해 주셨다. 그런데 안 교수님이 내 손을 잡고 기도해 주는 순간 그분의 기름부음이 내 안에 흘러들어오면서 갑자기 나의 영안이 열렸는데 주님의 보좌가 보였다. 그러자 내 안의 영에서 커다란 외침이 터져 나왔다. "아, 주님의 보좌가 보인다! 주님의 보좌가 보인다!" 그런데 잠시 후에 황소의 옆얼굴도 보이는 것이었다. 그러자 내 영이 또 크게 외쳤다. "아, 황소의 옆얼굴이 보인다! 황소의 옆얼굴이 보인다!" 그런 상태에서 한참 동안 기도를 하였고 첫날 세미나가 마쳐졌다. 그런데 나에게 한 가지 의문이 생겼다. '주님의 보좌가 보였는데 왜 황소의 옆얼굴이 보였지?'

'주님의 보좌와 황소의 얼굴과 무슨 상관이 있지?' 하며 곰곰이 생각하는데 문득 에스겔 1장이 떠올랐다. 그래서 급히 성경을 펴 보았다.

"제삼십년 사월 오일에 내가 그발 강가 사로잡힌 자 중에 있더니 하늘이 열리며 하나님의 이상을 내게 보이시니... 그 얼굴들의 모양은 넷의 앞은 사람의 얼굴이요 넷의 우편은 사자의 얼굴이요 넷의 좌편은 소의 얼굴이요 넷의 뒤는 독수리의 얼굴이니" (겔1:1)

아, 내가 본 환상은 에스겔이 보았던 환상과 같은 것이었다. 에스겔의 영안이 열렸을 때 그는 하나님의 보좌를 보았고, 주님의 보좌 앞에 있는 네 생물 즉, 사람의 얼굴, 사자의 얼굴, 소의 얼굴, 독수리의 얼굴을 한 생물을 보았듯이, 주님께서는 나의 영안이 열리게 하셔서 주님의 보좌를 보게 하셨고, 주님의 보좌 앞에 있는 네 생물 중 소의 얼굴을 보게 하신 것이었다.

그런데 주님은 왜 네 생물들 중 소가 내게 보이게 하셨을까?

하나님께서 성령으로 기름 부으셔서 영성 사역을 하게 하신 수년 동안 J국에 다니면서 집회를 했었다. 그런데 나를 초대한 선교사님의 사모님께서 나에 관한 꿈을 네 번을 꾸셨다는데, 사모님께서 꾸신 꿈 네 번 중에서 내가 소의 형상으로 세 번 나왔었다고 말하였다. 그 사모님이 메일로 보내준 내용을 그대로 적어본다.

* 5월 26일 (월)
목사님께서 작년 11월에 여기 오신 후에 제가 지금까지 목사님에 관한 꿈을 네 번 꾸었는데 목사님이 꿈에 나타나실 때 주로 소의 모습으로 나타났습니다. 네 번 중 세 번은 소의 모습이셨고 한 번은 목사님 모습이었습니다.

주님 오시리 곧 오시리

첫 번째 꿈은 소가 활활 타는 장작불 위에 서있었습니다. 소의 온몸이 불길에 휩싸여 있어서 저는 너무 놀라 가까이 가서 소를 쳐다봤는데 소는 아무 소리도 안 내고 놀라지도 않고 고통스러워하지도 않고 가만히 서있는 것이었습니다. 근데 소가 하나도 타지 않았습니다. 그 소가 목사님인지 어떻게 알았는지는 저도 모르겠지만 보는 순간 목사님이란 생각이 들었습니다.

두 번째 꿈은 소가 어느 시골 마당에 매여 있었습니다. 한 자리에 아주 오랫동안 매여 있었던 거 같은데, 소가 서있던 자리가 패이고 패여 소의 키만큼 땅이 패여 버렸습니다. 근데 어디선가 건장한 청년 네 명 정도가 오더니 소를 그 패인 땅속에서 꺼내 주었습니다. 구덩이에서 나온 소는 청년처럼 아주 건강하고 힘이 있어 보였고 온몸에 기름이 흐르고 환하게 빛이 났습니다. 소를 매고 있던 고삐가 없어서 소는 어디든지 갈 수 있게 되었고 무슨 일이든 할 수 있을 것 같은 큰 능력이 있어 보였습니다. 그 소가 목사님인지 어떻게 알았는지는 저도 모르겠지만 보는 순간 목사님이란 생각이 들었습니다.

세 번째 꿈은 그 꿈이 아직 완전히 이뤄지지 않았기에 다 이뤄지면 말씀드리겠습니다.

네 번째 꿈은 이번 5월 1일 집회를 위해 기도하던 중에 꾸었습니다.

아주 힘 있고 건강한 소가 저 있는 쪽으로 오더니 그 소가 해산을 하는 것이었습니다. 힘든 해산의 고통을 다 한 후에 아주 예쁜 송아지를 낳았는데, 그 소가 목사님인지 어떻게 알았는지 저도 모르겠습니다. 그런데 그 꿈대로 이번 집회를 통해 물과 성령으로 거듭난 영혼들이 얼마나 예쁜지? 이제 실제로 소를 보면 목사님이 생각날 것 같습니다.

* 5월 29일 (목)

제가 꾼 첫 번째 꿈 이야기 중에 장작불이라고 말씀드렸는데 자세히 다시 생각해 보니 그 장면은 창22:9에 나오는 "이에 아브라함이 그곳에 제단을 쌓고 나무를 벌여 놓고 그의 아들 이삭을 결박하여 제단 나무 위에 놓고"와 같은 상황인데 그 소가 번제단 같은 곳 위에 있었고 소 밑의 나무는 불이 타는 게 아니고 다 타고 빨간 숯불의 상태였는데 소는 활활 타고 있었습니다. 소 주위에 타고 있던 불은 일반 불과는 다른 거룩한 불이란 느낌이 들었습니다.

말씀드리지 않은 세 번째 꿈은 목사님이 섬기는 교회 홈페이지에 보면 목사님에 대한 여러 예언들이 있는데 그 예언 중의 하나를 보여 주신 것입니다. 그 예언의 성취를 위해 중보기도 하라는 하나님의 뜻으로 알고 기도하겠습니다.

이처럼 하나님께서는 그 선교사님 사모님에게도 나를 소의 형상으로 보여주셨다. 아마도 생각건대 "박 목사는 소와 같은 종이다."라는 의미인 것 같다. 소가 인간에게 순종하고 죽도록 충성하듯이, 나는 하나님의 말씀에 순종하고 죽도록 충성하려는 마음이 있기 때문이다.

아무튼 첫째 날의 세미나를 통하여 하나님께서는 영안을 열어서 주님의 보좌와 주님의 보좌 앞에 있는 네 생물 중 소를 볼 수 있는 영광을 하락하셨다.

안 교수님의 강의는 두 번째 날에도 계속되었다. 안 교수님의 강의는 빈들의 마른 풀에 단비가 내리듯 내 심령을 촉촉이 적셨다. 안 교수님은 강의를 마친 후 같이 찬양하고 기도하는 시간을 갖자고 하셨다. 그래서 찬양을 하는 시간에 내가 앞으로 나가서 찬양을 인도하였다. 목사님들과 같이 "할렐루야, 할렐루야 할렐

주님 오시리 곧 오시리

루야, 할렐루야…" 찬양을 할 때 나는 데스칸트(Descant)를 넣어 부르기도 하고 방언으로 찬양을 하기도 하면서 영적으로 깊은 지성소까지 가서 주님을 만나고 주님의 음성을 듣고 싶은 마음으로 찬양에 몰두하였다. 사모함과 간절함 가운데 찬양하고 있는데 안 교수님이 갑자기 내게 "목사님, 무릎을 꿇고 두 손 들고 기도하세요!"라고 하셨다. 그래서 무릎 꿇고 기도하기 시작하는데 안 교수님이 내 손을 잡고 기도해 주시기 시작했다. 그러자 안 교수님의 기름부음이 내 안에 흘러들어오기 시작하였다. 그분의 강력한 기름부음이 내 안에 흘러들어오자 나는 안 교수님의 기름부음의 능력에 압도되어서 쓰러져버리고 말았다. 그리고 강력한 기름부음으로 인해서 또 영안이 열렸다. 그런데 이게 웬일인가? 세미나를 한 그곳에 천사들이 좌우로 도열을 하고 있는 것이 보였다. 그리고 좌우로 서 있는 천사들 가운데로 예수님께서 발에 끌리시는 옷을 입고 걸어오시는 것이 보였다. 그러자 내 영이 나도 모르게 크게 외쳤다.

"오, 주님께서 수많은 천사들과 함께 이곳에 오셨다!"

그런데 그 주님께서 내 앞에 오셨다. 그리고는 눈물을 흘리시면서 말씀하셨다.

"영혼 구원과 선교로 이어지지 않는 영성은 사치다! 영혼 구원과 선교로 이어지지 않는 영성은 사치다!"

주님께서는 왜 이렇게 말씀하셨을까?

영성을 전문으로 공부하면서 많은 영성 집회를 참석해 본 나는 주님의 이 말씀이 어떤 의미인지 알 것 같았다.

주님께서 당신의 종들에게 성령의 권능을 주셔서 다양한 성령의 역사가 나타나게 하신 것은 행1:8에 나와 있는 대로 영혼 구원과 세계 선교를 위함이다. 그런데 영성 집회에 오는 많은 목회자, 성도들이 성령의 임재, 임파테이션(Impartation), 성령의 기름 부음 등을 좋아하고, 성령의 은사를 사모하기는 하나 그러한 은사와 능력을 복음 전하며 영혼을 구원하는 것으로 연결시키기 보다는 기름부음 그 자체를 더 좋아하며, 기름 부으심을 통해서 나타나는 성령의 역사와 나타나는 현상, 그리고 은사들을 더 좋아하는 것을 보았다.

사도행전 2장에서 성령의 권능을 받은 사도와 제자들은 밖으로 나가서 전도했다. 성전에 올라가다가 나면서부터 앉은뱅이 된 자를 일으키며 복음을 전하자 수많은 사람들이 구원을 받았는데 남자의 수만 5,000여 명이었다(행4:4). 이렇듯 초대교회 영성은 영혼들을 치유하며 복음을 전하는 영성이었다. 주님은, 좋은 강사 모셔다가 좋은 강의 듣고 단순히 기름부음 받고 즐기는 귀족 영성이 아니라, 밖에 나가서 기사와 표적을 일으키며 복음을 전하는 영성을 갖길 원하시는 것이었다.

"제자들이 나가 두루 전파할 새 주께서 함께 역사하사 그 따르는 표적으로 말씀을 확실히 증거하시니라" (막16:20)

"영혼 구원과 선교로 이어지지 않는 영성은 사치다! 영혼 구원과 선교로 이어지지 않는 영성은 사치다!"라고 말씀하신 주님은 "누가 나를 위하여 십자가를 질꼬?" 탄식하며 말씀하시면서 내 앞에서 울고 계셨다. 예수님께서 눈물 흘리며 우시는 모습을 보니 나도 눈물이 나왔다. 그래서 내가 주님께 고백했다.

"주님, 제가 여기 있나이다! 저를 사용하옵소서! 제가 주님의 십자가를 지고 가겠습니다! 저의 생명을 드리겠습니다"

그러자 주님께서는

"아들아, 말세는 말씀과 함께 영성의 시대이다. 그러므로 말씀과 함께 성령 충만의 기름부음이 넘치는 영성이 있는 성도들,

사역자들이 되도록 훈련시켜서 그들로 하여금 복음을 증거하게 하라!"고 말씀하셨다. 그래서 나는 "주님, 알겠습니다! 저의 생명을 다 바쳐서 주님의 뜻이 이루어지도록 하겠습니다!"고 고백하였다.

나의 고백을 들으신 주님은 떠나가셨고, 나의 영안은 다시 닫혔으며, 안 교수님의 내적 치유 세미나는 끝났다.

안 교수님의 내적 치유 세미나를 통해서 주님은 내게 두 번째 나타나주셨으며, 40일 금식 기도를 통해서 새로운 차원의 영성에 도달하게 하시고, 축사의 기름부음을 통해서 귀신이 쫓겨나게 하시고, 영안을 열어서 환상을 보게도 하시고, 예언하게도 하신 것은 베드로 사도가 행2:16-21에 말한 대로 요엘 선지자의 예언의 성취이며, 마지막 시대의 영적 추수를 하기 위함인 것이며, 성도들이 슬기로운 다섯 처녀들처럼 성령의 기름부음이 충만한 가운데 영적으로 깨어서 신랑 되신 예수님을 맞을 준비를 하게 하시기 위함인 것이다.

그렇다! 지금 이 시대는 요한 계시록이 성취되는 시대요, 곧 주님께서 공중에 강림하시기에 주님의 신부 된 성도들을 휴거시키시려고 신부 단장시키시는 때이므로 말씀 충만함만이 아니라 성령 충만의 기름부음이 넘치는 내가 되도록 해야 한다.

신랑으로 오시는 주님은 슬기로운 다섯 처녀들처럼 성령 충만의 기름부음으로 준비된 성도들을 휴거시키기 위해서 오신다. 그러므로 나는 항상 성령 충만해야 한다. 쉬지 말고 성령 충만해야 한다. 그리고 범사에 성령 충만해야 한다.

사랑하는 성도들이여, 당신은 슬기로운 다섯 처녀들처럼 성령 충만한 가운데 신랑 되신 주님의 공중 강림을 기다리고 있는가? 만약 준비되었다면 다른 성도들에게 주님께서 곧 오심을 전하며 영적으로 깨어 권면하면서 한 영혼이라도 더 구원하는데 힘쓰라.

만약 그렇지 못하다면 마가의 다락방에서 오직 기도에 힘썼던

120명의 성도들처럼 철저히 회개하며 성령 충만함을 구하라!

"여자들과 예수의 어머니 마리아와 예수의 아우들과 더불어 마음을 같이하여 오로지 기도에 힘쓰더라" (행1:14)

주님께서 공중 강림하시면 영적으로 깨어 있는 자와 깨어 있지 못한 성도가 나누어지게 될 것이다. 주님께서 공중 강림하시면 성령 충만의 기름부음이 있는 슬기로운 다섯 처녀들과 등은 있으나 기름부음이 없는 미련한 다섯 처녀들이 나누어지게 될 것이다.

성령 충만한 기름부음 가운데 영적으로 깨어서 영혼 구원에 힘쓰다가 신랑 되신 주님 오실 때 공중으로 들림 받는 여러분들이 되시길 바란다. 할렐루야!

"그 후에 내가 내 영을 만민에게 부어 주리니
너희 자녀들이 장래 일을 말할 것이며 너희 늙은이는 꿈을 꾸며
너희 젊은이는 이상을 볼 것이며
그 때에 내가 또 내 영을 남종과 여종에게 부어 줄 것이며
내가 이적을 하늘과 땅에 베풀리니 곧 피와 불과 연기 기둥이라
여호와의 크고 두려운 날이 이르기 전에 해가 어두워지고
달이 핏빛 같이 변하려니와
누구든지 여호와의 이름을 부르는 자는 구원을 얻으리니
이는 나 여호와의 말대로
시온 산과 예루살렘에서 피할 자가 있을 것임이요 남은 자 중에
나 여호와의 부름을 받을 자가 있을 것임이니라"
(욜2:28-32)

주님 오시리 곧 오시리

어느 한 교인과 다른 교인이 다투는 것을 보았다. 둘 다 교회의 핵심 멤버인데 서로의 의견 차이로 인해 두 사람이 서로 소리를 높이며 자신의 주장을 굽히지 않고 있었다. 그 일이 있은 뒤 교회에서 전체 교인들의 모임이 있었는데 소수의 일부 교인들만 모여 있었다. 나는 모인 교우들에게 "다른 사람들은 어찌 오지 않았나요?"라고 물었더니 한 교우가 "좀 전에 다투었던 OO 꼴 보기 싫어서 안 온대요."라고 말하였다. 그 이야기를 듣고 보니 서로 다투었던 두 사람 가운데 한 사람은 모임에 왔는데 다른 한 사람은 자기와 다툰 교우의 꼴 보기 싫어서 안 오면서 자신과 가까이 지낸 사람들을 선동하여 같이 안 온 것이었다. 한 교회를 섬기는 교우들이, 서로 양보하지 않고 자신의 의견을 고집하며 다투는 것을 본 것만도 마음이 아픈데, 서로가 화해하지 않고 교회 전체의 모임에 상대방이 꼴 보기 싫어서 안 온다니…. 그리고 그 교우와 가까이 지낸 사람들까지 같이 안 오다니…. 나는 너무 마음이 아팠다. 화도 났다. 그래서 교우 한 사람을 그들에게 보내며 말했다. "빨리 가서 지금 당장 모두들 오라고 하세요!" 그러자 잠시 후에 그들이 억지로 왔다. 나는 모인 교우들에게 간절히 말하였다.

"아니, 어떻게 한 교회를 섬기는 분들이 서로 다투고 꼴 보기 싫다고 모임에 안 나올 수가 있습니까? 예수님께서는 친히 화목제물이 되셔서 십자가에서 죽으심으로써 하나님과 우리 사이에 있는 막힌 담을 허물어버리시고 하나님과 우리를 화목하게 하셨고, 나와 다른 사람들 사이의 막힌 담도 허물어 버리셨기 때문에 우리가 사랑으로 하나 되어야 하는데, 사랑으로 하나가 되어야 할 성도들이 자신들의 의견을 주장하다가 싸우다니요? 나보다 남을 더 낮게 여기며 서로가 양보를 해야지 어찌 자기 의견만이 옳다고 얼굴을 붉히며 다투고 상대방 꼴 보기 싫다고 다른 교우들까지 선동하여 모임에 안 오다니요? 우리 죄를 용서하시고 구원하신 예수님께서 이런 모습을 보시면 얼마나 마음이 아프시겠습니까? 어찌하여 예수님의 가슴에 못질을 한단 말입니까?"

안타까운 마음으로 그들에게 간절히 호소하고 있는데 갑자기 하늘이 열리고 주님의 모습이 보였다. 깜짝 놀라서 주님을 보았는데, 이게 웬일인가? 내가 다툰 교우들에게 간절히 말하고 있는 그대로 주님께서 똑같이 말씀하고 계시는 것이었다. 이는 내가 지금 교우들에게 말하고 있는 것은 나 스스로가 말하는 것이 아니라, 주님께서 내 입을 통해서 말씀하고 계신 것이었다. 그런데 간절히 말씀하시는 주님의 얼굴을 보니 주님의 눈에서는 눈물이 하염없이 흐르고 있었다. 주님께서는 서로 사랑하고 하나가 되어야 할 교우들이 다투고, 꼴 보기 싫다고 자기와 가까이 지내는 사람들을 선동하여 모임에 불참하며 당신의 몸인 교회에 분란이 일어난 것을 보시고는 너무 마음이 아파서 눈에서 눈물을 흘리시면서 나의 입술을 통하여 말씀하고 계신 것이었다. 그런데 주님의 눈에서 흐르는 눈물이 예수님의 볼을 타고 흘러내려서 내 얼굴에 뚝뚝 떨어지는데 예수님의 이루 말할 수 없이 아픈 마음이 내 마음에 그대로 전달되어서 느껴졌다. 예수님의 눈물이 내 얼굴에 뚝뚝 떨어지며 예수님의 상하고 찢긴 마음이 전달되고 있는데 잠에서 깨었다. 꿈이었던 것이다. 교인들이 다툰 것, 서로 다투고 꼴 보기 싫다고 가까이 지낸 교우들과 같이 교회 모임에 참석하지 않은 것, 내가 안 온 교우들을 오라고 해서 간절한 마음으로 호소를 한 것, 그 때 하늘이 열리고 예수님께서

주님 오시리 곧 오시리

나와 똑같이 말씀하신 것, 예수님의 눈에서 눈물이 흘러서 내 얼굴에 뚝뚝 떨어진 것, 이 모든 것들이 꿈이었던 것이다. 그런데 꿈속에서 예수님의 눈에서 흐른 눈물이 내 뺨에 떨어졌을 때 그 느낌은 꿈에서 깨어났는데도 너무나도 생생하게 느껴졌다. 꿈에서 깼음에도 불구하고 꿈에서 예수님의 눈에서 흘러 내 얼굴에 떨어진 눈물이 아직도 내 얼굴에서 흐르고 있는 듯 생생하게 느껴졌다.

'아, 예수님께서는 교인들이 사랑으로 하나 되지 못하고 다투어 주님의 피 값으로 사신 교회가 분열될 때 너무나 마음이 아프시구나! 예수님께서는 너무나 마음이 아프셔서 눈물을 뚝뚝 흘리시며 서로 하니기 되라고 호소하시는구나!'

성도들이 하나 되지 못하고 다툴 때, 주의 종들이 하나 되지 못하고 서로 다툴 때, 당신의 자녀들이 서로 다투고, 고발하여 세상 법정에 서서 같이 하나님의 자녀 된 지체를 비난하며 정죄할 때, 주님의 마음은 찢어질 듯 아파하시며 피눈물을 흘리시는 것이다. 만약 사랑하는 자녀들이 하나 되지 못하고 서로 반목하고 서로 고발하고, 서로 법정에 서서 정죄할 때, 그것을 바라보는 부모의 마음은 어떻겠는가? 마음이 찢어질 듯 아프지 않겠는가? 마찬가지로 하나님의 자녀들이 서로 다투고, 반목하고, 원수 맺고, 고발하고, 교회가 둘 혹은 셋으로 찢어져 나누어지고, 목사와 목사들이 서로 싸우고, 목사와 장로들이 싸우고, 목사와 성도들이 다투며 싸우고, 장로들이 목사를 쫓아내고, 성도들이 목사를 쫓아내는 모습들을 주님께서 보실 때 주님의 마음은 찢어질 듯 아프고 괴로워서 피눈물을 흘리시는 것이다. 그런데 우리들은 주님의 눈에서 흘리는 피눈물은 생각지도 않고 내가 옳다고 서로 다투고 싸우니 이 죄들을 어찌할꼬….

주님께서는 이 꿈을 통하여 성도들이 주의 사랑으로 하나 되어 화목하며 지내는 것이 얼마나 중요하며, 성도들이 하나 되지 못하고 서로 다투고, 싸울 때 주님께서 얼마나 아파하시는지 깨닫게 해주셨다. 주여, 우리가 사랑으로 하나 되지 못하고, 서로 다투고 싸우고 고발하며 주님의 가슴에 대못을 박은 죄들을 용서해주옵소서!

얼마나 아프실까

얼마나 아프실까 예수님의 마음은
자녀 된 성도들이 하나 되지 못하고 서로 다툴 때
얼마나 아프실까 예수님의 마음은
사랑을 외치는 당신의 종들이 하나 되지 못하고 서로 다툴 때
얼마나 아프실까 예수님의 마음은
자녀 된 성도들이 서로 고발하며 세상 법정에 설 때
얼마나 아프실까 예수님의 마음은
당신이 세우신 종과 장로들이 다투고 장로들이 당신의 종을 쫓아낼 때
얼마나 아프실까 예수님의 마음은
당신이 세우신 종과 성도들이 다투고 성도들이 당신의 종을 쫓아낼 때
얼마나 아프실까 예수님의 마음은
당신이 세운 종들이 당신의 피 값으로 세운 교회를 둘로 찢고 나눌 때
얼마나 아프실까 예수님의 마음은
교인들이 하나 되지 못하고 서로 다투고 교회가 둘로 찢어지고 나뉠 때
얼마나 아프실까 예수님의 마음은
당신의 신실한 종들을 이단이라 모함하며 매도할 때

얼마나 아프실까 예수님의 마음은
당신의 종들이 배설물 같은 세상 명예 얻기 위해 헌금 쓰고
썩어 없어질 세상 감투 얻기 위해 목양보다 정치에 힘쓰는 것 보
실 때
얼마나 아프실까 예수님의 마음은
주님 은혜로 교회 부흥되었건만 사울처럼 자기 위한 기념비
세우며 교만할 때
얼마나 아프실까 예수님의 마음은
소금과 빛 되어야 할 당신의 자녀들이 세상 사람들의 손가락
질 받고 비난받을 때

"사랑하는 자들아 우리가 서로 사랑하자
사랑은 하나님께 속한 것이니 사랑하는 자마다
하나님으로부터 나서 하나님을 알고
사랑하지 아니하는 자는 하나님을 알지 못하나니
이는 하나님은 사랑이심이라"
(요일4:7-8)

"누구든지 하나님을 사랑하노라 하고
그 형제를 미워하면 이는 거짓말하는 자니
보는 바 그 형제를 사랑하지 아니하는 자는 보지 못하는 바
하나님을 사랑할 수 없느니라
우리가 이 계명을 주께 받았나니 하나님을 사랑하는 자는
또한 그 형제를 사랑할지니라"
(요일4:20-21)

PART 2

주님 오시리 곧 오시리

38

휴거 (1)

어느 날 성경을 보는데 데살로니가 전서를 읽게 되었다. 그런데 살전4:16-17이 마음에 와닿았다.

"주께서 호령과 천사장의 소리와 하나님의 나팔 소리로 친히 하늘로부터 강림하시리니 그리스도 안에서 죽은 자들이 먼저 일어나고 그 후에 우리 살아 남은 자들도 그들과 함께 구름 속으로 끌어 올려 공중에서 주를 영접하게 하시리니 그리하여 우리가 항상 주와 함께 있으리라" (살전4:16-17)

흔히 〈휴거〉라고 말하는 부분이었다. 교회는 다녔지만 예수님을 영접하지 않았을 때 『휴거』라는 책을 읽어보았지만 아무 감동도, 느낌도 없었다. '그저 그렇구나.' 하는 생각만 했었다. 그리고 고등학교 때 〈휴거〉와 관련된 가스펠(Gospel song)송 "예수님 맞을 준비 됐나"라는 곡이 유행했었는데, 가사가 무슨 뜻인지도 모르고 아무 생각 없이 흥겹게 불렀었다.

1. 예수님 맞을 준비 됐나 진정 거듭났어요 예수님 피로
   내 옷은 흰 눈보다 깨끗해졌나요 예수님 맞을 준비 됐나
2. 난 주님 맞을 준비 됐네 진정 거듭났어요 예수님 피로
   내 옷은 흰 눈보다 깨끗해졌어요 예수님 맞을 준비 됐네
   (후렴) 두 사람이 함께 맷돌 갈다가 두 사람이 함께 잠을
   자다가 한 사람만 가고 한 사람만 남겠네 예수님 맞을 준비
   됐나

그런데 예수님을 만나고 난 뒤 『휴거』라는 책을 다시 읽었을 때는 엄청난 충격을 받았다. 만약 내가 주님을 만나기 전에 예수님이 오셨더라면 나는 이 땅에 남아 대 환난을 겪어야 하는 사람들 중의 하나였음을 알게 되었기 때문이었다. 그래서 이 땅에 남지 않고 꼭 휴거하는 내가 되고자 철저히 회개를 하며 영혼들을 구원하는 데 힘쓰고 주님의 오심을 소망하며 준비하는 삶을 살게 되었었다.

그런데 살전4:16-17을 읽으면서 나는 '주님이 오셨을 때 사람들이 어떻게 휴거될까?', '사람들이 어떻게 공중에 올라가지?' '만약 몸무게가 무거운 사람이 들림 받다가 너무 무거워서 떨어지면 어떡하지?' 등 여러 가지 의문이 생겼다. 나는 성경 말씀을 보거나 영적인 책을 읽다가 어떤 의문이 생기면 그 문제를 꼭 해결해야 직성이 풀리는 경향이 있었기 때문에 그 문제를 가지고 하나님께 기도하기 시작했다.

"하나님, 제가 예수님을 사모하며 천국을 사모하는 맘을 주님이 아십니다. 저는 예수님의 공중 강림도 믿고 예수님이 공중에 오셨을 때 성도들이 휴거하여 공중에서 주님을 만나는 것도 믿습니다. 그런데 성도들이 어떻게 휴거하게 되나요? 궁금합니다. 항상 저의 영적인 의문들을 풀어주신 주님께서 이 문제도 풀어주세요! 깨닫게 해주세요!"

나는 이 문제가 풀릴 때까지 기도하기로 마음을 먹고 날마다 기도하였다.

그러던 어느 날 꿈을 꾸었다. 길을 걸어가는데 갑자기 하늘에서 "빠밤 빰빰~"하고 큰 나팔소리가 내 귀에 들렸다. 그러자 자석을 철 가까이에 대면 철이 자력에 의하여 쑥 끌려올라 가듯, 하늘에서 강력한 흡입력이 나를 순식간에 쑥 끌어 올렸다. 그리

주님 오시리 곧 오시리

고 순식간에 내 몸은 하늘에 올라가 있었다. 하늘에 올라가 보니 전 세계에서 수많은 사람들이 올라와 있었다. 백인종, 흑인종, 황인종 할 것 없이 수많은 사람들이 흰 옷을 입고 휴거가 되어 있었던 것이다. 나는 '휴거된 사람들 가운데 내가 아는 사람들도 있을까?', '내가 자주 보아왔던 두 사람도 휴거되었을까?' 하는 의문이 생겼다. 그래서 그 두 사람을 찾아보았는데, 신기하게도 주님의 은혜로 그 많고 많은 사람들 가운데에서 한 사람을 금방 만나게 되었다. 그 성도는 평소에 신앙생활을 신실하게, 하나님의 말씀대로 순종하면서 살려고 하며 늘 깨어 있으려고 애쓰던 성도였다. 그런 성도가 휴거 되어 공중에서 만나니 너무 반가웠다. 그런데 내가 궁금했던 다른 한 성도는 아무리 찾으려고 해도 찾을 수가 없었다. 그 성도는 휴거 되지 못했던 것이다. 그 성도는 예배를 드리며 신앙생활을 한다고 하지만 '저렇게 신앙생활하면 안 되는데.' 하는 생각이 들었던, 세상적이고, 육적이고, 자아가 살아있던 성도였던 것이다. 나는 성경 말씀이 떠올랐다.

"그 때에 두 사람이 밭에 있으매 하나는 데려감을 당하고 하나는 버려둠을 당할 것이요 두 여자가 매를 갈고 있으매 하나는 데려감을 당하고 하나는 버려둠을 당할 것이니라 그러므로 깨어 있으라 어느 날에 너희 주가 임할는지 너희가 알지 못함이니라 너희도 아는 바니 만일 집 주인이 도적이 어느 경점에 올 줄을 알았더면 깨어 있어 그 집을 뚫지 못하게 하였으리라 이러므로 너희도 예비하고 있으라 생각지 않은 때에 인자가 오리라"(마20:40-44)

그렇다! 예수님 믿고 예배를 드리고 신앙생활을 한다고 모두 휴거 되는 것이 아니었다. 영적으로 정결한 가운데 깨어 있는 성도들만 휴거가 되는 것이었다. 예수님을 믿는 모든 성도가 휴거된다면 예수님께서 굳이 깨어 있으라고 말씀하실 이유가 없지 않은가? 또 예수님은 마25장에서 열 처녀의 비유를 통하여 예수님이 오셨을 때 등과 함께 기름이 준비된 성도들만이 혼인 잔치에 참여할 수 있다고 말씀하셨다.

"그 때에 천국은 마치 등을 들고 신랑을 맞으러 나간
열 처녀와 같다 하리니 그 중에 다섯은 미련하고 다섯은 슬기 있는지라
미련한 자들은 등을 가지되 기름을 가지지 아니하고
슬기 있는 자들은 그릇에 기름을 담아 등과 함께 가져갔더니"
(마25:1-4)

"미련한 자들이 슬기 있는 자들에게 이르되
우리 등불이 꺼져가니 너희 기름을 좀 나눠달라 하거늘
슬기 있는 자들이 대답하여 가로되
우리와 너희의 쓰기에 다 부족할까 하노니
차라리 파는 자들에게 가서 너희 쓸 것을 사라 하니
저희가 사러 간 동안에 신랑이 오므로
예비하였던 자들은 함께 혼인 잔치에 들어가고 문은 닫힌지라
그 후에 남은 처녀들이 와서 가로되 주여 주여 우리에게 열어 주소서
대답하여 가로되 진실로 너희에게 이르노니
내가 너희를 알지 못하노라 하였느니라"
(마25:8-12)

이 비유에서 신랑은 예수님을 상징하고, 열 처녀는 신랑이신 예수님을 기다리며 살던 성도들을 상징하며, 등은 외적으로 보이는 신앙생활을, 기름은 성령 충만의 기름부음을 뜻하는 것이다. 운전을 하는 사람들은 항상 자동차의 계기판을 보며 기름이 얼마나 남았는지 점검을 한다. 만약 기름이 얼마 남지 않아서 계기판에 불이 들어온다면 빨리 가서 기름을 채워야 할 것이다.

신앙생활도 마찬가지이다. 지혜로운 성도는 자기가 얼마나 성령 충만한지를 날마다 체크하고 만약 성령 충만하지 않다면 무엇보다도 먼저 성령 충만을 받도록 기도에 힘쓸 것이다. 왜냐하면 성공적인 신앙생활은 나의 노력, 열심보다도 성령 충만을 얼마나 받았느냐에 따라서 결정되기 때문이다(슥4:6). 그러나 미련한 성도들은 성령 충만이 얼마나 중요한지, 자기 안에 성령 충만의 기름부음이 얼마나 있는지 체크하지 않고 살며, 성령 충만 받지 않고도 그냥 자신의 열심과 노력, 생각 등으로 살기도 하고 세속적으로 살기도 한다. 그런 믿음으로는 주님의 오심을 맞이할 수 없는 것이다.

특히 10명익 성도들 모두가 신랑 되신 예수님을 기다렸다고 해서 모두가 들림 받게 되는 것이 아니라, 성령 충만이라는 자격을 갖춘 성도들만이 혼인 잔치에 참여할 수 있다는 것은 휴거 되는 데 있어서 성령 충만의 기름부음이 절대적 조건임을 알 수 있다.

그런데 주님은 이와 같이 휴거하는 꿈을 며칠 후에 한 번 더 꾸게 하셨다. 이는 애굽의 바로 왕으로 하여금 7년 풍년과 7년 흉년에 대한 꿈을 두 번 겹쳐 꾸게 하심으로써 하나님께서 그 일이 확실히 일어남을 말씀하신 것과 같이 공중 휴거는 반드시 있을 것이며, 영적으로 깨어 있는 성도들만 휴거 됨을 확실히 말씀하심과 같아서, 주님의 공중 강림에 대비하여 항상 깨어 있는 것이 얼마나 중요한지 깨닫게 되었다. 이 꿈을 계기로 나는 주님의 공중 강림을 더욱 사모하고 준비하며 살게 되었다. 기도에 응답하셔서 휴거에 대하여 깨닫게 하신 주님을 찬양한다. 할렐루야!

"바로께서 꿈을 두 번 겹쳐 꾸신 것은 하나님이 이 일을 정하셨음이라
하나님이 속히 행하시리니"
(창41:32)

"그런즉 깨어 있으라 너희는 그 날과 그 시를 알지 못하느니라"
(마25:13)

39

휴거 (2)

어느 토요일 저녁 강단에서 기도할 때의 일이었다.
기도로 주일을 준비하면서 나는 주님께 말씀드렸다.

"사랑하는 주님, 저는 죄인 중에 괴수인데 주님께서 저를 긍휼히 여기사 많은 은혜를 주시고, 여러 가지로 많이 훈련시켜 주시고, 또 저에 대하여 오래 참아주시고, 인내해주셨습니다.
그래서 주님의 크신 은혜로 오늘 이 자리에 제가 있게 되었습니다. 주님의 크신 은혜를 감사드립니다. 주님께 저의 생명, 저의 일생을 드립니다. 제가 남은 일생을 통하여 마음껏 주님의 일을 하며 많은 영혼들을 주님께 인도하고 성도들로 하여금 주님의 오심을 준비시키도록 해주세요"

그러자 성령께서 갑자기 말씀하셨다.

"사랑하는 아들아, 내가 너를 사랑한다.
너는 마지막 시대에 나를 위해 마음껏 일을 하게 될 것이다.
많은 사람들에게 나의 강림에 대하여 말하며 그들을 준비시

주님 오시리 곧 오시리

키게 될 것이다.

강하고 담대하라! 아들아, 유1:14-15을 보거라"

성령님의 말씀에 따라 나는 얼른 성경을 펴보았다.

"아담의 칠세 손 에녹이 사람들에게 대하여도 예언하여 이르되 보라 주께서 그 수만의 거룩한 자와 함께 임하셨나니 이는 뭇사람을 심판하사 모든 경건치 않은 자의 경건치 않게 행한 모든 경건치 않은 일과 또 경건치 않은 죄인의 주께 거스려 한 모든 강퍅한 말을 인하여 저희를 정죄하려 하심이라 하였느니라" (유1:14-15)

그러자 성령님께서 또 말씀하셨다.

"에녹이 주께서 수만의 거룩한 자와 함께 임하는 것을 미리 환상으로 본 것처럼 너도 내가 영광 가운데 공중에 강림하는 환상을 보게 될 것이다. 네가 성도들에게 영적으로 깨어서 나의 강림을 준비하라고 외칠 때 네 말을 믿고 철저히 회개하면서 영적으로 깨어 나의 강림을 준비한 성도들은 네가 휴거될 때 너와 같이 휴거 되어 공중에서 나를 맞이하게 될 것이다. (성령님께서 이렇게 말씀하실 때 주님께서 공중에 강림하시자 나와 함께 많은 사람들이 공중으로 휴거하는 환상이 보였다) 아들아, 강하고 담대하라!

내가 너를 통하여 기사와 표적이 나타나게 함으로써 내가 너와 함께 하고 있음을 보여줄 것이다. 너는 에녹처럼 내가 수많은 거룩한 자들과 함께 임하는 것을 환상으로 보게 될 것이다. 내가 너로 하여금 영적으로 더 깊은 것들을 보게 할 것이다. 너를 결코 대환란에 남겨두지 않을 것이다. 그것이 내가 너를 사랑하는 증거니라. 아들아, 강하고 담대하라!"

주님께서는 내가 홀로 강단에서 기도할 때 유다서 말씀을 통해서, 주님께서 천사들과 함께 심판하기 위해서 오심을 에녹이 예언하며 주님과 동행하는 삶을 살다가 죽음을 맛보지 않고 산 채로 들림 받음으로써 휴거의 예표가 된 것처럼, 내가 에녹처럼 주님께서 강림하심을 볼 것이며, 에녹처럼 주님의 강림하심을 외치다가, 에녹처럼 죽음을 맛보지 않고 산채로 들림 받을 것을 말씀하셨다.

사랑하는 여러분들이여, 부족한 이 종의 말을 듣고, 모든 죄를 철저히 회개하여 거룩하고 정결한 심령으로 깨어 있으면서 주님의 오심을 준비하며 기다릴 때 주님께서 여러분들을 휴거시키실 줄 믿는다.

예수님의 강림을 준비하는 방법은,

첫째도 거룩이요,
둘째도 거룩이요,
셋째도 거룩이다.

내 자신이 지은 모든 죄들을 온전히 회개하고 거룩하고 정결한 심령으로 사랑하는 주님의 오심을 사모하며 날마다 깨어 있으라. 그런 여러분들에게 주님께서는 어느 순간 신부 예복을 입혀주시고, 예수님께서 공중에 강림하셨을 때 휴거의 영광에 참여하게 하실 줄 믿는다. 할렐루야!

나와 여러 성도들이 모여서 기도를 하고 있었다. 기도의 목적
은 하나. 예수님께서 오실 때가 아주 임박했기 때문에 예수님께
서 공중에 강림하셨을 때 들림 받기 위하여 간절히 기도하고 있
었다. 성도들도 간절히 부르짖었고, 나도 간절히 부르짖었다. 그
런데 아무리 기도해도 내가 휴거 될 수 있다는 확신이 안 들었
다. 정확하게 말하면 성령님께서 확신을 주시지 않은 것이었다.

기도할 때 응답에 대한 확신이 있어야 되는데 확신이 없었다.
간절히 부르짖지만 기도 소리가 허공으로 흩어지는 듯한 느낌만
계속 들어 '왜 그러지? 왜 그러지?' 하며 고민하고 있는데 깨어
보니 꿈이었다.

주님께서는 내가 지금 휴거 될 만큼 영적으로 거룩하지도 않
으며, 깨어있지도 못한 상태이기 때문에, '계속해서 그렇게 산다
면 휴거 될 수 없을 것이다'는 경고의 메시지를 주신 것이었다.
나의 현재 영적 상태가 미련한 다섯 처녀와 같이 외적인 신앙생
활과 사역은 계속해서 하고 있지만, 내적으로 성령의 기름부음
이 소멸되어 가고 있는 상태라서 주님 오셨을 때 '휴거 될 수 없
다'는 메시지를 주신 것이다. 나를 향하신 주님의 사랑의 경고였
다. 내가 휴거 되지 못하는 영적 상태로 그냥 두지 않으시고 나
를 영적으로 깨우시려고 그런 꿈을 꾸게 하신 것이다. 어떻게 해
서든지 휴거에 합당한 삶을 살도록 하시려는 하나님의 사랑, 하
나님의 열심이었다. 나 같은 것이 무엇이기에 이런 사랑을 베푸
시는지... 주님의 한없는 사랑이 내 마음에 물밀듯 밀려왔다.

그날 이후로 나는 내 자신의 영적 상태에 대하여 매일 깊이 고
민하며 더러워진 세마포가 깨끗이 씻기도록 깊은 회개에 힘썼으

며 주님의 크신 은혜로 말미암아 영적으로 깨어 있는 삶을 회복
하게 되었다. 할렐루야!

고등학교 시절에 교회 다니면서 불렀던 가스펠송(gospel
song)들이 많이 있었는데 그중에서 재미있게 불렀던 곡들 중에
'예수님 맞을 준비 됐나'라는 곡이 있었다.

1. 예수님 맞을 준비됐나 진정 거듭났어요 예수님 피로 내 옷
   은 흰 눈보다 깨끗해졌나요 예수님 맞을 준비됐나 두 사람
   이 함께 맷돌 갈다가 두 사람이 함께 잠을 자다가 한 사람
   만 가고 한 사람만 남겠네 예수님 맞을 준비됐나
2. 난 주님 맞을 준비됐네 진정 거듭났어요 예수님 피로 내 옷
   은 흰 눈보다 깨끗해졌어요 예수님 맞을 준비됐네 두 사람
   이 함께 맷돌 갈다가 두 사람이 함께 잠을 자다가 한 사람
   만 가고 한 사람만 남겠네 예수님 맞을 준비됐나

그 당시에는 예수님을 영접하지도 않은 상태였기에 이 곡의
가사가 어떤 의미인지 전혀 생각하지도 않고 아무 생각 없이 손
뼉 치며 부르곤 했었다. 하지만 예수님을 영접하고 영적으로 어
느 정도 성장하여 '휴거'라는 것을 알게 되었을 때 이 복음송이
단순히 즐겁고 경쾌하게 손뼉 치며 부르는 노래가 아니라 두렵
고 떨리는 메시지가 담긴 노래라는 것을 알게 되었을 때 얼마나
놀랐는지 모른다.

1. 파랄람바노

이 가스펠 송(gospel song)은 마24:40-41을 바탕으로 만들

어진 노래이다.

"그 때에 두 사람이 밭에 있으매 한 사람은 데려가고 한 사람은 버려둠을 당할 것이요 두 여자가 맷돌질을 하고 있으매 한 사람은 데려가고 한 사람은 버려둠을 당할 것이니라" (마24:40-41)

40-41절에 나오는 말씀에서 '데려가고'라는 말씀이 '휴거'를 의미하는데, '데려가고'의 헬라어 원어는 '파랄람바노'이다. 이 '파랄람바노'라는 단어는 '데리고 오다', '상속하다'는 두 가지 의미가 있다. '파랄람바노'는 '~의 곁에'를 뜻하는 '파라'와 '취하다, 데리고 오다'를 뜻하는 '람바노'의 합성어인데 이 두 단어의 뜻을 합하여 '~의 곁으로 데리고 오다'라는 의미가 되며, '상속하다'라는 의미까지 포함하면 '(주님) 곁으로 데리고 와서 (천국을) 상속시키다'는 의미가 된다. 그런데 70인 역에서 '파랄람바노'라는 단어를 사용한 히브리어는 '라카흐'와 '야라쉬' 두 단어였다. 그렇다면 '라카흐'와 '야라쉬'는 어느 성경 구절에 쓰였으며, 무슨 의미일까?

히) '라카흐' = '취하다, 데려오다'라는 의미로서 다음 성경 구절에 사용되었다.

"에녹이 하나님과 동행하더니 하나님이 그를 데려가시므로(라카흐) 세상에 있지 아니하였더라" (창5:24)
"건너매 엘리야가 엘리사에게 이르되 나를 네게서 데려감을(라카흐) 당하기 전에 내가 네게 어떻게 할지를 구하라 엘리사가 이르되 당신의 성령이 하시는 역사가 갑절이나 내게 있게 하소서 하는지라 이르되 네가 어려운 일을 구하는도다 그러나 나를 네게서 데려가시는(라카흐) 것을 네가 보면 그 일이 네게 이루어지려니와 그렇지 아니하면

이루어지지 아니하리라 하고 두 사람이 길을 가며 말하더니 불 수레
와 불 말들이 두 사람을 갈라놓고 엘리야가 회오리 바람으로 하늘로
올라가더라" (왕하2:9-11)

구약 성경을 보면 죽음을 맛보지 않고 산 채로 하늘(heaven)
로 올라간 사람이 에녹과 엘리야인데, 하나님께서 에녹과 엘리
야를 데려가셨다고 했을 때 사용된 단어가 '라카흐' 즉, '파랄람
바노'로서, 에녹과 엘리야를 '주님 곁에 두고 천국을 상속시키기
위하여 데려가신 것'이다. 할렐루야!

'라카흐'라는 단어가 쓰인 곳이 또 있다.

"리브가가 일어나 여자 종들과 함께 낙타를 타고 그 사람을 따라가니
그 종이 리브가를 데리고(라카흐) 가니라" (창24:61)

아브라함은 이삭의 아내를 얻기 위하여 '가나안 족속의 딸 중
에서 내 아들을 위하여 아내를 택하지 말고 고향 내 족속에게로
가서 내 아들 이삭을 위하여 아내를 택하리라(창24:3-4)'고 자
신의 종을 갈대아 우르에 보내었는데 하나님께서 아브라함의 종
을 인도하셔서 리브가를 만나게 하셨고, 리브가는 이삭의 아내
가 되기 위하여 그 종을 따라갔고, 그 종이 리브가를 '데리고' 갔
는데 '라카흐'라는 단어를 사용하였다. 그 종은 왜 리브가를 데
리고 갔을까? 리브가를 이삭의 '아내로 삼기 위하여' 데리고 간
것이며, 이삭은 리브가를 아내로 맞이했을 때 '라카흐'라는 단어
를 사용하였다.

"이삭이 리브가를 인도하여 그의 어머니 사라의 장막으로 들이고 그를
맞이하여(라카흐) 아내로 삼고 사랑하였으니 이삭이 그의 어머니를

주님 오시리 곧 오시리

장례 한 후에 위로를 얻었더라" (창24:67)

히브리어 '라카흐'는 '취하다, 데리고 오다'라는 의미 외에 '아내로 삼다'라는 의미도 있음을 알 수 있다. 그러므로 '라카흐' = '(아내로 삼기 위하여) 취하다, 데리고 오다'는 의미가 되기 때문에 '라카흐' = '파랄 람바노' = '아내로 삼기 위하여 취하다, 데리고 가(오)다' = '예수님의 신부로 삼기 위하여 데리고 가다'의 의미가 되는 것이다.

다시 말씀드리면 마24:40-41에서 '두 사람이 밭에 있으매 한 사람을 데려가고', '두 여자가 맷돌질을 하고 있으매 한 사람은 데려간' 이유와 목적은 '예수님의 영적 신부로 삼기 위하여 데리고 가다'는 의미이다. 그런즉 휴거의 목적은, 하나님께서 신부의 영성을 갖춘 성도들을 '예수님의 영적 신부로 삼기 위하여 데리고 가시는 것'이다.

또한 구약에서 하나님께서 에녹과 엘리야를 산 채로 데려가신 (라카흐) 이유도 에녹과 엘리야를 '예수님의 영적 신부로 삼기 위하여 데려가신 것'이며, 예수님께서 공중에 강림하실 때(살전 4:16-17) 영적으로 깨어 있는 성도들을 공중으로 데려가시는 (파랄람바노) 이유도 신랑 되신 예수님의 '영적 신부로 삼기 위해서' 데리고 가시는 것이다. 할렐루야!

예수님의 초림이 이 세상의 모든 사람들을 구원하시기 위함이라면, 예수님의 공중 강림(살전4:16-17)의 목적은 구원받은 하나님의 자녀들 가운데에서 영적으로 장성하여 성령 충만의 기름 부음 가운데 영적으로 깨어있는 성도들을 예수님의 신부로 삼기 위한 것이다. 할렐루야!

그리고 70인 역 성경에서는 히브리어 '야라쉬'를 헬라어 '파랄람바노'로 번역을 하였는데, 히브리어 '야라쉬'는 성경 어느 구절에서 사용되었는지 보자.

> "아브람이 또 이르되 주께서 내게 씨를 주지 아니하셨으니 내 집에서 길린 자가 내 상속자가 될 것이니이다(야라쉬) 여호와의 말씀이 그에게 임하여 이르시되 그 사람이 네 상속자가 아니라 네 몸에서 날 자가 네 상속자가 되리라(야라쉬) 하시고" (창15:3-4)

> "그의 영혼은 평안히 살고 그의 자손은 땅을 상속하리로다(야라쉬)" (시25:13)

여기에서 '야라쉬'라는 단어가 '상속하다'라는 의미이므로 '야라쉬' = '파랄람바노' = '하나님 아버지의 유업을 상속받도록 하기 위해 데려가시는 것'을 의미한다.

> "그때에 두 사람이 밭에 있으매 한 사람은 데려가고 한 사람은 버려둠을 당할 것이요 두 여자가 맷돌질을 하고 있으매 한 사람은 데려가고 한 사람은 버려둠을 당할 것이니라" (마24:40-41)

그러므로 주님께서 밭에 있는 두 사람 중 한 사람, 맷돌질을 하고 있는 두 여자 중에서 한 사람을 데려가시는(파랄람바노) 이유는 '주님의 신부 삼아 주님 곁에 두시고(라카흐) 하늘나라를 유업으로 받도록(야라쉬) 하시기 위해, 혹은 하늘나라를 상속시키기(야라쉬) 위해 데려가시는 것'이다. 이것이 휴거의 목적인 것이다. 할렐루야!

에녹과 엘리야는 이 땅에 살면서 거룩한 신부의 영성으로 살았으며 하나님께서는 에녹과 엘리야를 '예수님의 영적 신부로

주님 오시리 곧 오시리

삼아 예수님 곁에 있도록 할 뿐 아니라, 천국에서 하나님의 유업을 상속받게 하시기 위하여 산 채로 들림 받게 하셨음'을 알 수 있으며, 마24:40-41에서 '데려가신' 성도들도, 구약의 에녹과 엘리야처럼, '예수님의 영적 신부로 삼아 예수님 곁에 있도록 할 뿐 아니라, 천국에서 하나님의 유업을 상속받게 하시기 위하여' 데려가심을 알 수 있다. 할렐루야!

그러므로 신랑 되신 예수님께서 공중에 강림하실 때 들림 받는 성도들은 그리스도의 신부 영성이 있는 성도들이며, 예수님께서는 그들을 주님의 신부로 삼아 영원토록 예수님 곁에 있게 하실 뿐 아니라 천국을 상속받게 하시기 위하여 데려가시는 것이다. 할렐루야!

그러므로 이 글을 읽는 모든 성도들은 그리스도의 영적 신부가 되어서 예수님께서 공중 강림하실 때 꼭 들림 받아서 영원토록 신랑 되신 예수님 곁에 있을 뿐 아니라 하나님 아버지께서 약속하신 천국을 상속받길 간절히 기도한다.

41

신부 예복을 입으라

회개하고 예수님을 믿는 성도들에게 하나님께서 입혀주시는 영적인 옷은 두 종류다.

첫째는, 예수님을 영접하고 구원받은 성도들에게 입혀주시는 '구원의 옷'이고,

둘째는, '구원의 옷'을 입은 성도들이 거룩함과 정결함 가운데

말씀에 순종하며 살며, 신랑 되신 예수님을 사모하는 성도들에게 입혀주셔서 예수 그리스도께서 공중에 강림하실 때 휴거 될 수 있는 자격을 주는 '신부 예복'이다.

사61:10 말씀은 이 두 가지 옷에 대하여 말하고 있다.

"내가 여호와로 말미암아 크게 기뻐하며 내 영혼이 나의 하나님으로 말미암아 즐거워하리니 이는 그가 구원의 옷을 내게 입히시며 공의의 겉옷을 내게 더하심이 신랑이 사모를 쓰며 신부가 자기 보석으로 단장함 같게 하셨음이라" (사61:10)
"이는 그가 내게 구원의 옷을 입히시고 의의 겉옷으로 두르시기를 터번으로 단장한 신랑처럼 그녀의 패물로 치장한 신부처럼 나를 두르셨기 때문이다(히브리헬라어 직역성경)" (사61:10)

사61:10에서 말하고 있는 '구원의 옷'과 '공의의 겉옷'에 대하여 알아보자.

1. 구원의 옷

아담과 하와는 범죄 한 뒤 벌거벗은 자신들을 보며 부끄러움과 수치심을 느꼈고, 무화과나무 잎을 엮어 치마로 삼아 죄로 인한 부끄러움과 수치를 가렸다.

"이에 그들의 눈이 밝아져 자기들이 벗은 줄을 알고 무화과나무 잎을 엮어 치마로 삼았더라" (창3:7)

아담과 하와가 만들어 입은 무화과나무 잎 치마는 며칠이 지나지 않아서 말라서 떨어져 버리고 그들의 부끄러움과 수치는 다시 드러날 것이다.

그래서 하나님께서는 아담과 하와를 위하여 가죽옷을 지어 입히셨다.

"여호와 하나님이 아담과 그의 아내를 위하여 가죽옷을 지어 입히시니라" (창3:21)

가죽옷을 만들려면 짐승이 죽어야 하고, 짐승이 죽을 때 피를 흘리게 된다. 하나님께서는 아담과 하와에게 피 흘린 짐승의 가죽으로 만든 옷을 지어 입히심으로써 그들의 죄와 수치를 가려주셨다.

하나님께서 아담과 하와에게 지어 입혀주신 피 흘린 짐승의 가죽으로 만든 옷은, 훗날 예수 그리스도께서 인간의 죄와 수치를 가려주시기 위해 십자가에서 피 흘리심으로 입혀주시는 '구원의 옷'의 예표다. 아담과 하와가 입은 가죽옷, 즉 '구원의 옷'을 입은 것을 사도 바울은 '그리스도로 옷을 입었다'고 하였다.

"누구든지 그리스도와 합하기 위하여 세례를 받은 자는 그리스도로 옷 입었느니라" (갈3:27)

세례는 회개하고 예수 그리스도를 마음에 영접한 사람이 거듭나서 죄 사함과 구원을 받고 의롭게 되어 하나님의 자녀와 언약 백성이 된 사실을, 하나님과 천사들 및 구원받은 교회공동체 앞에서 공개적으로 확증하는 것이다.

애굽에서 430년 동안 노예 생활하다가 어린양의 피로 구원을 받은 이스라엘 백성들이 '홍해를 건넌 사건'을 성경은 '세례 받았다'고 말한다.

"형제들아 나는 너희가 알지 못하기를 원하지 아니하노니 우리 조상들이 다 구름 아래에 있고 바다 가운데로 지나며 모세에게 속하여 다 구름과 바다에서 세례를 받고" (고전10:1-2)

그러므로 '세례'는 '구원'과 관계된 것이기 때문에 '그리스도와 합하기 위하여 세례'를 받은 것을 '그리스도로 옷 입었느니라'고 말하는 것이다. 즉 '그리스도로 옷 입은 것' = '구원의 옷 입은 것'을 말한다. 예수 그리스도를 구주로 영접하여 구원받은 사람은 '생명책(계20:15)'에 기록되기 때문에 생명책에 기록된 모든 사람들은 모두 '구원의 옷'을 입은 사람들이다.

2. 신부 예복

'구원의 옷'을 입고 '하나님의 자녀(요1:12)'된 성도들이 영적으로 성장하면서, 예수 그리스도의 가르침대로 살려고 하는 '그리스도의 제자(마28:19)'가 되기도 하고, 말과 행동, 삶 가운데에서 주위 사람들에게 그리스도의 향기를 풍김으로써 '그리스도인(행11:26)'이라고 일컬음을 받기도 하고, 사단과 영적 전투를 하며 영혼들을 구원하고, 치유하고, 살리는 '그리스도의 군사(딤후2:3-4)'가 되기도 하며, 그리스도께서 맡기신 일들을 감당하는 '그리스도의 종(마25:21)'이 되기도 한다. 그런데 성경에서 말하는 성도들의 가장 존귀하고 가장 영광스런 호칭은 '예수 그리스도의 신부'이다. '하나님의 귀한 자녀', '그리스도의 신실한 제자', '작은 예수', '그리스도의 군사', '그리스도의 충성된 종' 등도 좋은 호칭들이나, 천국에서 가장 존귀하고 영광스런 호칭은 '그리스도의 신부'라는 호칭이다. 만약 여러분들이 내가 말하는 '그리스도의 신부'가 가장 존귀하고 영광스런 호칭임을 이미 깨달았으면 여러분들은 참으로 복된 성도이다. 왜냐하면 '그리스도의 신부'라는 호칭이 가장 존귀하고 영광스러운 것임을 이미 깨달은 성도들은, 밭에 감추어진 보화를 발견하여 자기의 모든 소유를 다 팔아서 그 밭을 산 사람처럼(마13:44), 어떻게 해서든지 '그리스도의 신부'가 되려고 할 것이기 때문이다.

하나님께서 우리들을 구원하신 궁극적인 목표는 '그리스도의 신부'로 삼기 위함이다. 그렇기 때문에 요한 계시록은 어린양의 혼인 잔치에 그리스도의 신부로 참여하는 성도들이 가장 복된 사람이라고 말하고 있다.

"우리가 즐거워하고 크게 기뻐하며 그에게 영광을 돌리세 어린 양의 혼인 기약이 이르렀고 그의 아내가 자신을 준비하였으므로... 천사가 내게 말하기를 기록하라 어린 양의 혼인 잔치에 청함을 받은 자들은 복이 있도다 하고 또 내게 말하되 이것은 하나님의 참되신 말씀이라 하기로" (계19:7,9)

하나님의 구원이 완성된 새 예루살렘 성은 '그리스도의 신부'들이 신랑 되신 예수 그리스도와 영원히 사는 곳이다.

"또 내가 보매 거룩한 성 새 예루살렘이 하나님께로부터 하늘에서 내려오니 그 준비한 것이 신부가 남편을 위하여 단장한 것 같더라" (계21:2)

이처럼 천국에서 가장 존귀하고 영광스런 존재는 '그리스도의 신부'들이기 때문에 천국은 마치 예수 그리스도를 위하여 혼인 잔치를 베푼 것과 같다고 말한다.

"천국은 마치 자기 아들을 위하여 혼인 잔치를 베푼 어떤 임금과 같으

니" (마22:2)

　그렇다면 혼인 잔치에는 예수님을 믿고 구원만 받으면 누구나
다 참여할 수 있는가?

　그렇지 않다. 혼인 잔치에는 반드시 '예복'을 입어야 참여할
수 있다. '예복'을 입지 않으면 '성 밖 어두운 데로 쫓겨나서 슬
피 울며 이를 갈게' 된다고 성경은 말하고 있다.

> "임금이 손님들을 보러 들어올 새 거기서 예복을 입지 않은 한 사람을
> 보고 이르되 친구여 어찌하여 예복을 입지 않고 여기 들어왔느냐 하
> 니 그가 아무 말도 못하거늘 임금이 사환들에게 말하되 그 손발을 묶
> 어 바깥 어두운 데에 내던지라 거기서 슬피 울며 이를 갈게 되리라 하
> 니라" (마22:11-13)

　임금이신 하나님께서는 '예복을 입지 않은 한 사람'을 보았다.
다른 사람들은 모두 '예복'을 입었는데, 오직 '한 사람'만 '예복'
을 입지 않은 것이었다. 여기서 말하는 '예복'은 '구원의 옷'이
아니다! '구원의 옷'은 '죄와 수치를 가려주는 영적 속옷'이다.
'구원의 속옷'을 입고 혼인 잔치에 참여하는 사람이 있는가? 없
다! '예복'은 '겉옷'이다. 그래서 사61:10에서 '신부 예복'을 의
의 '겉옷'이라고 말하는 것이다. '예복' = '예' + '복' = '가모스
(결혼식)' + '엔뒤마(옷, 외투)' = '결혼식에 입는 겉옷'이다. 예
복은 일반 정장도 아니다. 예복은 '결혼식 예복'이다. 결혼식에
'예복'을 입고 결혼식에 참석하는 사람들은 '신랑과 신부' 둘밖
에 없다. 그러므로 혼인 잔치에 앉아 있는 사람들은 모두 '신부
예복을 입고 있는 그리스도의 신부들'이다. 잔치에 참여한 사람
들은 '손님'이 아니라 '신부들'이다.

"종들이 길에 나가 악한 자나 선한 자나 만나는 대로 모두 데려오니 혼인 잔치에 손님들이 가득한지라 임금이 손님들을 보러 들어올 새 거기서 예복을 입지 않은 한 사람을 보고" (마22:10-11)

마22:10-11 말씀에서 '손님들'이라고 번역했는데 이는 잘못된 번역이다. 이들은 '손님들'이 아니라 '신부들'이다. 손님들은 예복을 입지 않는다. 손님들은 결례를 범하지 않는 범위에서 단정하게 입기만 하면 된다. 만약 손님이 예복을 입었다면, 감히 신랑, 신부도 아닌데 결혼식 예복을 입었기 때문에 그 손님을 쫓아내야 한다. 그러나 신부는 반드시 예복을 입어야 한다. 예복을 입지 않은 한 사람을 제외한 모든 손님들이 모두가 결혼식 예복을 입고 있었다. 이것은 이들이 '손님들이 아니라 신부들'이라는 것을 말하고 있다. '손님들'로 번역된 헬라어 원어는 '아나케이마이'인데 이 단어는 '손님'이라는 의미의 명사가 아니라 '의지하다, 식탁에 기대다'라는 의미의 동사다.

3. '신부'들을 '손님'들로 잘못 번역하였다

'손님'으로 번역된 헬라어 원어 '아나케이마이'는 신약성경에서 14회 나오는데, '눕다, 식탁에 기대다', '앉다', '음식을 먹다'라는 의미로 사용되었다.
'아나케이마이'가 사용된 성경 말씀들을 보자.

"회당장의 집에 함께 가사 떠드는 것과 사람들이 울며 심히 통곡함을 보시고 들어가서 그들에게 이르시되 너희가 어찌하여 떠들며 우느냐 이 아이가 죽은 것이 아니라 잔다 하시니 그들이 비웃더라 예수께서 그들을 다 내보내신 후에 아이의 부모와 또 자기와 함께 한 자들을 데리시고 아이 있는(아나케이마이) 곳에 들어가사 그 아이의 손을 잡고 이르시되 달리다굼 하시니 번역하면 곧 내가 네게 말하노니 소녀야 일어나라 하심이라" (막5:38-41)

예수님은 회당장 야이로의 딸이 '있는' 곳에 들어가셨을 때 '아나케이마이' 라는 단어를 사용하였다. 회당장 야이로의 딸은 '손님(아나케이마이)'이 아니다. '아나케이마이'를 '손님'으로 번역하면 오역(誤譯)이 된다.

계속해서 '아나케이마이'가 사용된 말씀들을 보자.

"예수께서 마태의 집에서 앉아 음식을 잡수실(아나케이마이) 때에 많은 세리와 죄인들이 와서 예수와 그의 제자들과 함께 앉았더니(파라케이마이) 바리새인들이 보고 그의 제자들에게 이르되 어찌하여 너희 선생은 세리와 죄인들과 함께 잡수시느냐" (마9:10-11)

"그 후에 열한 제자가 음식 먹을 때에(아나케이마이) 예수께서 그들에게 나타나사 그들의 믿음 없는 것과 마음이 완악한 것을 꾸짖으시니 이는 자기가 살아난 것을 본 자들의 말을 믿지 아니함일러라" (막16:14)

"여기 한 아이가 있어 보리떡 다섯 개와 물고기 두 마리를 가지고 있나이다 그러나 그것이 이 많은 사람에게 얼마나 되겠사옵나이까 예수께서 이르시되 이 사람들로 앉게 하라 하시니 그 곳에 잔디가 많은지라 사람들이 앉으니 수가 오천 명쯤 되더라 예수께서 떡을 가져 축사하신 후에 앉아 있는(아나케이마이) 자들에게 나눠 주시고 물고기도 그렇게 그들의 원대로 주시니라" (요6:9-11)

"예수께서 이 말씀을 하시고 심령이 괴로워 증언하여 이르시되 내가

　　　　　　　　　　주님 오시리 곧 오시리

진실로 진실로 너희에게 이르노니 너희 중 하나가 나를 팔리라 하시니 제자들이 서로 보며 누구에게 대하여 말씀하시는지 의심하더라 예수의 제자 중 하나 곧 그가 사랑하시는 자가 예수의 품에 의지하여 누웠는(아나케이마이)지라 시몬 베드로가 머릿짓을 하여 말하되 말씀하신 자가 누구인지 말하라 하니 그가 예수의 가슴에 그대로 의지하여 말하되 주여 누구니이까 예수께서 대답하시되 내가 떡 한 조각을 적셔다 주는 자가 그니라 하시고 곧 한 조각을 적셔서 가룟 시몬의 아들 유다에게 주시니 조각을 받은 후 곧 사탄이 그 속에 들어간지라 이에 예수께서 유다에게 이르시되 네가 하는 일을 속히 하라 하시니 이 말씀을 무슨 뜻으로 하셨는지 그 앉은(아나케이마이) 자 중에 아는 자가 없고 어떤 이들은 유다가 돈궤를 맡았으므로 명절에 우리가 쓸 물건을 사라 하시는지 혹은 가난한 자들에게 무엇을 주라 하시는 줄로 생각하더라" (요13:21-29)

'아나케이마이'가 '앉아 있는', '앉아 음식을 먹는', '의지하여 기대있는' 등으로 번역되어 사용되었는데, 마22:10-11에서만 '손님들'로 오역(誤譯)하였다.

이는 혼인잔치의 비유를 잘못 해석해서 그렇게 번역한 것이다.

"천국은 마치 자기 아들을 위하여 혼인 잔치를 베푼 어떤 임금과 같으니 그 종들을 보내어 그 청한 사람들을 혼인 잔치에 오라 하였더니 오기를 싫어하거늘... 네거리 길에 가서 사람을 만나는 대로 혼인 잔치에 청하여 오라 한 대" (마22:2-3,9)

마22:3,9 말씀에서 혼인 잔치에 오라고 '초청했다'고 하니까 혼인 잔치에 '하객'으로 초청된 줄로 생각해서 '손님'으로 오역(誤譯)한 것이다. 그렇다면 '하객' 즉, '손님'이 '결혼식 예복'을 입지 않았다고 바깥 어두운 데로 내어 쫓으라고 한 것이 된다.

아니, '손님'이 '결혼식 예복'을 입지 않았다고 '손발을 묶고', '바깥 어두운 데에 내던지다'니, 이런 넌센스가 어디 있는가? 손님은 당연히 '결혼식 예복'을 입지 않아야 한다. 오히려 손님이 결혼식 예복을 입었다면, 결혼 당사자도 아닌데, 결혼식 예복을 입었기 때문에 내쫓아야 한다.

마22:3,9 말씀에서 혼인 잔치에 오라고 '초청'한 것은 '손님'으로 초청한 것이 아니라, '신부'로 초청한 것이다. 왕이신 하나님은 독생자이신 예수 그리스도의 신부로 성도들을 초청한 것이다. 성도들은 예수 그리스도의 신부로 초청되었기 때문에 당연히 '결혼식 예복'을 입고 혼인 잔치에 참석해야 하는 것이다. 그래서 모든 사람들이 신부 예복을 입고 잔치에 참석했는데, 한 사람은 신부 예복을 입지 못했기 때문에 손발이 묶여서 바깥 어두운 데로 쫓겨나게 된 것이다. 즉 천국 혼인잔치에는 '하나님의 자녀'라고 해서 참석하는 것이 아니라 반드시 그리스도의 '신부 예복을 입어야' 참석할 수 있음을 말하고 있다.

그래서 계19:7-9 말씀을 보면 그리스도의 혼인 잔치에는 '빛나고 깨끗한 세마포 옷(19:8)' 즉, '신부 예복(마22:11)'을 입은 사람들이 청함을 받았기 때문에 '복이 있다(19:9)'고 한 것이다.

"우리가 즐거워하고 크게 기뻐하며 그에게 영광을 돌리세 어린 양의 혼인 기약이 이르렀고 그의 아내가 자신을 준비하였으므로 그에게 빛나고 깨끗한 세마포 옷을 입도록 허락하셨으니 이 세마포 옷은 성도들의 옳은 행실이로다 하더라 천사가 내게 말하기를 기록하라 어린 양의 혼인 잔치에 청함을 받은 자들은 복이 있도다 하고 또 내게 말하되 이것은 하나님의 참되신 말씀이라 하기로" (계19:7-9)

그러므로 마22:10-11 말씀은 다음과 같이 번역해야 한다.

주님 오시리 곧 오시리

"종들이 길에 나가 악한 자나 선한 자나 만나는 대로 모두 데려오니 혼인 잔치에 '앉아 있는 신부'들이 가득한지라 임금이 '앉아 있는 신부'들을 보러 들어올 새 거기서 예복을 입지 않은 한 사람을 보고" (마22:10-11)

혹은 다음과 같이 번역해야 한다.

"종들이 길에 나가 악한 자나 선한 자나 만나는 대로 모두 데려오니 혼인 잔치에 '음식을 먹는 신부'들이 가득한지라 임금이 '음식을 먹는 신부'들을 보러 들어올 새 거기서 예복을 입지 않은 한 사람을 보고" (마22:10-11)

4. '공의의 겉옷'이 '신부 예복'이다

그렇기 때문에 사61:10에서 '신부 예복'을 '공의의 겉옷'이라고 말하고 있는 것이다.

"내가 여호와로 말미암아 크게 기뻐하며 내 영혼이 나의 하나님으로 말미암아 즐거워하리니 이는 그가 구원의 옷을 내게 입히시며 공의의 겉옷을 내게 더하심이 신랑이 사모를 쓰며 신부가 자기 보석으로 단장함 같게 하셨음이라" (사61:10)

'그(하나님)가 구원의 옷'을 내게 입히셨다고 했는데, 이 구원의 옷은 죄와 수치를 가려주는 '영적 속옷'이다. 그다음 말씀을 보면 '그(하나님)가 공의의 겉옷을 더하심이'라고 하였다. 죄와 수치를 가려주는 '구원의 옷'을 입혀주신 하나님께서 그 '구원의 옷'에 '공의의 겉옷'을 더 입게 해주셨다. 그런데 이 '공의의 겉옷'은 '신랑이 사모를 쓰며 신부가 자기 보석으로 단장함 같은 것'이라고 말하고 있다. '공의의 겉옷'은 예수 그리스도께서 공의로 다스리시고 통치하시는 분이시므로 신랑 되신 예수 그리스도께서 입으신 신랑 예복이다.

> "또 내가 하늘이 열린 것을 보니 보라 백마와 그것을 탄 자가 있으니 그 이름은 충신과 진실이라 그가 공의로 심판하며 싸우더라"(계19:11)

'신랑 예복' 즉 '공의의 겉옷'을 입으신 예수 그리스도께서는 공의로 신앙생활을 한 성도들에게 '공의의 겉옷' 즉 '신부 예복'을 입혀주심으로써 결혼식에 참여하도록 해주시는 것이다. 그러므로 '공의의 겉옷'은 '신부 예복'이다.

5. '빛나고 깨끗한 세마포'도 신부 예복이다

그리스도의 신부들이 입는 '신부 예복'을 요한 계시록에서는 어린 양의 혼인 잔치에 청함을 받은 신부들이 입는 '빛나고 깨끗한 세마포'라고 말하고 있다.

> "우리가 즐거워하고 크게 기뻐하며 그에게 영광을 돌리세 어린 양의 혼인 기약이 이르렀고 그의 아내가 자신을 준비하였으므로 그에게 빛나고 깨끗한 세마포 옷을 입도록 허락하셨으니 이 세마포 옷은 성도들의 옳은 행실이로다 하더라 천사가 내게 말하기를 기록하라 어린 양의 혼인 잔치에 청함을 받은 자들은 복이 있도다"(계19:7-9)

이 '빛나고 깨끗한 세마포'는 신부 된 성도들에게 입혀주시는 옷인데, 이 옷은 '옳은 행실'로 신앙생활을 한 성도들에게 입혀

주시는 옷이기 때문에 '공의의 겉옷'과 같은 옷이다. 그러므로 '신부 예복' = '빛나고 깨끗한 세마포 옷' = '옳은 행실(공의)의 삶을 산 성도들에게 입혀주시는 옷' = '공의의 겉옷'인 것이다. 할렐루야!

> "내가 여호와로 말미암아 크게 기뻐하며 내 영혼이 나의 하나님으로 말미암아 즐거워하리니 이는 그가 구원의 옷을 내게 입히시며 공의의 겉옷을 내게 더하심이 신랑이 사모를 쓰며 신부가 자기 보석으로 단장함 같게 하셨음이라" (사61:10)
> "이는 그가 내게 구원의 옷을 입히시고 의의 겉옷으로 두르시기를 터번으로 단장한 신랑처럼 그녀의 패물로 치장한 신부처럼 나를 두르셨기 때문이다(히브리헬라어 직역성경)" (사61:10)

6. 계22:14 말씀의 '두루마기'도 신부 예복이다.

계22:14 말씀을 보면 '자기 두루마기를 빠는 자들은 복이 있다'고 말하고 있다. 그렇다면 여기서 말하는 '두루마기'는 '구원의 옷'일까, 아니면 '신부 예복'일까?

'두루마기'의 원어는 '스톨레'인데, '겉옷'이라는 의미이다. 그러므로 '두루마기'는 '신부 예복'이다. 성도가 '신부 예복'을 입었어도 연약하여 죄를 지을 수 있기 때문에 순간순간 회개함으로써 예복을 빨아 깨끗한 상태를 유지해야만 휴거 될 수도 있고, 열두 진주 문을 통하여 천국 성안에도 들어갈 수 있으므로 (계21:10-21) '회개함으로써 두루마기를 빠는 자들이 복이 있다'고 한 것이다. 마지막 때에 가장 복된 성도는, 이 세상의 축복을 많이 받은 성도가 아니라, 거룩한 신부 예복을 입고 '철저히 회개하는' 성도가 진짜 복된 성도이다. 왜냐하면 그들은 새 예루살렘 성안에 들어가는 권세를 받기 때문이다.

"자기 두루마기를 빠는 자들은 복이 있으니 이는 그들이 생명나무에 나아가며 문들을 통하여 성에 들어갈 권세를 받으려 함이로다" (계22:14)

'두루마기'의 헬라어 원어 '스톨레'가 계7:9,13,14 말씀에서 도 사용되었는데, 이 말씀들에서 나오는 '각 나라와 족속과 백성과 방언에서 아무도 능히 셀 수 없는 큰 무리들'은 '대환난에서 어린 양께 나오는 자들'인데, 이들은 '철저한 회개'를 통해서 예수님의 피로 희게 된 '신부 예복'을 입은 자들이다.

"이 일 후에 내가 보니 각 나라와 족속과 백성과 방언에서 아무도 능히 셀 수 없는 큰 무리가 나와 흰 옷을(스톨레) 입고 손에 종려 가지를 들고 보좌 앞과 어린 양 앞에 서서.... 장로 중 하나가 응답하여 나에게 이르되 이 흰 옷(스톨레) 입은 자들이 누구며 또 어디서 왔느냐 내가 말하기를 내 주여 당신이 아시나이다 하니 그가 나에게 이르되 이는 큰 환난에서 나오는 자들인데 어린 양의 피에 그 옷(스톨레)을 씻어 희게 하였느니라" (계7:9,13-14)

하나님께서 성도들에게 입혀주시는 가장 좋은 옷이 무엇인지 깨달았는가? 이제까지는 죄인이 회개하고 예수님을 영접할 때 입혀주시는 '구원의 옷'이라고 믿어왔겠지만 '구원의 옷'을 입은 성도들이 예수 그리스도의 신부 자격을 갖추었을 때 하나님께서 입혀주시는 '신부 예복'이 '제일 좋은 옷'이다. '구원의 옷'으로 지옥의 형벌을 면할 수 있지만, 천국 혼인 잔치에는 참여할 수 없다. '신부 예복'을 입어야 천국 혼인 잔치에 참여할 수 있으니 하나님의 자녀가 되어 '구원의 옷'을 입었다면, 이제는 그리

주님 오시리 곧 오시리

스도의 신부가 되어 '신부 예복'을 입기 위해 힘써야 한다. 그리
스도의 신부 된 성도들에게 입혀주시는 '공의의 겉옷', 즉 '신부
예복'이 하나님께서 성도들에게 입혀주시는 가장 아름답고, 제
일 좋으며, 최고의 영광의 옷이다. 할렐루야!

그러므로 '예복(마22:11)'과 '공의의 겉옷(사61:10)'과 '빛나
고 깨끗한 세마포(계19:8)', 그리고 '두루마기(계22:14)' 등은
모두 그리스도의 신부들이 입는 가장 존귀하고 영광스러운 '신
부 예복'을 말한다.
　모두가 이 '신부 예복'을 입고 신랑 되신 예수님께서 공중에
강림하실 때 들림 받고, 첫째 부활에 참여하는 복된 성도들이 되
길 간절히 바란다.

7. 신부 예복을 입는 조건

어떻게 하면 가장 존귀하고 영광스러운 신부 예복을 입을 수
있을까?
신부 예복을 입을 수 있는 조건은 두 가지다.

**1) 말씀에 순종함으로 공의의 삶(이기는 자의 삶)을 살아야
　　한다.**

반복해서 말씀드리지만 하나님께서는 공의로운 삶을 산 성도
들에게 신부 예복인 '공의의 겉옷'을 입혀주신다.

"내가 여호와로 말미암아 크게 기뻐하며 내 영혼이 나의 하나님으로
　말미암아 즐거워하리니 이는 그가 구원의 옷을 내게 입히시며 공의의

겉옷을 내게 더하심이 신랑이 사모를 쓰며 신부가 자기 보석으로 단장함 같게 하셨음이라" (사61:10)

계19:8 말씀을 보면 어린 양의 혼인 잔치에 청함을 받은 그리스도의 신부들이 '빛나고 깨끗한 세마포'를 입었는데, 이 옷은 하나님 아버지 보시기에 '옳은' 행실로 산, 즉 하나님 말씀에 순종하는 삶을 산 성도들에게 입혀 주신다고 하였다.

"우리가 즐거워하고 크게 기뻐하며 그에게 영광을 돌리세 어린 양의 혼인 기약이 이르렀고 그의 아내가 자신을 준비하였으므로 그에게 빛나고 깨끗한 세마포 옷을 입도록 허락하셨으니 이 세마포 옷은 성도들의 옳은 행실이로다 하더라" (계19:7-8)

계3:4-5 말씀에서 사데 교회에 주시는 말씀을 통해서 '이기는' 자에게 신부 예복인 '흰옷'을 입혀주신다고 했기 때문에, 하나님의 말씀에 불순종하여 죄 가운데 있는 성도들은 입을 수 없고, '하나님의 말씀에 순종함으로써 이기는 성도들'에게 입혀주시는 것을 알 수 있다.

"그러나 사데에 그 옷을 더럽히지 아니한 자 몇 명이 네게 있어 흰 옷을 입고 나와 함께 다니리니 그들은 합당한 자인 연고라 이기는 자는 이와 같이 흰 옷을 입을 것이요 내가 그 이름을 생명책에서 결코 지우지 아니하고 그 이름을 내 아버지 앞과 그의 천사들 앞에서 시인하리라" (계3:4-5)

이처럼 신부 예복은 하나님의 말씀에 순종함으로써 옳고, 의롭고, 이기는 삶을 산 성도들에게 입혀주심을 알 수 있다.

※ 성도들의 옳은 행실의 구체적인 예

그리스도의 신부들이 입는 '빛나고 깨끗한 세마포'는 '옳은 행실'의 삶을 산 성도들에게 입혀주신다고 했는데, 그러면 '옳은 행실'에 대하여 구체적으로 알아보자.

'옳은 행실'의 헬라어 원어는 '디카이오마'인데 '규정, 법령, 의로운 행동'이라는 의미이다. '하나님의 말씀(법령)에 나와 있는 규정대로 순종하며 사는 것이 하나님 앞에서 의로운 행동인데, 이렇게 삶을 산 성도들에게 신부 예복을 입혀주신다'는 의미이다. 그러면 누가 어떤 의로운 행실로 신부 예복을 입을 만한지 좀 더 구체적으로 알아보자.

1. 사가랴와 엘리사벳

"유대 왕 헤롯 때에 아비야 반열에 제사장 한 사람이 있었으니 이름은 사가랴요 그의 아내는 아론의 자손이니 이름은 엘리사벳이라 눅1:6 이 두 사람이 하나님 앞에 의인이니 주의 모든 계명과 규례대로 흠이 없이 행하더라" (눅1:5-6)

세례요한의 부모인 사가랴와 엘리사벳은 하나님 앞에서 의인이라고 하였는데, 여기서 '의인'은 헬라어로 '디카이오스'로서 '의로운'이라는 의미이다. 그러므로 사가랴와 엘리사벳은 '옳은 행실(디카이오마)'의 삶을 산 '의로운(디카이오스)' 사람이라는 의미이다. 그러면 사가랴와 엘리사벳은 어떤 '옳은 행실'의 삶을 살았는가? 눅1:6 말씀대로 그 두 사람들은 '주의 모든 계명과 규례대로 흠이 없이 행하더라'라는 말씀에서 알 수 있듯이,

① 주의 '모든' 계명과 규례대로 행하였다.

대부분의 성도들은 자기가 좋아하는 말씀, 자기가 듣기 좋은 말씀, 실천하기 쉬운 말씀, 축복된 말씀 등을 행한다. 그러나 사가랴와 엘리사벳은, 자신들이 좋아하는 말씀, 자신들에게 유익이 되는 말씀, 자신들의 귀에 달콤한 말씀들만 골라서 행한 것이 아니라 '모든' 말씀에 순종하여 행하였다. 이것이 신부 예복을 입을 만한 '옳은 행실'이다. 당신은 사가랴와 엘리사벳과 같이, 주의 '모든' 계명과 규례대로 행하는 '옳은 행실'이 있는가?

② 주의 모든 계명과 규례대로 행함으로써 '흠이 없었다.'

사가랴와 엘리사벳은 주의 '모든' 계명과 규례대로 행함으로써 다른 사람들에게 비난받을 만한 것이 하나도 없었다. '흠이 없이'의 헬라어 '아멤프토스'는 '비난할 것이 없는'이라는 의미이다. 그 두 사람들에게는 남들에게 비난받을 만한 것이 하나도 없었다. 그렇다! '옳은 행실'이란 다른 사람들에게 비난받을 것이 없는 삶이다. 신부 예복을 입을 만한 사람은 남들에게 비난받을 만한 것이 없어야 한다.
당신은 사가랴와 엘리사벳과 같이, '다른 사람들에게 비난받을 만한 것이 전혀 없는 옳은 행실'의 삶을 살고 있는가? 그렇다면 당신은 '빛나고 깨끗한 세마포'인 '신부 예복'을 입을 자격이 있을 것이다.

2. 요셉

"그의 남편 요셉은 의로운 사람이라 그를 드러내지 아니하고 가만히

끊고자 하여" (마1:19)

　성경은 마리아의 남편 요셉을 '의로운(디카이오스)' 사람이라
고 말한다. 요셉이 신부 예복을 입을 만한 '옳은 행실(디카이오
마)'의 삶을 살았다는 말이다. 마리아가 예수님을 성령으로 잉태
한 뒤부터 마리아의 배가 점점 불러왔다. 그것을 본 요셉은 마음
이 괴로웠고 갈등하기 시작하였다. 자신과 약혼한 마리아가 다
른 남자와 불륜을 저지르고 아이를 임신한 줄 알았다. 자신과 약
혼한 마리아가 다른 남자의 아이를 임신하다니… 있을 수 없는
일이 벌어진 것이다. 주위 사람들은 마리아가 임신한 아이가 요
셉의 아이인 것으로 생각하였을 것이다. 그런데 요셉이 마리아
의 불륜을 다른 사람들에게 말하면, 요셉은 자신의 의로움을 증
명할 수는 있지만 마리아는 돌에 맞아 죽게 된다. 요셉은 사랑하
는 마리아를 돌에 맞아 죽게 하면서까지 자신의 의로움을 드러
내고 싶지 않았다. 그래서 요셉은 마리아와의 약혼을 '조용히'
끊으려고 하였다. 그렇다! 이것이 요셉의 '옳은 행실'이었다. 수
많은 사람들은 자신의 의를 드러내기 위하여 다른 사람들의 잘
못을 비난하고 책망한다. 자신의 의를 드러내기 위하여 다른 사
람들의 잘못을 비난하고 책망하는 것은 '옳은 행실'이 아니다.
'옳은 행실'이란 다른 사람들의 잘못을 드러내지 않고, '덮어
주는 것'이다. 노아가 술을 마시고 취하여 하체를 드러내고 잠
을 자고 있을 때, 이것을 본 가나안의 아버지 함은 그의 두 형제
에게 알려주면서 아버지의 실수를 드러내었다(창9:22). 그러나
'셈'과 '야벳'은 옷을 가져다가 자기들의 어깨에 메고 뒷걸음쳐
들어가서 그들의 아버지의 하체를 덮었으며 얼굴을 돌이키고 아
버지의 하체를 보지 아니하였다(창9:23). 그렇다! 다른 사람들
의 실수, 잘못을 드러내어 비난하고 정죄하는 것은 마귀적인 것
이다. 다른 사람들의 실수, 잘못을 드러내지 않고 조용히 덮어주

는 것이 '옳은 행실'이다.

당신은 요셉과 셈과 야벳 같이, '다른 사람들의 실수, 잘못 등을, 비난하거나 다른 사람들에게 드러내지 않고, 조용히 덮어주는 옳은 행실'이 있는가? 그렇다면 당신은 '빛나고 깨끗한 세마포'인 '신부 예복'을 입을 자격이 있을 것이다.

3. 시므온

"예루살렘에 시므온이라 하는 사람이 있으니 이 사람은 의롭고 경건하여 이스라엘의 위로를 기다리는 자라 성령이 그 위에 계시더라"
(눅2:25)

성경은 시므온을 '의로운(디카이오스)' 사람이라고 말한다. 시므온이 신부 예복을 입을 만한 '옳은 행실(디카이오마)'의 삶을 살았다는 것이다. 시므온의 '옳은 행실'은 세 가지로 나타났다.

① 경건한 삶을 살았다.

시므온의 '옳은 행실(디카이오마)'은 경건하게 산 삶으로 나타났다. 경건이란 '고아와 과부를 그 환난 중에 돌보고 또 자기를 지켜 세속에 물들지 아니하는' 것이다(약1:27). 시므온의 '옳은 행실(디카이오마)'은 '고아와 과부를 그 환난 중에 돌보고 또 자기를 지켜 세속에 물들지 아니하는' 삶으로 나타났다.

당신은 시므온과 같이 '고아와 과부를 그 환난 중에 돌보고 또 자기를 지켜 세속에 물들지 않는 옳은 행실'이 있는가? 그렇다면 당신은 '빛나고 깨끗한 세마포'인 '신부 예복'을 입을 자격이 있을 것이다.

② 이스라엘의 위로를 기다리며 살았다.

'이스라엘의 위로'란 하나님께서 언약하신 메시야가 이 땅에 오셔서 이스라엘을 회복하실 때 받는 위로를 말한다(사40-55장). 시므온의 '옳은 행실(디카이오마)'은 '하나님께서 언약하신 메시야가 이 땅에 오셔서 이스라엘을 회복하심을 기다리는' 삶으로 나타났다.

당신은 시므온과 같이 '주님이 속히 이 땅에 오시기를 기다리고 있는가? 그리고 주님께서 속히 오셔서 예수 그리스도로 인해 고난받는 당신을 위로해주시기를 기다리는 옳은 행실'이 있는가?

그렇다면 당신은 '빛나고 깨끗한 세마포'인 '신부 예복'을 입을 자격이 있을 것이다.

③ 성령님이 그 위에 계셨다

시므온이 '옳은 행실(디카이오마)'의 삶을 살자 성령님께서 그 위에 계시면서 시므온과 동행해주셨다. 시므온의 '옳은 행실'은 성령님께서 동행해주시는 표적(sign)으로 나타났다.

당신도 시므온과 같이 '성령님께서 동행해주심으로 나타나는 옳은 행실'의 표적(sign)이 있는가? 그렇다면 당신은 '빛나고 깨끗한 세마포'인 '신부 예복'을 입을 자격이 있을 것이다.

4. 아리마대 요셉

"공회 의원으로 선하고 의로운 요셉이라 하는 사람이 있으니 (그들의 결의와 행사에 찬성하지 아니한 자라) 그는 유대인의 동네 아리마대 사람이요 하나님의 나라를 기다리는 자라 그가 빌라도에게 가서 예수의 시체를 달라 하여 이를 내려 세마포로 싸고 아직 사람을 장사한 일이 없는 바위에 판 무덤에 넣어 두니 이 날은 준비일이요 안식일이 거의 되었더라" (눅23:50-54)

성경은 '아리마대 요셉'을 '의로운(디카이오스)' 사람이라고 말한다. 요셉이 신부 예복을 입을 만한 '옳은 행실(디카이오마)'의 삶을 살았다는 의미이다. 요셉의 '옳은 행실'은 세 가지로 나타났다.

① 공회의 결의와 행사에 찬성하지 아니하였다

산헤드린 공회에서 거짓 증인들을 세워 예수님을 모함한 뒤 죽이기로 결정했을 때, 요셉은 신앙 양심상 그런 거짓된 것을 받아들일 수 없었고 찬성할 수도 없었다. 요셉은 자신의 신앙 양심에 반하는 불의의 일, 거짓된 일에 가담하지 않음으로써 '옳은 행실'을 나타냈다. '옳은 행실이란 '양심을 속이는 불의의 일, 거짓된 일에 가담하지 않는 것'이다. 사도 바울도 범사에 양심을 따라서 하나님을 섬겼다고 말했다.

"바울이 공회를 주목하여 이르되 여러분 형제들아 오늘까지 나는 범사에 양심을 따라 하나님을 섬겼노라 하거늘" (행23:1)
"이것으로 말미암아 나도 하나님과 사람에 대하여 항상 양심에 거리낌이 없기를 힘쓰나이다" (행24:16)

당신도 요셉, 사도 바울과 같이 '항상 양심에 거리낌이 없기를 힘쓰며, 범사에 양심을 따라 하나님을 섬기는 옳은 행실'이 있는가? 그렇다면 당신은 '빛나고 깨끗한 세마포'인 '신부 예복'을

주님 오시리 곧 오시리

입을 자격이 있을 것이다.

② 하나님의 나라를 기다리는 자였다

요셉은 돈이 많은 부자(마27:57)이면서, 이스라엘의 최고 의결기관으로서 이스라엘의 전반적인 모든 문제를 가지고 결정하는 산헤드린 공회원이라는 세상의 높은 권세를 가진, 세상에서 가장 성공한 사람이지만 그는, 이 땅을 바라보지 않고, 하나님께서 다스리는 천국을 바라보며 하나님이 언약하신 메시야를 기다리는 '옳은 행실'이 있었다. 이 세상의 높은 권세와 많은 물질이 있어도 하나님께서 다스리는 천국을 바라보고, 하나님이 언약하신 메시야를 기다리는 믿음으로 사는 것이 '옳은 행실'이다.

당신도 요셉처럼, 이 세상의 성공이 아닌, 하나님께서 다스리는 천국을 바라보고, 주님의 오심을 기다리는 '옳은 행실'이 있는가? 그렇다면 당신은 '빛나고 깨끗한 세마포'인 '신부 예복'을 입을 자격이 있을 것이다.

③ 예수님의 시체를 달라 하여 장사 지냈다

예수님께서 십자가에서 돌아가시자 제자들이 자신들도 죽일지 모르는 유대인들을 두려워하여 모인 곳의 문들을 닫고(요20:19) 숨어 있는 상황임에도 불구하고 산헤드린 공회원인 요셉은 '죽으면 죽으리라'는 담대한 믿음으로 예수님의 시체를 달라고 하여 장사를 지내는 삶으로 '옳은 행실'을 나타내었다. '옳은 행실'이란 '죽으면 죽으리라'는 믿음으로 '예수 그리스도를 위하여 고난을 받고 죽는 것조차 두려워하지 않는 것'이다.

당신도 요셉과 같이 '예수 그리스도를 위하여 고난을 받고 죽는 것조차 두려워하지 않는 옳은 행실'이 있는가? 그렇다면 당신은 '빛나고 깨끗한 세마포'인 '신부 예복'을 입을 자격이 있을 것이다.

이제까지 말씀드린 대로 우리들은 그리스도의 신부 예복을 입을 수 있을 만큼 '옳은 행실'들이 있는가?

그렇지 않다. 우리들의 마음은 만물보다 심히 거짓되고 부패되었다(렘17:9). 예수님을 사랑한다 하면서도 이 세상을 사랑하며, 하늘의 영광보다 이 땅의 영광을 원하며, 돈을 사랑하고, 육신의 정욕과 안목의 정욕과 이생의 자랑을 끊지 못하고 여전히 그것들의 영향 아래 살고 있다. 우리는 하늘의 영광보다 이 땅의 성공을 원하고, 오직 예수 그리스도를 높이는 겸손함보다는 내 자신의 의를 더 드러내는 교만함이 은연중에 드러나며, 우리들의 마음과 생각은 음란하며, 탐심이라는 우상이 마음속에 있으며, 사람들에게 분노하며 다투고, 때로는 원수를 맺고 당을 지어 분열하며, 다른 사람들이 잘되는 것을 볼 때 시기하고 질투하며, 세상의 즐거움이라는 술에 취하며, 절제하지 못하고 방탕한 육체의 일(갈5:19-21)에 머물러 있으면서 우리들을 거룩하게 하시려는 성령을 거스르며(갈5:17), 때로는 악하고 독하며, 다른 사람들을 비방하고, 용서하지 않음으로써 성령을 근심시키며(엡4:30), 이런 죄들을 회개하지 않음으로써 성령이 소멸(살전5:19)되기까지 한다. '이런 죄들을 온전히 끊지 못하면' 공의의 겉옷(사61:10), 즉 신부 예복을 입지 못하게 되어 하나님의 나라를 유업으로 받지 못하여(갈5:21), 새 예루살렘 성에 들어갈 수 없을 뿐 아니라 성 밖으로 쫓겨나서 거기서 슬피 울며 이를 갈게 된다(마22:13).

그렇다면 영·혼·육 모두가 더러워진 우리가 어떻게 해야 신부 예복을 입을 수 있을까?

주님 오시리 곧 오시리

'오직 회개' 밖에 없다. 우리들이 죄를 자백하면 예수 그리스도의 피가 죄로 인해서 더러워진 우리들의 영과 혼과 육을 깨끗하게 씻어 준다.

"만일 우리가 우리 죄를 자백하면 그는 미쁘시고 의로우사 우리 죄를 사하시며 우리를 모든 불의에서 깨끗하게 하실 것이요" (요일1:9)
"그 아들 예수의 피가 우리를 모든 죄에서 깨끗하게 하실 것이요"
(요일1:7)

그런데 죄에서 완전히 돌이키지 않으면 다람쥐 쳇바퀴 돌듯이 죄를 짓는 삶과 죄를 자백하는 삶이 반복될 뿐이다. 이런 삶으로는 신부 예복을 입을 수 없다. 설령 예복을 입었더라도 반복되는 죄로 인해서 예복이 더러워지게 되며, 예복이 더러워지면 들림받을 수 없다. 죄를 뿌리 뽑고 돌이키는 회개만이 신부 예복을 입게 하고, 신부 예복을 입은 후에도 거룩하고 정결한 삶을 유지할 수 있다. 그러므로 오랫동안 반복적으로 죄를 지어서 나의 인격의 일부분이 되고 습관이 된 죄, 마음과 생각과 삶에 깊이 인(印)이 박힌 죄들을 뿌리 뽑아야 한다. 죄를 뿌리 뽑는 것은 우리의 힘과 능력으로 안 되고 성령의 능력으로 가능하기 때문에(슥4:6) 철저히 회개하고 성령의 역사로 뿌리 뽑아야만 한다. 그래야만 신부 예복을 입을 수 있고, 예복을 입은 후에도 빛나고 깨끗한 예복을 유지할 수 있다.

그러므로 하나님의 말씀에 순종함으로써 옳고, 의롭고, 이기는 삶을 살아야 하고, 불순종함으로써 뿌리 내린 죄들을 철저히 회개함으로써(시51편) 마음이 청결하고(마5:8), 거룩하고 정결한 심령을 가진 성도가 되어야 신부 예복을 입을 수 있을 것이다.

2) 사모함

신부 예복을 입을 수 있는 두 번째 조건은 '사모함'이다.
하나님은 사모하는 영혼을 만족케 하시며 주린 영혼에게 좋은 것으로 채워주시는 분이시다.

"그가 사모하는 영혼에게 만족을 주시며 주린 영혼에게 좋은 것으로 채워주심이로다" (시107:9)

하나님은 사슴이 시냇물을 찾기에 갈급함 같이 간절한 마음으로 하나님을 찾는 사람을 만나주시듯이 은혜를 간절히 사모하는 자에게 은혜를 베푸시고, 천국을 간절히 사모하는 자에게 천국의 비밀을 깨닫게 하시며, 성령 충만을 간절히 사모하는 자에게 성령 충만의 기름 부으심을 주시며, 그리스도를 간절히 사모하며 그리스도의 신부가 되길 원하는 성도들에게 신부 예복을 입혀주신다.

"하나님이여 사슴이 시냇물을 찾기에 갈급함 같이 내 영혼이 주를 찾기에 갈급하니이다" (시42:1)

주님께서는, 주님을 사랑하여 주님 한 분 만으로 만족하며, 주님의 말씀을 사랑하여 주님의 말씀에 전적으로 순종하는 삶을 사는 성도들, 그리고 주님과의 사랑의 교제를 방해하는 크고 작은 모든 죄들을 철저히 회개하여 거룩함과 정결함 가운데 주님의 순결한 신부가 되기를 사모하는 성도들에게 신부 예복을 입혀주신다.

"나를 사랑하는 자들이 나의 사랑을 입으며 나를 간절히 찾는 자가 나

를 만날 것이니라" (잠8:17)

그러므로 주님이 주시는 축복보다, 주님이 주시는 능력보다, 주님이 주시는 기름 부음보다, 주님이 주시는 물질보다 주님 자체를 사랑하는 성도가 되어야 한다. 주님의 말씀이라면 무조건 아멘하고 순종하는 성도가 되어야 한다. 주님의 말씀에 순종하지 못하여 지은 모든 죄들은 철저히 회개함으로써 거룩하고 정결한 신부가 되길 사모하여 모두가 신부 예복을 입기를 간절히 소원한다.

8. 신부 예복을 입기만 하면 휴거할 수 있는가?

이 말은 '한 번 구원의 옷을 입기만 하면 모두 구원받는가?'와 같은 질문이다.
한 번 구원받으면 영원히 구원받는가?
아니면, 구원받은 사람들이 잘못하게 되면 구원이 무효 될 수 있는가? 히6:4-6 말씀은 한 번 구원받았더라도 타락하면 구원을 상실할 수도 있다고 말하고 있다.

"한 번 빛을 받고 하늘의 은사를 맛보고 성령에 참여한바 되고 하나님의 선한 말씀과 내세의 능력을 맛보고도 타락한 자들은 다시 새롭게 하여 회개하게 할 수 없나니 이는 그들이 하나님의 아들을 다시 십자가에 못 박아 드러내 놓고 욕되게 함이라" (히6:4-6)

한 때 사도 바울의 동역자였던 데마에 대하여 사도 바울은 자신이 가장 마지막으로 썼던 디모데후서를 통하여 데마가 세상을 사랑하여 자신을 버리고 세상으로 갔다고 했다. 세상을 사랑하여 세상으로 간 데마가 여전히 구원의 반열에 있을 수 있었을까? 그렇지 않을 것이다.

"사랑을 받는 의사 누가와 또 데마가 너희에게 문안하느니라"
(골4:14)
"또한 나의 동역자 마가, 아리스다고, 데마, 누가가 문안하느니라"
(몬1:24)

"데마는 '이 세상을 사랑하여' 나를 버리고 데살로니가로 갔고 그레스게는 갈라디아로, 디도는 달마디아로 갔고" (딤후4:10)

그래서 성경은 구원받은 사람들의 이름이 적혀있는 생명책에서 얼마든지 지워질 수 있다고 말한다. 즉 구원은 무효가 될 수도 있다. 계3:5 말씀에서 이기는 자가 되지 못하면 생명책에서 지워질 수도 있음을 말하고 있다.

"이기는 자는 이와 같이 흰 옷을 입을 것이요 내가 그 이름을 생명책에서 결코 지우지 아니하고 그 이름을 내 아버지 앞과 그의 천사들 앞에서 시인하리라" (계3:5)

그리고 예수님을 믿고 구원을 받은 사람이라도 대환난 때 666 표를 받으면 구원을 상실하고 하나님의 진노의 포도주를 마시게 되어 불과 유황으로 고난을 받는다고 말하고 있다.

"또 다른 천사 곧 셋째가 그 뒤를 따라 큰 음성으로 이르되 만일 누구든지 짐승과 그의 우상에게 경배하고 이마에나 손에 표를 받으면 그도 하나님의 진노의 포도주를 마시리니 그 진노의 잔에 섞인 것이 없이 부은 포도주라 거룩한 천사들 앞과 어린 양 앞에서 불과 유황으로 고

주님 오시리 곧 오시리

난을 받으리니 그 고난의 연기가 세세토록 올라가리로다 짐승과 그의 우상에게 경배하고 그의 이름 표를 받는 자는 누구든지 밤낮 쉼을 얻지 못하리라 하더라" (계14:9-11)

이렇듯이 성경은 구원의 옷을 입었더라도 얼마든지 구원을 상실할 수도 있음을 말하고 있다.

신부 예복도 마찬가지이다. 아무리 신부 예복을 입었더라도 다시 죄 가운데에서 살면 신부 예복은 더러워지게 되고, 결국 신부 예복은 벗겨지게 되어 그리스도의 신부 자격을 상실하게 될 것이다. 그렇기 때문에 신부 예복을 입은 성도들은 날마다 회개하면서 신부 예복이 더러워지지 않도록 힘써야 하며, 날마다 순간순간 회개함으로써 자신이 입은 신부 예복이 더러워지지 않노록 빠는 성도들이 복이 있으며, 신부 예복을 빠는 성도만이 새 예루살렘 성안에 들어갈 권세를 받아 생명나무의 열매를 먹을 수 있다.

"자기 두루마기를 빠는 자들은 복이 있으니 이는 그들이 생명나무에 나아가며 문들을 통하여 성에 들어갈 권세를 받으려 함이로다"
(계22:14)

그러므로 이 글을 읽는 모든 성도들은 철저히 회개하면서 그리스도의 신부 예복 입기를 사모하라!

그러면 주님께서는 어느 순간에 신부 예복을 입혀주실 것이다. 그리고 신부 예복을 입은 후에도 순간순간 철저히 회개를 하면서 두루마기를 빨아 신부 예복이 빛나고 깨끗한 세마포처럼 되어 신랑 되신 주님께서 공중에 강림하실 때 모두가 들림 받기를 소원한다. 할렐루야!

42

성 안에 들어가는 성도들,
성 밖 어두운 곳에서
슬피 울며 이를 가는 성도들

주님의 오심에 대한 책을 쓰려고 기도할 때 주님께서는, 내가 전혀 생각지도 않았던, 두 가지 주제에 대한 내용을 '반드시' 써야 한다고 말씀하셨는데 그 두 가지 가운데 하나가 바로 '성 안에 들어가는 성도들과 성 밖 어두운 곳에서 슬피 울며 이를 가는 성도들'에 대한 내용으로써, 주님께서는 '반드시' 써야 한다고 말씀하셨다.

부족한 저의 계획에는 이 책을 '41장 신부 예복을 입으라'까지 써서 성도들이 신부 예복을 입고 영적으로 깨어 있다가 예수님께서 공중 강림하실 때 휴거할 수 있도록 준비시키는 것이 목적이었다. 그런데 책 쓰는 것에 대하여 기도할 때 주님께서는 '성 밖 어두운 곳에서 슬피 울며 이를 가는 성도들'에 관한 내용을 '반드시' 써야 한다고 말씀하셨다. 나는 주님의 그 음성을 듣고 나서 이제야 책을 출판하게 하시는 주님의 뜻을 알게 되었다. 이전에도 책이 출판되도록 여러 번 기도하였으나 어쩐 일인지 주님께서는 허락하지 않으셨다. 나는 주님께서 왜 허락하지 않으시는지 전혀 알 수 없었으나 '언젠가는 책을 출판하리라' 생각하고 책에 들어갈 내용들은 하나씩 정리하여 놓기만 하였다. 그러던 중 이제야 주님께서 출판하도록 하셨는데, 주님께서 이제야 허락하신 이유는 바로 '42. 성 안에 들어가는 성도들, 성 밖에서 슬피 울며 이를 가는 성도들'에 관한 내용 때문인 것이다. 왜냐하면 '42장'의 내용은 주님께서 서사라 목사님이 쓴 책들

주님 오시리 곧 오시리

을 보게 하심으로써 가장 최근에 깨닫게 해주신 진리이기 때문이다. 주님께서 서사라 목사님의 책들을 통해서 가장 크게 깨닫게 하신 것은 두 가지인데, 그중 하나가 '성 안'과 '성 밖'에 대한 내용이다. 나는 서사라 목사님의 책들을 보고서야 그동안 의문을 가졌던 '바깥 어두운 곳'에 대한 것이 깨달아졌고, '성 안'과 '성 밖'에 대한 내용은 모든 성도들이 '반드시' 알아야 할 중요한 진리라고 여겨서 교회에서 계속해서 설교했는데, 주님께서는 '42장'의 내용이 이 책에 반드시 들어가서 모든 성도들이 '성 안'과 '바깥 어두운 곳'에 대하여 분명히 알기 원하시는 것이다.

이 책에서 나오는 '성 안'과 '성 밖'에 대한 내용은 서사라 목사님의 책들을 통해 깨닫게 된 것들을 바탕으로 쓴 것임을 밝히며, '성 안'과 '성 밖'에 대하여 깨닫게 해주신 주님과 서사라 목사님께 깊은 감사를 드린다.

원하기는 내 눈에 있던 비늘을 벗겨주셔서(행9:18) '성 안'과 '성 밖'에 대하여 깨닫게 해주신 성령님께서 이 '41장'을 읽는 모든 여러분들의 눈에 있는 비늘도 벗겨주셔서 '성 안'과 '성 밖'에 대하여 깊이 깨닫게 해주시기를 간절히 기도한다.

성경을 볼 때마다 궁금증을 불러일으키는 성경 구절들이 있었는데 그중 하나는 다음 성경 구절들이다.

"천국은 마치 자기 아들을 위하여 혼인 잔치를 베푼 어떤 임금과 같으니…. 임금이 손님들을 보러 들어올 새 거기서 예복을 입지 않은 한 사람을 보고 이르되 친구여 어찌하여 예복을 입지 않고 여기 들어왔느냐 하니 그가 아무 말도 못하거늘 임금이 사환들에게 말하되 그 손발을 묶어 바깥 어두운 데에 내던지라 거기서 슬피 울며 이를 갈게 되리라 하니라" (마22:2,11-13)

위의 말씀은 예수님의 혼인 잔치의 비유 말씀인데, 혼인 잔치에 초대된 사람들 중 어느 한 사람이 '예복'을 입지 않은 채로 잔치에 참여한 것을 본 임금은 사환들에게 명하여 그 사람을 '바깥 어두운 데에 내던지라'라고 했으며, '바깥 어두운 데에 내던져진' 사람은 '거기서 슬피 울며 이를 갈게 되리라'는 내용이다.

이 말씀에서 '임금' = '하나님 아버지', '자기 아들을 위한 혼인 잔치' = '성도들이 예수 그리스도의 영적 신부가 되어 예수님과 결혼식을 올리는 잔치', '예복' = '예수 그리스도의 신부들이 입는 신부 예복', '사환들' = '천사들'을 의미하는데, 그렇다면 왕이신 하나님께서 신부 예복을 입지 않은 사람을 '바깥 어두운 데에 내던지라'고 하셨는데, 그렇다면 '바깥 어두운 데'는 어디인가?

'바깥 어두운 데' = '지옥'인가?

'바깥 어두운 데'를 거의 모든 목사님들은 '지옥'이라고 설교하고 있고, 대부분의 거의 모든 성도들도 '지옥'이라고 믿고 있다.

물론 나도 전에는 '바깥 어두운 데' = '지옥'으로 생각하였었다. 그런데 하나님께서는 서사라 목사님의 책들을 통해서 눈의 비늘을 벗겨주셔서(행9:18) '바깥 어두운 데'가 '지옥'을 말하는 것이 아님을 깨닫게 되었다. 왜냐하면 성경에서 지옥에 대하여 말할 때 항상 공통적으로 사용하는 단어가 있는데, 그것은 '불'이다. 성경에서 지옥에 대하여 설명할 때 항상 '불'이라는 단어를 사용하였다.

1. 지옥은 불이다

1) 예수님께서 말씀하신 지옥

다음 성경 구절들을 보면 예수님께서 지옥에 대하여 말씀하실

주님 오시리 곧 오시리

때 '지옥 = 불'이라고 하셨음을 알 수 있다.

> "나는 너희에게 이르노니 형제에게 노하는 자마다 심판을 받게 되고
> 형제를 대하여 라가라 하는 자는 공회에 잡혀가게 되고 미련한 놈이
> 라 하는 자는 지옥 불에 들어가게 되리라" (마5:22)
> "만일 네 손이나 네 발이 너를 범죄하게 하거든 찍어 내버리라 장애인
> 이나 다리 저는 자로 영생에 들어가는 것이 두 손과 두 발을 가지고 영
> 원한 불에 던져지는 것보다 나으니라 만일 네 눈이 너를 범죄하게 하
> 거든 빼어 내버리라 한 눈으로 영생에 들어가는 것이 두 눈을 가지고
> 지옥 불에 던져지는 것보다 나으니라" (마18:8-9)

계속해서 예수님께서는 막9:43-48 말씀을 통해서 '지옥 = 꺼
지지 않는 불'이라고 말씀하셨다.

> "만일 네 손이 너를 범죄하게 하거든 찍어버리라 장애인으로 영생에
> 들어가는 것이 두 손을 가지고 지옥 곧 꺼지지 않는 불에 들어가는 것
> 보다 나으니라 만일 네 발이 너를 범죄하게 하거든 찍어버리라 다리
> 저는 자로 영생에 들어가는 것이 두 발을 가지고 지옥에 던져지는 것
> 보다 나으니라 만일 네 눈이 너를 범죄하게 하거든 빼버리라 한 눈으
> 로 하나님의 나라에 들어가는 것이 두 눈을 가지고 지옥에 던져지는
> 것보다 나으니라 거기(지옥)에서는 구더기도 죽지 않고 불도 꺼지지
> 아니하느니라" (막9:43,45,47-48)

2) 예수님께서 말씀하신 음부

예수님께서 부자와 나사로의 비유를 통해서, 예수님을 믿지
않은 부자가 죽은 후에 간 음부에 대하여 말씀하실 때도 '음부 =
불'이라고 말씀하셨다.

"이에 그 거지가 죽어 천사들에게 받들려 아브라함의 품에 들어가고 부자도 죽어 장사되매 그가 음부에서 고통중에 눈을 들어 멀리 아브라함과 그의 품에 있는 나사로를 보고 불러 이르되 아버지 아브라함이여 나를 긍휼히 여기사 나사로를 보내어 그 손가락 끝에 물을 찍어 내 혀를 서늘하게 하소서 내가 이 불꽃 가운데서 괴로워하나이다"
(눅16:22-24)

3) 야고보서에서 말하는 지옥

"혀는 곧 불이요 불의의 세계라 혀는 우리 지체 중에서 온 몸을 더럽히고 삶의 수레바퀴를 불사르나니 그 사르는 것이 지옥 불에서 나느니라" (약3:6)
"혀는 불과 같습니다. 혀는 우리 몸의 한 부분이지만 온몸을 더럽히고 세상살이의 수레바퀴에 불을 질러 망쳐버리는 악의 덩어리입니다. 그리고 혀 자체도 결국 지옥 불에 타버리고 맙니다" (약3:6 공동번역)

4) 요한 계시록에서 말하는 지옥

"또 내가 보니 죽은 자들이 큰 자나 작은 자나 그 보좌 앞에 서 있는데 책들이 펴 있고 또 다른 책이 펴졌으니 곧 생명책이라 죽은 자들이 자기 행위를 따라 책들에 기록된 대로 심판을 받으니 바다가 그 가운데에서 죽은 자들을 내주고 또 사망과 음부도 그 가운데에서 죽은 자들을 내주매 각 사람이 자기의 행위대로 심판을 받고 사망과 음부도 불못에 던져지니 이것은 둘째 사망 곧 불못이라 누구든지 생명책에 기록되지 못한 자는 불못에 던져지더라" (계20:12-15)

계20:15 말씀을 보면 생명책에 기록되지 못한 자들, 즉 구원받지 못한 자들은 죄의 심판을 받아서 '불못'에 던져진다고 했는데, 이것을 둘째 사망이라고 하였으며(계20:14), 계21:8에서도 '둘째 사망=불과 유황으로 타는 못'이라고 말하고 있다.

> "그러나 두려워하는 자들과 믿지 아니하는 자들과 흉악한 자들과 살인 자들과 음행하는 자들과 점술가들과 우상 숭배자들과 거짓말하는 모든 자들은 불과 유황으로 타는 못에 던져지리니 이것이 둘째 사망이라" (계21:8)

그러므로 '예수님께서 말씀하신 지옥', '부자가 사후에 간 음부', '야고보서의 지옥', '둘째 사망'은 모두 '불타는 곳'임을 알 수 있다.

마22:13 말씀에서 예복을 입지 않은 사람이 만약 지옥에 갔다면 계21:8 말씀처럼 '불과 유황으로 타는 못에 던져라'고 했어야 하는데, 그렇게 말씀하지 않으시고 '바깥 어두운 데'에 내던지라고 하신 것은 '바깥 어두운 데가 지옥이 아닌 다른 장소'이기 때문이다. '불타는 지옥'이 예수님을 믿지 않은 '불신자가 가는 곳'이라면, '바깥 어두운 데'='예복을 입지 않은 사람이 가는 곳'임을 알 수 있다. 그렇기 때문에 '예복'을 입지 않은 사람을 바깥 어두운 곳에 내던지라고 한 것이다.

> "임금이 손님들을 보러 들어올 새 거기서 예복을 입지 않은 한 사람을 보고 이르되 친구여 어찌하여 예복을 입지 않고 여기 들어왔느냐 하니 그가 아무 말도 못하거늘 임금이 사환들에게 말하되 그 손발을 묶어 바깥 어두운 데에 내던지라 거기서 슬피 울며 이를 갈게 되리라 하니라" (마22:11-13)

2. 바깥 어두운 데는 어디인가

'바깥 어두운 곳'의 '바깥'은 영어로 'outside'이다.

"임금이 사환들에게 말하되 그 손발을 묶어 바깥(outside) 어두운 데
에 내던지라 거기서 슬피 울며 이를 갈게 되리라 하니라" (마22:13)
"그 나라의 본 자손들은 바깥(outside) 어두운 데 쫓겨나 거기서 울며
이를 갈게 되리라" (마8:12)
"이 무익한 종을 바깥(outside) 어두운 데로 내쫓으라 거기서 슬피 울
며 이를 갈리라 하니라" (마25:30)

영어 단어 'outside'는 '어떤 장소의 밖(외부)'을 의미한다.
그렇다면 지옥은 천국의 바깥(outside)인가, 아니면 다른 장소인
가? 눅16:26 말씀을 보면 지옥은 천국의 밖(outside)이 아니라
큰 구렁텅이(크게 벌어진 구멍, 깊이 갈라진 틈)가 있어서 서로
분리된 곳임을 알 수 있다.

"그뿐 아니라 너희와 우리 사이에 큰 구렁텅이가 놓여 있어 여기서 너
희에게 건너가고자 하되 갈 수 없고 거기서 우리에게 건너올 수도 없
게 하였느니라" (눅16:26)

그렇다면 '바깥'은 '어느 곳'의 '밖'을 말하는 것일까?
계22:14-15 말씀을 보면 '안과 밖'에 대하여 말하고 있다.

"자기 두루마기를 빠는 자들은 복이 있으니 이는 그들이 생명나무에
나아가며 문들을 통하여 '성(안)에 (into the city)'들어갈 권세를 받
으려 함이로다 개들과 점술가들과 음행하는 자들과 살인자들과 우상
숭배자들과 및 거짓말을 좋아하며 지어내는 자는 다 '성 밖(outside)'

주님 오시리 곧 오시리

에 있으리라" (계22:14-15)

위 말씀에서 자기 두루마기를 빠는 자들은 '성 안으로(into the city)' 들어갈 권세를 받지만, 개들과 점술가들과 음행하는 자들과 살인자들과 우상 숭배자들과 및 거짓말을 좋아하며 지어내는 자는 다 '성 밖(outside)'에 있게 된다고 말하고 있다. 여기에서 '성(city)'은 계21:1-2 말씀의 '새 예루살렘 성'을 말한다.

"또 내가 새 하늘과 새 땅을 보니 처음 하늘과 처음 땅이 없어졌고 바다도 다시 있지 않더라 또 내가 보매 거룩한 성 새 예루살렘이 하나님께로부터 하늘에서 내려오니 그 준비한 것이 신부가 남편을 위하여 단장한 것 같더라" (계21:1-2)

계22:14-15 말씀은 새 예루살렘 성이, '성 안(in)'과 '성 밖(outside)' 두 부분으로 나누어져 있다고 말하면서, '자기 두루마기를 빠는 자들'은 '성 안(in)으로 들어가고', '개들과 점술가들과 음행하는 자들과 살인자들과 우상 숭배자들과 및 거짓말을 좋아하며 지어내는 자들'은 모두 '성 밖(outside)으로 간다'고 말하고 있다. '개들과 점술가들과 음행하는 자들과 살인자들과 우상 숭배자들과 및 거짓말을 좋아하며 지어내는 자들'이 가는 '성 밖(outside)'이 바로 '바깥 어두운데'인 것이다.

이런 놀라운 일이 있는가?

우리들은 이제까지 예수님을 믿고 죽으면 모두가 '슬픔도, 눈물도, 고통도, 아픔도 없는 천국에 간다'고 믿어왔는데, 천국에 갔더라도 천국의 '성 안'에 들어갔는지 아니면 '성 밖'으로 가서 거기서 슬피 울며 이를 갈고 있는지 모르지 않은가? 천국 '성 안'에 들어갔으면 다행이지만 안타깝게도 '성 밖'으로 가서 매를 맞고 슬피 울며 이를 갈고 있게 되면 끔찍하지 않겠는가? 천국에 '가는(go)' 것도 중요하지만 천국 '성 안에 들어가는(enter)' 것은 더 중요할 것이다. 지옥에 가지 않고 '성 밖'이라도 천국에 갔으니 다행이라고 할 수 있겠지만 일평생 신앙생활 해놓고 '성 밖'으로 간다면 얼마나 억울할 것인가? 그러므로 우리들의 신앙생활의 목표는 천국에 '가는(go)' 것이 아니라 천국 '성 안'에 '들어가는(enter)' 것이어야 한다.

3. 성경은 천국에 '간다(go)'고 하지 않고 '들어간다(enter)'고 말한다.

성경은 하나님의 나라와 천국에 대하여 말할 때 하나님의 나라(혹은 천국)에 '들어간다(enter)'고 말하고 있다.

천국은 이긴 자들이 들어가는, '하나님의 영광이 해같이 빛나는 성 안(inside)'과 이기지 못한 자들이 가서 매를 맞으면서 슬피 울며 이를 가는 '성 밖(outside) 어두운 데'로 나누어져 있는데, 천국에 '간다(go)'는 말은 '성 안(inside)'으로 들어갈 수도 있고, '성 밖(outside)'으로 갈 수도 있는데, 예수님을 믿고 구원을 받았더라도 '성 안(inside)'에 들어가는 것과 '성 밖(outside)'에 가는 것은 하늘과 땅 차이이다.

그래서 예수님께서 하나님의 나라(혹은 천국)에 대하여 말씀하실 때 하나님의 나라에 '간다(go)'라고 말씀하시지 않고 '들어간다(enter)'라고 말씀하신 것이다. 예수님께서는 천국 '성 안'과 '성 밖'에 대하여 누구보다도 더 잘 알고 계시기 때문이다.

"만일 네 눈이 너를 범죄하게 하거든 빼버리라 한 눈으로 하나님의 나라에 들어가는(enter) 것이 두 눈을 가지고 지옥에 던져지는 것보다 나으니라" (막9:47)

"내가 진실로 너희에게 이르노니 누구든지 하나님의 나라를 어린 아이와 같이 받들지 않는 자는 결단코 그곳에 들어가지(enter) 못하리라 하시고" (막10:15)

"예수께서 둘러 보시고 제자들에게 이르시되 재물이 있는 자는 하나님의 나라에 들어가기(enter)가 심히 어렵도다 하시니" (막10:23)

재물이 있는 자가 천국에 '가는(go)' 것은 쉽다. 예수 그리스도를 구주로 믿으면 갈 수 있기 때문이다. 그러나 천국에 '들어가는(enter)' 것은 심히 어렵다. 재물보다 하나님과 사람들을 더 사랑하여, 300데나리온의 향유를 예수님께 아낌없이 부은 마리아처럼, 하나님과 사람들을 위하여 아낌없이 사용해야 하기 때문이다.

"제자들이 그 말씀에 놀라는지라 예수께서 다시 대답하여 이르시되 얘들아 하나님의 나라에 들어가기(enter)가 얼마나 어려운지 낙타가 바늘귀로 나가는 것이 부자가 하나님의 나라에 들어가는(enter) 것보다 쉬우니라 하시니" (막10:24-25)

"예수께서 대답하시되 진실로 진실로 네게 이르노니 사람이 물과 성령으로 나지 아니하면 하나님의 나라에 들어갈(enter) 수 없느니라" (요3:5)

"내가 너희에게 이르노니 너희 의가 서기관과 바리새인보다 더 낫지 못하면 결코 천국에 들어가지(enter) 못하리라" (마5:20)

"나더러 주여 주여 하는 자마다 다 천국에 들어갈(enter) 것이 아니요 다만 하늘에 계신 내 아버지의 뜻대로 행하는 자라야 들어가리라(enter)" (마7:21)

"이르시되 진실로 너희에게 이르노니 너희가 돌이켜 어린 아이들과 같이 되지 아니하면 결단코 천국에 들어가지(enter) 못하리라" (마18:3)

위 말씀도 어린아이와 같이 겸손하지 않으면, 지옥에 간다는 말이 아니라, 천국 '성 밖'으로 가서 거기서 슬피 울며 이를 갈게 된다는 말씀이다.

> "예수께서 제자들에게 이르시되 내가 진실로 너희에게 이르노니 부자
> 는 천국에 들어가기(enter)가 어려우니라" (마19:23)
> "화 있을진저 외식하는 서기관들과 바리새인들이여 너희는 천국 문을
> 사람들 앞에서 닫고 너희도 들어가지(enter) 않고 들어가려(enter)
> 하는 자도 들어가지 못하게 하는도다" (마23:13)

사도 바울도 하나님의 나라(혹은 천국)에 대하여 말할 때 하나님의 나라에 '간다(go)'라고 말하시지 않고 '들어간다(enter)'라고 말했다. 그 이유는 사도 바울도 천국 '성 안'과 '성 밖'에 대하여 누구보다도 더 잘 알고 있기 때문이며, 사도 바울이 원하는 것도 천국 '성 밖 어두운 곳에서 매를 맞고 슬피 울며 이를 가는 것'이 아니라, 하나님의 영광이 해 같이 빛나는 '성 안'에서 그리스도의 신부로서 살길 원하시기 때문이다.

> "제자들의 마음을 굳게 하여 이 믿음에 머물러 있으라 권하고 또 우리
> 가 하나님의 나라에 들어가려면(enter) 많은 환난을 겪어야 할 것이
> 라 하고" (행14:22)
> "주께서 나를 모든 악한 일에서 건져내시고 또 그의 천국에 들어가도
> 록(enter) 구원하시리니 그에게 영광이 세세무궁토록 있을지어다 아
> 멘" (딤후4:18)

누구든지 예수님을 구주로 영접하면 천국에 '갈(go)' 수 있기 때문에 천국에 '가는(go)' 것은 쉽다. 그러나 천국에 '들어가는(enter)' 것은 어렵다. 누구든지 들어갈 수 있는 것이 아니라 '신

주님 오시리 곧 오시리

부 예복을 입은 이긴 자'들만 들어갈 수 있기 때문이다.

"청함을 받은 자는 많되 택함을 입은 자는 적으니라" (마22:14)
"적은 무리여 무서워 말라 너희 아버지께서 그 나라를 너희에게 주시
기를 기뻐하시느니라" (눅12:32)

천국 '성 안'에 들어가도록(enter) 초청받은 사람들은 많다.
그러나 실제로 들어가는(enter) 성도들은 적다. 그러므로 천국
에 '가려고(go)' 신앙생활하지 말고, 철저히 회개하고 이기는 자
가 되어서 하나님의 영광이 해같이 빛나는 천국에 '들어가도록
(enter)' 신앙생활을 해야 할 것이다.

4. '바깥 어두운 데'에 대하여 말하고 있는 다른 곳들

그런데 이 '바깥 어두운 데'에 관한 말씀이 마22장 외에 다른
곳에서도 나온다.

1) 한 달란트 받은 무익한 종도 가는 곳

예수님께서는 마25:14-30 말씀을 통해서 달란트 비유를 말
씀하셨는데, 다섯 달란트 받은 자는 바로 가서 그것으로 장사하
여 또 다섯 달란트를 남겼고, 두 달란트 받은 자도 그같이 하여
또 두 달란트를 남겨서 주인(예수님)께 칭찬을 받았으나, 한 달
란트 받은 자는 땅에 감추어 둠으로써 '악하고 게으른 종'이라고
책망을 받았다.

"한 달란트 받았던 자는 와서 이르되 주인이여 당신은 굳은 사람이라

심지 않은 데서 거두고 헤치지 않은 데서 모으는 줄을 내가 알았으므로 두려워하여 나가서 당신의 달란트를 땅에 감추어 두었었나이다 보소서 당신의 것을 가지셨나이다 그 주인이 대답하여 이르되 악하고 게으른 종아 나는 심지 않은 데서 거두고 헤치지 않은 데서 모으는 줄로 네가 알았느냐 그러면 네가 마땅히 내 돈을 취리하는 자들에게나 맡겼다가 내가 돌아와서 내 원금과 이자를 받게 하였을 것이니라 하고 그에게서 그 한 달란트를 빼앗아 열 달란트 가진 자에게 주라 무릇 있는 자는 받아 풍족하게 되고 없는 자는 그 있는 것까지 빼앗기리라 이 무익한 종을 <u>바깥 어두운 데로 내쫓으라 거기서 슬피 울며 이를 갈리라</u> 하니라" (마25:24-30)

예수님은 '악하고 게으른 종'을 '바깥 어두운 데로 내쫓으라 거기서 슬피 울며 이를 갈리라'고 말씀하셨다. 여기에서 말하는 '종'은 예수님을 믿는 사람인가, 아니면 예수님을 안 믿는 사람인가? '종'이라는 단어는 이미 예수님을 믿은 사람들에 대하여 사용하는 단어이지, 예수님을 믿지도 않은 사람들에게 '종'이라고 말하지 않는다. 성경은 예수님을 믿지도 않은 사람에 대하여 종이냐, 종이 아니냐로 구분하지 않는다. 예수님을 믿지 않은 사람들은 그냥 불신자들일 뿐이다. 그러므로 '종'이라는 단어는 예수님을 믿은 사람들에게 사용하는 단어이다. 그런데 예수님은 '악하고 게으른 종'에게 '바깥 어두운 데로 내쫓으라 거기서 슬피 울며 이를 갈리라'고 말씀하셨다. 만약 '바깥 어두운 데'가 지옥이라면, 이미 예수님을 믿은 '악하고 게으른 종'이 지옥에 갈만한 죄를 지었는가? 아니다. 그는 '무익한 종(마25:30)'이었을 뿐이다. '무익한 종'이라고 해서 지옥에 가지는 않는다.

만약 '바깥 어두운 곳'이 지옥이라면 '악하고 게으른 종'이 '생명책에 기록되지 못한 불신자'라는 의미인데, 예수님을 믿지 않은 어떤 사람도 하나님의 종이 될 수도 없고, 예수님을 믿지

주님 오시리 곧 오시리

도 않은 사람들에게는 죄의 심판만 있을 뿐이지, 몇 달란트를 받았는데 몇 달란트를 남겼느냐, 못 남겼느냐에 대한 심판은 하지 않는다. 이 '무익한 종'이 간 곳은 지옥이 아니라 '성 밖', '바깥 어두운 데'이다.

'바깥 어두운 데'에 관한 말씀이 또 나온다.

2) 악한 종들도 가는 곳

예수님께서는 말세에 영적으로 깨어 있어야 하는 것에 대하여 말씀하신 뒤 충성되고 지혜 있는 종과 악한 종에 대하여 말씀하셨다.

"이러므로 너희도 준비하고 있으라 생각하지 않은 때에 인자가 오리라 충성되고 지혜 있는 종이 되어 주인에게 그 집 사람들을 맡아 때를 따라 양식을 나눠 줄 자가 누구냐 주인이 올 때에 그 종이 이렇게 하는 것을 보면 그 종이 복이 있으리로다 내가 진실로 너희에게 이르노니 주인이 그의 모든 소유를 그에게 맡기리라 만일 그 악한 종이 마음에 생각하기를 주인이 더디 오리라 하여 동료들을 때리며 술친구들과 더불어 먹고 마시게 되면 생각하지 않은 날 알지 못하는 시각에 그 종의 주인이 이르러 엄히 때리고 외식하는 자가 받는 벌에 처하리니 거기서 슬피 울며 이를 갈리라" (마24:44-51)

이 말씀에서 충성되고 지혜 있는 종은 자신이 영적으로 깨어 있으면서 성도들로 하여금 영적으로 깨어서 주님 오심을 준비하도록 하는 종을 의미하며, 악한 종의 특징 다음과 같다.

(1) 주인(예수님)은, 곧 오시지 않고, 더디 오실 것이라고 생각한다. (48절)

(2) '주인(예수님)이 속히 오실 수 있으니 깨어 있어야 한다'고 하는 종들을 설교와 글과 방송 등으로 때린다(비방한다). (50절)

(3) 술친구들(세상의 즐거움과 쾌락이라는 술에 취해있는 종들)과 어울리며 영적으로 깨어 있지 않다가 주님을 맞이한다. (50절)

예수님은 이 말씀에서 악한 종은 '거기서', '슬피 울며 이를 갈리라'고 말씀하셨다. 이제까지 본 성경 말씀들을 통해서 '슬피 울며 이를 갈리라'고 한 곳은 다름 아닌 '바깥 어두운 곳'이었다.

"임금이 사환들에게 말하되 그 손발을 묶어 '바깥 어두운 데'에 내던지라 '거기서' '슬피 울며 이를 갈게 되리라' 하니라" (마22:13)
"이 무익한 종을 '바깥 어두운 데'로 내쫓으라 '거기서' '슬피 울며 이를 갈리라' 하니라" (마25:30)
"그 나라의 본 자손들은 '바깥 어두운 데' 쫓겨나 '거기서' '울며 이를 갈게 되리라" (마8:12)

그러므로 마24:51의 '거기'는 '바깥 어두운 데'를 말함을 알 수 있다.

"엄히 때리고 외식하는 자가 받는 벌에 처하리니 거기서 슬피 울며 이를 갈리라" (마 24:51)

그러므로 주님의 오심에 준비되어 있지 않은 악한 종이 간 곳은, 지옥이 아니라, '성 밖', '바깥 어두운 데'이다.

이제까지 말씀드린 것을 정리해보면,

〈지옥＝음부＝둘째 사망＝꺼지지 않는 불 못＝예수님을 믿지 않아 생명책에 기록되지 못한 사람들이 가는 곳〉

"만일 네 손이 너를 범죄하게 하거든 찍어버리라 장애인으로 영생에 들어가는 것이 두 손을 가지고 지옥 곧 꺼지지 않는 불에 들어가는 것 보다 나으니라" (막9:43)

"누구든지 생명책에 기록되지 못한 자는 불못에 던져지더라" (계20:15)

〈바깥 어두운 곳＝천국(혹은 하나님의 나라, 새 예루살렘 성) '성 밖'＝예수님을 믿어서 지옥의 형벌은 면하였으나 '이기는 자'에게 입혀주시는 '신부 예복'을 입지 못해서 '성 안'에 들어가지 못하는 사람들이 가는 곳〉

"임금이 손님들을 보러 들어올 새 거기서 예복을 입지 않은 한 사람을 보고 이르되 친구여 어찌하여 예복을 입지 않고 여기 들어왔느냐 하니 그가 아무 말도 못하거늘 임금이 사환들에게 말하되 그 손발을 묶어 바깥 어두운 데에 내던지라 거기서 슬피 울며 이를 갈게 되리라 하니라" (마22:11-13)

5. 성 밖 어두운 곳에 대하여 증언하는 사람들

1) 제시카 윤 목사

제시카 윤 목사가 쓴 『잠근 동산』이라는 책(p.233-235)을 보면 암으로 돌아가신 어떤 교회의 권사님 이야기가 나온다. 그 권사님은 비록 크리스천이었지만 연약한 믿음으로 말미암아 자신의 임박한 죽음에 대한 공포로 무서워하였는데 제시카 윤 목사와 상담하며 자신의 신앙을 점검하고 재 결신의 기도를 올려드린 후 소천하였다. 그 권사님이 임종한 다음 날 제시카 윤 목사는 예수님과 대화를 하였다.

제시카 : 예수님, 그 권사님은 어디로 갔나요?

예수님 : 성 밖으로 갔단다. 그러나 유황 불못은 아니다. (주님은 침울하고 슬프게 말씀하셨다.)

제시카 : 주님 저는 그분께 반드시 온전하고 철저한 회개를 하고 또 그 회개에 합당한 열매를 즉시 맺어야만 한다고 했어요. 권사님께 그렇게 전했어요.

예수님 : 내가 안다. 너는 내가 그녀에게 보낸 마지막에 광야에서 외치는 회개의 기회의 소리였단다. 그러나 그녀는 겉으로 그때만 했을 뿐, 아무런 진정한 회개도 하지 않았고 어떠한 회개의 열매도 맺지 않았었구나. 그나마 그날 밤에 너랑 했었던 재결신의 기도 때문에 유황 불못은 면한 것이다. 그전에는 구원에 대한 강한 확신조차 잃어버린 상태였단다. 그래서 내가 너를 그녀에게 보낸 것이다. 너는 그날 밤에 그녀의 돌밭 같은 마음에 내 깃발을 꽂고 온 것이다.

제시카 윤 목사와 예수님과의 대화를 보면, 예수님께서는 그 권사님이 구원을 받았기 때문에 지옥인 '유황 불못'은 가지 않았지만, 온전히 회개를 하지 않아서 '성 밖'으로 갔다고 하셨다. 그 권사님이 구원을 못 받았다면 지옥인 '유황 불못'에 갔을 것이다. 그러나 재 결신을 하여 구원받았기 때문에 지옥인 '유황 불못'에 가지 않았으나, 온전히 회개하지도 않았기 때문에 천국 '성 안'에 들어가지 못하고 '성 밖'으로 갈 수밖에 없었다.

주님 오시리 곧 오시리

2) 서사라 목사

서사라 목사의 천국과 지옥 간증 수기 6권 『지옥편』을 보면 서사라 목사는 자신이 본 '성 밖'에 대하여 여러 번 간증하고 있는데, 그중에 다음과 같이 이야기가 나온다. (p.482-484)

천국 황금 길을 걷고 있었는데 갑자기 밑으로 내려가는 계단이 보였다. 분명 지옥으로 내려가는 계단은 아니었다. 이 계단들은 황금으로 되어 있었다. 넓은 광장에 수많은 사람들이 앉아 있었다. '도대체 왜 여기에 이렇게 많은 사람들이 앉아 있을까?' 고민하고 있는 그때에 내 눈에 흰 옷을 입고 앉아 있던 사람들이 한 사람 한 사람씩 불려나가 곤장을 맞듯이 매를 맞는 것이 보이는 것이었다. 이곳은 하나씩 불려나가 매를 맞는 장소였다. 마 24:51 말씀에 '엄히 때리고 외식하는 자가 받는 벌에 처하리니 거기서 슬피 울며 이를 갈리라'고 했는데 우리가 지금 천국에서 황금 계단을 통하여 내려간 그곳은 바로 이런 자들이 와서 매를 맞는 장소였던 것이다. 이것은 분명 지옥이 아니었다.

천국에 올라간 나는 주님과 조금 전에 내려갔던 그곳에 갔다. 이번에는 단발머리를 한 얼굴이 길고 갸름한 청년이 흰 옷을 입었는데 엉덩이 부분의 옷이 내려와 있고 엉덩이가 맞아서 시퍼런 멍이 든 것이 보였다. 젊은 여자도 보였다. 이들은 여기 앉아서 슬피 울며 이를 갈았다. 그리고 나는 여기 있는 모든 사람들이 젊은이들이라는 것을 알았다. 천국에서 모든 사람들이 젊은 것처럼…

지옥은 그렇지 않다. 그들이 죽을 때의 나이 그대로 보인다. 이 장소는 소위 성경에서 말하는 바깥 어두운데 슬피 울며 이를 가는 장소인 것이다. 이 장소는 분명 계시록에 나오는 이기지 못한 자들이 가는 장소인 것이 틀림이 없다. 즉 이들은 생명나무에 나아가며 문들을 통하여 성에 들어갈 권세가 없는 자들인 것이다.

그리고 동일한 책 502쪽에 보면 아브라함의 조카 롯도 '성 밖'에 있음을 말하고 있다.

'성 밖'에 있는 롯은 "내가 돈을 좋아하다가 이렇게 되었어요"
"돈에 미련을 가지면 안 돼요. 돈에 미련을 갖지 마세요"

주님은 롯이 '이기지 못하는 자'의 반열에 속하여 성 밖에 있음을 알게 하여 주셨다.

그는 하나님을 아는 마음은 있었으나 믿음의 행동이 없었다는 것이다.

그는 원하기만 했으면 소돔에서도 나올 수도 있었는데 돈에 미련이 있어서 거기 계속 있었고, 거기 있으면서 사람들에게 회개하라고 전도하지도 않았고, 아브라함의 중보 기도로 소돔에서 살아 나왔으나 살아 나와서도 딸들과 상관하여 훗날 이스라엘을 대적하는 모압과 암몬의 자손들을 낳았던 것이다. 그는 하나님을 아는 자였으나 하나님이 보시기에 그 삶은 실패한 자였다. 즉 그는 돈 때문에 이기지 못하는 삶을 살았다. 그러므로 그는 '지옥에 있지 않으나 바깥 어두운 데에서 슬피 울며 이를 갈고 있는 것'이었다. (p. 511)

3) 박소리 목사

박소리 목사가 77일간 스무 번 천국을 방문한 뒤 쓴 책 『주님 오시리 구름타고 오시리』 100-102페이지에 보면 '천국(새 예루살렘 성) 성 밖'에 계시는 어머니를 만난 간증이 나온다.

"네게 보여줄 곳이 저곳이니라"
예수님 곁에 앉아 언덕 오른쪽 아래를 내려다보았다.

주님 오시리 곧 오시리

천국의 다른 집들과는 달리 좀 허름해 보이는 작고 나지막한 집들이 줄지어 무리져 있었다.

마치 재개발 지역 단지에 있는 연립 주택들을 보고 있는 느낌이었다. 그곳은 다른 지역과는 달리 빛이 환하지 않았다. 그렇다고 컴컴하지도 않은 흐릿한 날씨 속에 놓인 것처럼 보였다.

천국에 이런 곳이 있다는 것이 너무 의아스럽고 생소하게 느껴졌다. 여지껏 내가 보아온 천국은 빛나고 화려하고 아름다운 곳들이었는데 그곳들과는 너무도 대조적인 이곳이었다.

예수님께서 말씀하셨다. "저곳이 네 엄마가 사는 곳이란다."

헉… 엄마가 저런 곳에…! 내가 본 나의 집과는 사뭇 달랐다.

놀라는 나를 보시며 예수님께서 말씀하셨다.

"그렇다. 엄마는 죽기 직전에 나를 영접했다. 그러므로 저런 곳에 살게 된 것이다. 저곳에 살게 되면 행동에 제약을 받게 된다. 천국의 아름다운 모든 것을 영원토록 누리지 못하게 되는 것이다. 또한 그들은 그들 스스로 부끄러움을 느껴 늘 겸손히 자신을 낮추고 영원히 지내게 되는 것이다."

예수님은 우리가 천국의 모든 것을 누리며 살기를 원하시는구나! 마음껏 주님을 찬양하며 활보하며 영원토록 밝고 아름다운 곳에서 살기를 원하시는구나! 그것이 안타까워 오늘 나에게 이것을 보여주시는구나! 예수님의 그 마음이 내게 전달되어져 왔다.

"그럼 저는 저곳을 방문할 수 있나요?"

"물론 너는 어디든 갈 수 있다. 네가 가서 엄마를 방문하는 것은 가능하나 엄마가 너의 집이 있는 새 예루살렘으로는 들어올 수 없다. 그리고 지금은 네가 육체를 가지고 있으므로 엄마에 대한 안타까움이 있을 것이나 천국에 오게 되면 그런 마음이 사라질 것이다. 천국에서는 엄마와 딸이라는 관계를 넘어 더 아름다운 관계, 즉 성도의 관계로 영원히 지내게 될 것이다."

그래서 처음, 예수님과 함께 엄마를 만났을 때에도 미소만 지을 뿐 말씀을 하지 않으셨던 것이다.

그때도 예수님께서 엄마를 만나게 하려고 부르셔서 그 자리에 오셨던 것이다.

본인의 의지로 오신 것이 아니라 그리고는 얼른 또 사라지셨던 것이다.

그리고 259-260페이지를 보면 '천국(새 예루살렘) 성 밖'에 관한 간증이 또 나온다.

이리저리 돌면서 보니 아래로 엄마가 사시는 지역이 보였다.

그 곁에 천국 담이 있는 것이 보였다. 그런데 그 근방의 이상한 광경을 목격했다.

천국담에 붙은 문, 즉 천국 문 바로 바깥에 서 있는 한 무리의 사람들을 보게 된 것이다.

그 초라함과 초췌함과 창백함이라니... 마치 빈민 구제소 앞에 줄 서 있는 후줄근한 사람들처럼 보였다. 그들의 옷은 모시 삼배 같은 누런 옷들을 입고 있었다. 내 안에 굉장한 궁금증이 일었다. 예수님과 내가 하늘 위에서 그들을 내려다보는 상황이었다.

"예수님 저들은 누구인데 저기 서 있나요?"

"성령은 받았으나 일하지 않은 자들이다. 그리고 은사는 받았으나 땅속에 묻어둔 자들이다."

한 달란트를 땅에 묻어 두었다가 책망을 받은 종이 떠올랐다.

"이 무익한 종을 바깥 어두운 데로 내쫓으라 거기서 슬피 울며 이를 갈리라 하니라" (마25:30)

그들이 선 곳은 천국이 아니었다. 그렇다고 지옥도 아니었다.

바로 그들 뒤로 내리막 언덕 아래가 지옥으로 가는 길이었으므로 그들이 그리로 떨어질까 봐 두려워하는 모습이 역력했다.

그래서 그처럼 천국 문에 바짝 붙어 서 있는 것이었다. 그들은 천국 심사 기준에 미치지 못하여 하나님의 심판을 기다리며 울고 선 자들인 것이다.

세상에 있을 때 열심히 일할 걸… 일할 걸… 하며 슬피 울며 이를 갈고 있는 것이었다.

받을 것을 받는 하나님의 공의 앞에 아무 말도 아무 느낌도 없었다.

하나님께서는 사랑이시므로 어떤 것에도 오냐오냐 하실 것 같지만 그런 분이 아니심을 깨닫게 된다. 주님은 감정을 지니신 인격체이므로 주님을 위해서 일하지 않고 게을렀던 자들에 대해 측은한 마음을 가지시는 것이 아니라 진노하신다는 것을 알 수 있었다.

그들의 소행은 사람을 창조하신 목적에 어긋나는 것이기 때문이다.

특히나 모르고 짓는 죄보다 알면서 짓는 죄에 대해서는 매우 엄격하신 분이신 것이다.

이처럼 천국과 지옥을 다녀온 서사라 목사와 박소리 목사, 그리고 예수님과 깊은 대화를 하고 책을 쓴 제시카 윤 목사의 책을 보면 성경에서 말하고 있는 '성 밖'이 실제로 존재함을 알 수 있다. 그런데 박소리 목사는 성경에 '천국 안'과 '천국 밖'에 대하여 말하고 있는 것을 알지 못하였기 때문에 주님께서 데리고 가시거나 보여주신 곳이 '성 밖'인 줄 모르고 그전에 자신이 보았던 '천국 안'과는 다른 모습에 이상히 여긴 것이다. 만약 박소리 목사가 '성 안'과 '성 밖'에 대한 지식이 있었더라면 자신의 어머니나 다른 사람들을 보았을 때 그곳이 바로 성경이 말하는 '성 밖'임을 즉시 알았을 것이다.

6. 바깥 어두운 데 간 사람들이 그곳에서 하는 일

1) 슬피 울게 됨(=가슴을 치며 통곡함)

"임금이 사환들에게 말하되 그 손발을 묶어 바깥 어두운 데에 내던지라 거기서 슬피 울며 이를 갈게 되리라 하니라"(마22:13)

"그 나라의 본 자손들은 바깥 어두운 데 쫓겨나 거기서 울며 이를 갈게 되리라"(마8:12)

"이 무익한 종을 바깥 어두운 데로 내쫓으라 거기서 슬피 울며 이를 갈리라 하니라"(마25:30)

"엄히 때리고 외식하는 자가 받는 벌에 처하리니 거기서 슬피 울며 이를 갈리라"(마24:51)

"거기서 가슴을 치며 통곡할 것이다. 하고 말하였다."(마22:13 공동번역)

"땅을 치며 통곡할 것이다."(마8:12 공동번역)

"거기에서 가슴을 치며 통곡할 것이다."(마25:30 공동번역)

"가슴을 치며 통곡할 것이다."(마24:51 공동번역)

2) 이를 갈고 있다

"임금이 사환들에게 말하되 그 손발을 묶어 바깥 어두운 데에 내던지라 거기서 슬피 울며 이를 갈게 되리라 하니라"(마22:13)

"그 나라의 본 자손들은 바깥 어두운 데 쫓겨나 거기서 울며 이를 갈게 되리라"(마8:12)

"이 무익한 종을 바깥 어두운 데로 내쫓으라 거기서 슬피 울며 이를 갈

주님 오시리 곧 오시리

리라 하니라" (마25:30)

"엄히 때리고 외식하는 자가 받는 벌에 처하리니 거기서 슬피 울며 이를 갈리라" (마24:51)

3) 매를 맞는다

"엄히 때리고 외식하는 자가 받는 벌에 처하리니 거기서 슬피 울며 이를 갈리라" (마24:51)

서사라 목사의 천국과 지옥 간증 수기 6권 『지옥편』을 보면 서사라 목사는 자신이 본 '성 밖'에 대하여 여러 번 간증하고 있는데, 514페이지에 보면 다음과 같이 이야기가 나온다.

그곳에는 많은 사람들이 흰 옷 같은 것을 입고 쭉 앉아 있었는데 모두가 두 손이 뒤로 묶여 있었다. 이것은 아마도 여기서 온전한 자유가 없고 그 자유가 누군가에 의하여 컨트롤 받고 있다는 것을 의미하고 있는 것 같았다. 그러는 중에 한 명씩 끌려 나가서 매를 맞았다. 그들 앞에는 긴 테이블이 있었는데 그 위에는 책이 펼쳐져 있었고 거기에는 어떤 사람이 얼마만큼의 매를 맞아야 하는가가 적혀져 있었다. 그러면 그 테이블에 앉아 있는 천사가 매를 때리는 천사에게 불려 나온 자가 몇 대를 맞아야 한다고 하면 그를 책에 적힌 대로 매를 때려서 제 자리로 돌려보내는 것이다. 그러면 그 사람은 매를 맞고 들어가서 앉아서 엉엉 운다. 그러다가 이 모든 것이 서러운지 더 크게 우는 것이 보였다. 거기에 앉아 있는 모든 사람들이 그렇게 앞으로 하나씩 끌려 나와서 매를 맞고 들어가 운다. 이곳은 이기지 못한 자들이 오는 성 밖이었다.

4) 벌을 받는다

"엄히 때리고 외식하는 자가 받는 벌에 처하리니 거기서 슬피 울며 이를 갈리라" (마24:51)
"주인은 그 종을 자르고 위선자들이 벌 받는 곳으로 보낼 것이다. 거기에서 그는 가슴을 치며 통곡할 것이다." (마24:51 공동번역)

우리는 보통 예수님을 믿기만 하면 죄 사함 받아서, 지옥에 가지 않고, 하나님 아버지께서 계시는 천국에 간다고 믿고 있지 않은가...

그런데, 신부 예복을 입지 않은 모든 성도들은 '바깥 어두운 곳'에서 매를 맞는 것뿐만 아니라 벌도 받아 슬피 울며 이를 간다고까지 하니 얼마나 충격적인가...

기억하라! 신부 예복을 입지 못해서 '성 안'으로 들어가지 못한 성도들은 모두가 이런 신세가 된다. 신부 예복을 입으면 단순히 '좋다'는 의미가 아니다. 예수님을 안 믿는 사람들 입장에서는 '예수님을 믿으면 좋지~'라고 하며 '선택' 사항이라고 생각할지 모르겠지만, 예수님을 믿는 우리들 입장에서는, 예수님을 안 믿으면 죄 때문에 지옥에 가기 때문에, '반드시' 예수님을 믿어야 한다는 '필수' 사항이다. 그렇기 때문에 어떻게 해서든지 영혼을 구원하기 위하여 금식하며, 기도하며, 복음을 전하기 위해, 선교하기 위해 애쓰지 않은가?

마찬가지다. '예복'에 대하여 잘 모르는 성도들 입장에서는 '예복? 예복을 입으면 좋겠지~'라고 하며 '선택' 사항이라고 생각할지 모르겠지만, 성경은 '신부 예복'을 입지 못하면 손발이 묶여서 바깥 어두운 데에 내던져져서 매를 맞고 슬피 울며 이를 갈게 되기 때문에, '반드시 예복을 입어야 한다'는 '필수' 사항이다.

다시 한번 말하노니 잊지 말라! 신부 예복을 입지 못한 성도들은 모두가 손발이 묶여 바깥 어두운 데에 내던져서 거기서 슬피 울며 이를 갈게 된다. 그러므로 어떻게 해서든지 신부 예복을 입고 천국 '성 안(새 예루살렘 성 안)'에 들어가도록 해야 할 것이다!

"임금이 사환들에게 말하되 그 손발을 묶어 바깥 어두운 데에 내던지라 거기서 슬피 울며 이를 갈게 되리라 하니라" (마22:13)

7. 새 예루살렘 '성 안'과 새 예루살렘 '성 밖'의 비교

1) '성 안'은 어두움이 없는 곳이고 '성 밖'은 어두움이 있는 곳이다.

새 예루살렘 성 안에는 하나님께서 계시고, 하나님의 영광이 비추는 곳이기 때문에 어두움이 없는 곳이나 성 밖에는 어두움이 있는 곳이다.

"그 성은 해나 달의 비침이 쓸 데 없으니 이는 하나님의 영광이 비치고 어린 양이 그 등불이 되심이라" (계21:23)
"낮에 성문들을 도무지 닫지 아니하리니 거기에는 밤이 없음이라" (계21:25)
"다시 밤이 없겠고 등불과 햇빛이 쓸 데 없으니 이는 주 하나님이 그들에게 비치심이라 그들이 세세토록 왕 노릇 하리로다" (계22:5)

"임금이 사환들에게 말하되 그 손발을 묶어 바깥 어두운 데에 내던지라 거기서 슬피 울며 이를 갈게 되리라 하니라" (마22:13)
"그 나라의 본 자손들은 바깥 어두운 데 쫓겨나 거기서 울며 이를 갈게 되리라" (마8:12)

"이 무익한 종을 바깥 어두운 데로 내쫓으라 거기서 슬피 울며 이를 갈리라 하니라" (마25:30)

2) '성 안'에는 슬픔(애통, 통곡)이 없는 곳이고 '성 밖'은 슬피 우는 곳이다.

"모든 눈물을 그 눈에서 닦아 주시니 다시는 사망이 없고 애통하는 것이나 곡하는 것이나 아픈 것이 다시 있지 아니하리니 처음 것들이 다 지나갔음이러라" (계21:4)

"임금이 사환들에게 말하되 그 손발을 묶어 바깥 어두운 데에 내던지라 거기서 슬피 울며 이를 갈게 되리라 하니라" (마22:13)
"그 나라의 본 자손들은 바깥 어두운 데 쫓겨나 거기서 울며 이를 갈게 되리라" (마8:12)
"이 무익한 종을 바깥 어두운 데로 내쫓으라 거기서 슬피 울며 이를 갈리라 하니라" (마25:30)
"엄히 때리고 외식하는 자가 받는 벌에 처하리니 거기서 슬피 울며 이를 갈리라" (마24:51)

"거기서 가슴을 치며 통곡할 것이다. 하고 말하였다." (마22:13 공동번역)
"땅을 치며 통곡할 것이다." (마8:12 공동번역)
"거기에서 가슴을 치며 통곡할 것이다." (마25:30 공동번역)
"가슴을 치며 통곡할 것이다." (마24:51 공동번역)

성 안에는 눈물도, 애통하는 것도 없으나, 성 밖에 거하는 성도들은 가슴을 치며 통곡하고 있는 곳이다. 성 밖에 거하는 성도들이 왜 가슴을 치며 통곡을 하고 있을까? 아마도 자신은 예수님을 믿었기 때문에 당연히 천국에 '들어갈' 줄 알았는데 바깥 어두운 데로 내던져졌기 때문일 것이다. '성 밖'이란 곳이 있음을 듣지도 못했고, 일평생 신앙생활을 한 자신이 성 밖에 거하리라고는 상상도 못했는데 '성 밖'으로 쫓겨났기 때문에, 혹은 '성 밖'에 대하여 전했던 사람들의 말을 무시하고 절대로 그런 곳은 없다고 믿었는데 '성 밖'이 실제로 존재하며, 자신이 '성 밖'에 내던져진 것으로 인해 가슴을 치고 후회하며 통곡하고 있을 것이다.

3) '성 안'에서는 감사와 찬양만 있는 곳이고, '성 밖'은 이를 가는 곳이다.

"모든 천사가 보좌와 장로들과 네 생물의 주위에 서 있다가 보좌 앞에 엎드려 얼굴을 대고 하나님께 경배하여 이르되 아멘 <u>찬송과 영광과 지혜와 감사와 존귀와 권능과 힘이 우리 하나님께 세세토록 있을지어다 아멘</u> 하더라" (계7:11-12)

"임금이 사환들에게 말하되 그 손발을 묶어 바깥 어두운 데에 내던지라 거기서 <u>슬피 울며 이를 갈게</u> 되리라 하니라" (마22:13)
"그 나라의 본 자손들은 바깥 어두운 데 쫓겨나 <u>거기서 울며 이를 갈게</u> 되리라" (마8:12)
"이 무익한 종을 바깥 어두운 데로 내쫓으라 <u>거기서 슬피 울며 이를 갈리라</u> 하니라" (마25:30)
"엄히 때리고 외식하는 자가 받는 벌에 처하리니 <u>거기서 슬피 울며 이를 갈리라</u>" (마24:51)

성 안에 거하는 성도들은 주님께 감사와 찬양을 드리며 거하지만, 성 밖에 거하는 성도들은 이를 갈며 있게 된다. 왜 이를 갈며 있을까? 첫째는 하나님의 종들이 누구나 '예수님을 믿으면 천국에 간다'고 가르쳤지, '성 밖'이란 곳이 존재한다고 가르쳐 주지 않았기 때문에 화가 나서 이를 갈 것이다. 둘째는 자기 나름대로 예수님을 열심히 믿으며 신앙생활을 해서 천국에 가면 주님께서 큰 상급을 주실 줄 알았는데 자신이 바깥 어두운 곳에 가게 됨을 인하여 억울해서 이를 갈고 있을 것이다.

4) '성 안'은 심판받지 않고 왕의 권세로 다스리는 곳이고, '성 밖'은 매를 맞고 벌을 받는 곳이다

"이 첫째 부활에 참여하는 자들은 복이 있고 거룩하도다 둘째 사망이 그들을 다스리는 권세가 없고 도리어 그들이 하나님과 그리스도의 제사장이 되어 천 년 동안 그리스도와 더불어 왕 노릇 하리라" (계20:6)
"또 내가 크고 흰 보좌와 그 위에 앉으신 이를 보니 땅과 하늘이 그 앞에서 피하여 간 데 없더라 또 내가 보니 죽은 자들이 큰 자나 작은 자나 그 보좌 앞에 서 있는데 책들이 펴 있고 또 다른 책이 펴졌으니 곧 생명책이라 죽은 자들이 자기 행위를 따라 책들에 기록된 대로 심판을 받으니" (계20:11-12)
"다시 밤이 없겠고 등불과 햇빛이 쓸 데 없으니 이는 주 하나님이 그들에게 비치심이라 그들이 세세토록 왕 노릇 하리로다" (계22:5)

"이는 우리가 다 반드시 그리스도의 심판대 앞에 나타나게 되어 각각 선악간에 그 몸으로 행한 것을 따라 받으려 함이라" (고후5:10)
"엄히 때리고 외식하는 자가 받는 벌에 처하리니 거기서 슬피 울며 이를 갈리라" (마24:51)
"주인은 그 종을 자르고 위선자들이 벌 받는 곳으로 보낼 것이다. 거기에서 그는 가슴을 치며 통곡할 것이다." (마24:51 공동번역)

예수님을 믿고 구원을 받았는데 매를 맞다니… 누가 상상이나 했겠는가? 그러나 천국 '성 안'에 들어갈 자격을 갖추지 못한 모든 성도들은 '성 밖' 어두운 곳으로 가서 매를 맞고 슬피 울며 이를 갈게 될 것이다.

8. 그렇다면 누가 바깥 어두운 데로 가는가?

1) 예복을 입지 않은 성도들

"이르되 친구여 어찌하여 예복을 입지 않고 여기 들어왔느냐 하니 그가 아무 말도 못하거늘 임금이 사환들에게 말하되 그 손발을 묶어 바깥 어두운 데에 내던지라 거기서 슬피 울며 이를 갈게 되리라 하니라" (마22:12-13)

2) 한 달란트 받았으나 일하지 않은 악하고 게으른 종

"이 무익한 종을 바깥 어두운 데로 내쫓으라 거기서 슬피 울며 이를 갈리라 하니라" (마25:30)

3) 예수님이 더디 오리라 생각하고 술 친구들과 더불어 먹고 마시며 영적으로 깨어 있지 않았던 종들

"만일 그 악한 종이 마음에 생각하기를 주인이 더디 오리라 하여 동료들을 때리며 술친구들과 더불어 먹고 마시게 되면 생각하지 않은 날 알지 못하는 시각에 그 종의 주인이 이르러 엄히 때리고 외식하는 자가 받는 벌에 처하리니 거기서 슬피 울며 이를 갈리라" (마24:48-51)

4) 6가지 죄가 끊어지지 않은 성도들

"개들과 점술가들과 음행하는 자들과 살인자들과 우상 숭배자들과 및 거짓말을 좋아하며 지어내는 자는 다 성 밖에 있으리라" (계22:15)

계22:15 말씀은 성 밖에 있게 되는 여섯 종류의 사람들에 대하여 말하고 있다. 이 여섯 종류의 사람들은 '불 못'에 가는 사람들이 아니고 새 예루살렘 '성 밖'에 가는 사람들이기 때문에 모두 예수님을 영접하고 구원받은 성도들이다. 다만 새 예루살렘 '성 안'에 들어갈 수 있을 만큼 '성화되지 않은' 성도들임을 알아야 한다. 다시 말하면 '여섯 가지 죄가 완전히 끊어지지 않은 성도들'이다. 새 예루살렘 성은 '거룩한 성'이기 때문에 '성 안'에 들어가기 위해서는 여섯 가지 죄를 끊어야 한다.

"또 내가 보매 거룩한 성 새 예루살렘이 하나님께로부터 하늘에서 내려오니 그 준비한 것이 신부가 남편을 위하여 단장한 것 같더라" (계21:2)

'거룩한'이란 단어 헬라어 원어는 '하기오스'인데 '하기오스'는 '분리'를 뜻하는 히브리어 '코데쉬'와 같은 의미로서 '죄와 분리되신' 하나님의 거룩하심을 말할 때 사용하는 단어이다.

"나는 너희의 하나님이 되려고 너희를 애굽 땅에서 인도하여 낸 여호와라 내가 거룩하니 너희도 거룩할지어다" (레11:45)

거룩하신(코데쉬) 하나님은 죄와 분리되신 분이시다. 죄와 분리되었다는 것은 죄가 없다는 말이다. 타락한 인간에게는 죄성이 있다. 그래서 죄를 짓게 된다. 죄를 짓는 것은 죄와 분리가 안 되었기 때문이다. 죄와 분리가 안 되면 죄를 계속해서 짓게 된다. 그렇게 되면 새 예루살렘 '성 안'에 들어갈 수 없게 되어 새 예루살렘 '성 밖'으로 가야 한다.

계22:15에서는 수많은 죄들 가운데에서 새 예루살렘 '성 안'에 들어가기 위해서 끊어야 할 죄 여섯 가지를 말하고 있다. 그러므로 새 예루살렘 '성 안'에 들어가기를 위해서는 최소한 이 여섯 가지 죄는 완전히 끊어야 한다.

(1) 개와 같은 성도들은 '성 밖'으로 간다

여기서 개는 애완견이 아닌 거리의 굶주린 개들, 더럽고 사나운 무리를 의미한다. 성경에서 개들은 다음과 같은 사람들을 말한다.

가) 남창
"이스라엘 여자 중에 창기가 있지 못할 것이요 이스라엘 남자 중에 남창이 있지 못할지니 창기가 번 돈과 개 같은 자의 소득은 어떤 서원하는 일로든지 네 하나님 여호와의 전에 가져오지 말라 이 둘은 다 네 하나님 여호와께 가증한 것임이니라" (신23:17-18)

나) 이방인들
"여자가 와서 예수께 절하며 이르되 주여 저를 도우소서 대답하여 이르시되 자녀의 떡을 취하여 개들에게 던짐이 마땅하지 아니하니라" (마15:25-26)

다) 유대인의 율법을 강요하는 자들
"개들을 조심하십시오. 악한 자들을 조심하십시오. 형식적인 할례를 주장하는 자들을 조심하십시오." (빌3:2 공동번역)

"하나님의 성령으로 봉사하며 그리스도 예수로 자랑하고 육체를 신뢰
하지 아니하는 우리가 곧 할례파라" (빌3:3)

라) 악한 자들
"개들이 나를 에워쌌으며 악한 무리가 나를 둘러 내 수족을 찔렀나이
다" (시22:16)

다윗은, 사납게 으르렁거리며 무는 개와 같은 사람들이, 무
리를 지어 자신의 수족을 찔렀다고 하였다. 개의 특징은 날카로
운 이빨을 앞세워 공격하여 상처를 입히는 것이다. 그렇다면 개
와 같은 성도들이란 날카로운 이빨, 즉 날카로운 말과 글, sns,
인터넷 매체 등을 통하여 사람들에게 공격적인 언행으로 마음
에 상처를 입히고 고통을 주는 사람들이다. 성경은 성도들이 말
을 할 때 '항상 은혜 가운데서 소금으로 맛을 냄과 같이 하라(골
4:6)'고 권하고 있다. 하지만 마음에 치유되지 않은 상처나 분
노, 혹은 편견 등이 있어 날카로운 말, 뼈가 있는 말, 기분 나쁘
게 하는 말, 분노의 말과 그런 글들, sns, 인터넷 매체 등을 통하
여 사람들을 공격하여 마음에 상처를 주는 성도들과 종들이 있
으며, 바로 이런 사람들이 '개'와 같은 성도들이다. 예수님께서
는 이렇게 말로 사람들에게 상처를 주는 사람은 공회에 잡혀가
게 될 것이고, 심지어 지옥불에 들어가게 된다고까지 하셨다.

"나는 너희에게 이르노니 형제에게 노하는 자마다 심판을 받게 되고
형제를 대하여 라가라 하는 자는 공회에 잡혀가게 되고 미련한 놈이
라 하는 자는 지옥 불에 들어가게 되리라" (마5:22)

더 나아가 말과 글, sns, 인터넷 매체 등을 통해서 사람들을
비방하고, 정죄하며, 비판하는 사람들, 이단이 아닌 사람이나 단

주님 오시리 곧 오시리

체를 이단으로 몰아붙여서 집요하게 물어뜯는 죄도 여기에 속하며, 이런 성도들, 사역자들이 개들에 해당된다. 정치하는 사람들을 보라. 그들은 상대방을 죽이려고 수많은 날카로운 말들로 공격한다. 특히 선거 때가 되면 세상의 정치가나, 크리스천 정치가들, 심지어 교단에서 정치하는 하나님의 종이라는 사람들까지도 상대방을 죽이기 위하여 온갖 말들로 상대방을 공격하며 비방하고 정죄하는 말을 쏟아낸다. 이들이 다 '개들' 이다. 이같이 날카로운 말로 사람들에게 상처를 주며 물어뜯는 성도들은 천국 '성 안' 에 결코 들어가지 못한다. '성 밖' 으로 가서 거기서 매를 맞고 벌을 받아 슬피 울며 이를 갈게 된다.

그러므로 성 안에 들어가길 원한다면 다른 사람들을 공격하여 마음에 아픔과 상처와 고통을 준 모든 죄들을 완전히 회개하고 돌이켜 그런 죄를 끊어야 한다.

(2) 점술이 끊어지지 않은 성도들은 '성 밖' 으로 간다

여기에서 말하는 점술가란 오늘날 '점을 치는 사람들' 이며, 그 점치는 사람들에게 가서 '점을 보는 사람들' 까지도 포함한다. 예수 그리스도를 영접하고 구원받은 하나님의 자녀들이 귀신이 역사하는 점쟁이 집에 가서 점을 본다는 것은 있을 수 없는 일이다. 특히 선거철마다 가장 성행하는 곳이 역술인의 집이라고 한다. 유명하다는 역술인에게는 며칠씩 대기해야 할 정도로 기다린다고 한다. 우리나라 국민들의 점보는 데 드는 비용이 1년에 약 5조원 정도라고 하니 놀라울 뿐이다. 구약시대에도 점쟁이들이 있었지만 하나님께서는 점쟁이들의 말을 믿는 자들을 용납하지 말라고 하셨으며, 그런 일들을 하는 모든 자를 하나님께서는 가증히 여기셨다.

"네 하나님 여호와께서 네게 주시는 땅에 들어가거든 너는 그 민족들의 가증한 행위를 본받지 말 것이니 그의 아들이나 딸을 불 가운데로 지나게 하는 자나 점쟁이나 길흉을 말하는 자나 요술하는 자나 무당이나 진언자나 신접자나 박수나 초혼자를 너희 가운데에 용납하지 말라 이런 일을 행하는 모든 자를 여호와께서 가증히 여기시나니 이런 가증한 일로 말미암아 네 하나님 여호와께서 그들을 네 앞에서 쫓아내시느니라" (신18:9-12)

예수님을 믿고 하나님의 자녀가 된 성도가 점쟁이에게 가서 점을 친다는 것은 상상도 할 수 없는 일이다. 예수님을 믿기 전에 굿을 하거나 점을 보았던 죄들을 하나하나 회개해야 한다. 그리고 사주팔자(四柱八字), 관상(觀相), 화투로 보는 점, 재미로 보는 타로 점(운세), 손금, 신문에 나오는 오늘의 운세를 보는 것, 그리고 손 없는 날(귀신이 돌아다니지 않아 인간에게 해를 끼치지 않는 길한 날)을 잡아 이사, 혼례, 개업하는 날로 정하는 것들도 점치는 죄에 해당된다. 그리고 집안에 점술과 관련된 서적, 액자, 귀중품 등도 모두 없애야 한다. 살전5:22 말씀에 '악은 어떤 모양이라도 버리라'고 하였으니 점과 관련된 죄들은 깊이 회개하고 뿌리를 뽑아야 하는데, 이런 죄들을 완전히 뿌리 뽑지 않은 성도들은 '성 밖'으로 가서 거기서 매를 맞고 벌을 받아 슬피 울며 이를 갈게 된다. 그러므로 천국 '성 안'에 들어가려면 점을 치는 것과 관련된 죄를 하나하나 철저히 회개하고 완전히 끊어야 한다.

(3) 음행이 끊어지지 않은 성도들은 '성 밖'으로 간다

예수님께서는 '음욕을 품고 여자를 보는 자마다 마음에 이미 간음하였다'고 말씀하셨다.

주님 오시리 곧 오시리

"또 간음하지 말라 하였다는 것을 너희가 들었으나 나는 너희에게 이르노니 음욕을 품고 여자를 보는 자마다 마음에 이미 간음하였느니라" (마5:27-28)

마음의 생각 자체가 음행이요, 간음죄라는 말씀이다. 그러므로 천국 '성 안'에 들어가길 원하는 성도들은 육체적인 음행은 물론, 마음의 음란한 생각까지도 철저히 회개하고 뿌리 뽑아야 한다. 특히 오늘날에는 성 소수자들의 인권을 인정해준다는 빌미로 동성애자들을 인정해주려는 기조가 전 세계적으로 퍼지는데, 성경은 분명히 동성애는 죄라고 하였으므로 동성애도 분명히 회개헤아 할 죄이다.

"너는 여자와 동침함 같이 남자와 동침하지 말라 이는 가증한 일이니라" (레18:22)
"이 가증한 모든 일을 행하는 자는 그 백성 중에서 끊어지리라"
(레18:29)
"누구든지 여인과 동침하듯 남자와 동침하면 둘 다 가증한 일을 행함인즉 반드시 죽일지니 자기의 피가 자기에게로 돌아가리라"
(레20:13)

고전6:9-10 말씀에서는 간음하는 자나 남색 하는 자가 절대로 하나님의 나라를 유업으로 받지 못한다고 말씀하고 있다.

"불의한 자가 하나님의 나라를 유업으로 받지 못할 줄을 알지 못하느냐 미혹을 받지 말라 음행하는 자나 우상 숭배하는 자나 간음하는 자나 탐색하는 자나 남색하는 자나 도적이나 탐욕을 부리는 자나 술 취하는 자나 모욕하는 자나 속여 빼앗는 자들은 하나님의 나라를 유업으로 받지 못하리라" (고전6:9-10)

육체적 음행과 동성애, 더 나아가 마음과 생각의 음행을 뿌리 뽑지 않은 성도들은 '성 밖'으로 가서 거기서 매를 맞고 벌을 받아 슬피 울며 이를 갈게 된다. 그러므로 '성 안'에 들어가기 원하는 성도들은 반드시 이러한 음행을 철저히 회개하고 뿌리 뽑아서 육체와 마음과 생각이 거룩하고 정결해야 한다.

"그들 중의 어떤 사람들이 음행하다가 하루에 이만 삼천 명이 죽었나니 우리는 그들과 같이 음행하지 말자" (고전10:8)

(4) 살인(미움)이 끊어지지 않은 성도들은 '성 밖'으로 간다

성경은 사람들을 마음으로 미워하는 것이 살인이라고 했다.

"그 형제를 미워하는 자마다 살인하는 자니 살인하는 자마다 영생이 그 속에 거하지 아니하는 것을 너희가 아는 바라" (요일3:15)

위의 말씀에서 '미워하는'의 헬라어는 '미세오'로서 이 단어는 '미워하다, 싫어하다, 배척하다'라는 의미로서 단지 속으로 미워하는 마음뿐만이 아니라 누군가를 '싫어하는 것'과 '배척하는 것'도 포함하며 자기 자신을 싫어하는 것도 살인죄에 해당된다.
그리고 예수님께서는 화를 내고 분노하는 것과 분노하여서 '멍청한 놈', '미련한 놈'이라고 말을 하는 것까지도 살인죄라고 말씀하셨다.

"옛 사람에게 말한 바 살인하지 말라 누구든지 살인하면 심판을 받게 되리라 하였다는 것을 너희가 들었으나 나는 너희에게 이르노니 형제에게 노하는 자마다 심판을 받게 되고 형제를 대하여 라가라 하는 자는 공회에 잡혀가게 되고 미련한 놈이라 하는 자는 지옥 불에 들어가

주님 오시리 곧 오시리

게 되리라" (마5:21-22)

우리들은 이 세상에 살아가면서 누군가와 부딪히게 된다. 의견이 달라서 부딪히고, 감정이 달라서 부딪히고, 생각이 달라서 부딪히고, 심지어 신앙이 달라서 부딪히기도 한다. 그런 상황에서 때로는 감정이 상하는 말을 하기도 하고 듣기도 한다. 그럴 때마다 우리들의 마음은 화가 나기도 하고 분노하기도 한다. 그래서 분노의 말을 하기도 하고, 미워하는 감정, 싫어하는 감정이 오랫동안 마음에 자리 잡아 그런 것들로 인해 괴로워하기도 한다. '원수를 사랑하라'는 말씀을 알지만 내 마음은 전혀 그렇지 못하고 오히려 '분노하고, 싫어하고, 마음에 담을 쌓고 사는' 연약한 존재이다. 그러나 '성 안'에 들어가기 위해서는 살인죄와 관련된 모든 죄들을 다 철저히 회개하고 버려야 한다. 분노했던 모든 순간들을 하나하나 떠올리며 회개해야 한다. 화를 내며 말을 했던 모든 말들을 하나하나 떠올리며 회개해야 한다. 내가 못마땅하게 생각한 사람들을 하나하나 떠올리며 회개해야 한다. 내 마음에 미워하는 사람, 용서하지 않는 사람, 못마땅하게 생각하는 사람이 한 명도 없어야 한다. 그렇지 않으면 새 예루살렘 '성 안'에 들어갈 수 없다. 새 예루살렘 '성 안'에 들어가길 원한다면 미워하는 사람, 용서하지 않는 사람, 못마땅하게 생각하는 사람이 한 명도 없게 해야 한다.

(5) 우상 숭배가 끊어지지 않은 성도들은 '성 밖'으로 간다

가) 형상을 만들어 절하며 섬기는 것이 우상숭배다
하나님은 십계명을 주시면서 두 번째 계명으로 우상을 숭배하지 말라고 하셨는데 우상숭배는 사형에 해당하는 중죄이다. 이스라엘은 광야에서 금송아지 우상을 숭배하다가 3천 명이 죽었

고(출32:28), 엘리야 시대에는 우상숭배자 850명이 죽음을 당하기도 하였다(왕상18:40).

성경에서 말한 우상은 무엇일까?

"여호와께서 호렙 산 불길 중에서 너희에게 말씀하시던 날에 너희가 어떤 형상도 보지 못하였은즉 너희는 깊이 삼가라 그리하여 스스로 부패하여 자기를 위해 어떤 형상대로든지 우상을 새겨 만들지 말라 남자의 형상이든지, 여자의 형상이든지, 땅 위에 있는 어떤 짐승의 형상이든지, 하늘을 나는 날개 가진 어떤 새의 형상이든지, 땅 위에 기는 어떤 곤충의 형상이든지, 땅 아래 물 속에 있는 어떤 어족의 형상이든지 만들지 말라 또 그리하여 네가 하늘을 향하여 눈을 들어 해와 달과 별들, 하늘 위의 모든 천체 곧 너희의 하나님 여호와께서 천하 만민을 위하여 배정하신 것을 보고 미혹하여 그것에 경배하며 섬기지 말라" (신4:15-19)

성경이 말하는 우상은 남자의 형상, 여자의 형상, 짐승의 형상, 새의 형상, 곤충의 형상, 어족의 형상, 해와 달과 별들의 형상 등을 만들어서 비는 것이며, 다른 종교를 믿는 것들, 이단의 교주를 믿는 것들과 조상들에게 제사를 지내는 것도 우상숭배다. 그리고 천주교인들이 마리아에게 기도하는 것도 우상숭배다. 이런 우상숭배의 죄로부터 분리되지 않은 사람들은 절대로 새 예루살렘 '성 안'에 들어갈 수 없다. 이러한 우상숭배의 죄를 하나하나씩 회개하고 모두 끊어야 한다.

나) 형상을 만들어 섬기지는 않지만 하나님보다 더 사랑하는 모든 것들이 우상이다

이 책의 앞부분을 보면 내가 한때 하나님보다 축구를 더 좋아함으로써 네 번이나 다쳤다는 간증을 했었다. 내가 하나님보다

축구를 더 좋아했으므로 축구가 우상이 된 것이었다. 하나님보다 더 사랑하는 모든 것들이 우상이다. 하나님보다 돈을 더 사랑하면 돈이 우상이고, 하나님보다 세상 향락을 더 좋아하면 이 세상이 우상이고, 하나님보다 이 세상 성공을 더 사랑하면 이 세상 성공이 우상이고, 하나님보다 건강을 더 사랑하면 건강이 우상이고, 하나님보다 남편이나 아내를 더 사랑하면 배우자가 우상이고, 하나님보다 자녀를 더 사랑하면 자녀가 우상이고, 하나님보다 애인을 더 사랑하면 애인이 우상이고, 하나님보다 나를 더 사랑하면 내가 우상이고, 하나님보다 취미생활을 더 사랑하면 취미생활이 우상이고, 심지어 하나님보다 하나님의 일을 더 사랑하면 하나님의 일이 우상이고, 하나님보다 사람들을 더 사랑하면 사람들이 우상이고, 하나님 섬기는 것보다 행복을 더 중요하게 생각하면 행복이 우상이고, 사람의 영광을 하나님의 영광보다 더 사랑하여 예수님을 믿는 것을 드러내지 않으면 사람의 영광이 우상이 되는 것이다.

> "그러나 관리 중에도 그를 믿는 자가 많되 바리새인들 때문에 드러나게 말하지 못하니 이는 출교를 당할까 두려워함이라 그들은 사람의 영광을 하나님의 영광보다 더 사랑하였더라" (요12:42-43)

이런 우상들을 다 끊지 않은 성도들은 새 예루살렘 '성 안'에 들어갈 수 없다. 10가지 재앙을 통하여서 애굽의 우상들을 다 깨뜨리신 하나님께서는 우리들에게 있는 모든 우상들이 반드시 깨뜨려지기를 원하신다. 새 예루살렘 '성 안'에 들어가길 원한다면 이런 우상숭배의 죄들을 하나하나씩 회개하고 끊어야 한다.

다) 탐심이 우상숭배다
"그러므로 땅에 있는 지체를 죽이라 곧 음란과 부정과 사욕과 악한 정

욕과 탐심이니 탐심은 우상 숭배니라" (골3:5)

우리들의 타락한 본성에는 내가 살아가는 데 있어서 '필요한 것 이상'의 것을 갖거나 차지하고 싶은 마음이 있다. 내가 살아가는 데 있어서 '필요한 것 이상'을 갖거나 차지하고 싶은 마음, 즉 '욕심이 탐심'이다. '탐심'의 헬라어 원어는 '플레오넥시아'인데 '더 많이 가지기를 원하는 사람'을 뜻하는 '플레오네크테스'에서 유래되었다. '탐심'은 자기를 만족시키려는 자기 사랑에서 나온다. 성도란 자기를 만족시키고 자기를 기쁘게 하려는 사람들이 아니라, 죄를 사해 주신 하나님을 기쁘시게 하려는 사람들이다. '탐심'은 하나님 사랑에서 나온 것이 아니라 자기 사랑에서 나온 것이고, 하나님을 만족시키려는 마음이 아니라 자기를 만족시키려는 타락한 본성에서 나온 것이며, 하나님을 기쁘시게 하려는 마음에서 나온 것이 아니라 자기를 기쁘게 하려는 이기심에서 나온 것이기 때문에 '자신이라는 우상을 숭배'하는 것이다. 우리들이 자기 자신을 소중히 여기는 것은 '예수 그리스도의 보혈'로 말미암아 죄 사함을 받았기 때문이다. 그러나 탐심은 자기 자신을 제일 소중히 여기기 때문에 예수 그리스도의 보혈의 은총은 사라져 버림으로써 자기 자신이 우상이 되는 것이다. 새 예루살렘 '성 안'에 들어가기 위해서는 자기 사랑, 자기 만족이라는 이기적인 자아가 반드시 부서져야 한다. '탐심'이 끊어지지 않은 성도는 계속해서 자기 자신이라는 우상을 숭배하기 때문에 새 예루살렘 '성 안'에 결코 들어갈 수 없다. 새 예루살렘 '성 안'에 들어가길 원한다면 자기 자신을 우상으로 만드는 '탐심'을 철저히 회개하고 완전히 끊어야 한다.

(6) 거짓말하고 말을 지어내기를 좋아하는 자들은 '성 밖'으로 간다

거짓말은 사탄의 속성이다. 옛 뱀, 마귀, 사탄은 '온 천하를 꾀는 자'라고 했다.

"큰 용이 내쫓기니 옛 뱀 곧 마귀라고도 하고 사탄이라고도 하며 온 천하를 꾀는 자라 그가 땅으로 내쫓기니 그의 사자들도 그와 함께 내쫓기니라" (계12:9)

사탄이 온 친히를 미혹하고 꾀는 데에는 반드시 거짓말을 동원한다. 진실로는 사람들을 속일 수 없기 때문이다.

"너희는 너희 아비 마귀에게서 났으니 너희 아비의 욕심대로 너희도 행하고자 하느니라 그는 처음부터 살인한 자요 진리가 그 속에 없으므로 진리에 서지 못하고 거짓을 말할 때마다 제 것으로 말하나니 이는 그가 거짓말쟁이요 거짓의 아비가 되었음이라" (요8:44)

사탄은 거짓의 아비이다. 사탄이 아담과 하와를 유혹할 때도 "하나님이 참으로 너희에게 동산 모든 나무의 열매를 먹지 말라 하시더냐" (창3:1)하며 하나님께서 주신 말씀을 의도적으로 확대하였다. 하나님께서 주신 말씀을 의도적으로 확대하는 것도, 축소하는 것도 거짓말에 해당된다. 그래서 모든 이단 배후에는 거짓말하는 영(왕상22:21-23)이 역사하여 하나님의 말씀을 왜곡, 확대, 축소하여 사람들을 미혹한다. 모든 죄는 거짓말이 동원된다. 거짓말이 포함되지 않은 죄는 없다. 사실보다 과장하여 말(혹은 설교)하는 것도 거짓말이요, 사실보다 축소하여 말(혹은 설교)하는 것도 거짓말이요, 사실에 내 생각을 더한 것(혹

은 설교)도 거짓말하는 죄다. 사실을 확인하지도 않고 추측하여 말하는 것(혹은 설교)도 거짓말하는 죄이고, 확인되지 않은 소문을 다른 사람들에게 전하는 것도 거짓말이다. 내가 지은 죄를 솔직하게 인정하지 않고 변명하는 것도 거짓말하는 죄이다. 사람들에게 재미있게 말하기 위해서 사실보다 과장해서 말하거나 축소해서 말하는 것(혹은 설교)도 거짓말하는 죄다. 장사를 하거나 사업을 하는 사람들이 거짓말 없이 일을 할 수 있을까? 거의 불가능할 것이다. 경건하게 살고자 하면 거짓말을 할 필요가 없지만, 부자가 되기 위해서는 반드시 거짓말을 해야 할 것이다. 정치하는 사람들이 거짓말을 하지 않고 정치를 할 수 있을까? 거의 불가능할 것이다. 어떤 분야이든 성공하려는 사람들이 거짓말을 하지 않고 성공하는 것이 거의 불가능하기 때문이다. 심지어 목회에 성공하고자 하는 목사들이 거짓말을 하지 않고 성공할 수 있을까? 거의 불가능할 것이다. 그러나 '성 안'에 들어가고자 한다면 모든 거짓말들을 회개하고 버려야 한다. 첫째 부활에 참여하는 이스라엘의 144,000명의 신부들의 특징도 '그 입에 거짓말이 없는' 것이다.

"또 내가 보니 보라 어린 양이 시온 산에 섰고 그와 함께 십사만 사천이 서 있는데 그들의 이마에는 어린 양의 이름과 그 아버지의 이름을 쓴 것이 있더라 내가 하늘에서 나는 소리를 들으니 많은 물 소리와도 같고 큰 우렛소리와도 같은데 내가 들은 소리는 거문고 타는 자들이 그 거문고를 타는 것 같더라 그들이 보좌 앞과 네 생물과 장로들 앞에서 새 노래를 부르니 땅에서 속량함을 받은 십사만 사천 밖에는 능히 이 노래를 배울 자가 없더라 이 사람들은 여자와 더불어 더럽히지 아니하고 순결한 자라 어린 양이 어디로 인도하든지 따라가는 자며 사람 가운데에서 속량함을 받아 처음 익은 열매로 하나님과 어린 양에게 속한 자들이니 그 입에 거짓말이 없고 흠이 없는 자들이더라"

(계14:1-5)

그러므로 그리스도의 신부가 되어 첫째 부활에 참여하길 원한다면 모든 거짓말을 회개하고, 거짓말을 끊어야 한다. 자신들이 144,000이라고 주장하는 신0지 이단의 사람들은 거짓말을 밥 먹듯이 하는 것을 본다. 아니 144,000명의 조건이 '그 입에 거짓말이 없어야 한다'는 말씀을 모른단 말인가? 잊지 말라, '성 안'으로 들어가기 위해서는 그 입에 거짓말이 없어야 한다.

내 의견을 강하게 주장하거나 재미있게 말하기 위해서 과장하거나 축소해서 말한 모든 것(혹은 설교)들, 보지도 않은 것을 마치 본 것처럼 만(혹은 설교)한 모든 것들, 사실을 있는 그대로 말하지 않고 왜곡해서 말한 모든 것(혹은 설교)들, 사실을 확인하지도 않고 상상해서 말한 모든 것(혹은 설교)들, 가짜 뉴스를 만들거나 전하는 모든 것(혹은 설교)들, 말(혹은 약속)을 해놓고 지키지 않은 모든 것(혹은 설교)들, 이 모두가 거짓말이니 하나하나 철저히 회개해야 한다. 그리고 진실만을 말해야 한다. 거짓말을 끊지 않거나, 철저히 회개하지 않은 성도들은 모두 '성 밖'으로 가서 매를 맞으며 슬피 울며 이를 갈게 될 것이다. 그리스도의 신부가 되어서 '성 안'에 들어가길 원하는 성도들은 거짓말한 모든 죄들을 하나하나 철저히 회개하고 거짓말과 완전히 분리된 삶을 살아야 한다.

이제까지 말씀드린 6가지 죄에서 완전히 분리되지 않은 성도들은 새 예루살렘 '성 안'에 들어가지 못할 뿐 아니라, 거룩하신 하나님의 형상으로 변화되지 않아 하나님의 영광을 나타내지 못하였으므로 새 예루살렘 성 밖 어두운 곳에 가서 매를 맞고 슬피 울며 이를 갈게 된다.

새 예루살렘 '성 안'에 들어가길 원하는 성도들은 반드시 위에서 말한 6가지 죄를 철저히 회개하고 끊음으로써 죄와 분리된 삶을 살아야 할 것이다.

9. 성 안에 들어갈 권세를 받으려면?

계22:14 말씀을 보면 새 예루살렘 '성 안'에 들어갈 수 있는 권세를 받은 성도들은 두 가지를 갖추어야 함을 알 수 있다.

"자기 두루마기를 빠는 자들은 복이 있으니 이는 그들이 생명나무에 나아가며 문들을 통하여 성에 들어갈 권세를 받으려 함이로다"(계 22:14)

1) 먼저 자기 두루마기를 입어야 한다

계22:14 말씀에서는 '자기 두루마기를 빠는 자들'이 새 예루살렘 '성 안'에 들어갈 수 있는 권세를 받는다고 되어 있으나, '두루마기'를 빨기 전에 먼저 '두루마기'를 입어야 한다.

'두루마기'에 대하여는 〈40. 신부 예복을 입으라〉에서 자세히 설명했으므로 간단히 말씀드린다. '두루마기'는 '신부 예복'(마 22:11-12)이다. '두루마기'의 원어 '스톨레'는 계7:9, 13, 14 말씀에서도 사용되었는데, 이 말씀들에서 나오는 '각 나라와 족속과 백성과 방언에서 아무도 능히 셀 수 없는 큰 무리들'은 적그리스도가 다스리는 대환난에 '철저한 회개'를 통해서 추수되는 이방인 신부들이 입은 옷(예복)이다.

"이 일 후에 내가 보니 각 나라와 족속과 백성과 방언에서 아무도 능히 셀 수 없는 큰 무리가 나와 흰 옷을(스톨레) 입고 손에 종려 가지를 들고 보좌 앞과 어린 양 앞에 서서.... 장로 중 하나가 응답하여 나에게 이르되 이 흰 옷(스톨레) 입은 자들이 누구며 또 어디서 왔느냐 내가 말하기를 내 주여 당신이 아시나이다 하니 그가 나에게 이르되 이는 큰 환난에서 나오는 자들인데 어린 양의 피에 그 옷(스톨레)을 씻어 희게 하였느니라" (계7:9,13-14)

※ 참고로 계7:4-8 말씀에 나오는 이스라엘 자손 144,000명과 계14:1-5 말씀에 나오는 어린양과 함께 서 있는 이스라엘 144,000명은 동일한 이스라엘 혈통의 '하나님의 인치심'을 받은 '이긴 자들(신부들)'이고, 계7:9-14 말씀에 나오는 '각 나라와 족속과 백성과 방언에서 아무도 능히 셀 수 없는 큰 무리'들은 '큰 환난에서 나오는 자들(계7:14)'로서 대환난 때에 추수되는(계14:14-16) '이방인 이긴 자들(신부들)'이다(서사라 목사님의 『계시록 이해』 p. 723 참조).

이 두루마기는 사61:10 말씀에서 그리스도의 신부들이 입는 '공의의 겉옷'이다.

"내가 여호와로 말미암아 크게 기뻐하며 내 영혼이 나의 하나님으로 말미암아 즐거워하리니 이는 그가 구원의 옷을 내게 입히시며 공의의 겉옷을 내게 더하심이 신랑이 사모를 쓰며 신부가 자기 보석으로 단장함 같게 하셨음이라" (사61:10)

'공의의 겉옷'은 '신랑이 사모를 쓰며 신부가 자기 보석으로 단장함 같은 것'이라고 말하고 있다. 그러므로 '공의의 겉옷'이 바로 '신부 예복'이다. 그리스도의 신부들이 입는 이 '신부 예복'을 계19:7-9에서는 어린 양의 혼인 잔치에 청함을 받은 신부들이 입는 '빛나고 깨끗한 세마포'라고 말하고 있다.

"우리가 즐거워하고 크게 기뻐하며 그에게 영광을 돌리세 어린 양의 혼인 기약이 이르렀고 그의 아내가 자신을 준비하였으므로 그에게 빛 나고 깨끗한 세마포 옷을 입도록 허락하셨으니 이 세마포 옷은 성도 들의 옳은 행실이로다 하더라 천사가 내게 말하기를 기록하라 어린 양의 혼인 잔치에 청함을 받은 자들은 복이 있도다" (계19:7-9)

이 '빛나고 깨끗한 세마포'는 신랑이신 예수 그리스도와의 결 혼식을 준비하는 신부들에게 입혀주시는 예복인데, 이 예복은 옳은(거룩한) 행실로 산 성도들에게 입혀주시는 옷이기 때문에 '이 세마포 옷은 성도들의 옳은 행실이로다'고 말하는 것이다. 그러므로 '신부 예복' = '빛나고 깨끗한 세마포 옷' = '옳은 행실, 공의의 삶을 산 성도들에게 입혀주시는 옷' = '공의의 겉옷'인 것 이다.

이런 신부 예복은 ① 철저히 회개함으로써 정결한 심령이 된 가운데 거룩한 행실(옳은 행실, 공의)로 산 성도들이 신랑 되신 예수 그리스도를 자신의 생명 이상으로 사랑하고 ② 그리스도의 신부가 되길 간절히 원할 때, 하나님께서 입혀 주신다.

2) 자기 두루마기를 빨아야 한다

우리들이 옷을 사면 처음에는 깨끗하지만 계속 입다 보면 더 러워지는 것처럼, 하나님께서 입혀 주시는 신부 예복은 처음에 는 '빛나고 깨끗한 세마포'이다.

"우리가 즐거워하고 크게 기뻐하며 그에게 영광을 돌리세 어린 양의 혼인 기약이 이르렀고 그의 아내가 자신을 준비하였으므로 그에게 빛 나고 깨끗한 세마포 옷을 입도록 허락하셨으니 이 세마포 옷은 성도 들의 옳은 행실이로다 하더라" (계19:7-8)

주님 오시리 곧 오시리

그런데 신앙생활하다 보면 알게 모르게 죄를 짓게 되고, 회개를 철저히 하지 않게 되면 신부 예복은 점점 더러워지게 되어 나중에는 새 예루살렘 '성 안'에 들어갈 권세까지 잃어버리게 된다. 그래서 죄로 인해서 더러워진 예복을 열심히 회개함으로써 빨아서 '빛나고 깨끗한' 상태의 세마포가 유지 되도록 해야 하는데, 더러워진 예복은 오직 예수 그리스도의 피로만 씻겨져 희게 된다.

"내가 말하기를 내 주여 당신이 아시나이다 하니 그가 나에게 이르되 이는 큰 환난에서 나오는 자들인데 어린 양의 피에 그 옷을 씻어 희게 하였느니라" (계7:14)

그리스도의 피는 우리가 회개할 때 우리들의 마음을 깨끗하게 할 뿐만 아니라 신부 예복도 씻어 희게 하는 것이다.

"만일 우리가 우리 죄를 자백하면 그는 미쁘시고 의로우사 우리 죄를 사하시며 우리를 모든 불의에서 깨끗하게 하실 것이요" (요일1:9)
"그 아들 예수의 피가 우리를 모든 죄에서 깨끗하게 하실 것이요" (요일1:7)

그리고 '빠는'에 해당하는 헬라어 '플뤼논테스'는 현재 시제로 지속적인 행위를 나타낸다. 지속적으로, 매일, 매 순간 빨아야 된다는 것이다. 즉 매일, 매 순간 회개함으로써 마음과 예복을 깨끗하게 해야 한다. 그러므로 철저히 회개함으로써 더러워진 예복을 빨면 예복은 '빛나고 깨끗한' 상태의 세마포 옷이 되어 새 예루살렘 '성 안'에 들어갈 수 있는 자격(권세)을 주기 때문에 '철저히 회개함으로써 두루마기(예복)를 빠는 자들이 복이 있다'고 하는 것이다.

"자기 두루마기를 빠는 자들은 복이 있으니 이는 그들이 생명나무에 나아가며 문들을 통하여 성에 들어갈 권세를 받으려 함이로다"
(계22:14)

마지막 때에 가장 복된 성도들이 누구인지 아는가?

혼인잔치의 비밀, 새 예루살렘 '성 안'의 비밀을 깨닫고 새 예루살렘 '성 안'에 들어가는 그리스도의 신부가 되는 것을 소망하여 신부 예복을 입은 성도들, 그리고 신부 예복이 '빛나고 깨끗한' 상태가 되도록 매일 매 순간 철저히 회개함으로써 두루마기 (예복)를 빠는 성도들이다.

여러분들이 이 비밀들을 깨닫기를 간절히 소원한다.

하나님께서는 모든 성도들이 혼인잔치의 비밀, 새 예루살렘 '성 안'의 비밀을 깨닫고 모두가 새 예루살렘 '성 안'에 들어갈 권세를 받기 원하셔서 부족한 종으로 하여금 이런 내용을 '반드시' 쓰도록 하신 것이다.

원하옵기는 이 글을 읽는 모든 성도들이 신부 예복을 입을 뿐 아니라, 죄로 인해서 더러워진 예복을 철저히 회개함으로 예복을 빨아서 새 예루살렘 '성 안'에 들어가 그리스도의 혼인 잔치에 참석할 뿐 아니라 영원토록 그리스도와 함께 다스리고 통치하는 권세 가운데 있길 소망한다. 할렐루야!

43

새 예루살렘 '성 안'에는 '이긴 자'들만 들어간다

성경의 각권마다 주제가 있다.

예를 들면 마태복음은 수신자가 유대인들이기 때문에 '왕으로 오신 예수 그리스도'가 주제이고, 마가복음은 수신자가 로마인들이기 때문에 '종으로 오신 예수 그리스도'가 주제이고, 누가복음은 수신자가 '데오빌로 각하'라는 헬라인, 즉 이방인들이기 때문에 '사람의 아들로서 오셨지만, 죄인이 아닌, 의인으로서 완전하신 인간', 즉 '인자이신 예수 그리스도'가 주제이며, 요한복음은 '하나님의 아들이신 예수 그리스도'가 주제라고 할 수 있다.

그렇다면 요한 계시록의 주제는 무엇일까? 여러 가지로 말할 수 있지만, 요한 계시록이 성도들에게 주시는 메시지의 주제는 '이기는 자가 되라'이다. 그래서 아시아의 일곱 교회들에게 '이기는 자가 되라'고 반복해서 말하고 있으며, 대환난 때에도 '이기는 자'가 되어야 천년 왕국에 들어갈 수 있고, '이기는 성도들만 새 예루살렘성 안에 들어가서 상속받을 수 있다(계21:7)'고 말하고 있기 때문에 요한 계시록의 주제는 '이기는 성도가 되라'고 말할 수 있다.

계21:9-10 말씀을 보면 일곱 대접을 가지고 마지막 일곱 재앙을 담은 일곱 천사 중 하나가 와서 예수 그리스도의 신부 곧 어린 양의 아내를 사도 요한에게 보여준다고 하고는 하늘에서 내려오는 거룩한 성 예루살렘을 보여준다.

"일곱 대접을 가지고 마지막 일곱 재앙을 담은 일곱 천사 중 하나가 나아와서 내게 말하여 이르되 이리 오라 내가 신부 곧 어린 양의 아내를 네게 보이리라 하고 성령으로 나를 데리고 크고 높은 산으로 올라가 하나님께로부터 하늘에서 내려오는 거룩한 성 예루살렘을 보이니" (계21:9-10)

거룩한 성 예루살렘은 성이므로 신부 자체가 될 수 없다. 어린 양이신 예수 그리스도의 신부는 성도이지 건물이 아니다. 그런데 성을 보여줬다는 말은 신부들이 그 성 안에 있다는 말이다. 그래서 새 예루살렘 성이 신부가 남편을 위하여 단장한 것 같다고 말한 것이다. (서사라 목사님의 『계시록 이해』 p. 752-753 참조)

"또 내가 새 하늘과 새 땅을 보니 처음 하늘과 처음 땅이 없어졌고 바다도 다시 있지 않더라 또 내가 보매 거룩한 성 새 예루살렘이 하나님께로부터 하늘에서 내려오니 그 준비한 것이 신부가 남편을 위하여 단장한 것 같더라" (계21:1-2)

그러므로 새 예루살렘 성 안에는 그리스도의 신부들, 즉 예복을 입은 신부들만 들어갈 자격이 있다. 그렇기 때문에 임금이신 하나님께서는 예복을 입지도 않고 혼인 잔치에 참석한 사람을 성 밖으로 내쫓은 것이다.

"임금이 손님들을 보러 들어올 새 거기서 예복을 입지 않은 한 사람을 보고 이르되 친구여 어찌하여 예복을 입지 않고 여기 들어왔느냐 하니 그가 아무 말도 못하거늘 임금이 사환들에게 말하되 그 손발을 묶어 바깥 어두운 데에 내던지라 거기서 슬피 울며 이를 갈게 되리라 하니라" (마22:11-13)

그런데 계21:7 말씀을 보면 이기는 자들이 이것들을 상속받는다고 하였다.

"이기는 자는 이것들을 상속으로 받으리라 나는 그의 하나님이 되고 그는 내 아들이 되리라" (계21:7)

이기는 자들이 상속받는 '이것들' 이란

1) 새 예루살렘 성 안에 거하는 것이다
"또 내가 보매 거룩한 성 새 예루살렘이 하나님께로부터 하늘에서 내려오니 그 준비한 것이 신부가 남편을 위하여 단장한 것 같더라" (계21:2)

2) 새 예루살렘 성 안에 계시는 하나님과 영원히 함께 있는 것이다
"내가 들으니 보좌에서 큰 음성이 나서 이르되 보라 하나님의 장막이 사람들과 함께 있으매 하나님이 그들과 함께 계시리니 그들은 하나님의 백성이 되고 하나님은 친히 그들과 함께 계셔서" (계21:3)

3) 하나님께서 모든 눈물을 그 눈에서 닦아 주고, 다시는 사망, 애통, 곡하는 것, 아픈 것이 있지 않는 것이다
"모든 눈물을 그 눈에서 닦아 주시니 다시는 사망이 없고 애통하는 것이나 곡하는 것이나 아픈 것이 다시 있지 아니하리니 처음 것들이 다 지나갔음이러라" (계21:4)
- 성 밖에는 손발이 묶여서 매를 맞으며 슬피 울며 이를 갈기 때문에 애통하는 것도 있고, 매를 맞기 때문에 아픈 것이 있는 것이다.

4) 새 예루살렘 성 안 하나님의 보좌로부터 흐르는 생명수 샘물을 값없이 마시는 것이다.

"또 내게 말씀하시되 이루었도다 나는 알파와 오메가요 처음과 마지막이라 내가 생명수 샘물을 목마른 자에게 값없이 주리니" (계21:6)

"또 그가 수정 같이 맑은 생명수의 강을 내게 보이니 하나님과 및 어린 양의 보좌로부터 나와서 길 가운데로 흐르더라 강 좌우에 생명나무가 있어 열두 가지 열매를 맺되 달마다 그 열매를 맺고 그 나무 잎사귀들은 만국을 치료하기 위하여 있더라" (계22:1-2)

새 예루살렘 '성 밖'에 있는 성도들은 이런 것들을 전혀 누릴 수 없다. 즉, 상속받지 못한다.

계21:7 말씀에서 '이기는 자'들이 이런 것들을 상속받는다고 하였으므로 '그리스도의 신부' = '이기는 자'이다. '그리스도의 신부'의 또 다른 이름은 '이긴 자'이다. 하나님께서는 죄와 불의를 '이기는' 성도들에게 신부 예복을 입혀주신다. 그래서 사61:10 말씀에서 '신부 예복'을 '공의의 겉옷'이라고 하였다.

"내가 여호와로 말미암아 크게 기뻐하며 내 영혼이 나의 하나님으로 말미암아 즐거워하리니 이는 그가 구원의 옷을 내게 입히시며 공의의 겉옷을 내게 더하심이 신랑이 사모를 쓰며 신부가 자기 보석으로 단장함 같게 하셨음이라" (사61:10)

그렇다면 구약 시대에도 그리스도의 신부가 있었는가, 없었는가? 있었다. 그 이유는

첫째, 사61:10 말씀에서 이사야는 하나님께서 자기에게 '공의의 겉옷' 즉, '신부 예복'을 입혀주셨다고 말하고 있다.

둘째, 구약 시대에 이긴 자들이 있었기 때문이다.

구약시대에 이긴 자들에 대하여 말하고 있는 곳은 히 11장인

데, 히 11장에 기록된 믿음의 영웅들이 대표적인 '이긴 자'들이다.

"그들은 믿음으로 나라들을 이기기도 하며 의를 행하기도 하며 약속을 받기도 하며 사자들의 입을 막기도 하며" (히11:33)

1. 구약의 이긴 자들 = 구약의 신부들 = '새 예루살렘 성 안'으로 들어간다

1) 구약 시대 최초의 이긴 자 = 아벨

구약 시대의 이긴 자들 가운데 최초의 이긴 자는 '아벨'이었다.

"믿음으로 아벨은 가인보다 더 나은 제사를 하나님께 드림으로 의로운 자라 하시는 증거를 얻었으니 하나님이 그 예물에 대하여 증언하심이라 그가 죽었으나 그 믿음으로써 지금도 말하느니라" (히11:4)

아담과 하와가 하나님의 형상으로 창조된 최초의 인간이었으나 아담과 하와는 마귀의 유혹을 받아서 범죄 하여 에덴동산에서 쫓겨났기 때문에 그들은 이긴 자의 반열에 들지 못하였다. 아벨은 어떻게 해서 이긴 자가 되었는가? '양의 첫 새끼와 그 기름'으로 제사를 드려서 이긴 자가 되었다.

"아벨은 자기도 양의 첫 새끼와 그 기름으로 드렸더니 여호와께서 아벨과 그의 제물은 받으셨으나" (창4:4)

아벨이 '양의 첫 새끼와 그 기름'으로 드린 제사는 '신령(in spirit)과 진정(in truth)'으로 드리는 예배(요4:23-24)이다.

"아버지께 참되게 예배하는 자들은 영과 진리로 예배할 때가 오나니 곧 이 때라 아버지께서는 자기에게 이렇게 예배하는 자들을 찾으시느니라 하나님은 영이시니 예배하는 자가 영과 진리로 예배할지니라" (요4:23-24)

양의 첫 새끼를 잡으면 피가 흐르므로 이는 세상 죄를 지고 가신 하나님의 어린 양이신 예수님께서 십자가에서 피 흘리실 것을 예표하는 것이고, 성경에서 기름은 성령님을 상징하기 때문이다.

"주의 성령이 내게 임하셨으니 이는 가난한 자에게 복음을 전하게 하시려고 내게 기름을 부으시고 나를 보내사 포로 된 자에게 자유를, 눈 먼 자에게 다시 보게 함을 전파하며 눌린 자를 자유롭게 하고" (눅4:18)

구약 최초의 이긴 자인 아벨은 '신령(in spirit)과 진정(in truth)으로 예배' 드려서 이긴 자가 된 것을 볼 때, 신령과 진정으로 온전히 예배드리지 않는 성도들은 결코 이긴 자가 될 수 없음을 알 수 있다. 예배를 소홀히 하는 성도들은 절대로 이긴 자가 될 수 없다. 더 나아가 주일 성수 하지 않는 성도들도 이긴 자가 될 수도 없고, 주님의 신부가 될 수도 없을 것이다. 주일 예배를 빼먹거나 주일 오전 예배만 드리고 남은 시간을 자신이 사사로이 사용하는 성도들도 결코 이긴 자가 될 수 없고 그리스도의 신부도 될 수 없을 것이다. 주일에 자신의 사업을 위하여, 간단히 예배를 드린 후, 일을 하는 성도들이 어떻게 이긴 자가 될 수 있으며, 어떻게 그리스도의 신부가 될 수 있겠는가... 주일에 오락을 행하는 성도들도 결코 이긴 자가 될 수 없고 그리스도의 신부도 될 수 없을 것이다.

"만일 안식일에 네 발을 금하여 내 성일에 오락을 행하지 아니하고 안식일을 일컬어 즐거운 날이라, 여호와의 성일을 존귀한 날이라 하여 이를 존귀하게 여기고 네 길로 행하지 아니하며 네 오락을 구하지 아니하며 사사로운 말을 하지 아니하면 네가 여호와 안에서 즐거움을 얻을 것이라 내가 너를 땅의 높은 곳에 올리고 네 조상 야곱의 기업으로 기르리라 여호와의 입의 말씀이니라" (사58:13-14)

기억하라. 이기는 자가 되는 첫걸음은 신령과 진정으로 드리는 예배이고 주일 성수이다. 신령과 진정으로 드리는 온전한 예배와 주일 성수 없이는 이기는 자가 될 수도, 주님의 신부가 될 수도 없음을 알고 신령과 진정으로 드리는 예배와 주일 성수를 통해서 이긴 자의 첫걸음을 잘 내디뎌야 할 것이다.

2) 구약 시대 두 번째 이긴 자 = 에녹

히 11장에 나오는 구약 시대의 두 번째 이긴 자는 에녹이다.

"믿음으로 에녹은 죽음을 보지 않고 옮겨졌으니 하나님이 그를 옮기심으로 다시 보이지 아니하였느니라 그는 옮겨지기 전에 하나님을 기쁘시게 하는 자라 하는 증거를 받았느니라 믿음이 없이는 하나님을 기쁘시게 하지 못하나니 하나님께 나아가는 자는 반드시 그가 계신 것과 또한 그가 자기를 찾는 자들에게 상 주시는 이심을 믿어야 할지니라" (히11:5-6)

에녹은 '믿음으로' 하나님을 기쁘시게 하는 자라는 증거를 받았고, '믿음으로' 죽음을 보지 않고 옮겨졌다. 그런데 '믿음은 들음에서 나며 들음은 그리스도의 말씀으로 말미암았기(롬 10:17)' 때문에, 에녹은 믿음을 갖기 전에 먼저 하나님의 말씀을 들었음이 분명하다. 에녹은 어떤 하나님의 말씀을 들었을까?

(1) 에녹은 먼저 하나님께서 '세상을 심판하신다'는 말씀을 들었을 것이다.

유1:14-15 말씀이 이를 뒷받침한다.

"아담의 칠대 손 에녹이 이 사람들에 대하여도 예언하여 이르되 보라 주께서 그 수만의 거룩한 자와 함께 임하셨나니 이는 뭇 사람을 심판하사 모든 경건하지 않은 자가 경건하지 않게 행한 모든 경건하지 않은 일과 또 경건하지 않은 죄인들이 주를 거슬러 한 모든 완악한 말로 말미암아 그들을 정죄하려 하심이라 하였느니라" (유1:14-15)

"이런 자들에게 아담의 칠 대 손 에녹은 이렇게 예언했습니다. 주님께서 거룩한 천사들을 무수히 거느리고 오셔서"에녹1:9, 60:8(제2경전) (유1:14)
"모든 사람을 심판하실 때에 모든 불경건한 자들이 저지른 불경건한 행위와 불경건한 죄인들이 하느님을 거슬러 지껄인 무례한 말을 남김없이 다스려 그들을 단죄하실 것입니다." (유1:15 공동 번역)

에녹은 하나님께서 수많은 거룩한 천사들을 거느리고 오셔서 불경건한 사람들이 하나님을 거스려서 한 말과 행동을 심판하실 것을 환상으로 보고 사람들에게 예언한 선지자였다. 즉 에녹은 하나님께서 세상을 심판하신다는 말씀을 들은 것이다.
하나님께서는 에녹에게 나타나셔서 세상 심판에 대하여 말씀하셨을 것이다.
"에녹아, 나는 여호와 하나님이니라. 세상에 있는 모든 사람들은 타락하였고, 그 결과 세상은 죄로 말미암아 너무나 더러워졌느니라. 나는 거룩하고 공의로운 하나님인즉 죄가 가득한 세상을 이대로 둘 수 없어 심판할 것이니라. 너는 이제 아들을 낳게 될 텐데 아들의 이름을 '므두셀라'라고 하거라. '므두셀라'라는 말은 너도 알거니와 '그가 죽으면 멸망이 온다'는 의미이니라. '므두셀라'가 나의 심판의 표적(sign)이 되어 '므두셀라'가 죽으면 이 세상이 심판을 받아서 멸망하게 될 것이니 사람들로 하여금 죄를 버리고 나와 동행하는 삶을 살라고 전하거라"

에녹의 인생에 있어서의 터닝 포인트(turning point)는 '므두셀라'였다. 그가 하나님께로부터 심판의 표적(sign)인 '므두셀라'에 대해 듣기 전에 그는 하나님과 동행하는 자가 아니었다. 그도 다른 사람들과 똑같은 죄인들 중 한 명이었다. 그런데 하나님께서 그가 64세 된 해에 나타나셔서 세상의 심판과 심판의 표적인 '므두셀라'에 대하여 말씀하시고, 65세에 하나님께서 말씀하신 대로 아들이 태어나자 '므두셀라'라고 이름 지었고, 에녹은 그때부터 죄를 버리고 하나님과 동행하는 삶을 살기 시작했다.

'므두셀라'라는 말은 '창 던지는 자'란 의미인데, 고대 시대에 창 던지는 자는 부족에서 가장 강한 사람으로서, 옛날의 전쟁은 먼저 적군과 아군이 '창 던지는 자'를 내보내어 서로 싸우게 하는데 자기들의 '창 던지는 자'가 이기면 사기가 충천해져서 그날의 전쟁은 '창 던지는 자'가 이기는 쪽 군대가 그 전쟁에 승리하는 것이었다. 마치 이스라엘의 '창 던지는 자' 다윗이 블레셋의 '창 던지는 자' 골리앗을 이겼을 때 이스라엘 군대가 블레셋 군대를 이겼던 것처럼 말이다. 그런데 만약 자신들의 '창 던지는 자'가 패하여 죽으면 그 부족이나 민족은 멸망할 수밖에 없기 때문에 '그가 죽으면 멸망이 온다'라는 의미라고 한다.

"에녹은 육십오 세에 므두셀라를 낳았고 므두셀라를 낳은 후 삼백 년을 하나님과 동행하며 자녀들을 낳았으며 그는 삼백육십오 세를 살았더라" (창5:21-23)

그렇다면 '므두셀라'가 죽었을 때 이 세상이 멸망하였는가?
므두셀라는 백팔십칠 세에 라멕을 낳았고, 라멕은 백팔십이 세에 노아를 낳았는데, 노아가 태어났을 때 '므두셀라'의 나이는 369세(187+182)였다.

"므두셀라는 백팔십칠 세에 라멕을 낳았고… 라멕은 백팔십이 세에 아들을 낳고 이름을 노아라 하여 이르되 여호와께서 땅을 저주하시므로 수고롭게 일하는 우리를 이 아들이 안위하리라 하였더라"
(창5:25,28-29)

그런데 인류가 홍수로 멸망한 사건은 노아가 600세 되던 해에 있었다.

"홍수가 땅에 있을 때에 노아가 육백 세라" (창7:6)

그러므로 이 세상이 홍수로 멸망할 때 '므두셀라'의 나이는 969세였다. 그런데 성경은 '므두셀라'가 969세에 죽었다고 말한다.

"므두셀라는 백팔십칠 세에 라멕을 낳았고 라멕을 낳은 후 칠백팔십이 년을 지내며 자녀를 낳았으며 그는 구백육십구 세를 살고 죽었더라"
(창5:25-27)

이 세상이 홍수로 멸망할 때 살아남은 사람들은 노아의 가족

8명밖에 없으므로 '므두셀라'는 홍수 전에 죽었으며, 하나님께서 '그가 죽으면 멸망이 온다'고 말씀하신 대로 '므두셀라'가 죽자 이 세상은 멸망한 것이다.

(2) 에녹은 300년 동안 하나님을 기쁘시게 하는 삶을 살았다

"믿음으로 에녹은 죽음을 보지 않고 옮겨졌으니 하나님이 그를 옮기심으로 다시 보이지 아니하였느니라 그는 옮겨지기 전에 하나님을 기쁘시게 하는 자라 하는 증거를 받았느니라 믿음이 없이는 하나님을 기쁘시게 하지 못하나니 하나님께 나아가는 자는 반드시 그가 계신 것과 또한 그가 자기를 찾는 자들에게 상 주시는 이심을 믿어야 할지니라" (히11:5-6)

65세에 므두셀라를 낳은 에녹은 죄악의 길을 버리고 주님과 동행하는 삶을 살았다.

"에녹은 육십오 세에 므두셀라를 낳았고 므두셀라를 낳은 후 삼백 년을 하나님과 동행하며 자녀들을 낳았으며" (창5:21-22)

에녹은 1, 2년도 아니고, 1, 2십 년도 아니고, 1-2백 년도 아니고 무려 300년 동안이나 하나님과 동행하는 삶을 살면서 하나님의 심판을 전하였다.

"여러분, 이 세상의 모든 사람들이 타락하여 죄 가운데 살기 때문에 거룩하신 하나님께서 이 세상을 심판하신다고 합니다. 하나님의 심판의 표적은 제 아들 '므두셀라'입니다. '므두셀라'가 죽으면 이 세상은 멸망합니다. '므두셀라'는 언제 죽을지 모릅니다. 오늘 죽을 수도 있고, 다음 주에 죽을 수도 있습니다. 그러므로 여러분 회개하고 거룩하신 하나님께 돌아오십시오. 속히 죄를 버리고 하나님께 돌아오십시오. 하나님께서는 한 명도 멸망하지 않고 다 구원받기를 원하십니다. 지금 속히 돌아오십시오"

에녹 자신도 하나님의 심판의 표적인 '므두셀라'를 보며 항상 깨어 있는 삶을 살았을 것이다. 그도 '므두셀라'가 언제 죽을지 몰랐기 때문에 하루하루 '므두셀라'를 보면서 깨어 있는 삶을 살다 보니 300년 동안 하나님과 동행하면서 사람들에게 하나님의 심판을 전하며 산 것이었다. '에녹이 300년 동안 하나님과 동행하였다'고 하는데 하나님과 '동행한다'는 말의 의미는 무엇인지 아는가?

"그러나 사데에 그 옷을 더럽히지 아니한 자 몇 명이 네게 있어 흰 옷을 입고 나와 '함께 다니리니' 그들은 합당한 자인 연고라 이기는 자는 이와 같이 흰 옷을 입을 것이요 내가 그 이름을 생명책에서 결코 지우지 아니하고 그 이름을 내 아버지 앞과 그의 천사들 앞에서 시인하리라" (계3:4-5)

'동행하였다' = '흰옷을 입었다' = 에녹은 '이긴 자'로서 '흰옷'을 입고 하나님과 동행하였다.

주님께서는 사데 교회에 '더럽히지 않은 흰옷을 입고 다니는 성도들이 몇 명 있다'고 말씀하셨고, 주님께서는 '흰옷을 입고 다니는 성도들'과 '함께 다닌다'고 말씀하셨으며, '이기는 자'가 '흰옷을 입는다'고 말씀하셨다.
이 말씀을 정리하면 '더럽히지 않은 흰옷을 입고 다니는 성도들' = 주님께서는 '함께 다니심(동행)' = '이기는 자'가 '흰옷을 입는다.' 그러므로 에녹이 '300년 동안 하나님과 동행하였다'는 말씀은 '에녹이 흰옷을 입었다'는 말씀이며, '이기는 자가 흰옷을 입는다(계3:5)'고 하였으므로 '에녹은 이기는 자였다'는 말씀이다. 그런데 300년 동안 하나님과 동행한 에녹을 하나님께서 '데려가셨다'고 했는데 '데려가시다'의 히브리 원어는 '라카흐'이다.

"에녹이 하나님과 동행하더니 하나님이 그를 데려가시(라카흐)므로 세상에 있지 아니하였더라" (창5:24)

'라카흐'는 〈39장 에녹과 엘리야를 데려가신 이유〉에서 말씀드린 바와 같이 '데려가다', '취하다'라는 의미 외에 '아내로 삼다'라는 의미도 있다고 말씀드렸었다.

"리브가가 일어나 여자 종들과 함께 낙타를 타고 그 사람을 따라가니 그 종이 리브가를 데리고(라카흐) 가니라" (창24:61)

아브라함의 종이 리브가를 데리고 갔는데, 데리고 간 이유는 '이삭의 신부로 삼기 위해서'였으며, 이삭은 리브가를 아내로 맞이하였다. 그래서 이삭이 리브가를 아내로 삼기 위하여 맞이했을 때도 '라카흐'라는 단어를 사용하였다.

"이삭이 리브가를 인도하여 그의 어머니 사라의 장막으로 들이고 그를 맞이하여(라카흐) 아내로 삼고 사랑하였으니 이삭이 그의 어머니를 장례한 후에 위로를 얻었더라" (창24:67)

'라카흐' = '아내로 삼기 위하여 취하다, 데리고 오다'는 의미가 되기 때문에 하나님께서 에녹을 산 채로 데려가신 이유는 '그리스도의 신부로 삼기 위해서'임을 알 수 있다.

그러므로 창5:24 말씀과 계3:4-5 말씀을 연결해보면 다음과 같은 결론이 나온다.

에녹이 '하나님과 동행했다' = 에녹이 '더럽히지 않은 흰옷을 입고 다녔다' = 에녹은 '이기는 자였다' = 에녹을 '그리스도의 신부로 삼기 위하여 데려가셨다(라카흐)'

"에녹이 하나님과 동행하더니 하나님이 그를 데려가시(라카흐)므로 세상에 있지 아니하였더라" (창5:24)
"그러나 사데에 그 옷을 더럽히지 아니한 자 몇 명이 네게 있어 흰 옷을 입고 나와 함께 다니리니 그들은 합당한 자인 연고라 이기는 자는 이와 같이 흰 옷을 입을 것이요 내가 그 이름을 생명책에서 결코 지우지 아니하고 그 이름을 내 아버지 앞과 그의 천사들 앞에서 시인하리라" (계3:4-5)

이 말씀을 일반 성도들에게 확장해서 적용해보면 다음과 같은 결론이 나온다.

1) 하나님께서는 에녹과 같이 '이기는 성도'들에게 '흰옷(예복)을 입혀 주신다.'
2) 하나님께서는 에녹과 같이 열심히 회개함으로써 '더럽히지 않은 흰옷'을 입은 성도들과 동행하신다.
3) 하나님께서는 에녹과 같이 '이기는 성도'들에게 '흰옷(예복)'을 입혀 주시고, 열심히 회개함으로써 '더럽히지 않은 흰옷을 입은 성도들'과 '동행'해 주시며, 그들을 '그리스도의 신부로 삼기 위하여 데려가신다(휴거시키신다).'

히11장은 계속해서 구약의 이긴 자들 즉, 구약의 대표적인 신

주님 오시리 곧 오시리

부들을 열거하고 있다. 노아, 아브라함, 사라, 이삭, 야곱, 요셉, 모세, 라합, 기드온, 바락, 삼손, 입다, 다윗 및 사무엘과 선지자들… 이들은 하늘에 있는 본향을 사모하며 이긴 자의 삶을 살았기 때문에 천국 '성 안'에 거하다가 예수 그리스도께서 공중에 강림하실 때 부활하여 주님과 함께 공중에 올 것이다. 할렐루야!

2. 교회(신약) 시대의 이긴 자들 = 죽은 자들은 부활, 살아있는 자들은 휴거 = 새 예루살렘 '성 안'에 들어간다.

아시아의 일곱 교회들에게 보내는 편지들 가운데 이기는 자들은 모두 그리스도의 신부가 되며, 이기는 자 반열에 속했다가 죽은 사람들은 부활하게 되고, 살아 있는 사람들은 휴거하게 될 것이다. 아시아의 일곱 교회들에게 보내는 편지들을 통해서 교회 시대에 이기는 자가 되려면 다음과 같은 것들을 갖추어야 한다.

1) 교회 시대에 이기는 자가 되는 조건

① 반드시 '첫사랑이 회복' 되어야 이기는 자가 될 수 있다.

"내가 네 행위와 수고와 인내를 알고 또 악한 자들을 용납하지 아니한 것과 자칭 사도라 하되 아닌 자들을 시험하여 그의 거짓된 것을 네가 드러낸 것과 또 네가 참고 내 이름을 위하여 견디고 게으르지 아니한 것을 아노라 그러나 너를 책망할 것이 있나니 너의 처음 사랑을 버렸느니라 그러므로 어디서 떨어졌는지를 생각하고 회개하여 처음 행위를 가지라 만일 그리하지 아니하고 회개하지 아니하면 내가 네게 가서 네 촛대를 그 자리에서 옮기리라" (계2:2-5)

아무리 주님을 위한 봉사와 수고와 인내가 있어도 첫사랑이 회복되지 않으면 이기는 자가 될 수 없으므로 반드시 첫사랑이 회복해야 이기는 자가 될 수 있다.

② 주님을 위해 받는 고난을 두려워하지 말고 '주님을 위해 죽으면 죽으리라'는 각오로 신앙생활을 해야 이기는 자가 될 수 있다.

"내가 네 환난과 궁핍을 알거니와 실상은 네가 부요한 자니라 자칭 유대인이라 하는 자들의 비방도 알거니와 실상은 유대인이 아니요 사탄의 회당이라 너는 장차 받을 고난을 두려워하지 말라 볼지어다 마귀가 장차 너희 가운데에서 몇 사람을 옥에 던져 시험을 받게 하리니 너희가 십 일 동안 환난을 받으리라 네가 죽도록 충성하라 그리하면 내가 생명의 관을 네게 주리라" (계2:9-10)

주님을 위해 받는 고난을 두려워하면 베드로처럼 예수님을 부인하게 되어 이기는 자가 될 수 없으므로 주님을 위해 받는 고난을 두려워하지 말고 주님을 위해 죽으면 죽으리라는 각오로 신앙생활 해야 이기는 자가 될 수 있다.

③ '우상숭배와 음행의 죄를 끊어야' 이기는 자가 될 수 있다.

"그러나 네게 두어 가지 책망할 것이 있나니 거기 네게 발람의 교훈을 지키는 자들이 있도다 발람이 발락을 가르쳐 이스라엘 자손 앞에 걸림돌을 놓아 우상의 제물을 먹게 하였고 또 행음하게 하였느니라 이와 같이 네게도 니골라 당의 교훈을 지키는 자들이 있도다 그러므로 회개하라 그리하지 아니하면 내가 네게 속히 가서 내 입의 검으로 그들과 싸우리라" (계2:14-16)

"그러나 네게 책망할 일이 있노라 자칭 선지자라 하는 여자 이세벨을 네가 용납함이니 그가 내 종들을 가르쳐 꾀어 행음하게 하고 우상의 제물을 먹게 하는도다 또 내가 그에게 회개할 기회를 주었으되 자기의 음행을 회개하고자 하지 아니하는도다 볼지어다 내가 그를 침상에 던질 터이요 또 그와 더불어 간음하는 자들도 만일 그의 행위를 회개하지 아니하면 큰 환난 가운데에 던지고 또 내가 사망으로 그의 자녀를 죽이리니 모든 교회가 나는 사람의 뜻과 마음을 살피는 자인 줄 알지라 내가 너희 각 사람의 행위대로 갚아 주리라" (계2:20-23)

"개들과 점술가들과 음행하는 자들과 살인자들과 우상 숭배자들과 및 거짓말을 좋아하며 지어내는 자는 다 성 밖에 있으리라" (계22:15)

음행과 우상 숭배, 그리고 우상의 제물을 먹는 것이 끊어지지 않으면 '성 밖'으로 가서 매를 맞고 슬피 울며 이를 갈게 되므로 반드시 음행과 우상 숭배, 그리고 우상의 제물을 먹는 것을 반드시 끊어야 이기는 자가 될 수 있다.

④ 육은 살았으나 영이 죽은 행함이 없는 믿음을 회개하고 '행함 있는 믿음'을 가져야 이기는 자가 될 수 있다

"사데 교회의 사자에게 편지하라 하나님의 일곱 영과 일곱 별을 가지신 이가 이르시되 내가 네 행위를 아노니 네가 살았다 하는 이름은 가졌으나 죽은 자로다 너는 일깨어 그 남은 바 죽게 된 것을 굳건하게 하라 내 하나님 앞에 네 행위의 온전한 것을 찾지 못하였노니" (계3:1-2)

"이와 같이 행함이 없는 믿음은 그 자체가 죽은 것이라" (약2:17)
"네가 보거니와 믿음이 그의 행함과 함께 일하고 행함으로 믿음이 온전하게 되었느니라" (약2:22)

행함이 없는 지식적인 믿음, 혹은 말뿐인 신앙으로는 결코 이기는 자가 될 수 없으므로 행함 있는 믿음을 가짐으로써 이기는 자가 되어야 한다.

⑤ '흰 옷'을 입고 '더럽히지 않아야' 이기는 자가 될 수 있다.

"그러나 사데에 그 옷을 더럽히지 아니한 자 몇 명이 네게 있어 흰 옷을 입고 나와 함께 다니리니 그들은 합당한 자인 연고라 이기는 자는 이와 같이 흰 옷을 입을 것이요 내가 그 이름을 생명책에서 결코 지우지 아니하고 그 이름을 내 아버지 앞과 그의 천사들 앞에서 시인하리라" (계3:4-5)

이 흰 옷에 대하여는 〈40. 신부 예복을 입으라〉에서 설명한 대로 옳은 행실의 삶을 산 성도들에게 입혀주시는 공의의 겉옷, 즉 신부 예복이며, 신부 예복을 입고 옷이 더럽혀지지 않도록 철저히 회개함으로써 어린양이신 그리스도의 피로 자기 두루마기를 빨아야 이기는 자가 될 수 있다.

"우리가 즐거워하고 크게 기뻐하며 그에게 영광을 돌리세 어린 양의 혼인 기약이 이르렀고 그의 아내가 자신을 준비하였으므로 그에게 빛나고 깨끗한 세마포 옷을 입도록 허락하셨으니 이 세마포 옷은 성도들의 옳은 행실이로다 하더라" (계19:7-8)

"자기 두루마기를 빠는 자들은 복이 있으니 이는 그들이 생명나무에 나아가며 문들을 통하여 성에 들어갈 권세를 받으려 함이로다" (계22:14)

⑥ 어떤 고난이 와도 '예수님의 이름을 배반하지 않고 인내함

으로 말씀을 지켜야' 이기는 자가 될 수 있다.

"볼지어다 내가 네 앞에 열린 문을 두었으되 능히 닫을 사람이 없으리라 내가 네 행위를 아노니 네가 작은 능력을 가지고서도 내 말을 지키며 내 이름을 배반하지 아니하였도다.... 네가 나의 인내의 말씀을 지켰은즉 내가 또한 너를 지켜 시험의 때를 면하게 하리니 이는 장차 온 세상에 임하여 땅에 거하는 자들을 시험할 때라" (계3:8,10)

예수님을 믿는 것과 말씀대로 살려는 삶 때문에 고난이 왔을 때 예수님의 이름을 부인하거나 말씀을 버리면 결코 이기는 자가 될 수 없으므로 예수님을 믿는 것과 말씀대로 살려는 삶으로 인해 어떤 고난이 와도 예수님의 이름을 배반하지 않고 인내함으로 말씀을 지켜야 이기는 자가 될 수 있다.

⑦ 미지근한 믿음을 회개하고 '뜨겁고 열심 있는 믿음'이 있어야 이기는 자가 될 수 있다.

"네가 이같이 미지근하여 뜨겁지도 아니하고 차지도 아니하니 내 입에서 너를 토하여 버리리라 네가 말하기를 나는 부자라 부요하여 부족한 것이 없다 하나 네 곤고한 것과 가련한 것과 가난한 것과 눈 먼 것과 벌거벗은 것을 알지 못하는도다 내가 너를 권하노니 내게서 불로 연단한 금을 사서 부요하게 하고 흰 옷을 사서 입어 벌거벗은 수치를 보이지 않게 하고 안약을 사서 눈에 발라 보게 하라 무릇 내가 사랑하는 자를 책망하여 징계하노니 그러므로 네가 열심을 내라 회개하라" (계3:16-19)

미지근하고 열심이 없는 믿음으로는 절대로 이기는 자가 될 수 없으므로 미지근하고 열심이 없는 신앙생활을 철저히 회개하고 뜨겁고 열심 있는 믿음이 있어야 이기는 성도가 될 수 있다.

2) 이기는 자들이 받게 되는 상급들

① 이기는 자들, 즉 주님의 신부들은 새 예루살렘성 안에 있는 '생명나무의 열매'를 먹는다.

"귀 있는 자는 성령이 교회들에게 하시는 말씀을 들을지어다 이기는 그에게는 내가 하나님의 낙원에 있는 생명나무의 열매를 주어 먹게 하리라" (계2:7)

② 이기는 자들, 즉 주님의 신부들은 '둘째 사망의 해를 받지 않는다.'

"귀 있는 자는 성령이 교회들에게 하시는 말씀을 들을지어다 이기는 자는 둘째 사망의 해를 받지 아니하리라" (계2:11)

"또 내가 크고 흰 보좌와 그 위에 앉으신 이를 보니 땅과 하늘이 그 앞에서 피하여 간 데 없더라 또 내가 보니 죽은 자들이 큰 자나 작은 자나 그 보좌 앞에 서 있는데 책들이 펴 있고 또 다른 책이 펴졌으니 곧 생명책이라 죽은 자들이 자기 행위를 따라 책들에 기록된 대로 심판을 받으니 바다가 그 가운데에서 죽은 자들을 내주고 또 사망과 음부도 그 가운데에서 죽은 자들을 내주매 각 사람이 자기의 행위대로 심판을 받고 사망과 음부도 불못에 던져지니 이것은 둘째 사망 곧 불못이라" (계20:11-14)

이기는 자들은 백보좌 심판대에 서지도 않을 뿐 아니라 둘째 사망의 해도 받지 않게 된다.

③ 이기는 자들, 즉 주님의 신부들에게 '감추었던 만나와 새 이름을 기록한 흰 돌을 주신다.'

"귀 있는 자는 성령이 교회들에게 하시는 말씀을 들을지어다 이기는 그에게는 내가 감추었던 만나를 주고 또 흰 돌을 줄 터인데 그 돌 위에 새 이름을 기록한 것이 있나니 받는 자 밖에는 그 이름을 알 사람이 없느니라" (계2:17)

④ 이기는 자들, 즉 주님의 신부들에게 천년왕국과 새 예루살렘 성 안에서 '만국을 다스리는 권세'를 주신다.

"이기는 자와 끝까지 내 일을 지키는 그에게 만국을 나스리는 권세를 주리니" (계2:26)
"이 첫째 부활에 참여하는 자들은 복이 있고 거룩하도다 둘째 사망이 그들을 다스리는 권세가 없고 도리어 그들이 하나님과 그리스도의 제사장이 되어 천 년 동안 그리스도와 더불어 왕 노릇 하리라" (계20:6)
"다시 밤이 없겠고 등불과 햇빛이 쓸 데 없으니 이는 주 하나님이 그들에게 비치심이라 그들이 세세토록 왕 노릇 하리로다" (계22:5)

⑤ 이기는 자들, 즉 주님의 신부들에게 '흰옷을 입혀주시고, 주님께서 하나님 앞에서 시인해주신다.'

"이기는 자는 이와 같이 흰옷을 입을 것이요 내가 그 이름을 생명책에서 결코 지우지 아니하고 그 이름을 내 아버지 앞과 그의 천사들 앞에서 시인하리라" (계3:5)

예수님을 믿고 항상 하나님 아버지의 뜻대로 행하며 성령의 열매를 맺은 성도들, 즉 주님의 신부된 '이긴 자'들은 천국 '성

안'에 들어가게 되지만, 하나님 말씀대로 살지 않고 불법을 행한 성도들에게 예수님께서는 "나는 너희를 도무지 알지 못한다"고 하신 뒤 바깥 어두운 데로 보내시기 때문에 그들은 바깥 어두운 데서 슬피 울며 이를 갈게 된다.

"아름다운 열매를 맺지 아니하는 나무마다 찍혀 불에 던져지느니라 이러므로 그들의 열매로 그들을 알리라 나더러 주여 주여 하는 자마다 다 천국에 '들어갈' 것이 아니요 다만 하늘에 계신 내 아버지의 뜻대로 행하는 자라야 '들어가리라' 그 날에 많은 사람이 나더러 이르되 주여 주여 우리가 주의 이름으로 선지자 노릇 하며 주의 이름으로 귀신을 쫓아 내며 주의 이름으로 많은 권능을 행하지 아니하였나이까 하리니 그 때에 내가 그들에게 밝히 말하되 내가 너희를 도무지 알지 못하니 불법을 행하는 자들아 내게서 떠나가라 하리라" (마7:19-23)

⑥ 이기는 자들, 즉 주님의 신부들에게 하나님 '성전 안의 기둥이 되게 해주시고, 주님의 새 이름을 그 사람 위에 기록해주신다.'

"이기는 자는 내 하나님 성전에 기둥이 되게 하리니 그가 결코 다시 나가지 아니하리라 내가 하나님의 이름과 하나님의 성 곧 하늘에서 내 하나님께로부터 내려오는 새 예루살렘의 이름과 나의 새 이름을 그이 위에 기록하리라" (계3:12)
"나는 승리하는 자를 내 하나님의 성전 기둥으로 삼을 것이며, 그가 다시는 그 성전을 떠나지 않게 될 것이다. 나는 내 하나님의 이름과 내 하나님의 도성의 이름, 곧 하늘에서 내 하나님께로부터 내려오는 새 예루살렘의 이름과 나의 새로운 이름을 그 이기는 자 위에 새기겠다." (계3:12 공동)
"이기는 자는 내가 내 하나님의 성전 안의 기둥이 되게 하리니 그가 다

시는 나가지 아니하리라, 또 내가 내 하나님의 이름과 내 하나님의 도
시 곧 하늘에서 내 하나님으로부터 내려오는 새 예루살렘의 이름을
그 사람 위에 기록하고 나의 새 이름을 그 사람 위에 기록하리라"
(계3:12 킹 제임스 흠정역)

⑦ 이기는 자들, 즉 주님의 신부들에게는 적그리스도가 다스
리는 '대환난을 면하게 해주시고 예수님과 같이 보좌에 앉
게 해주신다.'

"네가 나의 인내의 말씀을 지켰은즉 내가 또한 너를 지켜 시험의 때를
면하게 하리니 이는 장차 온 세상에 임하여 땅에 거하는 자들을 시험
할 때라" (계3:10)
"이기는 그에게는 내가 내 보좌에 함께 앉게 하여 주기를 내가 이기고
아버지 보좌에 함께 앉은 것과 같이 하리라" (계3:21)

'장차 온 세상에 임하여 땅에 거하는 자들을 시험할 때'란 적
그리스도가 '모든 자 곧 작은 자나 큰 자나 부자나 가난한 자나
자유인이나 종들에게 그 오른손에나 이마에 베리칩(666표)을 받
게 하여 누구든지 이 표를 가진 자 외에는 매매를 못 하게 하는
때'이다. 이긴 자들은 적그리스도가 다스리는 대환난 전에 휴거
시켜주셔서 주님의 보좌에 앉게 해주신다. 할렐루야!

3. 대환난 때 이기는 자들이 새 예루살렘 '성 안'에 들어간다

대환난 때 이기는 자들은 다음과 같이 세 종류의 사람들이다.

1) 하나님의 인치심을 받은 '이스라엘 혈통'의 이긴 자

144,000명

(1) 적그리스도가 많은 사람들과 더불어 한 이레(7년) 조약을 맺고 이스라엘이 제3성전을 짓고 구약의 제사들을 지내도록 해주자, 이스라엘은 그를 메시야라고 믿는다.

"그가 장차 많은 사람들과 더불어 한 이레 동안의 언약을 굳게 맺고..." (단9:27)

(2) 전 3년 반의 기간 동안에 이스라엘과 평화적 관계를 유지하던 적그리스도에게 마귀가 들어가서 그가 급변하게 되는데, 적그리스도가 급변하기 직전에 예수님께서 공중에 강림하셔서 그리스도 안에서 이긴 자들을 부활시키시고 '빛나고 깨끗한' 세마포(신부 예복)를 입은 성도들을 휴거시키신다.

"주께서 호령과 천사장의 소리와 하나님의 나팔 소리로 친히 하늘로부터 강림하시리니 그리스도 안에서 죽은 자들이 먼저 일어나고 그 후에 우리 살아 남은 자들도 그들과 함께 구름 속으로 끌어 올려 공중에서 주를 영접하게 하시리니 그리하여 우리가 항상 주와 함께 있으리라" (살전4:16-17)
"네가 나의 인내의 말씀을 지켰은즉 내가 또한 너를 지켜 시험의 때를 면하게 하리니 이는 장차 온 세상에 임하여 땅에 거하는 자들을 시험할 때라" (계3:10)

(3) 7년 평화 조약의 전 3년 반이 지나 적그리스도에게 마귀가 들어가자 그는 급변하여 이스라엘과 적대적 관계가 되어 이스라엘이 제사 드리는 것을 중지 시키고, 자기가 하

주님 오시리 곧 오시리

나님의 성전에 앉아 자기를 하나님이라고 내세우며, 전 세계 사람들로 하여금 666표를 강제로 받게 한다.

"내가 보매 또 다른 짐승이 땅에서 올라오니 어린 양 같이 두 뿔이 있고 용처럼 말을 하더라 그가 먼저 나온 짐승의 모든 권세를 그 앞에서 행하고 땅과 땅에 사는 자들을 처음 짐승에게 경배하게 하니 곧 죽게 되었던 상처가 나은 자니라 큰 이적을 행하되 심지어 사람들 앞에서 불이 하늘로부터 땅에 내려오게 하고 짐승 앞에서 받은 바 이적을 행함으로 땅에 거하는 자들을 미혹하며 땅에 거하는 자들에게 이르기를 칼에 상하였다가 살아난 짐승을 위하여 우상을 만들라 하더라 그가 권세를 받아 그 짐승의 우상에게 생기를 주어 그 짐승의 우상으로 말하게 하고 또 짐승의 우상에게 경배하지 아니하는 자는 몇이든지 다 죽이게 하더라" (계13:11-15)

"그가 장차 많은 사람들과 더불어 한 이레 동안의 언약을 굳게 맺고 그가 그 이레의 절반에 제사와 예물을 금지할 것이며 또 포악하여 가증한 것이 날개를 의지하여 설 것이며 또 이미 정한 종말까지 진노가 황폐하게 하는 자에게 쏟아지리라 하였느니라 하니라" (단9:27)
"그는 대적하는 자라 신이라고 불리는 모든 것과 숭배함을 받는 것에 대항하여 그 위에 자기를 높이고 하나님의 성전에 앉아 자기를 하나님이라고 내세우느니라" (살후2:4)

"그가 모든 자 곧 작은 자나 큰 자나 부자나 가난한 자나 자유인이나 종들에게 그 오른손에나 이마에 표를 받게 하고 누구든지 이 표를 가진 자 외에는 매매를 못하게 하니 이 표는 곧 짐승의 이름이나 그 이름의 수라 지혜가 여기 있으니 총명한 자는 그 짐승의 수를 세어 보라 그것은 사람의 수니 그의 수는 육백육십육이니라" (계13:16-18)

(4) 하나님의 인치심을 받은 이스라엘의 144,000명이 적그리스도 섬기는 것을 거부하자 적그리스도는 그들을 핍박하는데, 하나님의 인치심을 받은 이스라엘 144,000명은 하나님께서 그들을 보호하기 위하여 예비해두신 피난처로 가서 후 3년 반 동안 보호를 받는다.

"하늘에 또 다른 이적이 보이니 보라 한 큰 붉은 용이 있어 머리가 일곱이요 뿔이 열이라 그 여러 머리에 일곱 왕관이 있는데 그 꼬리가 하늘의 별 삼분의 일을 끌어다가 땅에 던지더라 용이 해산하려는 여자 앞에서 그가 해산하면 그 아이를 삼키고자 하더니 여자가 아들을 낳으니 이는 장차 철장으로 만국을 다스릴 남자라 그 아이를 하나님 앞과 그 보좌 앞으로 올려가더라 그 여자가 광야로 도망하매 거기서 천이백육십 일 동안 그를 양육하기 위하여 하나님께서 예비하신 곳이 있더라" (계12:3-6)

(5) 후 3년 반 동안 하나님의 보호를 받은 이스라엘의 144,000명은 이마에 하나님의 인치심을 받은 자들로서 적그리스도가 다스리는 대환난 때 '이스라엘 혈통의 이긴 자'가 되어 흰옷을 입은 '이방인 큰 무리들'과 같이 '휴거(두 번째 휴거)' 된다.

"또 내가 보니 보라 어린 양이 시온 산에 섰고 그와 함께 십사만 사천이 서 있는데 그들의 이마에는 어린 양의 이름과 그 아버지의 이름을 쓴 것이 있더라 내가 하늘에서 나는 소리를 들으니 많은 물 소리와도 같고 큰 우렛소리와도 같은데 내가 들은 소리는 거문고 타는 자들이 그 거문고를 타는 것 같더라 그들이 보좌 앞과 네 생물과 장로들 앞에서 새 노래를 부르니 땅에서 속량함을 받은 십사만 사천 밖에는 능히 이 노래를 배울 자가 없더라 이 사람들은 여자와 더불어 더럽히지 아

주님 오시리 곧 오시리

니하고 순결한 자라 어린 양이 어디로 인도하든지 따라가는 자며 사람 가운데에서 속량함을 받아 처음 익은 열매로 하나님과 어린 양에게 속한 자들이니 그 입에 거짓말이 없고 흠이 없는 자들이더라"
(계14:1-5)

2) 어린양의 피에 옷을 씻어 희게 한 큰 무리들인 '이방인 이긴 자들'

각 나라와 족속과 백성과 방언에서 아무도 능히 셀 수 없는 '흰옷 입은 큰 무리들'은 휴거되지 못하고 대환난에 남겨진 이방인 성도들인데, 대환난을 통과하면서 철저히 회개함으로써 어린양의 피에 예복을 씻어 희게 한 성도들이며, 이들은 마3:12과 계14:14-16에서 말하는 '예수님의 타작마당'에서 추수되어 두 번째 휴거에 참여하게 되는 '이방인 이긴 자들'이다.

이들은 대환난(후 3년 반)이 끝나는 직후, 하나님의 인을 맞고 이긴 자 된 이스라엘 144,000명과 같이, 휴거되어(두 번째 휴거) 예수님께서 이 땅에 재림하실 때 같이 내려와서 천년왕국에서 다스리게 된다(서사라 목사의 『계시록 이해』 p. 258, 268. 참조).

"이 일 후에 내가 보니 각 나라와 족속과 백성과 방언에서 아무도 능히 셀 수 없는 큰 무리가 나와 흰 옷을 입고 손에 종려 가지를 들고 보좌 앞과 어린 양 앞에 서서 큰 소리로 외쳐 이르되 구원하심이 보좌에 앉으신 우리 하나님과 어린 양에게 있도다 하니 모든 천사가 보좌와 장로들과 네 생물의 주위에 서 있다가 보좌 앞에 엎드려 얼굴을 대고 하나님께 경배하여 이르되 아멘 찬송과 영광과 지혜와 감사와 존귀와 권능과 힘이 우리 하나님께 세세토록 있을지어다 아멘 하더라 장로 중 하나가 응답하여 나에게 이르되 이 흰 옷 입은 자들이 누구며 또 어디서 왔느냐 내가 말하기를 내 주여 당신이 아시나이다 하니 그가 나에게 이르되 이는 큰 환난에서 나오는 자들인데 어린 양의 피에 그 옷을 씻어 희게 하였느니라" (계7:9-14)

"손에 키를 들고 자기의 '타작마당'을 정하게 하사 알곡은 모아 곳간에 들이고 쭉정이는 꺼지지 않는 불에 태우시리라" (마3:12)

"또 내가 보니 흰 구름이 있고 구름 위에 인자와 같은 이가 앉으셨는데 그 머리에는 금 면류관이 있고 그 손에는 예리한 낫을 가졌더라 또 다른 천사가 성전으로부터 나와 구름 위에 앉은 이를 향하여 큰 음성으로 외쳐 이르되 당신의 낫을 휘둘러 거두소서 땅의 곡식이 다 익어 거둘 때가 이르렀음이니이다 하니 구름 위에 앉으신 이가 낫을 땅에 휘두르매 땅의 곡식이 거두어지니라" (계14:14-16)

3) 베리칩(666표)을 거부하여 순교함으로써 이긴 자가 됨

계13:16-18 말씀을 보면 적그리스도가 이 세상의 모든 사람들로 하여금 베리칩(666표)을 받게 하고 짐승의 우상에게 경배하게 하는데, 이것을 거부하는 사람들을 죽이기도 한다.

"그가 권세를 받아 그 짐승의 우상에게 생기를 주어 그 짐승의 우상으로 말하게 하고 또 짐승의 우상에게 경배하지 아니하는 자는 몇이든지 다 죽이게 하더라 그가 모든 자 곧 작은 자나 큰 자나 부자나 가난한 자나 자유인이나 종들에게 그 오른손에나 이마에 표를 받게 하고 누구든지 이 표를 가진 자 외에는 매매를 못하게 하니 이 표는 곧 짐승의 이름이나 그 이름의 수라 지혜가 여기 있으니 총명한 자는 그 짐승의 수를 세어 보라 그것은 사람의 수니 그의 수는 육백육십육이니라" (계13:15-18)

베리칩(666표)을 거부함으로써 죽임을 당한 성도들은 영으로 낙원으로 갔다가 예수 그리스도께서 재림하실 때 부활하여 천년 왕국에서 다스리다가 새 예루살렘 성 안으로 들어가게 될 것이다. 그들은 천년 왕국에서 그리스도와 더불어 천 년 동안 왕 노릇 하기 때문에 계14:13 말씀에서 "지금 이후로 주 안에서 죽는 자들은 복이 있도다"라고 말하고 있는 것이다.

"성도들의 인내가 여기 있나니 그들은 하나님의 계명과 예수에 대한 믿음을 지키는 자니라 또 내가 들으니 하늘에서 음성이 나서 이르되 기록하라 지금 이후로 주 안에서 죽는 자들은 복이 있도다 하시매 성령이 이르시되 그러하다 그들이 수고를 그치고 쉬리니 이는 그들의 행한 일이 따름이라 하시더라" (계14:12-13)

"나는 또 많은 높은 좌석과 그 위에 앉아 있는 사람들을 보았습니다. 그들은 심판할 권한을 받은 사람들이었습니다. 또 예수께서 계시하신 진리와 하느님의 말씀을 전파했다고 해서 목을 잘린 사람들의 영혼을 보았습니다. 그들은 그 짐승이나 그의 우상에게 절을 하지 않고 이마와 손에 낙인을 받지 않은 사람들입니다. 그들은 살아나서 그리스도와 함께 천 년 동안 왕노릇을 하였습니다." (계20:4 공동 번역)

"그리고 나는 보좌들을 보았는데 심판권을 받은 자들이 그 위에 앉아 있었다. 그리고 나는 예슈아의 증언과 하나님의 말씀 때문에 목이 베인 사람들의 영혼들을 보았다. 그들은 그 짐승이나 그의 형상에 절하지 않았고, 그들의 이마와 손이 그의 표를 받지도 않았다. 그들은 살아나서 그 마쉬아흐와 함께 천년을 통치한다." (계20:4 히브리어헬라어 직역성경)

"또 내가 왕좌들을 보았는데 사람들이 그것들 위에 앉아 있고 그들에게 심판이 맡겨졌더라. 또 내가 예수님의 증언과 하나님의 말씀으로 인해 목이 베인 자들의 혼을 보았는데 그들은 짐승과 그의 형상에게 경배하지도 아니하고 자기 이마 위에나 손 안에 짐승의 표를 받지도 아니한 자들이더라. 그들이 살아서 그리스도와 함께 천 년 동안 통치하였으나" (계20:4 킹 제임스 흠정역)

신앙생활의 목표는 '이기는' 성도가 되는 것이어야 한다. '그리스도의 신부'의 다른 이름은 '이기는 자'이므로 하나님께서는 이기는 성도에게 의의 겉옷(사61:10) 즉, 신부 예복을 입혀주셔서 천년왕국에서 왕 노릇하게 하시고, 새 예루살렘 성 안에서 있는 혼인 잔치에 참석하게 하시고, 영원토록 주님과 함께 다스리게 하시기 때문이다. 이기지 못한 성도들은, '성 밖' 어두운 곳에 쫓겨나서 매를 맞고 슬피 울며 이를 갈게 되기 때문에 '반드시' 이기는 자가 되어야 한다.

그러므로 사랑하는 성도들이여 '하나님의 말씀을 지키고 순종함으로써 이기는 자'가 되라. 만약 말씀을 지키지 못하여 이기는 자가 되지 못했을 경우에는 철저히 회개함으로써 빛나고 깨끗한 세마포를 입음으로써 하나님의 영광이 해같이 빛나는 '성 안(inside)'에 들어가는(enter) 여러분들이 되길 간절히 소원한다.

"이기는 자는 이것들을 상속으로 받으리라 나는 그의 하나님이 되고 그는 내 아들이 되리라" (계21:7)

주님 오시리 곧 오시리

44

베리칩(Verichip)이
정말로 666표인가?

어떤 사람들은 베리칩[Verichip, 혹은 몸에 심는 마이크로칩(이하 베리칩이라고 칭함)]이 666표라고 하고, 어떤 사람들은 베리칩(Verichip)이 666표가 아니라고 말을 한다.

그렇다면 베리칩(Verichip)이 666표인지 아닌지를 정확하게 알 수 있는 방법이 없을까?

666표에 대하여 말을 하고 있는 곳은 이 세상에서 오직 성경 제일 마지막에 있는 요한 계시록밖에 없다. 그러므로 베리칩이 666표에 대하여 말하고 있는 요한 계시록과 일치하면 666표라고 할 수 있고, 요한 계시록에서 말하고 있는 것과 일치하지 않으면 666표라고 말할 수 없을 것이다.

그러면 666표에 대하여 말하고 있는 성경을 보자.

"그가 모든 자 곧 작은 자나 큰 자나 부자나 가난한 자나 자유인이나 종들에게 그 오른손에나 이마에 표를 받게 하고 누구든지 이 표를 가진

자 외에는 매매를 못하게 하니 이 표는 곧 짐승의 이름이나 그 이름의
수라 지혜가 여기 있으니 총명한 자는 그 짐승의 수를 세어 보라 그것
은 사람의 수니 그의 수는 육백육십육이니라" (계13:16-18)

1. 요한 계시록은 '666표가 매매하는데 쓰인다'고 말하고 있다.

"누구든지 이 표를 가진 자 외에는 매매를 못하게 하니 이 표는 곧 짐승
의 이름이나 그 이름의 수라" (계13:17)

현재 우리들이 일상생활 가운데 물건을 사고팔 때 사용하는
화폐는 돈, 수표, 카드 등이다. 그런데 성경은 666표가 미래의
화폐의 도구로 쓰이게 된다고 2,000년 전에 예언했다. 그렇다면
베리칩(Verichip)이 매매의 도구로 사용되고 있는가?

2004년, 베리칩이 미국 식품의약국(FDA)으로부터 최초로 판
매 승인을 받았으며, 2010.6.4. KBS1 뉴스에서는 영국의 베리
칩사가 개발한 칩을 통하여 돈을 지불할 수 있는 기술이 개발되
었다고 방영했으며, 2017.8.1에 위스콘신의 쓰리스퀘어마켓의
직원들 85명 중 50명이 베리칩을 자발적으로 시술받아 칩으로
결제를 하는데 사용하고 있고, 네덜란드 암스테르담의 한 클럽
에서는 칩을 시술받아서 결제하는 사람들을 VIP로 대우하고 있
으며, 스웨덴에서는 2017년에 이미 약 2만 명이 효율적인 업무
를 위해서 칩을 시술받았는데(7.25. jtbc뉴스), 그들 중 5,000명
의 사람들은 칩을 사용하여 돈을 지불하는데 사용하고 있고, 전
세계적으로 1만 명 정도가 칩을 시술받아서 돈을 지불하는데 사
용하고 있다고(2019.5.6. KBS1뉴스 보도) 하니, 지금은 더 많
은 사람들이 칩을 시술받아서 돈을 지불하는데 사용하고 있을

것이며, 앞으로도 더 많은 사람들이 칩을 시술받아서 돈을 지불하는데 사용할 것이다.

현재 초등학교 5학년 1학기 교과서 〈사회과 탐구〉에 실린 내용을 보면, 미래의 화폐는 레이저 화폐로써, 이마나 손에 전자 칩으로 물건값을 치르게 된다고 하니, 2,000년 전에 쓰인 성경이 이런 예언을 하고 있다는 것은 놀라운 일 아닐까?

그러므로 베리칩이 요한 계시록에서 말하는 666표와 같이 매매의 수단으로 사용된다는 점에서 일치하고 있음을 알 수 있다.

2. 요한 계시록은 '666표를 오른손이나 이마에 받는다'고 말하고 있다.

"그가 모든 자 곧 작은 자나 큰 자나 부자나 가난한 자나 자유인이나 종들에게 그 오른손에나 이마에 표를 받게 하고" (계13:16)

1) 과연 베리칩(Verichip)은 과연 오른손이나 이마에 받고 있는가?

베리칩의 설계자 칼 샌더스 박사는 최소형 생체칩을 완성한 후 이 칩을 인간의 몸 어느 부위에 주사해야 하는지 연구한 끝에 베리칩에 들어 있는 리튬 전지를 재충전할 곳은 이마와 손뿐임을 찾아내었고, 현재 베리칩은 사람들의 손에 받고 있다.

2) 베리칩을 받은 사람들을 보니 손이 아니라, 팔에 받는 사람들도 있던데, 그럼 성경이 틀린 것인가?

동아 새 국어사전, 민중 새 국어사전, 넥서스 실용옥편 등에서는 '손=어깨에서 손끝까지'라고 정의하고 있다. 그러므로 베리칩을 팔에 맞는 것도 손에 맞는 것이다.

3) 베리칩을 받은 사람들을 보니 오른손이 아니라, 왼손에 받은 사람들도 있던데, 그럼 성경이 틀린 것이 아닐까?

666표를 오른손이나 이마에 받는다고 예언한 성경의 '오른'의 헬라어 원어는 '덱시오스'인데, 이 단어는 오른쪽을 의미하기도 하지만 '능숙한'의 의미도 있다.

오른손잡이에게는 '능숙한 오른손이 덱시오스'이고, 왼손잡이에게는 '능숙한 왼손이 덱시오스'이기 때문에 베리칩은 2,000년 전 성경이 예언한 그대로 '덱시오스'에 받고 있다.

주님 오시리 곧 오시리

1188 덱시오스 dexios
오른쪽의 right.

(a) 왼쪽의 반대로서 '오른쪽, 오른' 손에 대해, 일반적으로 '오른
편'이나 '오른쪽'을 의미한다.

(b) 신의 능력의 상징으로서 '오른' 손, 서투른의 반대로서
'능숙한'을 나타낸다.

그리고 요한 계시록에서 666표를 받는 신체 부위에 대하여 세
번 언급하고 있는데, 그중 한 번만 '오른손'이라고 했고, 나머지
두 번은 그냥 '손'이라고 되어 있다. 만약 666표를 왼손이 아닌
오른손에만 받아야 된다면 세 곳 모두 오른손에 받는다고 해야
하지만, 666표를 '손'에 받는다는 것이 중요하지, 오른손에 받
든지, 왼손에 받는지 그것은 중요하지 않기 때문에 그냥 '손'에
받는다고 한 것이다.

"또 다른 천사 곧 셋째가 그 뒤를 따라 큰 음성으로 이르되 만일 누구
든지 짐승과 그의 우상에게 경배하고 이마에나 손에 표를 받으면"
(계14:9)
"또 내가 보좌들을 보니 거기에 앉은 자들이 있어 심판하는 권세를 받
았더라 또 내가 보니 예수를 증언함과 하나님의 말씀 때문에 목 베임
을 당한 자들의 영혼들과 또 짐승과 그의 우상에게 경배하지 아니하
고 그들의 이마와 손에 그의 표를 받지 아니한 자들이 살아서 그리스
도와 더불어 천 년 동안 왕 노릇 하니" (계20:4)

그러므로 666표를 오른손이나 이마에 받는다는 요한 계시록
의 예언과 베리칩이 일치됨을 알 수 있다.

3. 666표의 위험성(1) - 종양(abscess)

"첫째 천사가 가서 그 대접을 땅에 쏟으매 <u>짐승의 표를 받은 사람들</u>과 그 우상에게 경배하는 자들에게 <u>악하고 독한 종기가 나더라</u>" (계16:2)

요한 계시록은 666표를 받은 사람들에게 독한 종기가 난다고 예언하고 있다.

하버드 대학 출신으로 16년 동안 동물 마이크로칩으로 인한 문제를 추적해 온 캐서린 알브레히트 박사의 논문(Microchip-Induced Tumors in Laboratory Rodents and Dogs: A Review of the Literature 1990~2006)을 보면 동물 등록칩이 그리 확산되지 않았던 1990년부터 2006년 사이 연구만 살펴봐도 11건의 연구 가운데 8건에서 암이 발견된 것으로 나타났다. 쥐의 경우 최대 10.2% 발생률을 보였고 개의 경우도 칩을 장착한 지 7개월(프렌치 불독), 18개월(혼종) 이후 암이 발생한 것으로 드러났다(2012.05.22. SBS 뉴스).

주로 칩 시술 이후 인체 내 이물질로 인한 세포 변화로 종양이 생기거나 칩의 무선주파수 에너지 때문에 병이 생기는 경우였다. 우리나라에서도 애견들에게 칩을 이식했을 때 종양, 피부괴사, 뇌손상, 체내 이동 등의 문제들이 나타났다(2012.5.16. SBS 뉴스).

만약 이러한 칩을 당신의 몸에 심었을 때 당신에게도 종양, 피부괴사, 뇌손상, 체내 이동 등의 심각한 문제가 나타나지 않을까?

그러므로 666표를 받은 사람들에게서 종기가 난다는 요한 계

주님 오시리 곧 오시리

시록의 예언과, 베리칩을 시술받은 애견들에게서도 종기가 나는 것을 볼 때 사람들에게 칩을 이식했을 경우 당연히 종기가 날 것이고, 베리칩이 666표와 일치됨을 알 수 있다.

4. 666표의 위험성(2) - 표를 통해 통제받는 시대가 옴

소의 뇌에 칩을 심어 소의 감정과 행동을 제어하는데 성공한 예일대 생리학 교수 호세 델가도 박사는 "사람의 뇌를 무전으로 조종하여 그 행동을 지배하는 것은 그다지 어렵지 않을 것"이라고 말했으며(1968.2.14. 메일경제 신문), 미국 워싱턴 주립대 과학자들은, 라오 교수의 뇌파를 다른 실험실에 있는 스토코 교수에게 인터넷으로 보내 스토코의 손가락을 컴퓨터 키보드 위에서 움직이게 함으로써, 사람의 뇌파로 타인의 몸을 움직일 수 있음을 보여주었고(2013.8.24. 연합 뉴스), 영국 요크대학교와 미국 UCLA 공동 연구팀은 "두뇌 일부에 자기장을 통과시키는 것만으로 사상이나 종교 등에 대한 개인의 태도까지 바꾸어 놓을 수 있다"는 실험 결과도 발표하였다(2015.10.15. 서울신문).

요한 계시록은, 전 세계 모든 사람들이 666표를 통해 사탄적인 정부의 지시를 받게 되어, 자신의 의지와 상관없이 짐승과 우상에게 경배하게 될 것이며, 심지어 이미 예수님을 믿고 구원을 받은 사람들도 666표를 받으면 짐승과 우상에게 경배하게 되어 하나님의 진노의 심판을 받게 될 것이라고 말하고 있다.

"또 다른 천사 곧 셋째가 그 뒤를 따라 큰 음성으로 이르되 만일 누구든지 짐승과 그의 우상에게 경배하고 이마에나 손에 표를 받으면 그도 하나님의 진노의 포도주를 마시리니 그 진노의 잔에 섞인 것이 없이 부은 포도주라 거룩한 천사들 앞과 어린 양 앞에서 불과 유황으로 고난을 받으리니 그 고난의 연기가 세세토록 올라가리로다 짐승과 그의 우상에게 경배하고 그의 이름 표를 받는 자는 누구든지 밤낮 쉼을 얻지 못하리라 하더라" (계14:9-11)

하나님께로부터 이러한 일이 일어날 것에 대한 계시를 받고 쓴 책 『표』(송명희 저)에서도 그렇게 말하고 있다. "칩을 받은 모든 사람들은 모든 자율적 신경과 정신 세포가 분열을 일으켜 이성적 판단력과 기본적인 감정을 상실한다."(p.174)

우리나라에서는 2016년 9월 서울대/신촌 세브란스/서울 아산/삼성 서울/서울 성모 병원 등이 환자의 몸에 심는 칩(=베리칩)을 통하여 원격으로 진찰&처방하는 스마트 병원을 설립하기로 했는데 스마트 병원의 개념은 다음과 같다.

① 환자 몸에 심은 칩을 통해서 혈압, 혈당 등의 각종 의학 정보를 수집한다.
② 칩에서 무선으로 병원 컴퓨터에 환자의 정보를 전달한다.
③ 컴퓨터에 수집된 정보를 통해 의료진이 환자의 상태를 파악한다.
④ 의사가 환자에게 약물/식이/운동 요법을 처방한다.
⑤ 환자는 스마트폰으로 의사가 보낸 정보를 받아본다.

스마트 병원 진료의 핵심은 환자의 몸에 베리칩을 이식하는 것으로부터 시작된다.

산업통상자원부에서는, 지난 2017년 8월 29일에, 본격적인 베리칩 이식을 앞두고 여론의 동향을 살피기 위해 국민 여론을 묻는 정책 뉴스를 올렸는데, 긍정적인 여론만 형성된다면 언제든지 정부 주도하에 대대적인 베리칩 이식이 진행될 것으로 보인다.

이제까지 베리칩이 과연 요한 계시록이 말하고 있는 666표인지 아닌지에 대하여 말씀을 드렸다.

여러분의 생각은 어떤가?

베리칩이 666표일까, 아닐까?
베리칩을 받아도 될까? 절대로 받으면 안 될까?

이 책을 쓸 때 베리칩에 관한 내용을 넣을 계획이 전혀 없었다.

그런데 이 책을 출판하기 위하여 기도했을 때 주님께서는 이 책에 '반드시' "두 가지를 넣어야 한다!"고 말씀하셨다. 그 두 가지 중 하나가 바로 '베리칩'에 관한 것이다.

주님께서는 "베리칩은 666표다"고 말씀하셨으며, "베리칩을 절대로 받아서는 안 된다"고 말씀하셨다.

사랑하는 여러분들이여,

그래도 '베리칩은 666표가 아니다'고 믿고 베리칩을 받겠는가? 베리칩은 분명히 666표다! 하나님께서 주신 지혜와 총명이 있는 자들은 베리칩이 짐승의 표임을 안다!

"지혜가 여기 있으니 총명한 자는 그 짐승의 수를 세어 보라 그것은 사람의 수니 그의 수는 육백육십육이니라" (계13:18)

베리칩이 신분증 대용으로 사용되어 삶의 편리함을 준다 해도, 치매를 앓는 어르신들에게 칩을 받게 하여 길 잃어도 걱정할 필요가 없게 해준다 해도, 환자들의 몸속에 칩을 받게 하여 위급한 상황에 그 사람의 병력을 알고 빠르게 대처하여 생명을 구할 수 있는 유익을 준다 해도 베리칩은 매매 가능이 있는 666표이다!

예수님을 믿고 구원받은 성도들이라도 만약 표를 받으면 반드시 불과 유황으로 고통을 받는 지옥에 가는 666표이다! 그러므로 절대로 받으면 안 되는 666표다!

생활의 편리함을 주기에 지금은 자유로이 받을 수 있는 표이지만, 그 수가 점점 늘어나고 적그리스도의 시대가 되면 모두가 강제로 받고, 적그리스도의 통제를 받아 그리스도를 부인하게 되어 결국은 하나님의 진노의 포도주를 마심으로써 불과 유황으로 세세토록 고난을 받게 될 666표이다.

일곱 번째 나팔이 울린 뒤 적그리스도는 이 세상의 모든 사람들로 하여금 666표인 베리칩을 받게 하는데, 칩이 주는 편리함 때문에 거의 모든 사람들이 받게 될 것이다. 그러나 바로 이어지는 첫 번째 대접 재앙 때 베리칩을 받은 사람들에게서 악하고 독한 종기가 난다고 계16:2 말씀에서 말하고 있는데, 그렇다면 베리칩이 주는 편리함이 얼마가 유지되겠는가? 베리칩이 주는 편리함을 3년 반 동안 누리다가 바로 이어지는 첫 번째 대접 재앙

주님 오시리 곧 오시리

때 나타나는 종기로 인해서 고통을 당하다가 영원히 불과 유황으로 고난을 받겠는가?

"또 다른 천사 곧 셋째가 그 뒤를 따라 큰 음성으로 이르되 만일 누구든지 짐승과 그의 우상에게 경배하고 이마에나 손에 표를 받으면 그도 하나님의 진노의 포도주를 마시리니 그 진노의 잔에 섞인 것이 없이 부은 포도주라 거룩한 천사들 앞과 어린 양 앞에서 불과 유황으로 고난을 받으리니 그 고난의 연기가 세세토록 올라가리로다 짐승과 그의 우상에게 경배하고 그의 이름 표를 받는 자는 누구든지 밤낮 쉼을 얻지 못하리라 하더라" (계14:9-11)

우리는 기억해야 한다! 베리칩을 받음으로써 이 세상에서 누리게 되는 편리함은 아무리 길어야 적그리스도가 다스리는 3년 반이며, 그것도 첫 번째 대접 재앙 이후부터는 종기로 고통을 당하다가(계16:2) 결국은 불과 유황으로 영원히 고난을 받게 된다. 3년 반의 편리함을 위해 베리칩을 받고 불과 유황으로 영원히 고난을 받는 것이 좋겠는가? 아니면 베리칩을 거부함으로써 3년 반 동안 적그리스도에게 고난을 받다가 영원한 천국을 상속받고 그리스도와 더불어 왕 노릇 하는 것이 좋겠는가?

"또 내가 보좌들을 보니 거기에 앉은 자들이 있어 심판하는 권세를 받았더라 또 내가 보니 예수를 증언함과 하나님의 말씀 때문에 목 베임을 당한 자들의 영혼들과 또 짐승과 그의 우상에게 경배하지 아니하고 그들의 이마와 손에 그의 표를 받지 아니한 자들이 살아서 그리스도와 더불어 천 년 동안 왕 노릇 하니 (그 나머지 죽은 자들은 그 천 년이 차기까지 살지 못하더라) 이는 첫째 부활이라 이 첫째 부활에 참여하는 자들은 복이 있고 거룩하도다 둘째 사망이 그들을 다스리는 권세가 없고 도리어 그들이 하나님과 그리스도의 제사장이 되어 천

년 동안 <u>그리스도와 더불어 왕 노릇 하리라</u>" (계20:4-6)

베리칩이 666표임을 깨닫고 자신이 받지 않을 뿐 아니라 다른 사람들도 절대로 받지 못하도록 하여 자신과 다른 사람들의 영혼을 구하는 여러분들이 되길 바란다.

45

예수님을 믿는데 베리칩 좀 받았다고 지옥에 갈까?

"이스라엘아 들으라 우리 하나님 여호와는 오직 유일한 여호와이시니 너는 마음을 다하고 뜻을 다하고 힘을 다하여 네 하나님 여호와를 사랑하라 오늘 내가 네게 명하는 이 말씀을 너는 마음에 새기고 네 자녀에게 부지런히 가르치며 집에 앉았을 때에든지 길을 갈 때에든지 누워 있을 때에든지 일어날 때에든지 이 말씀을 강론할 것이며 너는 또 그것을 네 손목에 매어 기호를 삼으며 네 미간에 붙여 표로 삼고 또 네 집 문설주와 바깥 문에 기록할지니라" (신6:4-9)

유대인들은 기도할 때 〈테필린〉을 두른다.

주님 오시리 곧 오시리

'테필린'이란 '성경 구절(출13:1-10, 11-16; 신 6:4-9, 11:13-21)을 기록한 양피지를 넣은 작은 가죽 상자(성구함, 성구갑)'를 말한다(우리말로는 '경문(經文)'으로 번역되었다/마 23:5).

네 가지 성경 구절은 ① 출13:1-10은 유월절 규례, ② 출13:11-16은 장자 성별에 관한 규례, ③ 신6:4-9은 하나님 사랑에 관한 규례, ④ 신11:13-21은 율법 복종을 명한 규례인데 13세 이상 된 유대인 남자들은 안식일과 절기를 제외하고는 하루 세 차례 기도 시간에 반드시 '테필린'을 착용해야 했다. 기도하는 사람의 이마나 팔에 부착하면 '테필린(teffilin)'이라 부르지만, 문설주에 붙이면 '메주자('문설주'라는 뜻)'라는 다른 이름으로 부르게 된다.

신약 시대에는 바리새인을 비롯한 종교인들이 경문을 항시 착용하거나 경문을 고정시키는 미간이나 팔목의 가죽띠를 넓게 하여 자신의 경건성을 과시하는 수단으로 삼음으로써 주님으로부터 책망을 받기도 하였다(마23:5).

마23:5 그들의 모든 행위를 사람에게 보이고자 하나니 곧 그 '경문' 띠를 넓게 하며 옷술을 길게 하고

그런데 하나님께서는 왜 말씀을 '손목에 매어 기호를 삼으며 네 미간에 붙여 표'를 삼으라고 하셨는가? 말씀을 다리에 맬 수도 있지 않은가? 매일 하루 세 번씩 기도할 때마다 '테필린'을 착용하고 기도한다면 얼마나 불편할까? 꼭 손과 이마에 달고 다니지 말고, 우리들이 성경책을 갖고 다니듯이, 그냥 갖고 다니라고 하실 수도 있지 않은가? 아니면 포켓용 성경처럼 포켓에 넣어서 다니라고 하실 수도 있지 않은가?

하나님께서 그렇게 말씀하신 의미를 알아보자

1. 말씀을 손목에 매어 기호를 삼으라

"너는 또 그것을 네 손목에 매어 기호를 삼으며 네 미간에 붙여 표로 삼고" (신6:8)

위 말씀에서 '손목'이라는 히브리 원어는 '야드'로서 '손(hand)'을 의미하며 '어깨에서 손가락 끝까지(손+팔)'를 말하며, '매다'라는 단어는 히브리 원어로 '카샤르'인데 '함께 매다, 연합하다, 유대 관계를 맺다'는 의미이다. 그리고 '기호'라는 단어의 히브리 원어는 '오트'로서 '신호, 표적(sign)'이라는 의미이다.

그러므로 '그것을 네 손목에 매어 기호를 삼으며'라는 말씀은 '팔에 하나님의 말씀을 멤으로써 표적(sign)을 보이라'는 의미이다. 그렇다면 '하나님 말씀을 손에 매는 것'은 어떤 표적(sign)이며, 어떤 메시지를 담고 있는가?

1) 손＝소유를 의미한다.

성경에서 '손'은 '소유'를 의미한다.

"요셉이 이끌려 애굽에 내려가매 바로의 신하 친위대장 애굽 사람 보디발이 그를 그리로 데려간 이스마엘 사람의 손에서 요셉을 사니라" (창39:1)

요셉의 형제들은 은 이십을 받고(창37:28) 요셉을 이스마엘 사람에게 팔았으며, 바로의 신하 친위대장 애굽 사람 보디발은 '이스마엘 사람의 손'에서 요셉을 샀다. 이 말은 '이스마엘 사람의 소유'에서 요셉을 산 것이다.

후궁이 칠백 명이요 첩이 삼백 명이었던 솔로몬 왕은 나이가 많이 들자(왕하11:4) 여인들로 말미암아 아스다롯, 밀곰, 그모스 등의 우상 숭배에 빠지게 되었고(왕하11:5-7), 하나님께서 진노하셔서 솔로몬 왕에게 두 번이나 나타나셔서 그를 책망하였지만 그는 회개하지 않았다(왕상11:9-10). 그러자 하나님께서는 그 나라를 빼앗아 솔로몬 왕의 신하에게 주시겠다고 말씀하셨다(왕히11:11). 그러나 하나님께서는 다윗을 생각하셔서 솔로몬 왕 아들의 손에서 빼앗겠다고 말씀하셨다.

"그러나 네 아버지 다윗을 위하여 네 세대에는 이 일을 행하지 아니하고 네 아들의 손에서 빼앗으려니와" (왕상11:12)

위 말씀에서 '네 아들의 손'에서 빼앗으시겠다는 말씀은 '네 아들의 소유'에서 빼앗으시겠다는 말씀이다. 이처럼 성경에서 '손'은 '소유'라는 의미가 있다. 그러므로 '하나님 말씀을 손목에 매어 기호를 삼으라'는 말씀은 '나는 하나님 말씀의 소유다'는 의미이며, 예수 그리스도는 말씀이 육신이 되신 분(요1:1)이기 때문에 '하나님 말씀을 손목에 매어 기호를 삼으라'는 말씀은 '나는 하나님의 소유입니다'라는 표적(sign)이다. 하나님께서는 '이스라엘 백성들이 하나님의 소유임을 나타내기 위하여' 하나님 말씀을 손목에 매어 기호를 삼으라고 하신 것이다. 할렐루야!

2) 손＝권한 아래 두다, 지배하게 두다

성경에서 '손'의 두 번째 의미는 '권한 아래 두다', '지배하게 두다' 라는 의미이다.

"하나님이 노아와 그 아들들에게 복을 주시며 그들에게 이르시되 생육하고 번성하여 땅에 충만하라 땅의 모든 짐승과 공중의 모든 새와 땅에 기는 모든 것과 바다의 모든 물고기가 너희를 두려워하며 너희를 무서워하리니 이것들은 너희의 손에 붙였음이니라" (창9:1-2)

창9:2 말씀의 공동번역을 보자.

"들짐승과 공중의 새와 땅 위를 기어 다니는 길짐승과 바닷고기가 다 두려워 떨며 너희의 지배를 받으리라." (창9:2)

하나님께서는 노아에게 땅의 모든 짐승과 공중의 모든 새와 땅에 기는 모든 것과 바다의 모든 물고기를 '너희 손에 붙였다' 고 말씀하셨는데, 이 말씀은 땅의 모든 짐승과 공중의 모든 새와 땅에 기는 모든 것과 바다의 모든 물고기가 노아와 그 아들들의 '지배를 받으리라' 는 의미이다.

창16:4-6 말씀에서도 '손' = '지배를 받다' 는 의미이다.

"아브람이 하갈과 동침하였더니 하갈이 임신하매 그가 자기의 임신함을 알고 그의 여주인을 멸시한지라 사래가 아브람에게 이르되 내가 받는 모욕은 당신이 받아야 옳도다 내가 나의 여종을 당신의 품에 두었거늘 그가 자기의 임신함을 알고 나를 멸시하니 당신과 나 사이에 여호와께서 판단하시기를 원하노라 아브람이 사래에게 이르되 당신의 여종은 당신의 수중에 있으니(야드) 당신의 눈에 좋을 대로 그에게 행하라 하매 사래가 하갈을 학대하였더니 하갈이 사래 앞에서 도망하였더라" (창16:4-6)

아브람이 사래에게 '당신의 여종은 당신의 수중에 있으니'라고 말하였는데 '당신의 수중에 있다'는 말은 히브리 원어로 '손'을 뜻하는 '야드'인데 '당신의 손에 있다'는 말이다.

공동번역에서는 '하갈은 당신의 몸종인데 당신 마음대로 할 수 있지 않소? 당신 좋을 대로 하시오.'라고 번역했는데, 다시 말하면 '하갈은 당신의 몸종이어서 당신 지배하에 있기 때문에 당신 마음대로 힐 수 있지 않소?'라는 의미이다.

그러므로 '하나님의 말씀을 손에 매어 기호를 삼으라'는 말씀은 '나는 하나님의 말씀의 지배를 받는 사람이다'라는 표적 (sign)이며, 예수 그리스도는 말씀이 육신이 되신 분(요1:1)이기 때문에 '하나님 말씀을 손목에 매어 기호를 삼으라'는 말씀은 '나는 하나님의 지배를 받는 사람입니다'라는 표적(sign)이다. 하나님께서는 이스라엘 백성들이 '하나님의 지배와 통치를 받는 사람들'임을 나타내기 위하여 하나님 말씀을 손목에 매어 기호를 삼으라고 하신 것이다.

그러므로 '하나님의 말씀을 손목에 매어 기호를 삼으며'라는 말씀은 '나는 하나님의 소유이며, 하나님의 지배와 통치를 받는 사람입니다'라는 표적(sign)이다. 할렐루야!

2. 미간에 붙여 표를 삼으라

"너는 또 그것을 네 손목에 매어 기호를 삼으며 네 미간에 붙여 표로 삼고" (신6:8)

신6:8 말씀에서 '미간'은 '미+간'이며, 히브리 원어로는 '아인(눈)+바인(간격, ~사이에)'의 합성어로 사전적으로는 '두 눈썹 사이'를 의미하지만 두 눈썹 사이에 성구함을 붙일 수 없기 때문에 '이마'로 번역하였다.

"네 손에 매어 표를 삼고 이마에 붙여 기호로 삼아라." (신6:8, 공동번역)
"또 당신들은 그것을 손에 매어 표로 삼고, 이마에 붙여 기호로 삼으십시오." (신6:8, 표준새번역)
"또 너는 그것들을 네 손에 매어 표적으로 삼고 네 눈 사이에 두어 이마의 표로 삼으며" (신6:8, 킹 제임스 흠정역)

'표'라는 단어의 히브리 원어는 '토타파'로 '기호', '표적(sign)'이라는 의미로서 '기호'와 같은 의미임을 알 수 있다. 그러므로 '하나님 말씀을 미간에 붙여 표를 삼으라' = '하나님 말씀을 이마에 붙임으로써 표적(sign)을 보이라'는 의미이다. 그렇다면 하나님 말씀을 이마에 붙이는 것은 무슨 표적(sign)인가?

"또 내가 보니 보라 어린 양이 시온 산에 섰고 그와 함께 십사만 사천이 서 있는데 그들의 이마에는 어린 양의 이름과 그 아버지의 이름을 쓴 것이 있더라" (계14:1)

계14:1 말씀을 보면 어린양이신 예수 그리스도와 함께 한 이스라엘 백성들 144,000명이 있는데, 그들의 '이마'에는 어린 양의 이름과 그 아버지의 이름을 쓴 것이 있다고 했다. 그렇다면 이스라엘 백성들 144,000명의 '이마'에 있는 어린 양의 이름과 그 아버지의 이름은 무엇을 의미할까? 계14:1 말씀에 나오는 '이마'라는 단어의 헬라어 원어는 '메토폰'으로서 '양 눈 사이의 공간'을 의미한다. 이는 신6:8 말씀에 나오는 '미간'과 같은 의미이다. 그리고 헬라어 '메토폰'이라는 단어는 '메타'라는 단어에서 유래하였는데 '메타'라는 단어는 '~와 함께', '~동행하여'라는 의미이다.

그러므로 계14:1 말씀에서 '예수 그리스도와 함께(메타) 한 이스라엘 백성들 144,000명의 이마(메토폰)에 어린 양의 이름과 그 아버지의 이름이 쓰여있다'는 깃은 이스라엘 144,000명은 어린 양과 그 아버지와 '함께(동행) 한다'는 표적(sign)으로 이마에 어린 양의 이름과 그 아버지의 이름이 쓰여있는 것이다. 할렐루야!

다윗은 '하나님과 동행(함께)하는 삶'은 곧 '사망의 음침한 골짜기에서도 해를 받지 않도록 지켜주시고 보호해 주시고 인도해 주시는 것'이라고 말하고 있다.

"내가 사망의 음침한 골짜기로 다닐지라도 해를 두려워하지 않을 것은 주께서 나와 함께 하심이라 주의 지팡이와 막대기가 나를 안위하시나이다" (시23:4)

그러므로 계14:1 말씀에서 '예수 그리스도와 함께 한 이스라엘 백성들 144,000명의 이마에 어린 양의 이름과 그 아버지의 이름이 쓰여 있다'는 의미는 주님께서 이스라엘 144,000명과 동행해주시기 때문에 그들이 '대환난'이라는 사망의 음침한 골짜기를 다닐지라도 해를 받지 않도록 주님께서 지키시고, 보호해 주시고, 인도해 주신다는 의미이며, 하나님께서 함께 하시고 동행해 주셔서 '적그리스도의 핍박'이라는 사망의 음침한 골짜기에서도 해를 받지 않도록 주님께서 지키시고, 보호해 주시고, 인도해 주신다는 표적(sign)으로 '하나님의 말씀을 미간에 붙여 표를 삼으라'고 하신 것이다. 할렐루야!

다섯째 나팔 재앙 시(時) 지구에 거하는 모든 사람들이 황충에 쏘여서 죽지도 못하고 다섯 달 동안 고통 가운데 있게 되는데 오직 '이마에 하나님의 인치심'을 받은 사람들이 보호되는 이유는 하나님께서 그들과 동행해주셔서 '황충 재앙'이라는 사망의 음침한 골짜기에서도 지켜주시고, 보호해 주시고, 인도해 주시기 때문에 해를 받지 않게 되는 것이다.

> "다섯째 천사가 나팔을 불매 내가 보니 하늘에서 땅에 떨어진 별 하나
> 가 있는데 그가 무저갱의 열쇠를 받았더라 그가 무저갱을 여니 그 구
> 멍에서 큰 화덕의 연기 같은 연기가 올라오매 해와 공기가 그 구멍의
> 연기로 말미암아 어두워지며 또 황충이 연기 가운데로부터 땅 위에
> 나오매 그들이 땅에 있는 전갈의 권세와 같은 권세를 받았더라 그들
> 에게 이르시되 땅의 풀이나 푸른 것이나 각종 수목은 해하지 말고 오
> 직 이마에 하나님의 인치심을 받지 아니한 사람들만 해하라 하시더라
> 그러나 그들을 죽이지는 못하게 하시고 다섯 달 동안 괴롭게만 하게
> 하시는데 그 괴롭게 함은 전갈이 사람을 쏠 때에 괴롭게 함과 같더라
> 그날에는 사람들이 죽기를 구하여도 죽지 못하고 죽고 싶으나 죽음이
> 그들을 피하리로다" (계9:1-6)

그리므로 하나님께서는 이스라엘 백성들에게 '너는 하나님의 소유로서, 하나님의 지배와 통치를 받으며, 하나님과 동행함으로써 사망의 음침한 골짜기에서도 보호받고, 인도받는다'는 표적(sign)으로 '말씀을 네 손목에 매어 기호를 삼으며 네 미간에 붙여

표로 삼으라(신6:8)'고 말씀하신 것이다. '나는 하나님의 소유(백성)이고, 그래서 나는 하나님의 지배와 통치를 받으며 살아야 하고, 하나님과 동행하며 사는 존재다'라는 확실한 믿음을 갖고 살라는 것이다. 그러므로 하나님께서는 〈테필린〉을 '손목에 매어 기호를 삼으며 미간에 붙여 표로 삼으라'고 하심으로써 '나는 마귀의 소유가 아니라 하나님의 소유(백성)이다!' '나는 하나님의 소유(백성)이기 때문에 하나님의 지배와 통치를 받으며 산다!' '나는 하나님께서 동행해 주시는 사람(민족)이기 때문에 사망의 음침한 골짜기를 다닐지라도 하나님께서 지켜주시고 보호해 주시고 인도해 주신다'는 믿음 가운데 살라는 것이다. 할렐루야!

그렇다면 신약 시대에는 예수님을 믿는 성도들이 '하나님의 소유(백성)'이며, '하나님과 동행한다'는 신앙의 표적(sign)을 어떻게 나타냈는가?

3. 신약 시대에 성도들이 '하나님의 소유(백성)'이며, '하나님과 동행한다'는 표적(sign)

1) 하나님의 소유라는 표적(sign)

우리가 예수 그리스도를 믿지 않았을 때 우리는 영적으로 마귀의 백성(소유)이었고, 마귀의 자식(요8:44)이었다. 마귀의 자식이었던 우리가 복음을 듣고 예수님을 마음에 영접하면, 우리는 더 이상 마귀의 소유(백성), 마귀의 자식도 아니고, 하나님의 백성, 하나님의 자녀가 된다.

"영접하는 자 곧 그 이름을 믿는 자들에게는 하나님의 자녀가 되는 권세를 주셨으니" (요1:12)

하나님께서는 회개하고 예수 그리스도를 믿은(영접한) 우리가 더 이상 마귀의 소유(백성, 자식)가 아니라 '하나님의 소유'라는 것을 확실히 해주시기 위하여 우리의 마음에 성령으로 도장을 찍으신다. 이것을 '성령의 인치심'이라고 한다.

> "그 안에서 너희도 진리의 말씀 곧 너희의 구원의 복음을 듣고 그 안에서 또한 믿어 약속의 성령으로 인치심을 받았으니" (엡1:13)

도장을 찍는 것은 소유를 표시하는 행위인데 하나님께서 성령으로 인치시는 것은 '너는 하나님의 것이라'는 의미이다.

> "야곱아 너를 창조하신 여호와께서 지금 말씀하시느니라 이스라엘아 너를 지으신 이가 말씀하시느니라 너는 두려워하지 말라 내가 너를 구속하였고 내가 너를 지명하여 불렀나니 너는 내 것이라" (사43:1)

하나님께서는, '너는 이제 마귀의 백성, 마귀의 자식이 아니고, 나의 백성, 나의 자녀이다'라는 의미로 우리의 심령에 성령으로 도장을 찍으시고 보증으로 우리 마음에 성령을 주셨다.

> "그가 또한 우리에게 인치시고 보증으로 우리 마음에 성령을 주셨느니라" (고후1:22)

그러므로 회개하고 예수 그리스도를 구주로 영접한 모든 성도들의 마음에는 성령님께서 내주(內住)하신다. 성령님의 내주는 '하나님의 소유'임을 나타내는 표적(sign)이다.

구약 시대에 하나님의 말씀을 담은 〈테필린〉을 손목에 맴으로써 하나님의 소유임을 나타내셨던 하나님께서 신약 시대에는 성령으로 인치시고 마음에 성령을 주심으로써 하나님의 소유이심

주님 오시리 곧 오시리

을 나타내신다. 그러므로 '성령의 인치심'은 '하나님의 소유'라는 표적(sign)이다.

2) 하나님께서 동행하신다는 표적

그렇다면 '하나님께서 함께 하신다'는 표적(sign)은 무엇일까? 구약에서는 하나님께서 함께 하신다는 표적으로 하나님의 말씀을 담은 〈테필린〉을 이마에 붙이도록 하셨다.

"네 손에 매어 표를 삼고 이마에 붙여 기호로 삼아라." (신6:8, 공동번역)

'이마'라는 단어의 헬라어는 '메토폰'으로, '함께'라는 의미를 지닌 '메타'에서 파생되었음을 앞에서 설명했었다. 그러므로 헬라어 '메타'는 '하나님과 동행'을 의미하는 단어임을 알 수 있다.

"하나님이 나사렛 예수에게 성령과 능력을 기름 붓듯 하셨으매 그가 두루 다니시며 선한 일을 행하시고 마귀에게 눌린 모든 사람을 고치셨으니 이는 하나님이 함께 하셨음이라" (행10:38)

행10:38 말씀을 보면 예수님에게 '하나님이 함께 하셨다'고 말하고 있는데, 여기에서 '함께'라는 단어의 헬라어 원어가 '메타'이다. 그런데 행10:38 말씀에서 하나님께서 나사렛 예수에게 '성령과 능력을 기름 붓듯' 하셨기 때문에 예수님이 두루 다니시며 선한 일을 행하시고 마귀에게 눌린 모든 사람을 고치셨는데 이는 '하나님이 함께 하셨기 때문'이라고 말하고 있다.

다시 말하면 '예수님이 두루 다니시며 선한 일을 행하시고 마귀에게 눌린 모든 사람을 고치신 것' = '하나님이 함께 하심' = '성령과 능력을 기름 붓듯 하심'이 된다. 다시 말하면 '하나님이 함께 하심' = '성령과 능력으로 기름부으심' = '하나님께서 함께 하심에 대한 표적(sign)'이다.

그렇다면 하나님께서는 언제 예수님께 성령과 능력을 기름 붓듯 하셨는가?

예수님께서 공생애를 시작하시기 전 세례 요한에게 세례를 받으실 때 하늘이 열리고 성령이 비둘기 같이 임하셨는데, 그때 성령과 능력으로 기름부음을 받으셨다.

"예수께서 세례를 받으시고 곧 물에서 올라오실새 하늘이 열리고 하나님의 성령이 비둘기 같이 내려 자기 위에 임하심을 보시더니"
(마3:16)

성령이 임하심으로써 성령 충만함을 받은 예수님은 광야로 가셔서 40일 동안 금식 기도하시면서 마귀에게 시험을 받으셨다.

"예수께서 성령의 충만함을 입어 요단강에서 돌아오사 광야에서 사십 일 동안 성령에게 이끌리시며 마귀에게 시험을 받으시더라 이 모든 날에 아무 것도 잡수시지 아니하시니 날 수가 다하매 주리신지라"
(눅4:1-2)

마귀의 시험을 이기신 예수님은 회당에 들어가셔서 이사야가 메시야에 대하여 예언한 부분을 읽으시면서 말씀을 전하셨다.

"예수께서 그 자라나신 곳 나사렛에 이르사 안식일에 늘 하시던 대로 회당에 들어가사 성경을 읽으려고 서시매 선지자 이사야의 글을 드리거늘 책을 펴서 이렇게 기록된 데를 찾으시니 곧 주의 성령이 내게 임하셨으니 이는 가난한 자에게 복음을 전하게 하시려고 내게 기름을 부으시고 나를 보내사 포로 된 자에게 자유를, 눈 먼 자에게 다시 보

게 함을 전파하며 눌린 자를 자유롭게 하고 주의 은혜의 해를 전파하
게 하려 하심이라 하였더라" (눅4:16-19)

'하나님이 함께 하심에 대한 표적(sign)'은 '성령과 능력으
로 기름 부으심'인데 '성령과 능력의 기름 부으심'은 '성령이 임
하심(마3:16), 성령의 충만함(눅4:1), 주의 성령이 임하심(눅
4:18)' 등 여러 가지로 표현된다.
그러므로 신약 시대에 '하나님께서 함께 동행하심에 대한
표적(sign)' = '성령과 능력을 기름 붓듯 하심' = '성령이 임하
심' = '성령 충만' = '주의 성령이 임하심'임을 알 수 있다.

그러므로 구약 시대에는 '하나님의 소유'를 나타내는 표적
(sign)은 '하나님 말씀을 손목에 맴'으로써 나타내었고, '하나님
과 동행하심'을 나타내는 표적(sign)은 '하나님의 말씀을 미간에
붙임으로써' 나타내었으며, 신약 시대에는 '하나님의 소유'를 나
타내는 표적(sign)은 '성령의 인치심'을 통하여 나타내셨고, '하
나님과 동행하심'을 나타내는 표적(sign)은 '성령과 능력으로 기
름 부으심' 즉, '성령 충만'으로 나타내셨다. 할렐루야!
그러므로 예수 그리스도를 믿음으로 '성령의 인치심'을 받은
성도들이 '하나님과 동행하는 표적(sign)'인 '성령 충만'함을 받
아야 아브라함의 영적 후손, 즉 영적 이스라엘이라고 할 수 있을
것이다.

"그런즉 믿음으로 말미암은 자들은 아브라함의 자손인 줄 알지어다"
(갈3:7)
"너희가 그리스도의 것이면 곧 아브라함의 자손이요 약속대로 유업을
이을 자니라" (갈3:29)

4. 적그리스도가 다스리는 대환난 시대에 하나님의 소유하심 과 하나님과 동행하심의 표적(sign)

적그리스도가 모든 사람들로 하여금 666표(베리칩)를 받게 하며(계13:16-18) 다스리는 후 3년 반, 즉 대환난 때에도 하나님께서 '동행' 해주시는 사람들이 있음을 알 수 있다.

"또 내가 보니 보라 어린 양이 시온 산에 섰고 그와 함께 십사만 사천이 서 있는데 그들의 이마에는 어린 양의 이름과 그 아버지의 이름을 쓴 것이 있더라 내가 하늘에서 나는 소리를 들으니 많은 물 소리와도 같고 큰 우렛소리와도 같은데 내가 들은 소리는 거문고 타는 자들이 그 거문고를 타는 것 같더라 그들이 보좌 앞과 네 생물과 장로들 앞에서 새 노래를 부르니 땅에서 속량함을 받은 십사만 사천 밖에는 능히 이 노래를 배울 자가 없더라 이 사람들은 여자와 더불어 더럽히지 아니하고 순결한 자라 어린 양이 어디로 인도하든지 따라가는 자며 사람 가운데에서 속량함을 받아 처음 익은 열매로 하나님과 어린 양에게 속한 자들이니 그 입에 거짓말이 없고 흠이 없는 자들이더라" (계14:1-5)

계14:1 말씀을 보면 어린 양이신 예수 그리스도께서 시온 산에 섰는데, 그와 '함께' 144,000명이 서 있음을 알 수 있다.

그런데 예수 그리스도와 함께한 이스라엘 백성들 144,000명의 '이마'에 어린 양의 이름과 그 아버지의 이름이 써있다(14:1)고 하였으므로 이들은, 계7:1-8 말씀에 나오는, '이마'에 '하나님의 인치심'을 받은 이스라엘 144,000명과 동일한 사람들이다.

(이 책에 나오는 모든 '하나님의 인'에 관한 내용은 서사라 목사님의 책 『하나님의 인』이라는 책을 참고하였음을 밝혀두며, '하나님의 인'에 대한 자세한 것은 '47. 하나님의 인을 받으라'에서 설명드리겠다)

"이 일 후에 내가 네 천사가 땅 네 모퉁이에 선 것을 보니 땅의 사방의 바람을 붙잡아 바람으로 하여금 땅에나 바다에나 각종 나무에 불지 못하게 하더라 또 보매 다른 천사가 살아 계신 하나님의 인을 가지고 해 돋는 데로부터 올라와서 땅과 바다를 해롭게 할 권세를 받은 네 천사를 향하여 큰 소리로 외쳐 이르되 우리가 우리 하나님의 종들의 이마에 인치기까지 땅이나 바다나 나무들을 해하지 말라 하더라 내가 인침을 받은 자의 수를 들으니 이스라엘 자손의 각 지파 중에서 인침을 받은 자들이 십사만 사천이니 유다 지파 중에 인침을 받은 자가 일만 이천이요 르우벤 지파 중에 일만 이천이요 갓 지파 중에 일만 이천이요 아셀 지파 중에 일만 이천이요 납달리 지파 중에 일만 이천이요 므낫세 지파 중에 일만 이천이요 시므온 지파 중에 일만 이천이요 레위 지파 중에 일만 이천이요 잇사갈 지파 중에 일만 이천이요 스불론 지파 중에 일만 이천이요 요셉 지파 중에 일만 이천이요 베냐민 지파 중에 인침을 받은 자가 일만 이천이라" (계7:1-8)

'이마' 라는 단어의 헬라어는 '메토폰' 으로서 '함께' 라는 의미의 '메타' 에서 파생되었으므로, 성경에서 '이마' 는 '~와 함께', '~와 동행' 함을 의미한다고 말씀드렸는데, 이스라엘 144,000명이 이마에 '하나님의 인치심' 을 받았는데 그들의 이마에 '어린 양의 이름과 그 아버지의 이름' 이 쓰여있다고 하였으므로 이스라엘 144,000명은 어린양이신 예수 그리스도와 동행하는 사람들임을 알 수 있다. 그리고 '하나님과 동행하는 삶' 은 '사망의 음침한 골짜기에서도 해를 받지 않도록 지켜주시고 보호해 주시고 인도해주시는 것' 이라고 말씀드렸으므로 하나님께서는 '하나님의 인치심' 을 받은 이스라엘 144,000명을 적그리스도가 다스리는 후 3년 반 동안 지켜주시고 보호해 주심을 알 수 있다.

"내가 사망의 음침한 골짜기로 다닐지라도 해를 두려워하지 않을 것은

주께서 나와 함께 하심이라 주의 지팡이와 막대기가 나를 안위하시나 이다" (시23:4)

이들은 이미 예수 그리스도를 믿은 사람들이므로 '하나님의 소유'를 의미하는 '성령의 인치심'을 받아 성령께서 내주하는데, 주님께서는 적그리스도가 다스리는 후 3년 반 동안 이들과 동행해주시면서 지켜주시고 보호해 주신다는 '표적(sign)'으로 '이마'에 '하나님의 인치심'을 받게 하시는 것이다. 할렐루야!

그러므로 적그리스도가 다스리는 후 3년 반 동안에 주님께서 동행해 주시면서 지켜주시고 보호해 주신다는 표적(sign)은 '이마'에 '하나님의 인치심'을 받는 것이므로 모든 성도들이 '이마'에 '하나님의 인치심'을 받아 주님의 보호와 인도하심을 받길 간절히 소원한다.

5. 적그리스도가 666표를 (오른) 손이나 이마에 받게 하는 이유

앞에서 말씀드린 대로 하나님께서 '말씀을 손목에 매어 기호를 삼으라(신6:8)'고 하신 것은 '하나님의 소유(백성)이며, 하나님의 지배와 통치는 받는다'는 표적(sign)이며, '말씀을 미간에 붙여 표로 삼으라(신6:8)'고 하신 것은 '하나님과 동행한다'는 표적(sign)이다.

그런데 적그리스도는 666표를 (오른) 손이나 이마에 받게 한다.

"그가 모든 자 곧 작은 자나 큰 자나 부자나 가난한 자나 자유인이나 종들에게 그 오른손에나 이마에 표를 받게 하고" (계13:16)

계13:16 말씀에서는 666표를 오른손이나 이마에 받는다고 하

주님 오시리 곧 오시리

였는데, 여기에서 '오른손'은 '오른+손' = '덱시오스(능숙한)' + '케이르(손)'의 합성어로서 꼭 666표를 '오른쪽 손'에만 받는 것이 아니라 '능숙한' 손에 받는 것이기 때문에 왼손이 능숙한 왼손잡이는 왼손에 받을 수도 있으며, 계시록의 다른 곳에서는 '오른손'이라 하지 않고 그냥 '손'이라고 하였으므로 666표를 '오른손'에 받느냐 '왼손'에 받느냐는 아무 의미가 없고 '손'에 받는 것이 중요하다고 말씀드렸다.

"또 다른 천사 곧 셋째가 그 뒤를 따라 큰 음성으로 이르되 만일 누구든지 짐승과 그의 우상에게 경배하고 이마에나 손에 표를 받으면" (계14:9)
"또 내가 보좌들을 보니 거기에 앉은 자들이 있어 심판하는 권세를 받았더라 또 내가 보니 예수를 증언함과 하나님의 말씀 때문에 목 베임을 당한 자들의 영혼들과 또 짐승과 그의 우상에게 경배하지 아니하고 그들의 이마와 손에 그의 표를 받지 아니한 자들이 살아서 그리스도와 더불어 천 년 동안 왕 노릇 하니" (계 20:4)

그렇다면 666표를 '손'에 받는 것은 무슨 의미가 있는 것일까?
앞에서 설명한 대로 성경에서 '손=소유, 지배'를 의미함을 말씀드렸으므로 적그리스도가 666표를 손에 받게 하는 것은 '666표를 받은 사람들은 적그리스도의 소유이며, 적그리스도의 지배를 받는다'는 의미가 숨어 있는 것이다. 666표를 받으면 현금과 카드, 수표 등이 없이도 물건을 사고파는 편리함을 주는 것이 아니라, 666표(베리칩)를 받는 순간 적그리스도(혹은 마귀)의 소유가 되어 적그리스도(혹은 마귀)의 지배를 받게 되는 것이다. 다시 말하면 '손'에 666표를 받는 것은 '적그리스도(혹은 마귀)의 소유가 되어 적그리스도(혹은 마귀)의 지배를 받는다는 표적(sign)'이니 얼마나 무섭고 놀라운 계획인가?
그렇다면 666표를 '이마'에 받는 것은 무슨 의미가 있는 것일까?

앞에서 말씀드린 대로 성경에서 '이마'는 '~와 함께', '~와 동행'을 의미한다고 말씀드렸으므로 적그리스도가 666표를 이마에 받게 만드는 것은 '666표를 받은 사람들은 적그리스도(혹은 마귀)와 동행한다'는 의미인 것이다. 666표를 받으면 현금과 카드, 수표 등이 없이도 물건을 사고파는 편리함을 주는 것이 아니라, 666표(베리칩)를 받는 순간 적그리스도와 동행하게 되는 것이다. 다시 말하면 '이마'에 666표를 받는 것은 '적그리스도(혹은 마귀)와 동행한다는 표적(sign)'인 것이다.

그러므로 666표를 '손이나 이마'에 받는 것은 '적그리스도(마귀)의 소유이며, 적그리스도(마귀)의 지배와 통치를 받으며, 적그리스도(마귀)와 동행한다'는 표적(sign)이다. 666표(베리칩)를 받는 순간 적그리스도(마귀)의 소유가 되며, 적그리스도(마귀)는 666표(베리칩)를 통하여 사람들의 감정, 사상을 조종함으로써 사람들을 자신의 뜻대로 지배하고 통치할 뿐만 아니라 위치 추적을 통하여 칩을 받은 사람들이 어디를 가든지 다 보고 있음으로써 적그리스도(마귀)와 동행하는 삶을 살게 만드는 것이다.

그러므로 예수님을 믿은 성도라도 666표(베리칩)를 손이나 이마에 받는 순간부터 적그리스도(마귀)의 소유가 되며, 적그리스도(마귀)와 동행하는 사람이 되기 때문에 구원을 상실하여 지옥에 갈 수밖에 없는 것이다.

"또 다른 천사 곧 셋째가 그 뒤를 따라 큰 음성으로 이르되 만일 누구든지 짐승과 그의 우상에게 경배하고 이마에나 손에 표를 받으면 그도 하나님의 진노의 포도주를 마시리니 그 진노의 잔에 섞인 것이 없이 부은 포도주라 거룩한 천사들 앞과 어린 양 앞에서 불과 유황으로 고난을 받으리니 그 고난의 연기가 세세토록 올라가리로다 짐승과 그의 우상에게 경배하고 그의 이름 표를 받는 자는 누구든지 밤낮 쉼을 얻지 못하리라 하더라" (계14:9-11)

주님 오시리 곧 오시리

666표는 실제가 아니고 상징이며, 베리칩은 666표가 절대 아니기 때문에 자신은 베리칩(666표)을 받겠다고 말하는 사람들이 있는데, 그것은 마귀에게 철저히 속고 있는 것이다. 지금 이 시대는 베리칩(666표)을 자유로 받을 수도 있고 안 받을 수도 있지만, 적그리스도가 다스리는 대환난 시대에는 반드시 '의무적'으로 받아야 매매를 할 수 있게 되고 베리칩(666표)을 받지 않으면 죽임까지 당하게 되는데, 살기 위해서 베리칩(666표)을 받게 되면 바로 이어서 나타나는 첫째 대접 재앙 때 악하고 독한 '종기'로 인해서 고통을 당하게 된다.

"또 내가 들으니 성전에서 큰 음성이 나서 일곱 천사에게 말하되 너희는 가서 하나님의 진노의 일곱 대접을 땅에 쏟으라 하더라 첫째 천사가 가서 그 대접을 땅에 쏟으매 짐승의 표를 받은 사람들과 그 우상에게 경배하는 자들에게 악하고 독한 종기가 나더라" (계16:1-2)

그리고 다섯째 대접 때에는 악하고 독한 '종기'로 인해서 받는 고통이 더욱더 가중되어 베리칩(666표)을 받은 사람들이 아파서 자기 혀를 깨물 정도까지 된다고 하니 상상을 초월한 끔찍한 고통을 당하게 된다.

"또 다섯째 천사가 그 대접을 짐승의 왕좌에 쏟으니 그 나라가 곧 어두워지며 사람들이 아파서 자기 혀를 깨물고 아픈 것과 종기로 말미암아 하늘의 하나님을 비방하고 그들의 행위를 회개하지 아니하더라" (계16:10-11)

그러므로 마귀에게 속아서 베리칩(666표)을 받아 편리함을 누리는 시간은 잠시일 뿐 첫째 대접 재앙 이후부터 이루 말할 수 없는 고통을 당하다가 나중에는 지옥 불에 던져져서 '영원히' 고통을 당할 바에는 차라리 666표를 거부하고 죽임을 당한 뒤 부활하여 그리스도와 함께 천년 동안 왕의 권세를 받아 다스리는 것이 축복임을 깨닫고 절대로 베리칩(666표)을 받지 않는 여러 분들이 되길 간절히 바란다.

"나는 또 많은 높은 좌석과 그 위에 앉아 있는 사람들을 보았습니다. 그들은 심판할 권한을 받은 사람들이었습니다. 또 예수께서 계시하신 진리와 하나님의 말씀을 전파했다고 해서 목을 잘린 사람들의 영혼을 보았습니다. 그들은 그 짐승이나 그의 우상에게 절을 하지 않고 이마와 손에 낙인을 받지 않은 사람들입니다. 그들은 살아나서 그리스도와 함께 천 년 동안 왕노릇을 하였습니다." (계20:4, 공동번역)

46 몸에 칩(Chip)을 받으면 정말로 뇌가 조종되는가?

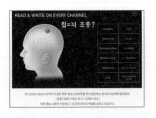

어떤 극단적인 사람들은, 몸에 베리칩(Verichip)을 받으면 그 칩을 통해서 '우리의 뇌가 통제되기도 하고 조종되기도 한다'는 허무맹랑한 말을 하며, '칩을 절대로 받으면 안 된다'고 하는데

우리의 몸에 칩을 받으면 정말로 뇌가 조종될까?

　오늘날의 베리칩이 만들어지기까지 짐승이나 인간의 몸에 심는 칩은 계속해서 발전을 해왔다.
　칩이 발전된 역사들을 자세히 보면, 베리칩을 받게 되었을 때, 그 칩을 통해서 우리들이 통제되기도 하고 조종될 수도 있는지 알 수 있을 것이다. 그럼, 짐승이나 인간의 몸에 이식하는 칩이 어떻게 발전해 왔는지 알아보자.

(1) 1959년
(호세 델가도 "뇌에 전류를 이용히여 인간의 감정과 행동을 변화시킬 수 있다")

　십 년 동안 고양이와 원숭이를 대상으로 하여 전기에 의한 감정 및 행동의 조종을 연구해 온 예일대 신경생물학자인 호세 델가도 박사가 "뇌에 전류를 이용하여 인간의 감정과 행동을 변화시킬 수 있다"고 말한 것을 동아일보는 기사로 실으면서 (1959.8.22.), "과학자들은 전기로 인간의 뇌를 조종하려고 하고 있다"며 "이것은 장차 독재자가 전기장치에 의하여 인간을 마음대로 조종할 시대가 오리라는 것을 의미하는가?"라는 우려 섞인 질문을 던졌다.

電氣(전기)로感情(감정)을操縦(조종)
동아일보 | 1959.08.22

電氣(전기)로感情(감정)을操縦(조종)
【워싱톤UPI東洋(동양)】科學者(과학자)들은 서뿔리 電氣(전기)로 人間(인간)의 腦(뇌)를 操縦(조종)하려고있다

科學者(과학자)들은 感知(감지)할수도없는 弱(약)한電流(전류)를利用(이용)하여적어도 人間(인간)의感情(감정)과 行動(행동)을 變化(변화)시킬수 있다고말하고있다

이것은 將次(장차) 獨裁者(독재자)가電氣裝置(전기장치)에依(의)하여 人間(인간)을마음대로 操縦(조종)할 時代(시대)가오리라는 것을 意味(의미)하는가?「예일」大學(대학) 醫科大學(의과대학)의「호세 델가도」博士(박사)는 다음과같이 말하고있다. 等等(다행)히도 人間(인간)의腦組織(뇌조직)은 심히複雜(복잡)하여서 電氣(전기)의힘으로人間(인간)의精神作用(정신작용)을操縦(조종)할수 없다고생각하며

그러나 이緊迫(긴박)한(유도탄시대)에 電氣(전기)의힘에依(의)한 腦刺戟(뇌자극)으로서 運動(운동)을 進取性(진취성) 無(무)한 運動(운동)및 性的衝動(성적충동)등 人間(인간)의 感情(감정)및行動(행동)에 影響(영향)을미칠수있다

「델가도」博士(박사)는「예일」大學(대학)에서 十年間(십년간) 고양이와 원숭이를 試驗(시험)대 로)으로하여 電氣(전기)에依(의)한 感情(감정)및行動(행동)의 操縦(조종)를 研究(연구)하여왔다

　1959년에 이미 "뇌에 전류를 이용하여 인간의 감정과 행동을 변화시킬 수 있다"고 말한 것을 볼 때 놀라게 되며, 특히 '독재자가 전기장치에 의하여 인간을 마음대로 조종할 시대가 올 수도 있다'는 것을 예견한 기사에 더욱 놀라게 된다.

1959년에 이미 "뇌에 전류를 이용하여 인간의 감정과 행동을 변화시킬 수 있다"고 말했다면, 오늘날에도 몸에 심은 칩을 통하여 인간의 감정을 얼마든지 조종할 수도 있지 않을까?

(2) 1965년

호세 델가도 박사는, 칩을 통해 동물의 행동을 제어할 수 있는지 궁금하였다. 그래서 황소의 두뇌 중 흥분을 제어하는 기능을 하는 뇌 부위에 전극(칩)을 이식했고, 그가 직접 투우사가 되어서 실험을 하였다. 그의 손에는 작은 상자 하나가 들려 있었고, 소가 앞발로 땅을 거칠게 비비면서 날카로운 뿔을 앞세워 델가도를 향해 돌진하여 그의 앞에 다가왔을 때 그는 상자 안의 원격 제어 장치(리모컨)의 버튼을 눌렀고, 그때마다 소는 그에게 전혀 흥미가 없다는 듯 돌진을 멈추고 고개를 돌리는 기이한 장면이 연출되었다. 이런 동작을 소는 몇 번이나 반복했는데, 이렇듯 동물의 뇌에 칩을 심어 전류(가짜 뇌파)가 흐르게 하여 동물을 조종하는 기술은 이미 1900년대부터 개발되었으며 많은 연구가 이루어져 왔다.

1965년에 이미 황소에게 칩을 이식한 뒤 원격 조정 장치(리모콘) 버튼을 통해 황소의 감정을 조종할 수 있었다면, 오늘날에도 몸에 심은 칩을 심고 원격 조정 장치(리모콘)로 인간의 감정을 얼마든지 조종할 수도 있지 않을까?

(3) 1966년
(호세 델가도 "단추만 누르면 인간을 로봇처럼 조종할 수 있다")

주님 오시리 곧 오시리

해군연구부(Office of Naval Research)의 재정 지원을 받아 연구에 연구를 거듭한 호세 델가도 박사는 1966년, "전기력으로 사람의 감정과 동작과 행위를 원하는 대로 이끌어낼 수 있는 결론을 뒷받침하는 과학적 성과가 있었다"고 발표하였다. 그는 FM 라디오 주파수에 작동하게 된 '스티모시버(Stimoceiver)'라고 불리는 칩을 사람의 뇌의 편도체 근처에 심어 뇌파를 교란하였고, 그 결과 그가 원하는 감정을 유발시킬 수 있었다. 그는 칩을 뇌에 이식한 여성이 평안한 가운데 기타를 치고 있을 때, 그 여성에게 전기자극(가짜 뇌파)을 통하여 분노의 감정을 유발시켰다. 그러자 그 여성은 갑자기 분노에 가득 차 연구원들을 사정없이 때리기 시작했고, 이 실험을 통하여 델가도는, 뇌에 칩을 이식하여, 전기력(가짜 뇌파)으로 사람의 감정과 행위를 조종할 수 있음을 증명하였다.

1966년에 이미 칩을 통하여 인간의 감정과 행동을 조종할 수 있음이 증명되었다면, 오늘날에도 칩을 통하여 인간의 감정과 행동을 얼마든지 조종할 수 있지 않을까?

(4) 1968년
(호세 델가도 "사람의 뇌를 무전으로 조종하여 행동을 지배하는 것은 그다지 어렵지 않다")

腦(뇌)의 無電支配容易(무전지배용역) 간질병에이미実施(실시)
매일경제 | 1968.02.14 기사(뉴스)

腦(뇌)의 無電支配容易(무전지배용역)
간질병에이미実施(실시)

【뉴욕13일 A P =同和(동화)】 「예일」 대학 생리학교수 【호세 델가도」 박사는 사람의뇌를 무전으로 조종하여 고행동을지배하는 것은그다지어렵지않을 것이라고13일 「뉴욕」 주의학협회연례총회에서 말했다.

그는 지금까지 주로원숭이를 실험상대로 삼아왔으나 사람의경우에도간질병을 비롯한 여러가지신경성질환을고치는데 電極(전극)를 뇌에꽂아쓸고 이를통해 전기자극을주는방법이이미 큰병원에서는 실시되고있다고말하고 전극을뇌에꽂는것이 대상자에게고통이나 불쾌감을주지않는다고 덧붙었다.

1966년의 실험을 성공한 호세 델가도 박사는 뉴욕 주 의학협회 연례 총회에서 "사람의 뇌를 무선으로 조종하여 그의 행동을 지배하는 것은 그다지 어렵지 않다"고 보고하였다. (1968.2.14. 매일 경제 뉴스)

1968년에 이미 "사람의 뇌를 무전으로 조종하여 행동을 지배하는 것은 그다지 어렵지 않다"고 했다면, 오늘날에도 몸에 칩을 심어 사람의 뇌를 무전으로 조종하여 행동을 지배하는 것도 더욱 쉽지 않을까?

(5) 2013년
("무선 인터넷으로 두뇌 원격 조정 성공" - 2013.12.11. KBS1 뉴스)

2013.12.11. KBS1 뉴스에서는 미국 워싱턴 주립 대학 연구진인 라오 교수가 자신의 뇌파를 이용해 다른 장소에 있는 스토코 교수의 몸을 움직이게 하는 데 성공했음을 방송하였다.

뇌파 기록장치 모자를 쓴 라오 교수는 오른손 집게손가락으로 컴퓨터 자판을 누르는 상상을 하자 그의 뇌파가 무선 인터넷을 통해 다른 곳에서 뇌 자극인지장치 모자를 쓴 스토코 교수에게 전달돼 그의 손이 움직인 것이다. 무선 인터넷으로 인간의 두뇌도 원격 조정이 된 것이었다.

특히 스토코 교수는 "내 의지와 상관없이 손가락이 움직였다"고 말하였는데, 만약 예수 그리스도를 믿는 성도가 칩을 받는다면, 무선 인터넷으로 두뇌가 조종되어서, 자신의 의지와 상관없이, 예수 그리스도를 부인하고, 우상을 경배할 수도 있지 않을까?

(6) 2015년
("뇌에 자기장 쏘아 종교, 사상 바꿀 수 있다" - 2015.10.14. 서울 신문)

외신들은 2015년 10월 14일(현지시간), 영국 요크대학교와 미국 UCLA 공동 연구팀이 '경두개 자기자극(transcranial magnetic stimulation, TMS)'이라는 기술을 통해 실험 참가자

주님 오시리 곧 오시리

들의 두뇌 일부 기능을 '차단' 해본 결과 "두뇌 일부에 자기장을 통과시키는 것만으로 사상이나 종교 등에 대한 개인의 태도를 바꾸어 놓을 수 있다"는 사실을 알아냈다고 보도하였다.

나우뉴스 공식 지역정보
서울신문 해외 토픽뉴스, 스포츠, 연예, 이슈기사, UCC 제공.
nownews.seoul.co.kr/
"뇌에 '자기장' 쏘아 종교·사상 바꿀 수 있다" (연구)
입력: 2015.10.14 19:06 수정: 2015.10.14 19:06

2013.12.11.에 무선 인터넷으로 다른 사람의 두뇌를 원격 조종하는데 성공한 지 2년 만에, 이번에는 뇌에 자기장을 쏘아 '종교와 사상까지도 바꿀 수 있다'는 연구 결과까지 나오다니…

정말로 그렇게 된다면, 사람들의 몸에 칩을 심어 뇌를 무선으로 조종하여, 일반인들뿐만 아니라 기독교인들의 사상(생각, 믿음)을 바꾸어 그리스도를 부인하게 하고 우상을 경배하도록까지도 만들 수 있지 않을까?

(7) 2016년
("비호감을 호감으로" … '좋아하고 싫어하는 감정' 인공조작 가능)

1987년 노벨 생리·의학상 수상자인 도네가와 스스무(利根川進) 일본 이(理)화학연구소 뇌과학종합센터장을 비롯한 미·일 연구팀은 쥐 실험을 통해 신경세포를 조작해 잊었던 상대를 생각나게 하거나 특정한 상대를 '좋아하거나 싫어하는' 감정을 일으키는 데도 성공했으며, 이들의 연구결과는 30일 자 미국 과학전문지 사이언스에 실렸다. (2016.9.30. 연합 뉴스 TV)

비호감을 호감으로"…'좋아하고 싫어하는 감정' 인공조작 가능

YONHAPNEWS
연합뉴스 TV 제공

미·일 연구팀, 쥐의 뇌속 기억영역 세포군 조작 실험서 확인

　　정말로 그렇게 된다면 칩을 통하여 예수 그리스도를 호감에서 비호감으로 바꾸어, 예수 그리스도를 구주로 믿는 성도들로 하여금 "예수는 구세주가 아니다."라고 말하게 하고 더 나아가 예수님을 저주하게 할 뿐 아니라, '적그리스도를 비호감에서 호감으로 바꾸어 적그리스도가 구주임을 고백하게' 할 수도 있지 않을까?

(8) 2020년
("싫어하는 것을 좋아하게"…뇌에 전류 흘려 선택 조작 실험 성공
– 2020.11.5. 서울 신문)

　　2020.11.5. 서울 신문은, 미국 세인트루이스 워싱턴대 연구진이 원숭이를 대상으로 한 연구에서 뇌의 선택 담당 부위에 전기 자극을 가해 선택을 제어하는 데 성공했으며, 연구 결과는 세계적 학술지 '네이처(Nature)' 최신호(11.2.)에 실렸다고 전하며, "만일 이 기술이 사람에게 적용된다면 개인의 의사 결정을 뇌에 전류를 흘리는 스위치 버튼을 가진 제삼자가 지배할 우려도 나온다."라고 보도하였다.

> ▶ 화제의 연구
> "싫어하는 것을 좋아하게"…뇌에 전류 흘려 선택
> 조작 실험 성공
>
> 입력 : 2020.11.05 14:31 | 수정 : 2020.11.05 14:32　　　　　＋ － 🖶

성경은, 세계 모든 사람들이 666표를 통해 사탄적인 적그리스도 정부의 지시를 받게 되어, 자신의 의지와 상관없이 짐승과 우상에게 경배하게 될 것이며, 심지어 이미 예수님을 믿고 구원을 받은 사람들도 베리칩(666표)을 받는 순간 성령님이 떠나고, 짐승과 우상에게 경배하게 되어, 하나님의 진노의 심판을 받게 될 것이라고 예언하고 있다(계14:9-11).

하나님께로부터 이러한 일이 일어날 것에 대한 계시를 받고 쓴 책『표』(송명희 저)에서도 그렇게 말하고 있다.

> "칩을 받은 모든 사람들은 모든 자율적 신경과 정신 세포가 분열을 일으켜 이성적 판단력과 기본적인 감정을 상실한다."(p.174)

이제까지 우리의 몸에 칩을 받으면 과연 우리의 뇌가 원격 조종될 수 있는지 알아보았다.

여러분의 생각은 어떤가?

칩을 받으면 우리의 뇌가 원격 조종될 수 있을까? 안 될까?

우리 몸에 칩을 받아도 될까, 절대로 받으면 안 될까?

간곡히 말하노니 절대로 베리칩(666표)을 받지 말라! 적그리스도가 사람들로 하여금 강제적으로 칩을 받게 하고, 그 칩을 받지 않으면 매매를 못하도록 다스리고 통치하는 기간은 겨우 3년 6개월밖에 되지 않는다. 666표(베리칩)를 받으면 영원토록 사는 것이 아니다. 겨우 3년 6개월 살 뿐이다.

더군다나 베리칩(666표)을 받은 뒤 바로 이어서 나타나는 첫째 대접 재앙 때, 베리칩(666표)을 받은 사람들은 악하고 독한 '종기'로 인해서 고통을 당하게 되고, 다섯째 대접 때에는 악하고 독한 '종기'로 인해서 받는 고통이 더욱더 가중되어 자기 혀를 깨물 정도까지 고통을 당하다가 나중에는 지옥 불에 던져져서 '영원히' 고통을 당할 바에는 차라리 베리칩(666표)을 거부하고 죽임을 당한 뒤 부활하여 그리스도와 함께 천 년 동안 왕 노릇을 하는 것이 축복임을 깨닫고 절대로 베리칩(666표)을 받지 말아야 할 것이다.

"또 내가 들으니 성전에서 큰 음성이 나서 일곱 천사에게 말하되 너희는 가서 하나님의 진노의 일곱 대접을 땅에 쏟으라 하더라 첫째 천사가 가서 그 대접을 땅에 쏟으매 짐승의 표를 받은 사람들과 그 우상에게 경배하는 자들에게 악하고 독한 종기가 나더라" (계16:1-2)

"또 다섯째 천사가 그 대접을 짐승의 왕좌에 쏟으니 그 나라가 곧 어두워지며 사람들이 아파서 자기 혀를 깨물고 아픈 것과 종기로 말미암아 하늘의 하나님을 비방하고 그들의 행위를 회개하지 아니하더라" (계16:10-11)

"또 다른 천사 곧 셋째가 그 뒤를 따라 큰 음성으로 이르되 만일 누구든지 짐승과 그의 우상에게 경배하고 이마에나 손에 표를 받으면 그도 하나님의 진노의 포도주를 마시리니 그 진노의 잔에 섞인 것이 없이 부은 포도주라 거룩한 천사들 앞과 어린 양 앞에서 불과 유황으로 고난을 받으리니 그 고난의 연기가 세세토록 올라가리로다 짐승과 그의 우상에게 경배하고 그의 이름 표를 받는 자는 누구든지 밤낮 쉼을 얻지 못하리라 하더라" (계14:9-11)

그러므로 베리칩(666표)을 받지 말고 순교하는 게 낫다. 베리칩(666표)을 받지 않음으로써 잠시 고난을 받고 순교하면 이기는 자가 되어서 그리스도와 더불어 천년 동안 왕 노릇 할 뿐만

주님 오시리 곧 오시리

아니라 새 예루살렘 성에서 영원토록 주님과 함께 하는 영광을 누리게 될 것이기 때문이다.

> "나는 또 많은 높은 좌석과 그 위에 앉아 있는 사람들을 보았습니다. 그들은 심판할 권한을 받은 사람들이었습니다. 또 예수께서 계시하신 진리와 하느님의 말씀을 전파했다고 해서 목을 잘린 사람들의 영혼을 보았습니다. 그들은 그 짐승이나 그의 우상에게 절을 하지 않고 이마와 손에 낙인을 받지 않은 사람들입니다. 그들은 살아나서 그리스도와 함께 천 년 동안 왕노릇을 하였습니다." (계20:4 공동번역)

주여, 모든 사람들이 베리칩(666표)을 절대로 받지 않고 순교함으로써 첫째 부활에 참여하여 그리스도와 더불어 천년 동안 왕 노릇 할 뿐만 아니라 새 예루살렘 성에서 영원토록 주님과 함께 다스리는 영광을 누리게 하옵소서! (아멘!)

47 하나님의 인치심을 받으라!

어느 날 기도하는데 주님께서 말씀하셨다.
"아들아, 하나님의 인치심을 받도록 하라!"
"네? 하나님의 인치심을 받으라구요?"

나는 요한 계시록이나 책, 설교 등을 통하여 '하나님의 인치심'에 대하여 보고 들었지만, 예수 그리스도께서 공중에 강림하시면 나는 신부 예복을 입고 있다가 휴거하면 된다는 믿음으로 살아왔기 때문에 '하나님의 인치심'은 나와 상관없는 것으로 생각하고 별 관심을 두지 않고 있었다. 그런데 주님께서 '하나님의 인치심'을 받으라고 직접 말씀하시니 이는, 나와 상관이 없는 것이 아니라, 내게 중요한 것임이 분명하였다. 이제까지의 경험으로 볼 때 주님께서 직접 말씀하신 것들을 보면 모두가 중요한 것들이었기 때문이었다. 나는, 내가 왜 '하나님의 인치심'을 받아야 하는지 전혀 이해가 되지 않았지만, 주님께서 말씀하셨기 때문에 "아멘"하고 순종하기로 했다. 내 신앙의 특징은 주님께서 말씀하시면, 내가 이해가 되지 않더라도, 무조건 순종하는 스타일이었는데, 일단 순종하고 나면 주님께서는 나중에 주님의 뜻을 깨닫게 해주셨다.

주님의 말씀에 순종하기로 한 나는 그때부터 기도하기 시작하였다.

"주님, 주님께서 하나님의 인치심을 받으라고 말씀하셔서 제가 순종하는 마음으로 기도합니다. 제가 하나님의 인치심을 받게 해주옵소서!"

나는 주님께 기도하면서 '하나님의 인치심'에 대하여 자세히 알기 위해 여러 자료들을 찾아보았다. 인터넷을 통해 검색해보니 대부분의 목사님들이 '하나님의 인치심'을 '성령의 인치심'과 동일하게 말하고 있었고, F.C. 페인이라는 분이 쓴 『하나님의 인치심』이라는 책(김동찬 역, 나남출판사)이 출판되어 있어서 구입하여 읽어 보기도 했지만, '하나님의 인치심'에 대하여 정확하게 알 수 있게 해준 것은 서사라 목사님의 『하나님의 인』이라는 책이었다.

하나님께서는 그 책을 통하여 '하나님의 인치심'이 무엇이며, '왜 하나님의 인치심을 받아야 하는가'에 대하여 깨닫게 해주셨는데, 나는 그때서야 하나님께서 왜 나에게 '하나님의 인치심'

을 받으라고 말씀하셨는지 알게 되었다. 하나님께서 서사라 목사님의 책들을 통해서 가장 크게 깨닫게 하신 것이 두 가지인데, 그중 하나는 새 예루살렘 '성 안'과 '성 밖'에 대한 것이라고 이미 말씀을 드렸고, 나머지 하나는 바로 '하나님의 인치심'에 대한 것이다. '하나님의 인치심'에 대하여 깨닫고 보니 '하나님의 인치심'이 얼마나 중요한 진리이며, '하나님의 인치심'은 모든 성도들이 '반드시', 그리고 '속히' 알아야 할 귀한 진리임을 깨닫고 이 책에 '하나님의 인치심'이라는 내용을 넣게 되었다. 내가 얻은 '하나님의 인치심'에 대한 모든 지식과 통찰력은 서사라 목사님의 『하나님의 인』이라는 책을 통하여 얻게 되었음을 다시 힌번 밝히며, '하니님의 인치심'에 대하여 깨닫게 해주신 주님께 깊은 감사를 드리고, 귀한 진리를 풀어 놓으신 서사라 목사님께도 깊은 감사를 드린다.

이 글을 읽는 모든 분들에게 지혜와 총명과 계시의 영이 임하여 하나님께서 부족한 제게 깨닫게 해주신 '하나님의 인치심'에 대하여 모든 분들이 깨닫고 모든 분들이 '하나님의 인치심'을 받아 이 마지막 때에 '이기는 자'가 되기를 간절히 소원한다.

'하나님의 인치심'에 대하여 최초로 나온 곳은 계7:1-3 말씀이다.

"이 일 후에 내가 네 천사가 땅 네 모퉁이에 선 것을 보니 땅의 사방의 바람을 붙잡아 바람으로 하여금 땅에나 바다에나 각종 나무에 불지 못하게 하더라 또 보매 다른 천사가 살아 계신 하나님의 인치심을 가지고 해 돋는 데로부터 올라와서 땅과 바다를 해롭게 할 권세를 받은 네 천사를 향하여 큰 소리로 외쳐 이르되 우리가 우리 하나님의 종들의 이마에 인치기까지 땅이나 바다나 나무들을 해하지 말라 하더라" (계7:1-3)

'이 일 후에'란 '여섯째 인이 떼어진 이후'를 말하는데, 여섯째 인이 떼어진 이후에 천사가 '하나님의 인'을 가지고 하나님의 종들의 이마에 인을 치는 사건이 나온다.

'하나님의 인'과 비슷한 것이 '성령의 인'인데, 성령님도 하나님이시므로 '성령의 인치심이 곧 하나님의 인치심'이라고 할 수도 있겠지만, 성경을 자세히 보면 '성령의 인'과 '하나님의 인'이 '전혀' 다른 것임을 알게 된다. 성령의 인에 대하여 말하고 있는 곳은 엡1:13과 고후1:21-22 두 곳이다.

> "그 안에서 너희도 진리의 말씀 곧 너희의 구원의 복음을 듣고 그 안에서 또한 믿어 약속의 성령으로 인치심을 받았으니" (엡1:13)
> "우리를 너희와 함께 그리스도 안에서 굳건하게 하시고 우리에게 기름을 부으신 이는 하나님이시니 그가 또한 우리에게 인치시고 보증으로 우리 마음에 성령을 주셨느니라" (고후1:21-22)

1. '성령의 인'과 '하나님의 인치심'의 다른 점

1) 인치는 '대상'이 다르다

'성령의 인'은 '불신자'가 회개하고 예수님을 영접할 때 성령님께서 인 치시는 사건이고, '하나님의 인치심'은 '이미 구원을 받은 성도들 가운데 일부 하나님의 종들'에게 인치는 사건으로 인치는 '대상'이 전혀 다름을 알 수 있다.

> "그 안에서 너희도 진리의 말씀 곧 너희의 구원의 복음을 듣고 그 안에서 또한 믿어 약속의 성령으로 인치심을 받았으니" (엡1:13)
> "이르되 우리가 우리 하나님의 종들의 이마에 인치기까지 땅이나 바다

나 나무들을 해하지 말라 하더라" (계7:3)

2) 직접 인치는 '주체'가 다르다

'성령의 인'은 '하나님'께서 직접 인 치시는 사건이고, '하나님의 인치심'은 하나님의 명령을 받은 '천사'들이 인치는 사건으로 인치는 '주체'가 전혀 다름을 알 수 있다.

"우리를 너희와 함께 그리스도 안에서 굳건하게 하시고 우리에게 기름을 부으신 이는 하나님이시니 그가 또한 우리에게 인치시고 보증으로 우리 마음에 성령을 주셨느니라" (고후1:21-22)
"또 보매 다른 천사가 살아 계신 하나님의 인치심을 가지고 해 돋는 데로부터 올라와서 땅과 바다를 해롭게 할 권세를 받은 네 천사를 향하여 큰 소리로 외쳐 이르되 우리가 우리 하나님의 종들의 이마에 인치기까지 땅이나 바다나 나무들을 해하지 말라 하더라" (계7:2-3)

3) 인치는 '곳'이 다르다

'성령의 인'은 '마음'에 인을 치고, '하나님의 인'은 '이마'에 침으로써 인치는 '곳'이 전혀 다름을 알 수 있다.

"그가 또한 우리에게 인치시고 보증으로 우리 마음에 성령을 주셨느니라" (고후1:22)
"이르되 우리가 우리 하나님의 종들의 이마에 인치기까지 땅이나 바다나 나무들을 해하지 말라 하더라" (계7:3)

4) 인치는 '개인적 시기'와 '역사적 시기'가 다르다

'성령의 인'을 받는 개인적 시기는 회개하고 예수님을 영접하는 순간에 성령의 인치심을 받지만, '하나님의 인치심'은 '성령의 인'을 받은 사람이 '영적으로 성장하여 하나님의 종이 된 후' 하나님의 인치심을 받을 조건이 되었을 때 받게 되므로 인치심을 받는 개인적 '시간'이 다름을 알 수 있으며,

'성령의 인'을 받은 역사적 시기는 오순절 날 성령이 임하신 이후 사람들이 예수님을 믿고 영접할 때 성령의 인을 쳐 왔고, '하나님의 인치심'의 역사적 시기는 '여섯째 인을 뗀 후'부터 나타나는 사역으로 인치는 '시기'가 전혀 다름을 알 수 있다.

> "내가 보니 여섯째 인을 떼실 때에 큰 지진이 나며 해가 검은 털로 짠 상복 같이 검어지고 달은 온통 피 같이 되며" (계6:12)
> "이 일 후에 내가 네 천사가 땅 네 모퉁이에 선 것을 보니 땅의 사방의 바람을 붙잡아 바람으로 하여금 땅에나 바다에나 각종 나무에 불지 못하게 하더라" (계7:1)

5) 인치는 '의미와 목적'이 다르다

'성령의 인'은 '하나님의 소유'라는 의미로 인을 치고, '하나님의 인'은 '하나님께서 동행하심으로써 지켜주시고 보호해 주신다'는 의미로 이마에 인을 침으로써, 인치는 '의미'가 전혀 다름을 알 수 있다.(이마에 인치는 것의 의미는 '45. 예수님을 믿는데 베리칩 좀 받았다고 지옥에 갈까?'에서 자세히 설명되어 있으므로 45장을 참조해주시기 바람.)

> "그 안에서 너희도 진리의 말씀 곧 너희의 구원의 복음을 듣고 그 안에

서 또한 믿어 약속의 성령으로 인치심을 받았으니" (엡1:13)
"그들에게 이르시되 땅의 풀이나 푸른 것이나 각종 수목은 해하지 말고 오직 이마에 하나님의 인치심을 받지 아니한 사람들만 해하라 하시더라" (계9:4)

'인치다'의 헬라어는 '스프라기조'인데 이는 '입증하다, 증명하다'라는 뜻이다. 복음을 듣고 예수 그리스도를 믿을 때 '성령으로 인'치는 의미는 그 사람이 '하나님의 자녀가 되었음을 입증하는 것'이다. 그래서 예수 그리스도를 영접한 모든 신자들은 성령의 인치심을 받았다. 그러나 '하나님의 인'을 이마에 받게 하는 것의 의미는, 하나님의 자녀가 되었음을 입증하는 것이 아니라, '하나님께서 동행해 주심으로써 그를 지키고 보호해 주신다'는 것을 입증하는 것이다.
'이마'라는 단어의 헬라어 원어는 '메토폰'인데, '메토폰'이라는 단어는 '메타'라는 단어에서 유래하였는데 '메타'라는 단어는 '~와 함께', '~와 동행하여'라는 의미라고 이미 말씀드렸었다.

"내가 보니 보라 어린 양이 시온 산에 섰고 그와 함께('메타') 십사만 사천이 서 있는데 그들의 이마('메토폰')에는 어린 양의 이름과 그 아버지의 이름을 쓴 것이 있더라" (계14:1)

계14:1 말씀에서 예수 그리스도와 '함께(메타)'한 이스라엘 백성들 144,000명의 '이마(메토폰)'에 어린 양의 이름과 그 아버지의 이름이 쓰여 있다는 의미는 어린 양이신 예수 그리스도와 그 아버지가 이스라엘 144,000명과 '동행한다'는 의미이며, '하나님과 동행하는 삶'은 '사망의 음침한 골짜기에서도 해를 받지 않도록 지켜주시고 보호해 주시고 인도해 주시는 것'이라고 말씀드렸다.

"내가 사망의 음침한 골짜기로 다닐지라도 해를 두려워하지 않을 것은 주께서 나와 함께 하심이라 주의 지팡이와 막대기가 나를 안위하시나이다"(시23:4)

다섯째 나팔 재앙인 황충 재앙 때, 지구에 거하는 모든 사람들이 전갈이 사람을 쏘는 것 같은 괴로움을 당하여 다섯 달 동안 죽지도 못하고 고통 가운데 있게 되는데, 그런 재앙 가운데에도 '이마에 하나님의 인치심을 받은 사람들'은 황충 재앙에서 보호받는다. 이를 통해 하나님께서는 '이마'에 '하나님의 인치심'을 받은 성도들과 함께 하시고 지키시고 보호해 주심을 알 수 있다.

"다섯째 천사가 나팔을 불매 내가 보니 하늘에서 땅에 떨어진 별 하나가 있는데 그가 무저갱의 열쇠를 받더라 그가 무저갱을 여니 그 구멍에서 큰 화덕의 연기 같은 연기가 올라오매 해와 공기가 그 구멍의 연기로 말미암아 어두워지며 또 황충이 연기 가운데로부터 땅 위에 나오매 그들이 땅에 있는 전갈의 권세와 같은 권세를 받았더라 그들에게 이르시되 땅의 풀이나 푸른 것이나 각종 수목은 해하지 말고 오직 이마에 하나님의 인치심을 받지 아니한 사람들만 해하라 하시더라 그러나 그들을 죽이지는 못하게 하시고 다섯 달 동안 괴롭게만 하게 하시는데 그 괴롭게 함은 전갈이 사람을 쏠 때에 괴롭게 함과 같더라 그 날에는 사람들이 죽기를 구하여도 죽지 못하고 죽고 싶으나 죽음이 그들을 피하리로다"(계9:1-6)

그런데 계14장1-5 말씀을 보면 적그리스도가 다스리는 대환난 시대에 '여자와 더불어 더럽히지 아니하고 순결하며, 어린 양이 어디로 인도하든지 따라가며, 입에 거짓말이 없고 흠이 없는 자들로서 사람 가운데에서 속량함을 받아 처음 익은 열매로 하나님과 어린 양에게 속한 이스라엘 혈통의 신부 144,000명'이

주님 오시리 곧 오시리

있는데, 이들의 이마에 '어린양의 이름과 아버지의 이름이 쓰여 있다'고 말한다.

> "또 내가 보니 보라 어린 양이 시온 산에 섰고 그와 함께 십사만 사천이 서 있는데 그들의 이마에는 어린 양의 이름과 그 아버지의 이름을 쓴 것이 있더라" (계14:1)

계14:1에 말하는 144,000명의 이마에 '어린 양의 이름과 그 아버지의 이름'이 쓰여 있다고 말한 이들은 계7:4-8에 나오는 인침을 받은 144,000명과 동일한 이스라엘 혈통 성도들이다.

> "내가 인침을 받은 자의 수를 들으니 이스라엘 자손의 각 지파 중에서 인침을 받은 자들이 십사만 사천이니 유다 지파 중에 인침을 받은 자가 일만 이천이요 르우벤 지파 중에 일만 이천이요 갓 지파 중에 일만 이천이요 아셀 지파 중에 일만 이천이요 납달리 지파 중에 일만 이천이요 므낫세 지파 중에 일만 이천이요 시므온 지파 중에 일만 이천이요 레위 지파 중에 일만 이천이요 잇사갈 지파 중에 일만 이천이요 스불론 지파 중에 일만 이천이요 요셉 지파 중에 일만 이천이요 베냐민 지파 중에 인침을 받은 자가 일만 이천이라" (계7:4-8)

그러므로 '하나님의 인치심'이란 이마에 '어린양의 이름과 그 아버지의 이름'을 써 주는 것이다. '이마'의 의미는 '동행'이라고 말했으므로, '하나님의 인치심'이란 '어린 양의 이름과 그 아버지의 이름과의 동행'을 의미한다.

> "또 내가 보니 보라 어린 양이 시온 산에 섰고 그와 함께 십사만 사천이 서 있는데 그들의 이마에는 어린 양의 이름과 그 아버지의 이름을 쓴 것이 있더라" (계14:1)

우리가 알다시피 어린양의 이름은 '예수'다. 그렇다면 아버지의 이름은 무엇일까?

"이는 한 아기가 우리에게 났고 한 아들을 우리에게 주신 바 되었는데
그의 어깨에는 정사를 메었고 그의 이름은 기묘자라, 모사라, 전능하
신 하나님이라, 영존하시는 아버지라, 평강의 왕이라 할 것임이라"
(사9:6)

사9:6 말씀에서 한 아기는 '예수 그리스도'를 말하는데 예수님을 여러 가지로 표현하고 있음을 알 수 있다. '한 아기' = '예수 그리스도' = '정사를 메신 분' = '기묘자' = '모사' = '전능하신 하나님' = '영존하시는 아버지'

예수 그리스도를 '영존하시는 아버지'라고도 했으니 계14:1 말씀에서 시온산에 선 144,000명의 '이마'에 쓰인 '어린 양의 이름과 그 아버지의 이름'은 한 마디로 '예수'임을 알 수 있다. 그러므로 '하나님의 인치심'은 이마에 '예수'라고 써주는 것으로 예수님께서 동행해 주시면서 다섯째 나팔 재앙인 황충 재앙 때에 해를 입지 않도록 지켜주시고 보호해 주실 뿐만 아니라 적그리스도가 다스리는 대환난 시대에도 지켜주시고 보호해 주셔서 이기는 자가 되게 해주시는 것을 알 수 있다. 할렐루야!

2. 하나님의 인치심을 받아야 하는 중요한 이유

1) 언제 예수님의 공중 강림과 휴거가 있을 것인가?

예수 그리스도의 공중 강림 시점을 언제로 보느냐에 따라서 계시록의 해석은 완전히 달라질 수 있는데, 서사라 목사님이 계

3:10 말씀을 근거로 예수 그리스도의 공중 강림 시점을 '적그리스도 후 3년 반 직전'으로 보는 견해에 나도 100% 동의하여 그 견해를 따른다.

> "네가 나의 인내의 말씀을 지켰은즉 내가 또한 너를 지켜 시험의 때를 면하게 하리니 이는 장차 온 세상에 임하여 땅에 거하는 자들을 시험할 때라"(계3:10)

계3:10 말씀은 빌라델비아 교회 사자에게 주신 말씀으로 빌라델비아 교회가 인내의 말씀을 지켰기 때문에 주님께서는 빌라델비아 교회와 같이 인내로 말씀을 시킨 성도들이 '시험의 때'를 면할 수 있도록 지켜주신다고 약속하셨는데, '온 세상 사람들을 시험할 때'란 바로 '적그리스도가 온 세상 사람들로 하여금 666 표를 받게 할 때'이다.

> "그가 모든 자 곧 작은 자나 큰 자나 부자나 가난한 자나 자유인이나 종들에게 그 오른손에나 이마에 표를 받게 하고 누구든지 이 표를 가진 자 외에는 매매를 못하게 하니 이 표는 곧 짐승의 이름이나 그 이름의 수라 지혜가 여기 있으니 총명한 자는 그 짐승의 수를 세어 보라 그것은 사람의 수니 그의 수는 육백육십육이니라"(계13:16-18)

'전 3년 반' 동안 유대인들에게 비교적 온화한 정책을 펼친 적그리스도는 일곱 번째 나팔이 불린 뒤(계11:16-19) 마귀가 그의 마음에 들어가자 급변하게 되어(계13:11-15) 이스라엘 백성들로 하여금 제사와 예물을 금지시키고 자신을 하나님으로 섬기게 한다(단9:27, 살후2:4). 이스라엘이 적그리스도 섬기는 것을 거부하자 적그리스도가 이스라엘을 핍박하는데(계12:1-17) 이스라엘의 '하나님의 인치심'을 받은 144,000명은 하나님께서 예비하신 광야로 가서 거기서 한 때와 두 때와 반 때 동안 하나님의 보호를 받으며 지내게 된다(계12:1-17). 적그리스도가 후 3년 반 동안 모든 자 곧 작은 자나 큰 자나 부자나 가난한 자나 자유인이나 종들에게 그 오른 손에나 이마에 표를 받게 하고 누구든지 이 표를 가진 자 외에는 매매를 못하게 하는 것이 바로 온 세상에 임하여 땅에 거하는 자들을 시험할 때(계3:10)인데 그때가 바로 '일곱 번째 나팔이 불린 직후'다.

"일곱째 천사가 나팔을 불매 하늘에 큰 음성들이 나서 이르되 세상 나라가 우리 주와 그의 그리스도의 나라가 되어 그가 세세토록 왕 노릇 하시리로다 하니" (계11:15)
"그가 모든 자 곧 작은 자나 큰 자나 부자나 가난한 자나 자유인이나 종들에게 그 오른손에나 이마에 표를 받게 하고 누구든지 이 표를 가진 자 외에는 매매를 못하게 하니 이 표는 곧 짐승의 이름이나 그 이름의 수라" (계13:16-17)

성경에서 말하는 '대환난'이란, 그리스도의 공중 강림과 신부들의 휴거 사건이 있은 직후부터 '3년 반'의 기간을 말하는데, 일곱 번째 나팔이 불린 후 대환난이 시작되고 적그리스도는 전 세계 사람들로 하여금 베리칩(666표)을 받게 하므로 예수 그리스도의 공중 강림과 성도들의 휴거 사건이 일곱 번째 나팔과 관련되어 있는 것이다. (서사라 목사님은 일곱 번째 나팔이 불리기 직전에 예수 그리스도의 공중 강림과 성도들의 부활&휴거 사건이 있을 것이라고 『계시록의 이해 p.158-159』에서 말하고 있다.)
'일곱 번째 나팔'이 불리기 직전에 예수 그리스도께서 공중 강림하시고 빛나고 깨끗한 신부 예복을 입은 성도들이 휴거되기 때문에, 휴거되는 신부들은 '온 세상에 임하여 땅에 거하는 자들

주님 오시리 곧 오시리

을 시험하는(계3:10)', '베리칩(666표)을 받게 하는 시험'은 받지 않게 되지만 첫째 나팔 재앙부터 여섯째 나팔 재앙까지는 모두 겪어야 한다.

그런데 다섯째 나팔 재앙인 '황충 재앙'은 '하나님의 인치심'을 받지 않은 모든 사람들에게 해를 입히기 때문에 모든 성도들, 심지어 예수 그리스도께서 공중에 강림하실 때 휴거하게 될 그리스도의 신부들까지도 '하나님의 인치심'을 받지 않으면 황충 재앙의 해를 받아 다섯 달 동안 고통을 당해야 하기 때문에 모든 성도들은 '하나님의 인치심'을 받아야만 하나님의 보호를 받을 수 있는 것이다.

2) 하나님의 인치심을 받아야 '황충 재앙 때' 보호를 받을 수 있다

"다섯째 천사가 나팔을 불매 내가 보니 하늘에서 땅에 떨어진 별 하나가 있는데 그가 무저갱의 열쇠를 받았더라 그가 무저갱을 여니 그 구멍에서 큰 화덕의 연기 같은 연기가 올라오매 해와 공기가 그 구멍의 연기로 말미암아 어두워지며 또 황충이 연기 가운데로부터 땅 위에 나오매 그들이 땅에 있는 전갈의 권세와 같은 권세를 받았더라 그들에게 이르시되 땅의 풀이나 푸른 것이나 각종 수목은 해하지 말고 오직 이마에 하나님의 인치심을 받지 아니한 사람들만 해하라 하시더라 그러나 그들을 죽이지는 못하게 하시고 다섯 달 동안 괴롭게만 하게 하시는데 그 괴롭게 함은 전갈이 사람을 쏠 때에 괴롭게 함과 같더라 그 날에는 사람들이 죽기를 구하여도 죽지 못하고 죽고 싶으나 죽음이 그들을 피하리로다"(계9:1-6)

다시 또 말씀드리지만 예수 그리스도의 강림과 휴거 사건은 '일곱 번째 나팔이 불리기 직전'에 일어나기 때문에 모든 성도들은 다섯째 나팔 재앙인 '황충 재앙'을 겪어야 한다. 그런데 이 '황충 재앙' 때 '하나님의 인치심'을 받은 사람들은 하나님께서 지켜주시고 보호해 주시기 때문에 황충 재앙으로부터 안전하지만, '하나님의 인치심'을 받지 않은 모든 사람들은 황충에게 쏘여서 다섯 달 동안 고통을 당하게 된다. 그러므로 빛나고 깨끗한 세마포를 입은 그리스도의 신부라고 해도 '하나님의 인치심'을 받지 않은 사람들은 황충에게 해를 입게 되어 다섯 달 동안 죽지도 못하는 고통을 당하게 되는 것이다. 만약 예수 그리스도의 공중 강림과 휴거가 다섯 번째 나팔 재앙 전에 있다면 빛나고 깨끗한 세마포를 입은 그리스도의 신부 성도들은 구태여 '하나님의 인치심'을 받을 필요가 없지만, 예수 그리스도의 공중 강림과 휴거가 일곱 번째 나팔이 불리기 직전에 있기 때문에 빛나고 깨끗한 세마포를 입었더라도, 하나님의 인치심을 받지 않았으면 황충에게 쏘여서 다섯 달 동안 고통을 당하게 된다. 그러므로 다섯 번째 나팔 재앙 때 하나님의 보호를 받기 위해서는 반드시 '하나님의 인치심'을 받아야만 하는 것이다.

"그들에게 이르시되 땅의 풀이나 푸른 것이나 각종 수목은 해하지 말고 오직 이마에 하나님의 인치심을 받지 아니한 사람들만 해하라 하시더라" (계9:4)

이스라엘 백성들이 출애굽 할 때 마지막 열 번째 재앙에서 보호를 받는 기준은 집 좌우 문설주와 인방에 바른 '어린양의 피'였고, 사람이 죽은 후 지옥의 형벌에서 보호를 받는 기준이 '예수 그리스도의 피'이며, 예수 그리스도께서 공중에 강림하실 때 휴거 할 수 있는 기준이 '빛나고 깨끗한 세마포'를 입는 것이라면, 다섯째 나팔 재앙인 '황충 재앙'에서 보호를 받는 유일한 기준은 오직 이마에 '하나님의 인치심'을 받는 것뿐이다. 계9:4 말씀을 통해서 우리가 알 수 있는 것은 다섯째 나팔 재앙인 '황충 재앙'에서 보호를 받는 기준은 '성령의 인'도 아니고, '빛나고 깨끗한 세마포(신부 예복)'도 아니고 오직 이마에 '하나님의 인치심'을 받는 것뿐이므로 모든 성도들은 반드시 '하나님의 인치심'을 받아야 하는 것이다. 만약 이마에 '하나님의 인치심'을 받지 못하면 황충에게 쏘여서 '다섯 달 동안 죽지도 못하고 고통을 당한다'고 계9:5-6에서 말하고 있으므로 이 글을 읽는 모든 성도들은 반드시 '하나님의 인치심'을 받아서 황충 재앙에서 보호받기를 간절히 기도한다.

'성령의 인'치심과 '하나님의 인'치심이 같은 것인지 다른 것인지는 다섯째 나팔 재앙인 황충 재앙 때가 되면 자연히 알게 되겠지만, 그때가 되어서야 '하나님의 인'치심을 받으려고 하면 이미 늦어버려서 재앙을 피할 수 없기 때문에 지금 미리 받기를 간곡히 기도한다.

3) 하나님의 인치심을 받아야 '대환난' 때에도 보호를 받을 수 있다

예수 그리스도께서 공중 강림하실 때 휴거되지 못한 성도들은 모두가 대환난을 통과해야 하는데, 대환난 때에 이기는 자가 되어야 첫째 부활에 참여할 수 있기 때문에 이기는 자가 되는 것은 대단히 중요하다. 대환난 때 이기는 자에 대하여 말하고 있는 곳은 계7장과 계14장인데 다음 세 종류의 사람들이 '이기는 자'가 되어 첫째 부활에 참여할 수 있게 된다.

① 이스라엘 혈통 144,000명

계13:16-18 말씀을 보면 예수 그리스도의 공중 강림과 휴거 사건 이후부터 시작되는 대환난 때에 적그리스도가 이 세상에 있는 모든 사람들로 하여금 베리칩(666표)을 받게 하고 온 세상을 다스리려고 하는데, 계14:1-5 말씀에는 이것을 거부하고 어린 양이신 예수 그리스도와 함께 동행하는 이스라엘 사람들 144,000에 대하여 말하고 있다.

"또 내가 보니 보라 어린 양이 시온 산에 섰고 그와 함께 십사만 사천이 서 있는데 그들의 이마에는 어린 양의 이름과 그 아버지의 이름을 쓴 것이 있더라 내가 하늘에서 나는 소리를 들으니 많은 물소리와도 같고 큰 우렛소리와도 같은데 내가 들은 소리는 거문고 타는 자들이 그 거문고를 타는 것 같더라 그들이 보좌 앞과 네 생물과 장로들 앞에서 새 노래를 부르니 땅에서 속량함을 받은 십사만 사천 밖에는 능히 이 노래를 배울 자가 없더라 이 사람들은 여자와 더불어 더럽히지 아니하고 순결한 자라 어린 양이 어디로 인도하든지 따라가는 자며 사람 가운데에서 속량함을 받아 처음 익은 열매로 하나님과 어린 양에게 속한 자들이니 그 입에 거짓말이 없고 흠이 없는 자들이더라"
(계14:1-5)

그런데 대환난 때 어린 양이신 예수 그리스도와 동행하며 한 때와 두 때와 반 때 동안 하나님의 보호를 받는(계12:14) 이스라엘 144,000명은 이마에 '하나님의 인치심'을 받은 사람들이라고 계7:1-4에서 말하고 있다(계7:1-8의 이스라엘 144,000명과 계14:1-5의 이스라엘 144,000명은 동일한 144,000명으로서 이스라엘 사람들을 말한다).

"이 일 후에 내가 네 천사가 땅 네 모퉁이에 선 것을 보니 땅의 사방의 바람을 붙잡아 바람으로 하여금 땅에나 바다에나 각종 나무에 불지 못하게 하더라 또 보매 다른 천사가 살아 계신 하나님의 인치심을

주님 오시리 곧 오시리

가지고 해 돋는 데로부터 올라와서 땅과 바다를 해롭게 할 권세를 받은 네 천사를 향하여 큰 소리로 외쳐 이르되 우리가 우리 하나님의 종들의 이마에 인치기까지 땅이나 바다나 나무들을 해하지 말라 하더라 내가 인침을 받은 자의 수를 들으니 이스라엘 자손의 각 지파 중에서 인침을 받은 자들이 십사만 사천이니 유다 지파 중에 인침을 받은 자가 일만 이천이요 르우벤 지파 중에 일만 이천이요 갓 지파 중에 일만 이천이요 아셀 지파 중에 일만 이천이요 납달리 지파 중에 일만 이천이요 므낫세 지파 중에 일만 이천이요 시므온 지파 중에 일만 이천이요 레위 지파 중에 일만 이천이요 잇사갈 지파 중에 일만 이천이요 스불론 지파 중에 일만 이천이요 요셉 지파 중에 일만 이천이요 베냐민 지파 중에 인침을 받은 자가 일만 이천이라" (계7:1-8)

적그리스도가 모든 권세를 받아 이 세상을 다스리는 대환난 때 적그리스도에게 굴복하지 않고 믿음으로 이기는 자가 되기 위해서는 하나님의 보호와 도우심을 받는 방법밖에 없는데, 후 3년 반 동안 하나님의 보호를 받는 이스라엘 144,000명이 '이마'에 '하나님의 인치심'을 받은 사람들인 것을 볼 때, 적그리스도가 다스리는 대환난 때 이기는 자가 되기 위해서는 '반드시' '하나님의 인치심'을 받아야 함을 알 수 있다.

② 각 나라와 족속과 백성과 방언에서 추수된 아무도 능히 셀 수 없는 흰 옷 입은 큰 무리

계7:1-8까지의 말씀이 '하나님의 인치심'을 받아 하나님의 보호와 도우심 가운데 '이기는 자'가 된 이스라엘 혈통의 144,000명에 대하여 말하고 있다면, 계7:9-14 말씀은 '하나님의 인치심'을 받아 하나님의 보호와 도우심 가운데 '이긴 자들이 된 이방인 성도들'이다.

"이 일 후에 내가 보니 각 나라와 족속과 백성과 방언에서 아무도 능히 셀 수 없는 큰 무리가 나와 흰 옷을 입고 손에 종려 가지를 들고 보좌 앞과 어린 양 앞에 서서 큰 소리로 외쳐 이르되 구원하심이 보좌에 앉 으신 우리 하나님과 어린 양에게 있도다 하니.... 장로 중 하나가 응답 하여 나에게 이르되 이 흰 옷 입은 자들이 누구며 또 어디서 왔느냐 내 가 말하기를 내 주여 당신이 아시나이다 하니 그가 나에게 이르되 이 는 큰 환난에서 나오는 자들인데 어린 양의 피에 그 옷을 씻어 희게 하 였느니라" (계7:9-10, 13-14)

이들이 '각 나라와 족속과 백성과 방언에서(7:9)' 나온 사람들 이라고 말하는 것을 통해서 볼 때 이들은 전 세계의 이방인들임 을 알 수 있고, '아무도 능히 셀 수 없는 큰 무리(7:9)'라고 말하 는 것을 통해서 대환난 때에 이방인 가운데 '하나님의 인치심'을 받아 하나님의 보호와 도우심 가운데 이기는 자들의 숫자가 아 주 많음을 알 수 있고, '큰 환난에서 나오는 자들(7:14)'이라고 말하는 것을 볼 때 이들이 적그리스도가 다스리는 대환난에서 이기는 자들임을 알 수 있고, '어린 양의 피에 그 옷을 씻어 희 게 하였느니라(7:14)'는 말씀을 통해서 대환난을 통과하면서 철 저히 회개함으로써 어린 양의 피로 두루마기를 깨끗이 빨았음을 알 수 있다.

"자기 두루마기를 빠는 자들은 복이 있으니 이는 그들이 생명나무에 나아가며 문들을 통하여 성에 들어갈 권세를 받으려 함이로다" (계22:14)

그런데 '각 나라와 족속과 백성과 방언에서 아무도 능히 셀 수 없는 이방인 큰 무리'는 계14:14-16에서 말씀하고 있는 '예수 님의 타작마당'에서 추수되어 휴거(두 번째 휴거) 되는 '이방인 이긴 자들'을 말한다.

"나는 너희로 회개하게 하기 위하여 물로 세례를 베풀거니와 내 뒤에
오시는 이는 나보다 능력이 많으시니 나는 그의 신을 들기도 감당하
지 못하겠노라 그는 성령과 불로 너희에게 세례를 베푸실 것이요 손
에 키를 들고 자기의 타작 마당을 정하게 하사 알곡은 모아 곳간에 들
이고 쭉정이는 꺼지지 않는 불에 태우시리라" (마3:11-12)

"또 내가 보니 흰 구름이 있고 구름 위에 인자와 같은 이가 앉으셨는데
그 머리에는 금 면류관이 있고 그 손에는 예리한 낫을 가졌더라 또 다
른 천사가 성전으로부터 나와 구름 위에 앉은 이를 향하여 큰 음성으
로 외쳐 이르되 당신의 낫을 휘둘러 거두소서 땅의 곡식이 다 익어 거
둘 때가 이르렀음이니이다 하니 구름 위에 앉으신 이가 낫을 땅에 휘
두르매 땅의 곡식이 거두어지니라" (계14:14-16)

그러므로 적그리스도가 다스리는 대환난 때에 이방인 성도들
도 이기는 자가 되기 위해서는, 이스라엘 144,000명처럼, 오직
이마에 '하나님의 인치심'을 받아야 함을 알 수 있다.

③ 베리칩(666표)을 거부함으로써 순교한 무리들

적그리스도가 다스리는 대환난 때 마지막으로 이기는 자가 되
는 그룹은 베리칩(666표)을 거부하다가 순교하는 성도들이다.

"성도들의 인내가 여기 있나니 그들은 하나님의 계명과 예수에 대한
믿음을 지키는 자니라 또 내가 들으니 하늘에서 음성이 나서 이르되
기록하라 지금 이후로 주 안에서 죽는 자들은 복이 있도다 하시매 성
령이 이르시되 그러하다 그들이 수고를 그치고 쉬리니 이는 그들의

행한 일이 따름이라 하시더라" (계14:12-13)

이들은 '베리칩(666표)을 받지 말라는 하나님의 계명'과 '예수에 대한 믿음을 지키려고(계14:12)' 베리칩(666표)을 거부하다가 결국 순교를 당하여 순교자 반열에 들기 때문에 '지금 이후로 주 안에서 죽는 자들은 복이 있도다(14:13)'고 말하고 있는 것이다. 이들은 계20:4 말씀대로 천년왕국에서 그리스도와 더불어 천년 동안 왕의 권세를 가지고 다스리게 될 것이다. 할렐루야!

"나는 또 많은 높은 좌석과 그 위에 앉아 있는 사람들을 보았습니다. 그들은 심판할 권한을 받은 사람들이었습니다. 또 예수께서 계시하신 진리와 하나님의 말씀을 전파했다고 해서 목을 잘린 사람들의 영혼을 보았습니다. 그들은 그 짐승이나 그의 우상에게 절을 하지 않고 이마와 손에 낙인을 받지 않은 사람들입니다. 그들은 살아나서 그리스도와 함께 천 년 동안 왕노릇을 하였습니다." (계20:4 공동번역)
"그리고 나는 보좌들을 보았는데 심판권을 받은 자들이 그 위에 앉아 있었다. 그리고 나는 예슈아의 증언과 하나님의 말씀 때문에 목이 베인 사람들의 영혼들을 보았다. 그들은 그 짐승이나 그의 형상에 절하지 않았고, 그들의 이마와 손에 그의 표를 받지도 않았다. 그들은 살아나서 그 마쉬아흐와 함께 천 년을 통치한다." (계20:4 히브리어 헬라어 직역성경)

대환난 때에는 '하나님의 인치심'과 '짐승의 표' 두 가지 표가 있을 뿐이다. '하나님의 인치심'을 받은 성도들은 '짐승의 표'를 받지 않을 것이고, '하나님의 인치심'을 받지 않은 성도들은 '짐승의 표'를 받게 될 것이라고 송명희 시인은 그의 책 『표』에서 말하고 있다.

주님 오시리 곧 오시리

두 가지 표

편리하다고 넓은 길로 가지 말며
안전하다고 세상에 속하지 말라
편리하고 안전하다 유혹해도 속지 말라

어린양의 인을 받으면
세상의 미움을 당하나
천국에서는 환영 받겠고

짐승의 표를 받으면
세상에서는 대접 받아도
천국은 포기함이라

모든 슬픔과 고난을 다 당하나
예수님의 보혈로
내 마음의 문설주에 바르고
나를 구원하시는 하나님을 바라보리라

짐승의 표를 한 번 받고 나면
영생을 잃음이니
그 모든 소유가 다 헛것이라

세상에서 잠시 누리는 행복은
안개처럼 사라지며
세상에서 잠깐 고통 당함은
없어지지 않는 영광이니
만유의 주 하나님을 볼 뿐이라

'하나님의 인치심'을 받지 않은 사람들은 대환난 때에 '짐승의 표'를 받게 된다. 그런데 예수님을 믿은 성도라도 짐승의 표인 베리칩(666표)을 받게 되면 불과 유황으로 고난을 받게 된다.

"또 다른 천사 곧 셋째가 그 뒤를 따라 큰 음성으로 이르되 만일 누구든지 짐승과 그의 우상에게 경배하고 이마에나 손에 표를 받으면 그도 하나님의 진노의 포도주를 마시리니 그 진노의 잔에 섞인 것이 없이 부은 포도주라 거룩한 천사들 앞과 어린 양 앞에서 불과 유황으로 고난을 받으리니 그 고난의 연기가 세세토록 올라가리로다 짐승과 그의 우상에게 경배하고 그의 이름 표를 받는 자는 누구든지 밤낮 쉼을 얻지 못하리라 하더라"(계14:9-11)

그러므로 모든 성도들이 이마에 '하나님의 인치심'을 반드시 받아서 이기는 자가 되어 첫째 부활에 참여하길 간절히 기도한다.

3. 어떤 사람들에게 '하나님의 인치심'을 받게 해주시는가?

그러면 하나님께서는 어떤 성도들에게 '하나님의 인치심'을 받게 해주실까?
계7:3 말씀을 보면 '하나님의 종'들에게 인을 쳐주신다고 말하고 있다.

"또 보매 다른 천사가 살아 계신 하나님의 인치심을 가지고 해 돋는 데로부터 올라와서 땅과 바다를 해롭게 할 권세를 받은 네 천사를 향하여 큰 소리로 외쳐 이르되 우리가 우리 하나님의 종들의 이마에 인치기까지 땅이나 바다나 나무들을 해하지 말라 하더라"(계7:2-3)

주님 오시리 곧 오시리

그렇다면 계7:3 말씀에서 말하는 '하나님의 종'들이란 누구를 말하는 것일까?

목사나 전도사와 같이 하나님의 일을 위하여 전문적으로 부르심을 받은 사람들을 의미하는가? 아니면 평신도들까지도 포함하는가?

'종'이란 단어는 헬라어 '둘로스'인데 '둘로스'란 단어는 목사나 전도사와 같이 전문적으로 부르심을 받은 사람들을 의미하는 것이 아니라 마25장에 나오는 달란트 비유에서 보듯 '예수님을 믿는 모든 성도들'을 의미한다.

> "또 어떤 사람이 타국에 갈 때 그 종들(둘로스)을 불러 자기 소유를 맡김과 같으니 각각 그 재능대로 한 사람에게는 금 다섯 달란트를, 한 사람에게는 두 달란트를, 한 사람에게는 한 달란트를 주고 떠났더니" (마25:14-15)

그런데 계14:1-5 말씀을 보면 이마에 하나님의 인치심을 받은 144,000명이 나오는데, 계14:4-5 말씀을 보면 '하나님의 인치심'을 받은 144,000명의 유대인들이 어떤 사람들인지 말하고 있다.

> "또 내가 보니 보라 어린 양이 시온 산에 섰고 그와 함께 십사만 사천이 서 있는데 그들의 이마에는 어린 양의 이름과 그 아버지의 이름을 쓴 것이 있더라 내가 하늘에서 나는 소리를 들으니 많은 물 소리와도 같고 큰 우렛소리와도 같은데 내가 들은 소리는 거문고 타는 자들이 그 거문고를 타는 것 같더라 그들이 보좌 앞과 네 생물과 장로들 앞에서 새 노래를 부르니 땅에서 속량함을 받은 십사만 사천 밖에는 능히 이 노래를 배울 자가 없더라 이 사람들은 여자와 더불어 더럽히지 아니하고 순결한 자라 어린 양이 어디로 인도하든지 따라가는 자며 사

람 가운데에서 속량함을 받아 처음 익은 열매로 하나님과 어린 양에게 속한 자들이니 그 입에 거짓말이 없고 흠이 없는 자들이더라" (계14:1-5)

1) 이들은 여자와 더불어 더럽히지 않은 순결한 성도들이다.

계시록에서는 이 세상이라는 바벨론을 '땅의 음녀들과 가증한 것들의 어미(계17:5)'라고 하였기 때문에 '여자와 더불어 더럽히지 아니하고 순결한 성도'란 '세상이라는 음녀를 사랑하지 않고 예수 그리스도를 사랑하는 순결한 성도들'을 의미한다.

요일2:16 말씀에서는 세상에 있는 모든 것이 육신의 정욕과 안목의 정욕과 이생의 자랑이라고 말하고 있다.

"이 세상이나 세상에 있는 것들을 사랑하지 말라 누구든지 세상을 사랑하면 아버지의 사랑이 그 안에 있지 아니하니 이는 세상에 있는 모든 것이 육신의 정욕과 안목의 정욕과 이생의 자랑이니 다 아버지께로부터 온 것이 아니요 세상으로부터 온 것이라" (요일2:15-16)

그러므로 여자와 더불어 더럽히지 않은 순결한 성도들이란, 육신의 정욕과 안목의 정욕과 이 세상의 자랑들에 마음을 두지 않고 오직 예수 그리스도를 사랑하는 성도들을 말한다.

2) 이들은 어린 양이 어디로 인도하든지 따라가는 성도들이다.

"주는 그리스도시요 살아계신 하나님의 아들이시니이다(마16:16)"라고 고백하는 베드로에게 예수님께서는 장로들과 대제사장들과 서기관들에게 많은 고난을 받고 죽임을 당하고 제 삼일에 살아나야 할 것을 제자들에게 비로소 나타내시자(마16:21)

베드로는 예수님을 붙들고 항변하며 "주여 그리 마옵소서 이 일이 결코 주께 미치지 아니하리이다(마16:22)"라고 하며 예수님께서 십자가에서 죽으시려는 것을 말렸다. 그러자 예수님께서는 베드로에게 "사탄아 내 뒤로 물러가라 너는 나를 넘어지게 하는 자로다 네가 하나님의 일을 생각하지 아니하고 도리어 사람의 일을 생각하는도다(마16:23)"라고 말씀하시면서 "누구든지 나를 따라오려거든 자기를 부인하고 자기 십자가를 지고 나를 따를 것이니라. 누구든지 제 목숨을 구원하고자 하면 잃을 것이요 누구든지 나를 위하여 제 목숨을 잃으면 찾으리라(마16:24-25)"고 말씀하심으로써 주님을 따라가려면 자기를 부인하고, 주님을 위하여 죽을 각오, 순교할 각오를 하고 따라와야 한다고 말씀하셨다.

그러므로 '어린 양이 어디로 인도하든지 따라가는 성도'란 예수님을 믿어 이 세상에서 성공하려는 자기의 욕심을 부인하고 주님을 위하여 '죽을 각오, 순교할 각오를 하고 따라가는 성도'들이다.

"이에 예수께서 제자들에게 이르시되 누구든지 나를 따라오려거든 자기를 부인하고 자기 십자가를 지고 나를 따를 것이니라 누구든지 제 목숨을 구원하고자 하면 잃을 것이요 누구든지 나를 위하여 제 목숨을 잃으면 찾으리라" (마16:24-25)

3) 이들은 입에 거짓말이 없고 흠이 없는 자들이다.

하나님께서는 아론의 후손 중에서 흠이 있는 자는 제사장이 되지 못하게 하셨다.

"제사장 아론의 자손 중에 흠이 있는 자는 나와 여호와께 화제를 드리

지 못할지니 그는 흠이 있은즉 나와서 그의 하나님께 음식을 드리지 못하느니라" (레21:21)

왜냐하면 하나님께서는 거룩하시기 때문에 하나님을 섬기는 제사장도 거룩해야 하기 때문이다.

"휘장 안에 들어가지 못할 것이요 제단에 가까이 하지 못할지니 이는 그가 흠이 있음이니라 이와 같이 그가 내 성소를 더럽히지 못할 것은 나는 그들을 거룩하게 하는 여호와임이니라" (레21:23)

그래서 하나님께서는 흠이 없게 하시려고 우리들을 구원하셨으며, 왕 같은 제사장인 우리들이 흠이 없기를 원하신다.

"곧 창세 전에 그리스도 안에서 우리를 택하사 우리로 사랑 안에서 그 앞에 거룩하고 흠이 없게 하시려고 그 기쁘신 뜻대로 우리를 예정하사 예수 그리스도로 말미암아 자기의 아들들이 되게 하셨으니"
(엡1:4-5)
"그러나 너희는 택하신 족속이요 왕 같은 제사장들이요 거룩한 나라요 그의 소유가 된 백성이니 이는 너희를 어두운 데서 불러내어 그의 기이한 빛에 들어가게 하신 이의 아름다운 덕을 선포하게 하려 하심이라" (벧전2:9)
"그러므로 사랑하는 자들아 너희가 이것을 바라보나니 주 앞에서 점도 없고 흠도 없이 평강 가운데서 나타나기를 힘쓰라" (벧후3:14)

그런데 계14:5 말씀에서 흠이 있는 성도와 흠이 없는 성도의 기준을 '거짓말'에 두었다. 히브리어 헬라어 〈직역성경〉은 다음과 같이 번역하였다.

"그들의 입에서는 거짓이 발견되지 않았으니 그들은 흠이 없었다."
(계14:5)

〈킹제임스 흠정역〉도 다음과 같이 번역하였다.
"그들의 입에서 교활함이 발견되지 않았으니 이는 그들이 하나님의 왕좌 앞에서 흠이 없기 때문이라." (계14:5) ('교활함'으로 번역된 헬라어 '프슈도스'의 원뜻은 '거짓말'을 의미한다)

성경은, 거짓말은 마귀의 속성이요, 하나님의 속성은 거짓말을 하실 수 없으시기에 위로부터 하나님께서 주시는 지혜에는 거짓이 없다고 말하고 있다.

"너희는 너희 아비 마귀에게서 났으니 너희 아비의 욕심대로 너희도 행하고자 하느니라 그는 처음부터 살인한 자요 진리가 그 속에 없으므로 진리에 서지 못하고 거짓을 말할 때마다 제 것으로 말하나니 이는 그가 거짓말쟁이요 거짓의 아비가 되었음이라" (요8:44)
"이는 하나님이 거짓말을 하실 수 없는 이 두 가지 변하지 못할 사실로 말미암아 앞에 있는 소망을 얻으려고 피난처를 찾은 우리에게 큰 안위를 받게 하려 하심이라" (히6:18)
"오직 위로부터 난 지혜는 첫째 성결하고 다음에 화평하고 관용하고 양순하며 긍휼과 선한 열매가 가득하고 편견과 거짓이 없나니"
(약3:17)

그러므로 거짓이 없으신 예수님을 믿고 심령이 새롭게 된 성도들은 거짓을 버리고 진실을 말해야 한다.

"오직 너희의 심령이 새롭게 되어 하나님을 따라 의와 진리의 거룩함으로 지으심을 받은 새 사람을 입으라 그런즉 거짓을 버리고 각각 그 이웃과 더불어 <u>참된 것을 말하라</u> 이는 우리가 서로 지체가 됨이라"
(엡4:23-25)

또한 예수님을 믿고 구원받았다 할지라도 거짓말을 끊지 못하고 습관적으로 거짓말을 하는 성도들은 지옥 불에 던져지기까지 되기 때문에 반드시 거짓말을 끊어야 한다.

"그러나 두려워하는 자들과 믿지 아니하는 자들과 흉악한 자들과 살인자들과 음행하는 자들과 점술가들과 우상 숭배자들과 <u>거짓말하는 모든 자들은 불과 유황으로 타는 못에 던져지리니</u> 이것이 둘째 사망이라" (계21:8)

재미있게 말하기 위해서 사실보다 과장해서 말하는 것도 거짓말이고, 사실보다 축소해서 말하는 것도 거짓말이다. 자기의 양심을 속이고 말하는 것도 거짓말이고, 사실 확인도 안 해보고 내 생각을 더해서 추측으로 말하는 것도 거짓말이다. 안 본 것을 본 것처럼 말하는 것도 거짓말이고, 잘 모르면서 아는 것 같이 말하는 것도 거짓말이다. 약속해놓고 지키지 않은 것도 거짓말 한 것이고, 서원해놓고 지키지 않은 것도 거짓말이다. 한다고 해놓고 하지 않은 것도 거짓말이고, 준다고 해놓고 주지 않은 것도 거짓말이다. 하나님의 인치심을 받은 이스라엘 144,000명은 이런 거짓말이 발견되지 않은 흠이 없는 성도들이었기 때문에 하나님의 인치심을 받은 것이다.

그러므로 우리들이 '하나님의 인치심'을 받기 위해서는

1) 여자와 더불어 더럽히지 않는 순결한 성도가 되어야 한다.

육신의 정욕, 안목의 정욕, 이생의 자랑 등의 세상에 속한 것들에 대한 욕심을 버리고 오직 예수 그리스도만을 사랑하고 자랑하는 성도가 되어야 하나님의 인치심을 받을 수 있다.

2) 어린 양이 어디로 인도하든지 따라가는 성도가 되어야 한다.

예수님을 믿어 이 땅에서 성공하려는 자기 욕심을 부인하고 '주님을 위하여 죽을 각오, 순교할 각오를 하고 따라가는 성도', 즉 '자기를 부인하고 주님을 위하여 죽을 각오, 순교할 각오를 하고 주님을 따라가는 성도'가 되어야 하나님의 인치심을 받을 수 있다.

3) 입에 거짓말이 없어 흠이 없는 성도가 되어야 한다.

거짓말하지 않고 진실만을 말하는 흠 없는 성도가 되어야 하나님의 인치심을 받을 수 있다.

서사라 목사가 쓴 『하나님의 인치심』이라는 책 22쪽을 보면 아래와 같은 5가지 조건을 갖추어야 '하나님의 인치심'을 받을 수 있다고 말한 것을 본다.

1) 철저히 회개하는 자
2) 세상에 대한 욕심을 버린 자
3) 하나님만 바라보는 자
4) 술, 담배, 여자, 포르노 등의 노예 상태에서 벗어난 자
5) 주를 위해 죽을 각오가 된 자

이 5가지 조건들을 보니,

1)부터 3)까지의 조건은
'여자와 더불어 더럽히지 않은 순결한 성도가 되어야 한다'
는 말씀과 일맥상통하고
5) 주를 위해 죽을 각오가 있어야 한다는 것은
'어린 양이 어디로 인도하든지 따라가는 성도가 되어야 한
다' 는 말씀과 일맥상통하고
4) 술, 담배, 여자, 포르노 등의 노예 상태에서 벗어나야 한다
는 것은
'입에 거짓말이 없고 흠이 없는 성도가 되어야 한다' 는 말씀
과 일맥상통한다고 할 수 있다.

그러므로 이 글을 읽는 모든 성도들은 위와 같은 조건들을 다
갖추어서 모두가 '하나님의 인치심'을 받아 다섯째 나팔 재앙인
황충 재앙에서 하나님의 보호를 받아 해를 입지 않기를 간절히
바라며, 혹시 대환난에 남겨진다 해도 하나님의 보호를 받아 베
리칩(666표)을 받지 않고 이기는 자가 되어서 그리스도와 더불
어 천년 동안 왕의 권세로 다스리는 여러분들이 되길 간절히 소
원한다.

"나는 또 많은 높은 좌석과 그 위에 앉아 있는 사람들을 보았습니다.
그들은 심판할 권한을 받은 사람들이었습니다. 또 예수께서 계시하신
진리와 하느님의 말씀을 전파했다고 해서 목을 잘린 사람들의 영혼을
보았습니다. 그들은 그 짐승이나 그의 우상에게 절을 하지 않고 이마
와 손에 낙인을 받지 않은 사람들입니다. 그들은 살아나서 그리스도
와 함께 천년 동안 왕노릇을 하였습니다." (계20:4 공동번역)

주님 오시리 곧 오시리

다가올 미래를 지금 준비하라

　수십 년 동안 천국과 지옥의 깊은 곳을 다녀오고, 사도 바울이 다녀온 삼층천에도 가서 주님을 깊이 만나온 어느 목사님으로부터 '지금 시대는 여섯 번째 인을 뗀 상태'라는 말을 들어왔는데, 서사라 목사님도 『계시록 이해』라는 책과 『하나님의 인』이라는 책을 통해서 '지금 우리가 살고 있는 시대가 여섯 번째 인을 뗀 상태라고 하나님께서 말씀하셨다'고 말하고 있으며(『하나님의 인』 p.19), 주님께서는 네게도 '지금 시대는 여섯 번째 인을 뗀 상태다'고 여러 번 말씀하셨다.

　우리는 지금 여섯째 인이 떼어진 시대에 살고 있음으로써 '요한 계시록이 성취되고 있는 시대'에 살고 있다. 앞으로 일곱째 인이 떼어진 후 땅과 수목의 1/3이 불타는 첫째 나팔 재앙, 바다의 1/3이 피가 되고 바다 가운데 생명 가진 피조물들의 삼분의 일이 죽고 배들의 삼분의 일이 깨지는 둘째 나팔 재앙, 물의 1/3이 쓴 물이 되매 그 물이 쓴 물이 되므로 많은 사람이 죽는 셋째 나팔 재앙, 해와 달과 별 1/3이 어두워지는 넷째 나팔 재앙, 이마에 하나님의 인치심을 받지 않은 사람들만 골라서 해를 입혀 죽지도 못하고 다섯 달 동안 고통을 당하게 하는 다섯째 나팔 재앙, 전쟁으로 세계 인구의 1/3이 죽는 여섯째 나팔 재앙, 적그리스도가 많은 사람들과 7년 평화 조약을 맺고 '전 3년 반'이 시작되자 나타나는 두 증인, '후 3년 반'이 시작되기 전에 나타나는 예수 그리스도의 공중 강림과 휴거, 그리고 지금 사람들이 자유롭게 받고 있지만 '후 3년 반'이 시작되면 적그리스도에 의하여 모든 사람들이 의무적으로 받아 적그리스도의 통제를 받는 베리칩(666표) 등 과거에는 믿음의 눈으로 바라보기만 했던 예언들이 현실화되고 있는 시대에 살고 있다. 이렇게 요한 계시록이 성취되는 것을 눈으로 보는 시대에 살고 있는 우리가 어떻게 살아야 하며, 다가올 미래를 어떻게 준비해야 하는가?

세계적인 명지휘자 토스카니니(1869~1957)는 원래 첼로 연주자였다고 한다. 불행하게도 그는 아주 심한 근시여서 관현악단의 일원으로 연주할 때마다 앞에 놓인 악보를 볼 수 없기 때문에 늘 미리 전부 외워서 연주회에 나가곤 했다. 그런데 한번은 연주회 직전에 지휘자가 갑자기 병원에 입원하게 되어서 지휘자를 대신해서 누군가가 지휘를 해야 하는데 외부에서 지휘자를 구할 시간이 없기 때문에 같이 연습한 단원 중 한 사람이 지휘를 해야 했다. 그 많은 오케스트라의 단원 중에 곡을 전부 암기하여 외우고 있던 사람은 오직 토스카니니뿐이었다. 그래서 그가 임시 지휘자로 발탁되어 지휘대 위에 서게 되었는데 그의 나이 19세였고, 세계적인 지휘자 토스카니니가 탄생하는 순간이었다. 준비된 토스카니니에게 새로운 기회가 온 것이었다. "미래는 준비하는 자의 것이고, 성공은 실천하는 자의 것이다."라고 말한 미래학자 '피터 슈워츠'의 말대로 된 것이었다.

요한 계시록을 통해 예언된 여러 가지 사건들 앞에서 '이기는 자'가 되기 위해서는 '미리 준비하는 자'가 되어야 한다. 다가올 홍수의 심판 앞에서 노아가 '이기는 자'가 될 수 있었던 것은 방주를 '미리 준비한 자'가 되었기(창6:13-22) 때문이고, 노아의 가족을 제외한 모든 사람들이 홍수의 심판에 멸망하게 된 것은 다가올 홍수 심판을 '준비하지 않았기' 때문이다(마24:38-39). 다윗이 골리앗을 '이긴 자'가 된 것도 그가 '어려서부터 준비한 자'였기 때문이다(삼상17:34-36). 신랑 되신 예수 그리스도께서 오실 때 슬기로운 다섯 처녀들이 신랑을 맞이할 수 있

주님 오시리 곧 오시리

었던 것은 성령의 기름 부음을 '미리 준비하였기' 때문이고(마 25:4), 미련한 다섯 처녀들이 신랑을 맞이하지 못한 것은 성령의 기름 부음을 미리 준비하지 않고(마25:3) 그때서야 준비하려고(마25:8-10) 했기 때문이다.

그러므로 다가올 미래에 대하여 '미리 준비한 성도들'은 '이기는 자'가 될 것이고, '준비하지 않은 성도들'은 이기는 자 반열에 들지 못할 것이다. 이 책의 목적은 성도들로 하여금 요한 계시록을 통해 예언된 여러 가지 사건들 앞에서 '이기는 자'들이 되도록 돕는데 있다. 요한 계시록에 예언된 사건들 앞에서 '이기는 자'가 되기 위해서는 다음 세 가지를 준비해야 한다.

첫째, '깨어 기도함으로써' 다가올 재앙들을 준비해야 한다.
앞에서 말씀드린 대로 나팔 재앙들이 우리들을 기다리고 있다. 나팔 재앙은 불신자들 뿐만 아니라 예수님을 믿는 모든 성도들도 겪어야 하는 재앙이다. 나팔 재앙들의 특징은 1/3이 해를 입는 재앙이다. 첫째 나팔 재앙에서는 땅과 수목의 1/3이 불타고, 둘째 나팔 재앙에서는 바다의 1/3이 피가 되고 바다 가운데 생명 가진 피조물들의 1/3이 죽고 배들의 1/3이 깨지고, 셋째 나팔 재앙에서는 물의 1/3이 쓴 물이 되고, 넷째 나팔 재앙에서는 해와 달과 별 1/3이 어두워지고, 여섯째 나팔 재앙에서는 전쟁으로 세계 인구의 1/3이 죽는다.

예수님께서 마24:7-8 말씀에서 '민족이 민족을, 나라가 나라를 대적하여 일어나겠고 곳곳에 기근과 지진이 있으리니 이 모든 것은 재난의 시작이니라'고 말씀하셨으므로 '전쟁, 기근, 지진'도 이 시대에 있게 될 줄 믿고 '영적으로 깨어 기도함으로써' 준비해야 한다. 나팔 재앙들이 나타났을 때 우리가 무엇을 할 수 있겠는가? 우리의 힘으로, 우리의 능력으로, 우리의 방법으로 피할 수 없다. 하나님께서 지켜주시고 보호해 주시고 인도해주셔야 한다. 그러므로 우리가 할 수 있는 것은 '늘 깨어 기도함으로써' 다가올 재앙들을 준비해야 한다.

> "너희는 스스로 조심하라 그렇지 않으면 방탕함과 술취함과 생활의 염려로 마음이 둔하여지고 뜻밖에 그 날이 덫과 같이 너희에게 임하리라 이 날은 온 지구상에 거하는 모든 사람에게 임하리라 이러므로 너희는 장차 올 이 모든 일을 능히 피하고 인자 앞에 서도록 항상 기도하며 깨어 있으라 하시니라" (눅21:34-36)

둘째, 이마에 '하나님의 인치심을 받음으로써' 황충 재앙과 대환난을 준비해야 한다.

모든 나팔 재앙들은 이 세상의 모든 땅, 수목, 물, 바다의 피조물, 배, 전쟁으로 죽는 사람들, 해, 달, 별들 등의 1/3에게 나타나는 재앙이지만, 다섯째 나팔 재앙만은 이마에 하나님의 인치심을 '받은' 사람들과 하나님의 인치심을 '받지 않은' 사람들을 구별하여 이마에 하나님의 인치심을 '받지 않은' 사람들에게만 재앙이 임한다. 그리고 적그리스도가 666표를 받게 하는 대환난 때에도 이마에 하나님의 인치심을 '받은' 사람들은 하나님께서 동행해 주시고 지켜주심으로써 666표를 받지 않게 되지만, 하나님의 인치심을 '받지 않은' 사람들은 모두 666표를 받음으로써 불과 유황으로 고난을 받게 된다.

> "또 다른 천사 곧 셋째가 그 뒤를 따라 큰 음성으로 이르되 만일 누구든지 짐승과 그의 우상에게 경배하고 이마에나 손에 표를 받으면 그도 하나님의 진노의 포도주를 마시리니 그 진노의 잔에 섞인 것이 없이 부은 포도주라 거룩한 천사들 앞과 어린 양 앞에서 불과 유황으로 고난을 받으리니 그 고난의 연기가 세세토록 올라가리로다 짐승과 그의

주님 오시리 곧 오시리

우상에게 경배하고 그의 이름 표를 받는 자는 누구든지 밤낮 쉼을 얻지 못하리라 하더라" (계14:9-11)

그러므로 모든 성도들은 계14:4-5 말씀대로,

1) 세상에 속한 육신의 정욕, 안목의 정욕, 이생의 자랑 등에 대한 욕심을 철저히 버리고 오직 예수 그리스도만을 순수한 마음으로 사랑함으로써, 세상이라는 여자로 인해 더럽히지 않은 순결한 성도가 되고,

2) 주님을 위하여 '죽으면 죽으리라'는 각오로 주님을 따라가는 성도가 됨으로써 어린 양이 어디로 인도하든지 따라가는 성도가 되고,

3) 입에 거짓말이 없어 흠이 없는 성도가 되어 반드시 이마에 '하나님의 인치심'을 받음으로써 황충 재앙과 대환난을 준비해야 한다.

  (혹은 서사라 목사가 쓴 『하나님의 인치심』이라는 책에서 말한 대로 '철저히 회개하는 자, 세상에 대한 욕심을 버린 자, 하나님만 바라보는 자, 술과 담배와 여자와 포르노 등의 노예 상태에서 벗어난 자, 주를 위해 죽을 각오가 된 자' 등 5가지 조건을 갖추어 이마에 '하나님의 인치심'을 받음으로써 황충 재앙과 대환난을 준비해야 한다.)

"이 사람들은 여자와 더불어 더럽히지 아니하고 순결한 자라 어린 양이 어디로 인도하든지 따라가는 자며 사람 가운데에서 속량함을 받아 처음 익은 열매로 하나님과 어린 양에게 속한 자들이니 그 입에 거짓말이 없고 흠이 없는 자들이더라" (계14:4-5)

셋째, '빛나고 깨끗한 세마포 옷(예복)'을 입고 회개함으로 빨

며 예수님의 공중 강림을 준비해야 한다.

적그리스도의 '후 3년 반'이 시작되기 직전, 예수 그리스도께서 공중에 강림하실 때 휴거 되지 못하면 대환난에 넘겨지기 때문에, 대환난에 남지 않고 휴거 되기 위해서는 반드시 '신부 예복'인 '빛나고 깨끗한 세마포 옷'을 입어야 한다. '빛나고 깨끗한 세마포 옷'은 의로운(옳은) 행실의 삶을 산 성도들에게 입혀주시므로(계19:7-8) 하나님 말씀에 불순종하여 불의의 삶을 산 모든 죄들을 회개하고 말씀에 철저히 순종하여 '신부 예복'을 입음으로써 신랑 되신 예수 그리스도의 공중 강림을 준비해야 한다.

> "우리가 즐거워하고 크게 기뻐하며 그에게 영광을 돌리세 어린 양의 혼인 기약이 이르렀고 그의 아내가 자신을 준비하였으므로 그에게 빛나고 깨끗한 세마포 옷을 입도록 허락하셨으니 이 세마포 옷은 성도들의 옳은 행실이로다 하더라" (계19:7-8)

그리고 '신부 예복'인 빛나고 '깨끗한 세마포 옷'을 입을 뿐 아니라 회개함으로 빨며 인내의 말씀을 지켜야 시험의 때를 면할 수 있으므로 '순간순간 회개'함으로 신부 예복인 '두루마기'를 빨고 인내함으로써 휴거를 준비해야 할 것이다.

> "자기 두루마기를 빠는 자들은 복이 있으니 이는 그들이 생명나무에 나아가며 문들을 통하여 성에 들어갈 권세를 받으려 함이로다" (계22:14)
> "네가 나의 인내의 말씀을 지켰은즉 내가 또한 너를 지켜 시험의 때를 면하게 하리니 이는 장차 온 세상에 임하여 땅에 거하는 자들을 시험할 때라" (계3:10)

주님 오시리 곧 오시리

그러므로 이 책을 읽는 모든 성도들은 '지금부터', '영적으로 깨어 기도함으로써' 다가올 재앙들을 대비하고, 이마에 '하나님의 인치심을 받음으로써' 황충 재앙과 대환난을 대비하고, 신부 예복을 입고 '순간순간 회개함으로 두루마기를 빨며 인내의 말씀을 지킴으로써' 신랑 되신 예수 그리스도의 공중 강림을 대비하여, '새 예루살렘성 안'에 들어가 생명나무의 과실을 먹으며 그리스도와 함께 보좌에 앉아 영원토록 왕의 권세로 다스리는 복된 성도들이 되길 간절히 바란다. 할렐루야!

"미래는 준비하는 자의 것이고, 성공은 실천하는 자의 것이다."
- 피터 슈워츠 -

마음에 예수님을 영접하고 하나님의 자녀가 되는 기도

혹시 이 책을 읽고 내가 마음과 생각과 말과 행동으로 수많은 죄를 지으며 살아온 죄인임을 인정하고 예수 그리스도를 구주로 믿어 모든 죄 사함을 받아 하나님의 자녀가 되어 믿음 안에서 새롭게 살기 원한다면, 아래의 기도문을 진실한 마음으로 읽으면서 고백해보시기 바랍니다. 당신이 진실한 마음으로 아래 기도문을 고백할 때 예수님께서 당신의 마음속에 들어가셔서 당신의 모든 죄를 용서해주시고, 당신이 하나님의 자녀가되어 새롭게 살 수 있도록 해주실 것입니다.

살아계신 하나님, 저는 죄인입니다.
이제까지 제 마음대로 살면서 마음과 생각과 말과 행동으로 수많은 죄를 짓고 살았습니다.
저의 모든 죄를 회개하오니 제가 지은 모든 죄를 용서해주옵소서.
예수님께서는 저의 모든 죄를 용서해주시기 위하여 십자가에서 못 박혀 돌아가셨습니다.
저는 지금 제 마음의 문을 열고 예수님을 저의 구세주로 영접합니다.
저는 지금 제 마음의 문을 활짝 열고 예수님을 저의 모든 죄를 용서해주신 구주로 영접합니다.
지금 제 안에 들어오셔서 저의 모든 죄를 용서해주시고 하나님의 자녀로 살아가게 해주시옵소서.
제가 모든 죄에서 떠나게 해주시고, 주님이 원하시는 사람으로 변화시켜주옵소서.
예수님의 이름으로 기도합니다. (아멘)

정결케하소서

박요셉 사/곡

Am / Em / C / Am

정결케 하소서 나의 영혼을

Em / C / Em / E7 / Am

주님의 보혈로 정결케 하소서

Am / Em / Dm / Bm

1. 십 자 가 에 달 리 신 주 님 물 과 피 를 쏟 으 사
죄 인 중 에 괴 수 인 나 의 모 든 죄 를 사 하 사
2. 다 섯 번 째 나 팔 불 리 면 황 충 재 앙 임 하 니
하 나 님 의 나 팔 소 리 에 주 님 강 림 하 시 니
3. 6 6 6 표 받 게 만 드 는 대 환 난 의 시 대 에
영 광 의 주 재 림 하 시 고 천 년 왕 국 임 할 때

Am / C / Bm / [1] Em D.S. [2] E7 Am

모 든 죄 와 저 주 를 홀 로 감 당 하 셨 네
주 의 자 녀 삼 으 신 주 님 사 랑 크 도 다
하 나 님 의 인 받 아 서 주 님 보 호 받 으 라
신 부 예 복 입 고 서 신 랑 주 님 맞 으 라
순 교 하 는 맘 으 로 표 를 거 절 하 여 라
예 수 님 과 더 불 어 천 년 통 치 하 리 라

Am / Em / C / Am

거 룩 하 게 하 소 서 나 의 영 혼 을

Em / C / Em / E7 / Am

주 님 의 보 혈 로 거 룩 하 게 하 소 서

2. 나를 찢어 주소서 예수님의 보혈로 내영혼과 온몸을 정결하게 하소서
3. 거룩 하게 하소서 내영혼과 온몸을 예수님의 보혈로 거룩하게 하소서
4. 충만 하게 하소서 나의 영혼을 주님의 영으로 충만하게 하소서

주는 나의 반석이시요

박요셉 사/곡

존 귀와 영광의 주 - 나의 하 - 나 님 -

진 리로다스리는 주 나의 왕 - - - -

권 능과능력의주 - 나의 하 - 나 님 - 만왕

의 왕주 께 만 세

존 귀와영광 의 주

존 귀와영광의주 - 나의 하 - 나 님 -

진 리로다스 리 는 주 찬양

진 리로다스 리 는 주 나의 왕 - - - -

권 능과능력 의 주 - 만왕

권 능과능력의주 - 나의 하 - 나 님 - 만왕

의 왕주 께 만 세

회개하라 천국이 가까왔느니라

"그 때에 세례 요한이 이르러 유대 광야에서 전파하여 말하되
회개하라 천국이 가까이 왔느니라"(마3:1-2)

(중창/합창곡)

박요셉 사/곡

1. 회 개 하 라 (회개하라) 천국이 가 까 왔 느 니 라 -
2. 성 령 이 여 (성령이여) 고통의 멍에를 푸 소 서 -
3. 성 령 이 여 (성령이여) 질병의 멍에를 푸 소 서 -

회 개 하 라 (회개하라) 천국이 가 까 왔 느 니 라 -
성 령 이 여 (성령이여) 고통의 멍에를 푸 소 서 -
성 령 이 여 (성령이여) 질병의 멍에를 푸 소 서 -

회 개 하 라 회 개 하 라 회 개 하 라
성 령 이 여 성 령 이 여 성 령 이 여
성 령 이 여 성 령 이 여 성 령 이 여

영 접 하 라 (영접하라) 우리의 모든 죄 사 하 신 주
성 령 이 여 (성령이여) 죄악의 멍에를 푸 소 서 -
성 령 이 여 (성령이여) 사단의 멍에를 푸 소 서 -

주 성령이 오셨네

박요셉 사/곡

에필로그

죄인 중의 괴수인 저로 하여금
이 책을 쓰도록 하신 삼위일체 하나님께
모든 찬송과 존귀와 능력과 부와 지혜와 힘과 영광을
세세토록 올려드립니다!

이 책을 읽고 은혜를 받거나 감동받으신 분들이 계시면 이 책이 더 많은 사람들에게 읽혀져서 죽은 영혼이 살아나고, 잠든 영혼이 깨어나서 거룩한 행실과 경건함 가운데 주님 오심을 준비하게 하는 데 쓰임 받도록 후원해주시기 바랍니다.

후원해주신 물질은 이 책을 더 인쇄하여, 더 많은 성도님들이 주님의 오심을 준비하게 하는 사역에만 사용하겠습니다.

후원 계좌	농협 351-0987-7591-93 예금주 : 온누리 비전

주님 오시리 곧 오시리

초판 인쇄 2022년 6월 3일
초판 발행 2022년 6월 11일

지 은 이 : 박요셉
발 행 인 : 최성열
펴 낸 곳 : 하늘빛출판사
출판등록 : 제251-2011-38호
주   소 : 충북 진천군 진천읍 중앙동로 16
연 락 처 : 010-2284-3007, 043-537-0307
이 메 일 : csr1173@hanmail.net
I S B N : 979-11-87175-28-5
가   격 : 16,000원